数据分析与定量研究丛书

工业人工智能创新与应用

彭国超　邢　飞　刘彩华　著

科学出版社

北京

内 容 简 介

工业人工智能是支撑智慧工厂深度变革与重大创新的核心驱动技术。本书在梳理相关研究的基础上，尝试贯穿研发、生产、销售、物流、售后等不同环节，探讨工业人工智能在产品全生命周期的创新性应用，分析工业人工智能在落地及实施阶段可能面临的挑战与困难，构建工业人工智能成熟度评估体系，同时结合大量国内外案例剖析工业人工智能如何与不同行业进行深度融合，由此为我国制造业新一轮数字化转型及创新带来启示。

本书可作为数字化转型、智能制造及工业人工智能等相关方向的教学与科研人员、行业专家、企业及政府部门的阅读参考书。

图书在版编目（CIP）数据

工业人工智能创新与应用 / 彭国超，邢飞，刘彩华著. —北京：科学出版社，2022.5

（数据分析与定量研究丛书）

ISBN 978-7-03-071733-7

Ⅰ. ①工⋯ Ⅱ. ①彭⋯ ②邢⋯ ③刘⋯ Ⅲ. ①人工智能－应用－制造工业－研究 Ⅳ. ①F407.4-39

中国版本图书馆 CIP 数据核字（2022）第 036625 号

责任编辑：惠 雪 曾佳佳 高慧元 / 责任校对：任苗苗
责任印制：师艳茹 / 封面设计：许 瑞

科学出版社 出版

北京东黄城根北街 16 号
邮政编码：100717
http://www.sciencep.com

天津文林印务有限公司 印刷

科学出版社发行 各地新华书店经销

*

2022 年 5 月第 一 版　开本：720×1000　1/16
2022 年 5 月第一次印刷　印张：20
字数：400 000

定价：159.00 元

（如有印装质量问题，我社负责调换）

"数据分析与定量研究丛书"编委会

主　编：叶　鹰

编　委（姓氏拼音序）：

曹　聪　黄　萃　李　江　刘晓钟　潘云涛　彭国超
唐　莉　王　健　王贤文　武夷山　萧　璐　叶　鹰
岳卫平　张　琳　赵　星　赵宇翔

支持单位（单位拼音序）：
大连理工大学科学学与科技管理研究所暨 WISE 实验室
华东师范大学学术评价与促进研究中心
江苏省数据工程与知识服务重点实验室
科睿唯安
清华大学科教政策研究中心

丛 书 序

自从西学东渐,科学思想及应用遍及各种学问,而定量化作为科学的重要特征却未见得深入人心,尤其是属于"文科"的社会科学中有些学者以为不必定量、甚或以当代西方社会科学对过度量化的反思为由,用中国学术长于思辨、容忍模糊的文化传统拒定量研究于千里之外。实则西方定性是建立在定量传统基础上的定性,中国量化远未及格,切不可尚未浸染量化、即论过度定量,而宜取强化定量且定性定量并重之方略,既倡导质性研究需要量化支持(从 Nvivo 软件看质性研究),也鼓励量化研究需有质性判断(从统计相关到因果关联)。

不仅科学技术需要量化,2009 年以来,伴随计算社会科学的兴起,数据驱动的研究模式方兴未艾,在互联网和大数据蓬勃发展的推动下社会科学研究范式正在发生变革,乃至人文研究也出现了数字人文浪潮,数据分析和定量研究如同促进学术腾飞的双翼,正在学术研究中发挥引擎般作用,在面向问题展开的跨学科研究中尤其如此。

在此学术发展新时期,科学出版社和本编委会以成熟一本、推出一本的方式出版"数据分析与定量研究丛书",旨在将数据分析和定量研究的研究成果系统化,既深化社会网络分析、社会仿真模型、复杂系统建模、自动信息抽取等方法,也强化复杂网络、信息分析、知识服务等应用,内容总体上以量化为方法特征,以数据、信息、知识、社会为主要解析对象,既处理大千世界的万千变化,也分析人类社会的复杂机理,期望能为理论界带来新思想,能为学术界迎来新知识。

收入本丛书的专著有两大特点:一是研究方法以定量主导,研究基础以数据支撑;二是跨学科性明显,既可能是计算社会科学的新领域,也可能是科技新方法新技术在人文社会科学中的新应用,覆盖科学计量、政策分析、用户测评等研究领域,体现知识的交叉融合。

丛书的作者大多是年富力强、充满活力的年青学者，他们都学有专长、术有专攻，对自己的研究具有独特的思考，取得了令人瞩目的成绩。丛书荟萃他们的研究成果，可以彰显当代数据分析和定量研究之主流，期望能丰富学术研究、推动学术进步，为学术发展提供参考。

是为序。

叶　鹰

欧洲文理科学院院士，南京大学教授

2018 年 8 月 1 日

前　言

在全球范围内，以智能制造为核心的新型工业经济正成为支撑经济及社会持续健康发展的主要力量。发展数字经济、推动数字化与产业化的深度融合已成为普遍共识。我国近年高度重视智能制造及数字经济发展，并将其视为培育新增长点、形成新动能的关键要素。在2015年，国务院制定了《中国制造2025》的总体规划，提出了从制造业大国向制造业强国转变，最终实现制造业强国的一个目标。《中共中央关于制定国民经济和社会发展第十四个五年规划和二〇三五年远景目标的建议》进一步提出"发展数字经济，推进数字产业化和产业数字化，推动数字经济和实体经济深度融合"，标志着我国智能制造及数字经济发展迈入新阶段。

在数字经济的大背景下，国内外出现了物联网、智能设备、物理信息系统、区块链、5G通信、虚拟现实、数字孪生、云计算、工业大数据、人工智能等一系列支撑智能制造发展的核心技术。作者认为，如果将智能设备、物理信息系统、物联网、5G通信等视为智能制造的"身体器官"与"神经脉络"，那基于工业大数据所创建的机器分析与工业人工智能应用则是智能制造的"中枢大脑"。其中，"身体器官"与"神经脉络"固然重要，但"中枢大脑"才是最终决胜的关键。由此引申出两个问题：①什么是工业大数据？②工业大数据与工业人工智能有什么关系？

首先，人们容易错误地认为，工业大数据仅仅出现于生产制造环节，其主要目的是实现工业设备的实时监控与预测性维护。事实上，工业大数据不是只出现于生产环节，而是覆盖了从产品研发到生产、销售、物流供应链，再到售后服务及回收的产品全生命周期。工业大数据的来源也丰富多样，包括工业生产线中智能设备在物联网模式下通过传感器实时收集的机器传感数据；来自企业资源计划（ERP）系统、供应链管理（SCM）系统、客户关系管理（CRM）系统、制造执行系统（MES）等管理信息系统的内部运营数据；以及来自互联网的（如新闻资讯、社交媒体、产品市场信息、竞争对手信息、政策法规、行业动态等）外部数据。依靠机器学习、深度学习、人工神经网络等技术，将各类工业大数据进行处理、整合、挖掘与分析，可逐步建立一系列完善的、具备"独立思考"能力的、覆盖产品全生命周期的工业人工智能应用。具体应用领域包含：工业人工智能+研发设计；工业人工智能+生产制造；工业人工智能+市场营销；工业人工智能+物流供应；工业人工智能+售后服务。

作者自 2005 年开始从事企业信息化相关研究，近年更围绕企业数字化转型与智能制造落地问题多次与 IBM、GSMA、劳斯莱斯、AT&T、富士康、广东华诺勤耕材料科技有限公司、武汉农业集团有限公司、京东橡胶有限公司等多所世界 500 强企业、跨国集团、国内大型企业与民营企业开展项目合作并提供战略性咨询及培训服务。基于多年的理论研究与实践经验，发现国内制造企业在智能制造的发展过程中，往往更聚焦于物联网、5G 通信及生产线智能设备等硬件基础设施，而对工业人工智能的潜在应用往往缺乏深入的理解与全面的规划。尽管部分制造企业已在某些领域（如生产或营销环节）实施了一些大数据分析及人工智能工具运用，但总体呈现散、乱的特征，且远远未能覆盖产品全生命周期，更未能依托人工智能技术实现高度智能化、精准化的整体联动闭环管理。过于注重"身体器官"与"神经脉络"的搭建，但忽视了"中枢大脑"的开发与锻炼，也就是未能做到"硬"与"软"的融合，容易培养出"笨小孩"。在不久的将来，这极可能成为制约我国智能制造发展的核心瓶颈问题，也将影响到数字经济的健康发展。

贯穿产品全生命周期，工业人工智能可以为制造企业带来哪些创新性应用？工业人工智能如何与不同行业深度融合，目前有哪些成功案例？工业人工智能在落地及实施阶段会面临哪些挑战？如何开展工业人工智能成熟度评估及变革管理？为了寻求这一系列问题的答案，作者带领团队撰写了本书。通过汇聚及分享我们近年在智能制造及工业人工智能领域的一些创新性学术思想和独到的观点及研究成果，期望能针对痛点问题，为我国制造企业新一轮数字化转型及创新带来一定启示。

本书包含四大部分，共 16 章。第一、二部分介绍了智能制造、工业大数据及工业人工智能的时代背景、相关概念与内在联系，同时介绍了工业人工智能在研发设计、生产制造、市场营销、物流供应、售后服务等不同环节发挥的作用，为理解工业人工智能在产品全生命周期的应用提供了指导性理论框架。第三部分提出了一套创新性的工业人工智能成熟度评估体系，同时探讨了工业人工智能变革阻碍因素与相关对策。第四部分通过梳理并探讨国内外数十个经典案例，剖析了工业人工智能在能源、冶金及化工行业，交通运输设备制造业，食品工业，计算机、通信与其他电子设备制造业，装备制造业等不同行业的应用。

本书第一部分包括第 1~3 章。第 1 章概括了智能制造的发展历程、基础定义及核心技术要素，介绍了全球主要国家智能制造发展战略、我国智能制造扶持政策及发展现状，同时描绘出智能制造的发展蓝图。第 2 章聚焦于工业大数据，介绍了工业大数据的基本概念、主要特征、数据来源、形式种类，同时概述了工业大数据在产品全生命周期的应用。第 3 章重点介绍了人工智能的发展历程及其基础定义，指出了人工智能与机器学习、深度学习的区别和联系，解释了机器学习、深度学习的类型和基本算法，最后概述了人工智能在制造业及其他行业的应用以及人工智能给制造业带来的挑战和机遇。

第二部分共有 5 章（第 4~8 章）。第 4 章探讨了人工智能技术在研发设计环节的应用，从制造企业研发设计部门职能、需求及研发设计大数据来具体展开讨论。第 5 章分析了人工智能技术在生产制造环节的应用，重点解释了人工智能技术给企业生产制造环节带来的优势。第 6 章介绍了人工智能技术在企业市场营销环节的应用，提出了人工智能技术为新型营销模式可能带来的机遇。第 7 章分析了人工智能在物流供应环节的应用价值，结合物流供应环节的需求，讨论了人工智能技术如何对物流供应各环节的流程进行优化。第 8 章介绍了人工智能技术在售后服务环节的应用，围绕制造企业售后服务的需求，探讨了售后服务活动中人工智能技术的应用场景，并讨论人工智能售后服务的优势。

第三部分共有 3 章（第 9~11 章）。第 9 章介绍了 I4.0-AIM 工业人工智能成熟度评估模型的研究背景和意义、模型的构建方法、模型的总体框架，以及利用模型评价企业工业人工智能成熟度的方法、步骤和示例。第 10 章讨论了制造企业工业人工智能转型过程中可能引发的企业变革（包括技术变革、个人变革以及组织变革），并探讨了一系列可促进企业工业人工智能转型的变革干预措施。第 11 章对当前国内企业在工业人工智能的实施过程中面临的主要问题进行了归纳与讨论，分别探讨了数据、算法、成本、需求以及伦理五个方面的问题并给出相关对策。

第四部分共有 5 章（第 12~16 章）。第 12 章聚焦于能源、冶金及化学工业的人工智能应用状况，通过对中国海油集团、攀钢"钢铁大脑"、巴斯夫"一体化"以及永煤集团"智慧煤矿"等案例进行系统分析，反映了工业人工智能在基础工业生产中从局部到整体的系统化、全局化的应用趋势。第 13 章通过交通运输设备制造业的三个典型案例来展现工业人工智能在汽车、航空、轨道交通等制造企业的应用现状与发展前景。第 14 章聚焦于食品工业的人工智能应用，通过农副食品加工业、食品制造业、饮料制造业的相关案例，展示工业人工智能在食品工业的应用现状与未来趋势。第 15 章聚焦于计算机、通信与其他电子设备制造业，选取了联想、TCL 和华为等三个案例，提出在该行业打造工业人工智能生态的发展方向。第 16 章聚焦于装备制造业的人工智能应用，通过农业装备制造业、液压行业和工业自动化设备行业的相关案例，对装备制造业与人工智能融合趋势进行分析。

在本书的撰写过程中，彭国超承担了全书的策划、组织、统筹、大纲修订、起草、审稿和统稿工作，刘彩华和邢飞分别承担了第 1 部分及第 2 部分的策划工作。全书各章节具体分工如下：第 1~3 章、第 9 章由刘彩华、彭国超撰写，第 4~

8章、第10章由邢飞、彭国超撰写，第11章由杨希、彭国超撰写，第12章由张冰倩、王玉文撰写，第13章由梁欣婷、吴思远撰写，第14章由孔泳欣、梁欣婷撰写，第15章由王玉文、孔泳欣撰写，第16章由吴思远、张冰倩撰写。

  本书得到国家自然科学基金项目（71974215）、广东省自然科学基金项目（2018A030313706）、中山大学中央高校基本科研业务费青年教师重点培育项目（20wkzd17）的资助。

  本书凝聚着团队全体成员的心血与智慧，在此谨向全体团队成员表示衷心的感谢！由于智能制造及工业人工智能是跨学科领域，本书主要从信息系统及信息管理学科角度进行探索，难免存在不足或疏漏，期盼专家学者和广大读者批评指正。同时，我们也希望本书能起到抛砖引玉的效果，能引起相关政府部门、企业、行业专家、学界同行及广大读者对工业人工智能的进一步思考。

彭国超
2021年6月23日

目　录

第一部分　智能制造、工业大数据及工业人工智能

第1章　智能制造的过往、现在及将来 ········· 3
1.1　智能制造的发展历程 ········· 3
1.2　智能制造的发展现状 ········· 4
　1.2.1　智能制造的定义 ········· 4
　1.2.2　智能制造的核心技术要素 ········· 5
　1.2.3　全球主要国家的智能制造发展战略 ········· 11
　1.2.4　我国智能制造的扶持政策及发展现状 ········· 14
1.3　智能制造的发展前景 ········· 16
1.4　本章小结 ········· 17
参考文献 ········· 17

第2章　工业大数据的来源与种类 ········· 19
2.1　工业大数据的概念 ········· 20
2.2　工业大数据的特征 ········· 20
2.3　工业大数据的来源 ········· 23
2.4　工业大数据在产品全生命周期的应用 ········· 24
　2.4.1　研发设计 ········· 24
　2.4.2　生产制造 ········· 25
　2.4.3　市场营销 ········· 27
　2.4.4　物流供应 ········· 28
　2.4.5　售后服务 ········· 29
2.5　本章小结 ········· 30
参考文献 ········· 30

第3章　人工智能对制造业带来的"危"与"机" ········· 32
3.1　人工智能的发展历程与基础定义 ········· 32
　3.1.1　人工智能的发展历程 ········· 32
　3.1.2　人工智能的基础定义 ········· 34

3.2 人工智能与机器学习、深度学习 ·· 34
   3.2.1 机器学习 ·· 35
   3.2.2 深度学习 ·· 39
3.3 人工智能的应用 ··· 41
   3.3.1 人工智能在制造业的应用概况 ·· 41
   3.3.2 人工智能在其他领域的应用概况 ·· 43
3.4 人工智能给制造业带来的挑战和机遇 ·· 44
   3.4.1 人工智能给制造业带来的挑战 ·· 44
   3.4.2 人工智能给制造业带来的机遇 ·· 45
3.5 本章小结 ··· 46
参考文献 ·· 46

第二部分　工业人工智能的应用场景

第 4 章　人工智能与研发设计 ··· 51
4.1 研发设计基础介绍 ··· 51
   4.1.1 研发设计部职能 ··· 51
   4.1.2 研发设计部组织架构 ··· 52
   4.1.3 研发设计部工作流程 ··· 54
4.2 研发设计需求 ··· 56
   4.2.1 传统研发设计特点 ··· 56
   4.2.2 工业 4.0 背景下研发设计信息需求 ·· 57
   4.2.3 研发设计活动中人工智能应用 ·· 59
   4.2.4 人工智能研发设计带来的优势 ·· 62
4.3 研发设计大数据 ··· 65
4.4 本章小结 ··· 66
参考文献 ·· 67

第 5 章　人工智能与生产制造 ··· 68
5.1 生产制造基础介绍 ··· 68
   5.1.1 生产制造部职能 ··· 68
   5.1.2 生产制造部组织架构 ··· 69
   5.1.3 生产制造部工作流程 ··· 71
5.2 生产制造需求 ··· 73
   5.2.1 传统生产制造特点 ··· 73
   5.2.2 工业 4.0 背景下的生产制造信息需求 ·· 74
   5.2.3 生产制造活动中人工智能应用 ·· 76

5.2.4　人工智能生产制造带来的优势 ·· 78
　5.3　生产制造大数据 ·· 81
　5.4　本章小结 ··· 82
　参考文献 ··· 82

第 6 章　人工智能与市场营销 ·· 84
　6.1　市场营销基础介绍 ·· 84
　　　6.1.1　市场营销部职能 ·· 84
　　　6.1.2　市场营销部组织架构 ·· 85
　　　6.1.3　市场营销部工作流程 ·· 87
　6.2　市场营销需求 ··· 88
　　　6.2.1　传统市场营销特点 ·· 88
　　　6.2.2　工业 4.0 背景下市场营销信息需求 ·· 90
　　　6.2.3　市场营销活动中人工智能应用 ·· 91
　　　6.2.4　人工智能市场营销带来的优势 ·· 92
　6.3　市场营销大数据 ·· 94
　6.4　本章小结 ··· 95
　参考文献 ··· 95

第 7 章　人工智能与物流供应 ··· 97
　7.1　物流供应基础介绍 ·· 97
　　　7.1.1　物流供应部职能 ·· 97
　　　7.1.2　物流供应部组织架构 ·· 98
　　　7.1.3　物流供应部工作流程 ·· 99
　7.2　物流供应需求 ··· 102
　　　7.2.1　传统物流供应特点 ··· 102
　　　7.2.2　工业 4.0 背景下物流供应信息需求 ·· 103
　　　7.2.3　物流供应活动中人工智能应用 ··· 104
　　　7.2.4　人工智能物流供应带来的优势 ··· 105
　7.3　物流供应大数据 ··· 106
　7.4　本章小结 ·· 107
　参考文献 ·· 107

第 8 章　人工智能与售后服务 ·· 108
　8.1　售后服务基础介绍 ··· 108
　　　8.1.1　售后服务部职能 ··· 108
　　　8.1.2　售后服务部组织架构 ··· 109
　　　8.1.3　售后服务部工作流程 ··· 110

8.2 售后服务需求 ··· 111
8.2.1 传统售后服务特点 ··· 111
8.2.2 工业 4.0 背景下售后服务信息需求 ··· 112
8.2.3 售后服务活动中人工智能应用 ··· 113
8.2.4 人工智能售后服务带来的优势 ··· 114
8.3 售后服务大数据 ··· 116
8.4 本章小结 ··· 116
参考文献 ··· 117

第三部分　工业人工智能成熟度评估及组织变革

第 9 章　I4.0-AIM 工业人工智能成熟度评估方法 ··· 121
9.1 I4.0-AIM 模型的提出背景和意义 ··· 121
9.2 前有相关成熟度模型分析 ··· 122
9.3 I4.0-AIM 模型构建方法 ··· 124
9.3.1 系统性文献回顾 ··· 125
9.3.2 专家访谈 ··· 127
9.4 I4.0-AIM 模型架构 ··· 129
9.4.1 I4.0-AIM 模型的评价维度和测评指标 ··· 129
9.4.2 I4.0-AIM 模型的评价等级 ··· 134
9.4.3 工业人工智能成熟度概述 ··· 134
9.5 I4.0-AIM 模型的应用 ··· 138
9.5.1 评价方法 ··· 138
9.5.2 评价步骤 ··· 139
9.5.3 应用示例 ··· 140
9.6 本章小结 ··· 141
参考文献 ··· 141

第 10 章　工业人工智能的企业变革与转型路径 ··· 144
10.1 变革管理 ··· 144
10.1.1 变革管理的含义 ··· 144
10.1.2 变革管理的必要性 ··· 145
10.1.3 变革管理理论 ··· 146
10.2 人工智能所引起的企业变革 ··· 147
10.2.1 技术变革 ··· 147
10.2.2 个人变革 ··· 148
10.2.3 组织变革 ··· 149

10.3　工业人工智能转型障碍因素 151
10.4　工业人工智能变革干预措施 153
 10.4.1　人际干预措施 153
 10.4.2　人力资源干预措施 153
 10.4.3　技术-结构干预措施 154
 10.4.4　战略干预措施 154
10.5　本章小结 154
参考文献 154

第 11 章　工业人工智能的实施挑战与对策 156
11.1　工业人工智能的实施挑战 156
11.2　制造业积累的数据难以满足人工智能建设需求 156
 11.2.1　数据量尚未达到工业人工智能建设标准 156
 11.2.2　数据质量在多个维度上难以满足人工智能建设需求 157
11.3　人工智能算法难以满足制造业对准确性的极高要求 157
 11.3.1　人工智能算法自身的不成熟性影响结果的准确性 157
 11.3.2　人工环节的不确定性和判断尺度的可调性影响算法准确性 157
 11.3.3　算法无法模拟决策过程的复杂性 158
 11.3.4　产品体系和测试场景的多样性要求算法具有多样性 158
 11.3.5　算法与视觉须具备协同性 158
11.4　较高的投资成本与尚不清晰的收益回报相矛盾 159
 11.4.1　建设工业人工智能需耗费大量资金成本 159
 11.4.2　人工智能建设需要耗费大量的时间成本 159
 11.4.3　缺乏人工智能与制造业深度融合所需的复合型人才 159
 11.4.4　回报收益难以评估，投资前景尚不清晰 160
11.5　较低的建设需求使得企业缺少必要的建设动力 160
11.6　工业人工智能的建设势必会对伦理道德产生冲击 161
11.7　对策与建议 162
参考文献 163

第四部分　工业人工智能的应用案例

第 12 章　能源、冶金及化工行业案例 167
12.1　能源、冶金及化工行业背景特征 167
12.2　石油行业工业人工智能应用 168
 12.2.1　石油工业行业特征 168
 12.2.2　应用原理及应用现状 168

12.3 冶金行业工业人工智能 ···································· 172
12.3.1 冶金工业行业特征 ···································· 172
12.3.2 应用原理及应用现状 ···································· 173
12.3.3 案例分析 ···································· 175
12.4 化工行业工业人工智能应用 ···································· 178
12.4.1 化学工业行业特征 ···································· 178
12.4.2 应用原理及应用现状 ···································· 178
12.4.3 案例分析 ···································· 180
12.5 煤炭行业工业人工智能应用 ···································· 183
12.5.1 煤炭行业特征 ···································· 183
12.5.2 应用原理及应用现状 ···································· 183
12.5.3 案例研究 ···································· 184
12.6 未来趋势与建议 ···································· 187
参考文献 ···································· 189

第 13 章 交通运输设备制造业应用案例 ···································· 190
13.1 交通运输设备制造业背景特征 ···································· 190
13.2 汽车制造业工业人工智能应用 ···································· 190
13.2.1 汽车制造业特征 ···································· 190
13.2.2 应用原理及应用现状 ···································· 191
13.2.3 案例分析 ···································· 192
13.3 航空制造业工业人工智能应用 ···································· 198
13.3.1 航空制造业特征 ···································· 198
13.3.2 应用原理和应用现状 ···································· 198
13.3.3 案例分析 ···································· 200
13.4 轨道交通制造业工业人工智能应用 ···································· 205
13.4.1 轨道交通制造业特征 ···································· 205
13.4.2 应用原理和应用现状 ···································· 206
13.4.3 案例分析 ···································· 208
13.5 未来趋势与建议 ···································· 212
参考文献 ···································· 214

第 14 章 食品工业应用案例 ···································· 216
14.1 食品工业的背景特征 ···································· 216
14.1.1 行业特征 ···································· 216
14.1.2 食品工业所涉及的主要人工智能技术 ···································· 217

14.2 农副食品加工行业工业人工智能应用……219
    14.2.1 农副食品加工行业特征……219
    14.2.2 应用原理及应用现状……220
    14.2.3 案例分析……221
14.3 食品制造业工业人工智能应用……227
    14.3.1 食品制造业特征……227
    14.3.2 应用原理及应用现状……228
    14.3.3 案例分析……229
14.4 饮料制造业工业人工智能应用……231
    14.4.1 饮料制造业特征……231
    14.4.2 应用原理及应用现状……232
    14.4.3 案例分析……233
14.5 未来趋势与建议……237
参考文献……239

第15章 计算机、通信与其他电子设备制造业应用案例……240

15.1 计算机、通信与其他电子设备制造业的背景特征……240
15.2 计算机制造业人工智能应用……243
    15.2.1 计算机制造业背景特征……243
    15.2.2 计算机制造业人工智能的应用原理及现状……244
    15.2.3 案例分析……246
15.3 电视机制造业人工智能的应用……254
    15.3.1 电视机制造业背景特征……254
    15.3.2 电视机制造业人工智能的应用现状……255
    15.3.3 案例分析……255
15.4 通信终端（手机）制造业人工智能的应用……258
    15.4.1 通信终端（手机）制造业背景特征……258
    15.4.2 通信终端（手机）制造业人工智能的应用原理及现状……258
    15.4.3 案例分析……259
15.5 未来趋势与建议……260
参考文献……261

第16章 装备制造业应用案例……262

16.1 装备制造业的背景特征……262
16.2 农业装备制造业工业人工智能应用……263
    16.2.1 农业装备制造业特征……263
    16.2.2 应用原理及应用现状……263

16.2.3 案例分析 ··· 265
16.3 液压行业工业人工智能应用 ··· 271
　16.3.1 液压行业特征 ··· 271
　16.3.2 应用原理及应用现状 ·· 272
　16.3.3 案例分析 ·· 273
16.4 工业自动化设备行业工业人工智能应用 ······························ 276
　16.4.1 工业自动化设备行业背景 ······································· 276
　16.4.2 应用原理及应用现状 ··· 277
　16.4.3 案例分析 ··· 278
16.5 未来趋势与建议 ··· 282
参考文献 ·· 283

附录 ··· 285

第一部分

智能制造、工业大数据及工业人工智能

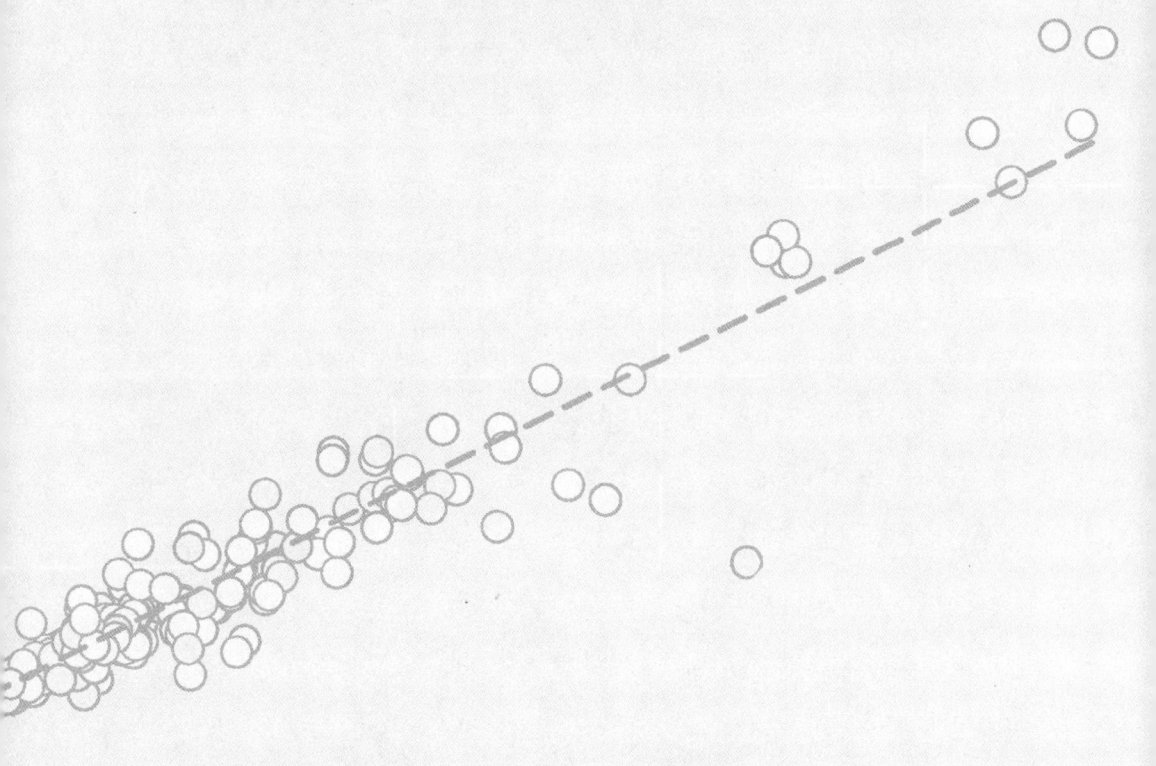

第1章
智能制造的过往、现在及将来

1.1 智能制造的发展历程

五十年的商业、制造技术、信息技术演进使得生产实践在稳定和垂直优化的公司经营业务基础上开展，促进了端到端信息企业的形成。端到端信息流的构建，帮助企业打破信息壁垒，实现企业物料、事务、现金等业务过程数字化、信息化。企业通过信息系统观察和洞悉各类业务的一切信息，根据订单接收、产品设计、工业设计、生产计划订制、材料和加工产品装配、产品交付等环节的优先次序对生产经营活动进行管理，在每个环节相对独立地处理物料、能源和风险（Davis et al., 2015）。经过几十年的发展，部分制造企业实施了企业资源计划（ERP）系统、制造执行系统（MES）、客户关系管理（CRM）系统、供应商关系管理（SRM）系统或者办公自动化（OA）系统等企业管理软件，支持企业事务性运营和基础数据分析，并辅以少量企业间的信息交互。这些信息化软件的用户规模往往局限于企业内部，主要用于处理本地化业务，而有关生产制造过程中物理对象的数据采集和集成比较有限，对数据价值的挖掘不够重视。近十年来，在以物联网、大数据、云计算为代表的新一代信息技术影响下，制造企业数据采集和交互的深度和广度得到前所未有的扩展，数据集成和智能分析能力极大地拓展了制造应用和智能决策的创新空间。企业越来越重视借助高新科技推动生产方式变革，积极发展数据驱动的智能制造。

国内专家学者根据企业信息化的特征，将智能制造的发展分为数字化、网络化、智能化三个阶段（臧冀原等，2018）。在数字化阶段（20世纪50年代开始），以计算机数字控制为代表的数字化技术广泛应用于制造业，大幅度提升了制造过程自动化的控制程度。在这一阶段，企业大量采用计算机辅助设计与制造等数字化设计、建模和仿真方法以及数字化制造装备和数控系统，对产品、物料、工艺等方面的信息进行数字化描述、集成、分析，并通过建立的信息化管理系统，对制造过程的实时信息进行管理，作出有利于生产要素组合优化的决策，从而提升生产的效率和产品的质量，快速生产出满足用户需求的产品。

在网络化阶段（从20世纪90年代中期开始），通信技术和网络技术的普及和应用，推进了制造业与互联网的融合发展。网络将人、机、事务、流程连接起来，帮助企业实现信息的互联互通，使得企业更好地采集用户使用和评价产品的信息，掌握市场供需变化动态，提升企业的市场适应性、生产柔性化以及信息化管理水平。在这个阶段，生产设备终端、企业内各部门可以通过网络连接和交互，传递产品制造过程的相关信息。不仅如此，企业与企业之间的信息也可以进行连通，企业能够实现跨部门、跨地域、跨行业的信息集成和无缝隙信息共享，开展与其他外部企业的协同制造，进行小批量多品种的混流生产。通过互联网，企业能够根据用户需求提供个性化产品和延伸的售后保障服务，用户能够获取相关产品的动态信息。

21世纪以来，新一代信息技术孕育兴起，人工智能（Artificial Intelligence）在工业领域取得突破性进展。人工智能技术使得制造系统具备认知和学习的能力，能够将获取的信息转化为知识，并运用于生产经营活动的智能管理和优化，进而提高企业创新和服务能力。企业信息化逐步趋向以单机自主、多机协同、人机共融等为特征的发展方式，标志着制造业进入智能化的新阶段。

从智能制造的发展历程来看，西方发达国家先用几十年时间发展数字化、网络化，再发展智能化，按照数字化、网络化、智能化的顺序发展智能制造。在新一代科技革命和产业变革的背景下，我国制造业要抓住人工智能在制造业发展的新机遇，不必走西方发达国家智能制造顺序发展的路径，需要探索三化融合、并行发展的新路（古依莎娜等，2018）。在智能制造的三个发展阶段中，数字化贯穿于智能制造整个发展过程；数字化、网络化、智能化具有融合性，后者的发展需建立在前者的基础上。从企业信息化特征来看，数字化强调借助数字技术将企业事务和物理对象转化为数字信息，网络化强调利用互联网对各种信息资源进行整合和共享，智能化着眼于将收集和整合的信息资源转化为知识应用于智能优化生产组织的全部活动，形成新一代智能制造。

1.2 智能制造的发展现状

1.2.1 智能制造的定义

2011年，工业4.0的概念在汉诺威工业博览会上被正式推出（Kagermann et al.，2011）。工业4.0的提出，迅速引起欧洲乃至全球工业领域的关注和认同。2015年，工业和信息化部给出了"智能制造"的定义："智能制造是基于新一代信息技术，贯穿设计、生产、管理、服务等制造活动各个环节，具有信息深度自感知、智慧优化自决策、精准控制自执行等功能的先进制造过程、系统与模式的总称"（中华人民共和国工业和信息化部，2015）。可以看出，与传统制造只关注将物料转化为产品的生产过程不同，智能制造是一种基于设备通信和数据实时共享的制造范式，将智能贯穿于制造活动的各个方面。

新一轮科技革命和产业变革意味着信息化与工业化的深度融合，催生了新一代智能制造，其本质是新一代信息技术的创新发展引发人类社会生产生活方式的改变。当今世界正处于以信息化为基础重塑各国经济竞争力和全球竞争格局的新阶段，迎来了新一轮信息革命浪潮。新一代信息技术在制造业的应用将显著减少人工的介入。在智能制造过程中，机器通过传感器设备感知工作场景中的物理对象，将其转化为数字信息，再基于机器嵌入芯片/软件上编制的模型和算法，思考和推导出有利于生产实践的决策，执行自主或协同控制（赵敏，2020）。如此一来，所有机器、设备、操作系统可以在无人在现场参与的情况下自动、智能地进行工作，工人也可以打破时间和空间的限制，对机器进行远程操控，从事生产活动。智能制造空前地将人类从体力和脑力上解放出来，根本性地改变人与机器的关系，更好地优化生产资源配置，为生产力带来质的飞跃。显而易见，智能制造是未来制造业发展的必然趋势和重要方向。任何企业都应该把智能制造纳入企业长远发展的战略规划中去，以迎接这一持续性的、颠覆性的、不可逆转的科技革命和产业变革带来的挑战和机遇。

1.2.2 智能制造的核心技术要素

智能制造以信息物理系统为基础，利用新一代信息技术引领生产方式的变革。加快智能制造的发展，要力争攻克一批核心技术和关键技术。本书以信息物理系统、物联网、大数据技术、云计算、人工智能为例，阐述智能制造的核心技术组成要素。

1. 信息物理系统

美国国家自然科学基金会（National Science Foundation，NSF）于2006年召开了首个关于信息物理系统（Cyber-Physical Systems，CPS）的研讨会，并指出了CPS的概念，认为CPS是依赖于计算算法和物理组件的无缝集成而构建的工程系统（Lee，2006）。基于物理空间和信息空间中人、机、物、服务的深度融合，信息物理系统能够实现系统内部资源的优化和配置，正在成为引领制造方式变革的核心技术体系。鉴于信息物理系统在实施智能制造中发挥的重要支撑作用，各国持续扩大对信息物理系统研究项目的资金投入。例如，美国国家自然科学基金会在2017～2019年投入信息物理系统研究的总额达1.13亿美元，仅在2019年就投入了5150万美元（中国电子技术标准化研究院，2020）。我国政府积极推动信息物理系统的建设和实施，近三年来培育了10余项企业信息物理系统测试验证平台项目和试点示范（中国电子技术标准化研究院，2020）。

在中国电子技术标准化研究院发布的《信息物理系统白皮书（2017）》中，关于信息物理系统功能的表述为"能够将感知、计算、通信、控制等信息技术与设计、工艺、生产、装备等工业技术融合，能够将物理实体、生产环境和制造过程精准映射到虚拟空间并进行实时反馈，能够作用于生产制造全过程、全产业链、产品全生命周期，能够从单元级、系统级到系统之系统级（SoS）不断深化，实现制造业生产范式的重构"。可以看出，信息物理系统是工业化和信息化范畴内跨学科、跨领域、跨平台的集成技术体系。该白皮书指出，这样一套体系由"一硬"（感知和自动控制）、"一软"（工业软件）、"一网"（工业网络）、"一平台"（工业云和智能服务平台）四大核心要素组成（中国电子技术标准化研究院，2017）。图 1-1 直观地展示了信息物理系统核心要素之间的关系。

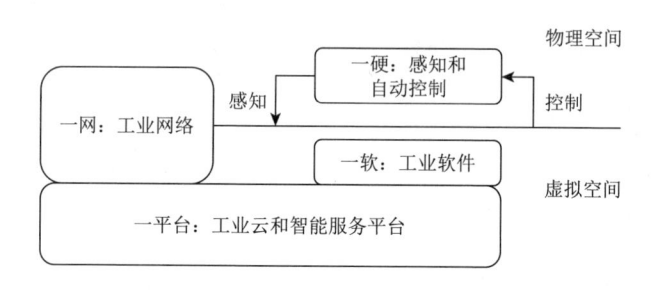

图 1-1　信息物理系统核心组成要素

如图 1-1 所示，感知是通过传感器、摄像头、定位系统等感知设备将生产制造活动中涉及的人、机、物等物理环境数字化，实现数据从物理空间向虚拟空间的输入。自动控制是基于分布式控制系统、可编程逻辑控制系统及数据采集与监控控制系统等执行数据采集、传输、存储、分析等操作，作用于物理环境，完成数据从虚拟空间向物理空间的输出。感知和自动控制体现了数据在物理空间和虚拟空间之间的流动。工业软件是算法的代码化，主要描述数据流动的规则，制定数据采集、传输、存储、分析等操作的方法，用来解决生产制造过程中的复杂性和不确定性问题。工业网络是通过工业以太网、工业无线网络和网络集成等技术，实现企业内感知设备、机器、控制系统、信息系统等各类硬软件的互联互通，以及人、机、物的融合和集成，是数据流动的支撑通道。工业云和智能服务平台为企业提供高度集成开放和共享的数据服务平台，帮助企业处理数据信息并形成分析决策，从而实现生产制造过程中的资源配置优化。

根据《信息物理系统白皮书（2017）》的解读，信息物理系统具有层级性特征，可以小到构建一个智能部件，大到构建整个智能制造企业，从单一部件、单一设备、单一环节等小系统向整个生产制造系统演进，不断延伸和拓展数据的流动域，打破地域、行业、类别的限制，实现生产资源和生产要素的整合和共享，推动生产组织、经营管理、商业模式的改革创新。综合而言，信息物理系统的建设是实现智能制造的重要基础。

2. 物联网

全球移动通信系统协会（Global System for Mobile communications Association，GSMA）发布的 The mobile economy 2020（2020年移动经济）报告指出，2019年全球物联网总连接数达到120亿，预计到2025年将突破246亿。中国信息通信研究院发布的《物联网白皮书（2020年）》数据显示，截至2019年，我国物联网连接数规模已达36.3亿，在全球物联网总连接数占比高达30%。预计到2025年，我国物联网连接数将达到80.1亿，其中物联网连接数的大部分增长来自产业市场。与此同时，智慧工业将最有可能成为产业物联网连接数增长最快的领域之一。面对宏观经济下行压力、内部物联网网络基础设施建设加速和外部环境变化风险增加的局面，我国制造业与物联网应用的结合需求急迫。利用物联网技术加速工业化和信息化的深度融合，是提高我国经济社会发展的质量和效益的重要手段。

物联网（Internet of Things）一词最早出现在1999年，是麻省理工学院凯文·艾什顿（Kevin Ashton）教授在宝洁公司演讲时所使用的标题（Ashton，2009）。2005年国际电信联盟（International Telecommunication Union，ITU）在突尼斯举行的信息社会世界峰会上正式定义了物联网的概念（即物联网是信息社会的全球性基础设施，基于现有的和不断发展的信息和通信技术将物理和虚拟事物进行互联来实现高级服务），并在随后发布的 ITU Internet reports 2005—the Internet of Things 中介绍了物联网的相关技术（ITU，2005）。其中，构建物联网的4个重要相关技术包括射频识别（Radio Frequency Identification，RFID）技术、传感器技术、智能技术及纳米技术。首先，为了将日常物品和设备连接到大型数据库和网络，物体识别系统是必不可少的。借助射频识别技术，物体的相关数据才能被收集和处理。其次，传感器技术能够检测和收集有关物体物理状态变化的数据。嵌入智能的感知设备具有信息处理能力，能够将数据发送至接收端，增强数据在网络的传输。最后，纳米技术的应用意味着越来越小的物体将具有连接和相互作用的能力。所有这些技术发展的结合产生了物联网，以感官和智能的方式连接世界上的物体。

围绕数据流动的过程，从信息科学的角度来看，物联网的功能可以划分为数据获取、数据传输、数据处理和数据应用等功能（孙其博等，2010）。数据获取功能包括数据的感知和识别，能够对物体状态及其变化的方式具有敏锐的知觉，并将感知的状态和变化的方式表示出来。数据传输功能是完成将物体的状态及其变化方式从发送端传送至接收端，实现数据的通信。数据处理功能是对数据的加工，利用已收集的数据认知物体的规律并产生新的理解。数据应用功能是基于数据处理的结果制定决策，调节物体的状态及其变化方式，使其达到预期的效果。实施这一数据流动，需要通过设备层（底层传感器设备）、网络层（传感器接入网络）、中间层（传感器网络中间件）及应用层（传感器网络应用平台）4个层次。这4个层次构成了物联网体系架构（图1-2）。

物联网和信息物理系统的建设都离不开网络。但是，物联网突出物体与物体之间的数据交换和通信，而信息物理系统强调对物的实时感知、动态控制和信息服务。可以看出，信息物理系统是物联网应用的技术形态。物联网基础设施的加快推进，已成为发展智能制造的重要载体。物联网通过各种传感器联网实时采集各类工业大数据，实现人、机、物和数据的连接，为制造主体的自组织、自学习、自适应、持续演化等智慧赋能提供重要数据支撑载体。

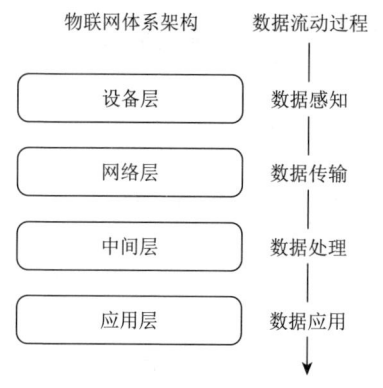

图1-2　物联网体系架构

3. 大数据技术

全球数据总量呈现指数级增长态势，数据正成为信息时代新的生产要素。以美国、英国、韩国和日本等为代表的发达国家一向关注大数据在促进经济发展和社会变革的重要作用，当前更是竞相开展大数据战略布局，大力抢抓大数据技术与产业融合发展，力争在数字经济时代占得先机。我国政府高度重视大数据发展，陆续制定和颁布大数据政策文件，如《大数据产业发展规划（2016—2020年）》等。伴随着一批国家大数据新型工业化示范基地的建设，大数据已逐步深入智能化生产制造的核心业务环节，成为制造业生产和创新能力提升的关键。

大数据技术被国际数据公司（International Data Corporation，IDC）定义为"更经济地从高频率的、大容量的、不同结构和类型的数据中获取价值而设计的新一代技术和架构"（Gantz and Reinsel，2011）。大数据技术涉及数据接入、数据预处理、数据存储、数据处理、数据可视化、数据治理以及安全和隐私保护等多个流程（全国信息技术标准化技术委员会大数据标准工作组和中国电子技术标准化研究院，2020）。在制造业应用场景下，制造企业需要从不同的数据源采集、传输和发送数据。数据接入基于规范化的传输协议和数据格式，使得各种类型的数据得以读入系统。基于采集到的数据，企业需要对数据进一步转化、整理、清洗等预处理，以支持后续的数据查询、分析等应用。经过预处理的数据被存储在数据库或云端，便于海量结构化数据的高质量管理以及对数据的读写，进而支持查询、分析、挖掘等大数据应用。通过运用数据处理技术，企业完成对海量数据的批量处理和分析、实时数据源快速分析、交互式的或实时的数据查询和分析。数据可视化技术为各类用户群体显示满足不同需求的数据分析结果。数据治理则从政策、制度、过程、技术等方面对数据进行多方位的管理，如数据标准管理、数据质量管理、数据安全管理等，实现生产制造过程中统一的数据资源管理和规划。从安全与隐私保护方面，随着大数据在制造业应用的深入发展，数据安全、应用安全、设备安全以及数据隐私保护已成为保障制造系统正常运行的重要抓手。

简言之，大数据技术与智能制造的发展存在紧密联系。从本质上看，数据驱动的智能制造是利用数据、模型和算法，优化制造资源的配置效率。而大数据技术则为挖掘工业场景下数据的关联、规律、价值提供方法和手段，为智能制造提供源源不断的驱动力。

4. 云计算

虽然云计算自 2006 年由谷歌首席执行官埃里克·施密特（Eric Schmidt）首次提出，但是相关技术起源可以追溯到网格计算技术的诞生，特别是搜索引擎商业模式的完成，建立了第一个云服务市场（如亚马逊电子商务网站）（Aymerich et al.，2008）。近年来，全球云计算市场规模持续快速增长。2019 年全球云计算市场规模达到 1883 亿美元，增速为 20.86%，预计至 2023 年将超过 3500 亿美元；而我国云计算市场规模在 2019 年达到 1334 亿元，增速为 38.6%，预计在 2023 年将突破 3800 亿元（中国信息通信研究院，2020）。随着我国云计算政策不断完善，云技术发展日趋成熟，新基建持续推进，云计算加快向政务、金融、工业、医疗等行业渗透。在全球数字经济背景下，云计算已成为我国制造企业转型升级的必由之路。

云计算是一种崭新的网络模式，用户能够无处不在、方便、按需访问可配置的计算资源共享池（包括网络、服务器、存储、应用等资源），这些资源以最小化的管理和交互来提供和释放（Mell and Grance，2011）。云计算服务类型可以分为基础设施即服务（IaaS）、平台即服务（PaaS）、软件即服务（SaaS）（李乔和郑啸，2011）（图 1-3）。IaaS 是最底层的云服务，它覆盖物理硬件资源，通过虚拟化技术提供处理、存储、网络以及其他方面的资源，使得用户能够部署和运行操作系统或应用程序等软件。用户需要自己控制底层来使用基础设施。PaaS 是构建在基础设施即服务之上的服务，提供软件工具和开发语言，用户基于这些服务配置自己需要的软件运行环境。用户不必管控底层的基础设施，但是可以控制操作系统

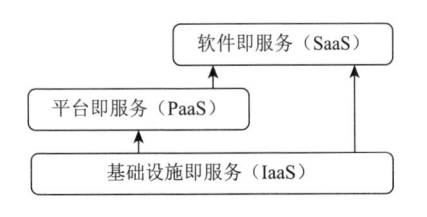

图 1-3 云计算服务类型

或应用程序等软件。SaaS 是 IaaS 和 PaaS 两层服务所开发的软件应用。在这种云服务类型中，软件仅需通过网络不需要经过下载安装即可使用，而软件本身存储在提供商的云端或服务器。用户以精简的客户端、按需求访问应用软件服务，并依据服务多少和时长支付费用。如此一来，云计算可以实现资源管理工作量最小化和资源使用效益最大化。

在生产制造过程智能化过程中，制造企业面临的一个主要问题就是实现基础设施的云计算化，完成企业已有系统和资源池的整合。通过云端连接制造企业的系统和设备，将采集的数据按照定制的规则进行分享，指导生产实践活动，以此提升企业的效率和效益。在产品的生产、物流、销售等环节中，云计算能够快速计算和自动分发资源，促进制造业产业链上下游信息协同，保障物料、产品等及时补充或调整，实现生产制造过程智能化。与此同时，云计算的出现使得传统网络边界变得模糊，依托云计算的强大计算能力和大数据分析技术，通过对多源数据的分析，生成有关安全问题的分析、检测、预警和处理的算法和模型，保障云计算平台的安全。

智能制造的实施，可以改造提升传统产业和发展壮大新兴产业，但对企业技术能力、资金投入提出了更高的要求。借助云计算，企业能够按照各类业务需求，以云的方式获得包括数据、资源、平台以及应用的智能化服务，降低企业智能化转型升级门槛，促进智能制造的落地实施。

5. 人工智能

全球范围内越来越多的国家逐渐认识到人工智能在降低劳动成本、优化产品服务、创造新价值等方面发挥的重要作用，将人工智能上升至国家战略高度，对人工智能核心技术、拔尖人才、标准规范等进行部署，推动人工智能技术和产业化发展。与此同时，主要科技企业加大对人工智能技术研发和应用的投入，积极抢占人工智能发展制高点。全球最大管理咨询公司埃森哲（Accenture）的分析显示（Purdy and Daugherty，2017），到 2035 年，人工智能技术的应用将使制造业总增长值增长近 4 万亿美元。我国是人工智能发展领域的全球领军者，拥有全球第二多的人工智能企业，同时也是制造业第一大国。我国人工智能与制造业的融合发展未来可期。

新一代信息技术在制造业的应用，为企业创造了海量数据。人脑的运算能力和思维方式存在上限，同时，传统数据处理软件无法满足业务对这些大数据处理和分析的需求，使得企业面临大数据应用和价值挖掘的瓶颈。人工智能通过计算机程序，借助远超人脑的算力，在生产制造过程中实现自感知、自学习、自决策、自执行、自适应等功能，从以下四个方面助力企业智能化转型升级（潘晓，2021）。一是提升生产效率。工厂订单信息由数据驱动，无须人工转接与纸质传递，打通数据孤岛实现数据的实时同步共享。智能制造系统根据客户订单整合供应链上下游资源，按照个性化订单研发产品定制工艺流程，智能设备通过平台统一协同操作进行大规模定制化、柔性化生产。二是降低人力成本。人工智能可替代人工进行危险操作，执行长时间的连续作业，避免产品质量受人的精力和操作影响，降低出错率。三是提升质量监控。人工智能与物联网等技术的结合，能够实现对生产制造全过程的实时监控，及早发现产品质量缺陷，并通过学习改善工艺流程。四是优化资源配置。人工智能通过对海量数据的跟踪和学习，从复杂多变的数据中挖掘有价值的信息，自适应地做出优化企业生产目标、优化配置资源及合理配置与循环利用能源的决策，并通过平台发送指令到相关生产制造环节。

由此可见，智能制造的主要特征在于学习能力，强调从海量数据发现、应用和传承知识，提高感知、适应和决策的能力。这些能力的实现和提升离不开人工智能的发展。人工智能技术的研发和应用能够为制造企业转型升级提供有力支撑，创造更智能、更快速、更节能、更环保的产品设计、生产、物流等生产实践活动，引领制造业变革和实体经济发展。

1.2.3 全球主要国家的智能制造发展战略

智能制造是制造业和经济发展不可避免的趋势已成为全球共识。为巩固在全球制造业中的地位，抢占新一代产业变革国际竞争先机，美国、德国、英国、法国、日本、中国等国家颁布了一系列以智能制造为主题的国家战略，大力发展智能制造，如下所述。

1. 美国智能制造发展战略

2005 年，美国国家标准与技术研究所（National Institute of Standards and Technology，NIST）提出了"聪明加工系统"（Smart Machining System，SMS）研究计划，实质上就是智能化系统研发。这一系统能够保证正确生产第一个和每一个产品，并根据需求变化做出实时响应、实现快速制造，从而提高生产系统的性能，降低生产成本。2009 年，美国总统执行办公室发布《重振美国制造业框架》，将制造业确定为美国核心产业，并提出七项政策措施，即加强劳动力素质培训、加大对新技术研发和产业化投入、发展有利于新技术产业化的资本市场、为劳动者提供一个美好的未来、加强先进交通基础设施建设、通过扩大出口创造公平的市场竞争环境、营造有利于制造业发展的政策环境，以支持制造业，尤其是先进制造业的发展。2011 年，美国启动《先进制造业伙伴计划》，意图推动工业界、高校和联邦政府合作，加速美国制造业创新及实现美国制造业振兴。同年，白宫发表《美国创新战略：确保经济增长与繁荣》报告，明确将先进制造业作为国家优先发展战略的五大创新方向之一。2012 年，美国总统执行办公室国家科技委员会发布《先进制造业国家战略计划》，为推进智能制造的配套体系建设提供政策与计划保障，力争实现五个目标，即加快中小企业投资、提高劳动者技能、建立健全伙伴关系、调整优化政府投资、加大研发投资力度。同年，美国正式启动国家制造业创新网络计划，支持建设 45 家制造业创新中心。2014 年，公布《振兴美国先进制造业 2.0 版》，主要通过支持创新、加强人才引进和完善商业环境等方式，确保美国在制造业领域的全球领先地位。2018 年，白宫发布《先进制造业美国领导力战略》，提出了开发和转化新的制造技术、培育制造业劳动力、提升制造业供应链水平三大战略目标，以确保美国赢得智能制造的未来。2019 年，发布《人工智能战略：2019 年更新版》，确立人工智能研发的八个战略重点（长期投资人工智能研发、开发人工智能协作的方法、解决人工智能的道德问题及其对法律和社会的影响、保障人工智能系统的安全性、开发人工智能培训和测试的共享公共数据集和环境、测量和评价人工智能技术、了解人工智能开发人员的需求以及加强政府、业界、学术界的合作促进人工智能的发展），这些战略计划的实施有利于人工智能技术在制造业的应用落地。

2. 德国智能制造发展战略

工业 4.0 是 2010 年德国政府在编制《高科技 2020 年战略行动计划》中筹划的未来项目之一，旨在加强高新技术在制造业的创新和应用，推动数字化制造向智能服务延伸和拓展，巩固德国在工业领域的技术领先地位。2012 年由罗伯特·博世有限公司（Robert Bosch GmbH）的 Siegfried Dais 和国家科学与工程学院（Acatech）的 Henning Kagermann 组建的工业 4.0 工作小组，向德国政府提出了工业 4.0 的实施建议。在 2013 年汉诺威工业博览会中，工业 4.0 工作小组提交了最终报告。同年，工业 4.0 项目被正式纳入德国《高科技 2020 年战略行动计划》。工业 4.0 战略计划实施建议包含一愿景，双战略，三集成和八个优先行动领域。一愿景是基于信息物理系统建立智能工厂，完成人、物、服务的网络连接，实现智能＋网络的生产制造；双战略指成为世界领先市场和提供领先供应商服务的策略；三集成包括企业间价值链和网络的横向集成、产品和相关制造系统整个价值链的数字化集成以及企业内部灵活和可重构制造系统的纵向集成；八个优先行动领域指在标准化和开放的参考框架、复杂系统管理、全面宽带基础设施供给、生产安全和数据安全、数字工业时代的工作组织和设计、培训和持续的专业发展、监管框架、资源利用效率这八个领域采取行动，推动智能制造的落地实施。

2014 年，德国政府出台了《数字议程（2014—2017）》，该政策是继工业 4.0 之后德国确保数字化创新驱动经济发展的又一重要举措，提出要加快扩建高速宽带基础设施，推进产业信息化进程，力争在智能制造领域为德国创新服务、经济发展创造提升空间。2016 年，德国政府发布了《数字战略 2025》，首次就 2016～

2025 年德国经济数字化转型做出系统性安排，确定了十个行动步骤（即构建千兆光纤网络、支持初创企业发展、建立投资及创新领域监管框架、推进智能互联网以加速经济发展、加强数据安全保障数据主权、促进中小企业等数字化转型、帮助企业推行工业 4.0、加强数字技术研发和创新、实现数字化教育培训、成立联邦数字机构），其目标是要把德国打造成最现代化的工业基地。2019 年，德国政府颁布了《德国工业战略 2030》，主要内容包括改善工业基地的框架条件、加强新技术研发和调动私人资本、在全球范围内维护德国工业的技术主权等，旨在有针对性地扶持重点工业领域，推广人工智能在制造业的应用，保障德国工业在欧洲乃至全球的竞争力。

3. 英国智能制造发展战略

英国是全球现代工业革命的摇篮，早期拥有全球先进的工业基础。面对新一代科技革命和产业变革浪潮，英国制造业同样把产业智能化提升到国家经济和社会发展的战略核心地位。自 2008 年起，英国政府就提出了"高价值制造"战略，以先进技术和知识生产具有更高经济价值的产品和服务，为英国带来持续的经济增长。2013 年，英国政府出台了《英国工业 2050 战略》，通过分析制造业面临的问题和挑战，提出英国制造业发展与复苏的策略。该战略以科技改变生产方式为核心内容，强调数字技术与产品和生产网络的融合，快速响应消费者需求。2017 年，英国正式公布"现代工业战略"，把加大科研与技术创新的投入放在首要地位，重点发展电池技术、储能技术及网络技术，培育壮大工业发展的新增长点。

4. 法国智能制造发展战略

2013 年，法国政府提出"新工业法国"战略，致力于重振老牌工业强国的雄风，实现制造业转型升级，制定了 34 项具体产业发展计划。2015 年，法国经济部、工业与数字事务部宣布启动"未来工业"计划。这标志着"新工业法国"战略迅速转入第二阶段，总体布局概括为一个核心和九个工业解决方案。其中，一个核心就是"未来工业"计划，通过数字技术改造实现工业生产的转型升级，以工业生产工具的现代化帮助企业转变经营模式、组织模式、研发模式和商业模式。九个工业解决方案包括数据经济、智慧物联网、数字安全、智慧饮食、新型能源、可持续发展城市、生态出行、未来交通、未来医药等九个方面。"未来工业"计划的实施依靠的是创新和数字技术驱动带动经济增长模式变革，建立更具竞争力的法国工业。

5. 日本智能制造发展战略

2015 年，日本政府发布了《机器人新战略》，提出要保持日本的机器人大国的优势地位，就必须策划实施机器人革命新战略，将机器人与 IT 技术、大数据、网络、人工智能等深度融合。该策略强调首先要在制造业发展机器人，提高作业效率和质量，增强日本在工业领域的国际领先地位。2016 年，日本工业价值链促进会发布了《日本互联工业价值链的战略实施框架》，提出的新一代价值链参考架构（IVRA-NEXT）成为日本产业界发展互联工业的行动指南。2017 年，日本经济产业省提出了"互联工业（Connected Industries）"战略，主要通过人、设备、技术等的连接，组织之间的合作与协调，以及培养适应数字技术的高级人才，创造新的附加值。2019 年，日本政府出台《人工智能战略 2019》，希望通过结合传统机械制造和人工智能技术的优势，从教育改革、研发和社会实施等方面发展人工智能，最终提高日本的产业竞争力。2020 年，发布《统合创新战略 2020》。面对错综复杂的国际形势，该战略提出必须运用人工智能、超算技术等，加快数字化转型，确保供应链稳定，保障经济社会发展的稳定。

6. 中国智能制造发展战略

为应对全球制造业竞争日益加剧及新一轮产业革命带来的挑战和机遇，2015 年，国务院印发了《中国制造 2025》，全面部署实施制造强国战略，坚持"创新驱动、质量为先、绿色发展、结构优化、人才为本"的基本方针，坚持"市场主导、政府引导，立足当前、着眼长远，整体推进、重点突破，自主发展、开放合作"的基本原则，以"提高国家制造业创新能力""推进信息化与工业化深度融合""强化工业基础能力""加强质量品牌建设""全面推行绿色制造""大力推动重点领域突破发展""深入推进制造业结构调整""积极发展服务型制造和生产性服务业""提高制造业国际化发展水平"为战略任务和重点，实现中国制造由大变强、由制造向智造的历史跨越。《中国制造 2025》是我国智能制造的主要发展路线规划纲要。在此基础上，2016 年《智能制造发展规划（2016—2020 年）》的出台，进一步明确了"十三五"期间我国智能制造发展的指导思想、基本原则、发展目标、重点任务、保障措施，进而加快形成全面推进制造业智能转型的工作格局，推动智能制造又快又好的发展。

1.2.4 我国智能制造的扶持政策及发展现状

在《中国制造 2025》和《智能制造发展规划（2016—2020 年）》等智能制造发展战略思想的指导下，我国先后出台了智能制造领域的专门性政策，包括针对智能制造技术的《"十三五"先进制造技术领域科技创新专项规划》、针对智能制造支撑装备的《机器人产业发展规划（2016—2020 年）》、针对工业互联网领域的《关于深化"互联网 + 先进制造业"发展工业互联网的指导意见》、《工业互联网发展行动计划（2018—2020 年）》及每年度更新的工业互联网专项工作组工作计划等，为我国智能制造的发展创造了良好的制度和政策环境。

以《中国制造 2025》为总体纲要，全国各地结合本区域制造业发展特点，陆续推出智能制造领域相关扶持政策，加快制造强省的建设步伐，巩固壮大我国实体经济根基。广东省人民政府于 2015 年印发了《广东省智能制造发展规划（2015—2025 年）》的通知，表明要加大对企业技术创新的扶持、加强智能制造示范基地建设、加强财税政策扶持以及扶持一批专业化的技术成果转化服务企业和智能制造装备研发生产与应用集成领域的骨干企业等。同年 12 月，福建省人民政府办公厅发布《福建省人民政府关于加快发展智能制造九条措施的通知》，将对列入国家级智能制造试点示范基地或智能化技术改造的企业、智能制造公共服务平台建设、人才培养和引进等方面给予奖励或补助。表 1-1 以 2018~2020 年为例，列举了全国部分地区发布的智能制造扶持政策。

表 1-1 2018~2020 年我国地方级主要的智能制造扶持政策

发文单位	文件名称	相关内容
河北省制造强省建设领导小组办公室	《河北省加快智能制造发展行动方案》	通过"加强组织领导""落实优惠政策""拓宽融资渠道""强化人才支撑""加强开放合作"等措施，保障智能制造发展和制造业转型升级
浙江省经济和信息化委员会	《浙江省智能制造行动计划（2018—2020 年）》	"积极争取智能制造国家专项资金支持，同时，统筹利用好工信领域财政专项资金，加大对各地智能制造发展的支持力度"等保障措施
吉林省人民政府	《吉林省人民政府关于落实新一代人工智能发展规划的实施意见》	"贯彻落实国家支持高新技术企业、科技型中小企业、软件行业、孵化器、产业园区等为主体的税收优惠政策，切实发挥财税政策的引导、激励作用"等
山西省经济和信息化委员会	《山西省制造业振兴升级专项行动方案》	"强化组织协调力度""加大财税金融支持""强化产业人才支撑""营造良好发展环境"等保障措施
河南省人民政府办公厅	《河南省支持智能制造和工业互联网发展若干政策》	"支持智能装备产业发展""支持企业智能化改造""支持开展试点示范""支持工业互联网平台建设""支持企业上云""创新金融支持方式"等支持政策
江苏省经济和信息化委员会	《江苏省智能制造示范工厂建设三年行动计划（2018—2020 年）》	"加强产融合作，促进金融机构为智能制造示范工厂建设提供资金支持。加强协调服务，确保财政专项资金对智能制造示范工厂建设的有效支持。加强经验总结，及时宣传推广智能工厂创建经验，引导带动相关行业企业加快发展智能制造"等

智能制造相关政策的颁布，为我国制造企业智能化转型培育了良好的土壤。根据国家统计局统计年鉴和发布公告的数据（国家统计局，2021）初步估算，虽然自 2011 年起我国制造业增加值在国内生产总值（GDP）的占比逐渐下滑（见图 1-4），但是制造业增加值在 GDP 仍占有重要比例，这体现出制造业是我国国民经济的重要支柱。我国制造企业大多数仍处于初期的数字化阶段，在提升生产制造质量和效益的技术突破、创新能力等方面依然存在短板和不足，智能制造发展的速度不足以带动整个制造业的增长，影响了我国制造业增加值在 GDP

的占有比例。尽管如此，未来制造业的发展仍是构成中国核心竞争力的重要标志。而先进技术的应用是释放未来制造业竞争力的关键所在。在工业4.0带动全球智能制造领域发展火热的大背景下，我国制造业要通过创新驱动牢牢抓住这一重要历史机遇，发展新兴产业，创造新的经济价值。

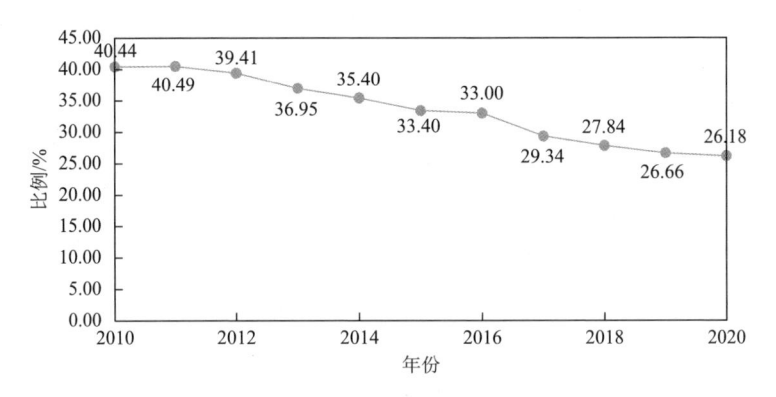

图 1-4　2010~2020 年我国制造业增加值在国内生产总值占比统计

综合而言，我国智能制造在制造业中占据的地位日益凸显，智能制造产业在我国制造业增加值中的占有比例将进一步扩大。经过十几年的培育，我国智能制造发展已从初期对智能制造的基本认知、试点示范建设进入当前技术研发应用、试点示范引领的良好局面。虽然目前我国大部分企业智能制造的实现程度较低，但是从整体来看，我国智能制造能力成熟度正在逐步提升，后续发展潜力巨大。为解决智能制造发展不充分问题，我国制造企业需夯实新基建基础，加速推动智能制造发展由横向上的企业数量增加和产业规模扩张向纵向上的智能制造能力提升转变，做好智能制造试点示范企业经验的总结、指导及推广工作，从而提高行业整体智能制造能力水平。

1.3　智能制造的发展前景

魔多（Mordor Intelligence）市场情报公司在《智能制造市场——增长、趋势、COVID-19 影响和预测（2021—2026 年）》报告中指出，2020 年全球智能制造市场价值已达 1946 亿美元，预计将在 2026 年突破 3000 亿美元，并在 2021~2026 年以 8.4% 的复合年增长率增长，预计跨行业的物联网应用和数字化转型会显著增加（Mordor Intelligence，2021）。结合智能制造的发展现状和相关政策分析，全球智能制造业未来发展趋势包括以下几个方面。

（1）持续加大智能制造投入。尽管全球制造企业面临经济和政治的不确定性，但企业必须继续迈出智能化转型的下一步。因此，智能制造的投资预计将继续上升。2020年德勤和MAPI智能制造系统研究（Wellener et al.，2020）发现，在他们调研的企业中，有62%的企业领导者承诺会继续或加大对智能制造的投资。一些锐意进取的企业甚至表示对建造智能工厂的预算拨款比2019年增加了20%。

（2）工业机器人在智能工厂获得广泛应用。随着信息技术、人工智能技术的发展，工业机器人逐步拓展至通用工业领域，趋向轻型化、柔性化，人机协作程度不断加深。工业机器人在智能制造中扮演着至关重要的角色，它不仅创造了一个虚拟的、互联的生态系统，还能够收集与设备相关的数据完成资源调度，有助于预测和减轻任何不可预见的错误。

（3）实现大规模定制与个性化生产。基于物联网、大数据、云计算等新一代信息技术发展的智能制造具有更快和更准确的感知、反馈和分析决策能力，能够精确满足个性化的客户需求，进行柔性化的产品生产，使得个性化产品的大规模定制成为可能，显著降低产品成品的库存风险。

（4）平台模式成为带动智能制造业发展的关键力量。平台能够通过网络将设备、系统、物料、人等各类生产要素进行连接，基于工业大数据分析，形成智能化的生产与运营决策，实现各类制造资源的优化配置。依靠平台模式，企业、客户及利益相关方可以共同参与价值创造、价值传递及价值实现等生产制造各个环节，最终形成行业龙头企业引领、业内中小企业合作参与的生态链，从而带动整个行业向前发展。

1.4 本章小结

本章主要介绍了智能制造的发展历程，分为数字化、网络化、智能化三个阶段；接着描述了智能制造的定义及其核心技术要素，以及这些技术要素在智能制造发展中发挥的作用；然后，概括了美国、德国、英国、法国、日本、中国等全球主要国家智能制造发展战略以及我国智能制造扶持政策和发展现状；最后，对智能制造的发展前景进行了展望。

参 考 文 献

古依莎娜，董景辰，臧冀原，等. 2018. 并行推进、融合发展——新一代智能制造技术路线[J]. 中国工程科学，20（4）：19-22.
国家统计局. 2021. 中国统计年鉴[EB/OL]. [2021-03-31]. http://www.stats.gov.cn/tjsj/ndsj.
李乔，郑啸. 2011. 云计算研究现状综述[J]. 计算机科学，38（4）：32-37.
潘晓. 2021. 人工智能助推制造业转型升级[N]. 青岛日报，2021-03-18(008).
全国信息技术标准化技术委员会大数据标准工作组，中国电子技术标准化研究院. 2020. 大数据标准化白皮书（2020版）[R/OL]. (2020-09-21)[2021-03-31]. http://www.cesi.cn/202009/6826.html.

孙其博，刘杰，黎羴，等. 2010. 物联网：概念、架构与关键技术研究综述[J]. 北京邮电大学学报，33（3）：1-9.

臧冀原，王柏村，孟柳，等. 2018. 智能制造的三个基本范式：从数字化制造、"互联网+"制造到新一代智能制造[J]. 中国工程科学，20（4）：13-18.

赵敏. 2020. 智能制造：工业转型升级主旋律[N/OL]. (2020-9-17)[2021-03-31]. http://jjsb.cet.com.cn/show_515630.html.

中国电子技术标准化研究院. 2017. 信息物理系统白皮书（2017）[R/OL]. (2017-03-02)[2021-03-31]. http://www.cesi.cn/201703/2251.html.

中国电子技术标准化研究院. 2020. 信息物理系统建设指南（2020）[R/OL]. (2020-08-28)[2021-03-31]. http://www.cesi.cn/202008/6748.html.

中国信息通信研究院. 2020. 云计算发展白皮书（2020 年）[R/OL]. (2020-08-03)[2021-03-31]. http://www.caict.ac.cn/english/research/whitepapers/202008/P020200803332479034859.pdf.

中华人民共和国工业和信息化部. 2015. 工业和信息化部启动 2015 年智能制造试点示范专项行动[EB/OL]. (2015-3-18)[2021-03-31]. https://www.miit.gov.cn/xwdt/gxdt/ldhd/art/2020/art_5c55448458fd44428d19df4b37442538.html.

Ashton K. 2009. That "Internet of Things" Thing in the real world，things matter more than ideas [EB/OL]. (2009-6-22)[2021-03-31]. https://www.rfidjournal.com/that-internet-of-things-thing.

Aymerich F M，Fenu G，Surcis S. 2008. An approach to a cloud computing network//International Conference on the Applications of Digital Information and Web Technologies. Ostrava：Technical University of Ostrava：113-118.

Davis J，Edgar T，Graybill R，et al. 2015. Smart manufacturing[J]. Annual Review of Chemical and Biomolecular Engineering，6：141-160.

Gantz J，Reinsel D. 2011. IDC IVIEW Extracting value from chaos[R/OL]. (2011-07-16)[2021-03-31]. https://pdf4pro.com/amp/view/idc-i-v-i-e-w-extracting-value-from-chaos-dell-emc-5a42d1.html.

ITU. 2005. ITU Internet report 2005：the Internet of things[R/OL]. (2005-11-17)[2021-03-31]. https://www.itu.int/osg/spu/publications/internetofthings/.

Kagermann H，Lukas W D，Wahlster W. 2011. Industrie 4.0：Mit dem internet der dinge auf dem weg zur 4[J]. Industriellen Revolution，VDI Nachrichten，13：2-3.

Lee E A. 2006. Cyber-physical Systems-are computing foundations adequate?[EB/OL]. (2006-10-16)[2021-03-31]. https://ptolemy.berkeley.edu/publications/papers/06/CPSPositionPaper.

Mell P，Grance T. 2011. The NIST definition of cloud computing[R/OL]. (2011-09-28)[2021-03-31]. https://csrc.nist.gov/publications/detail/sp/800-145/final.

Mordor Intelligence. 2021. Smart manufacturing market-growth，trends，COVID-19 impact，and forecasts (2021-2026)[R/OL]. (2021-05)[2021-03-31]. https://www.reportlinker.com/p06036739/Smart-Manufacturing-Market-Growth-Trends-COVID-19-Impact-and-Forecasts.html.

Purdy M，Daugherty P. 2017. How AI Boosts Industry Profits and Innovation[R/OL]. (2017-06-21)[2021-03-31]. https://www.accenture.com/fr-fr/_acnmedia/36dc7f76eab444cab6a7f44017cc3997.pdf.

Wellener P，Dollar B，Laaper S，et al. 2020. Accelerating smart manufacturing：The value of an ecosystem approach [R/OL]. (2020-10-21)[2021-03-31]. https://www2.deloitte.com/uk/en/insights/industry/manufacturing/accelerating-smart-manufacturing.html.

第 2 章
工业大数据的来源与种类

"大数据"(Big Data)这一术语首次出现在 1999 年美国计算机协会通讯(Communication of the ACM)刊登的一篇论文上(Bryson et al., 1999)。该论文表示大数据数量规模之大令传统数据处理软件束手无策,但是能够产生富含价值的洞察力。2001 年,Gartner 分析师道格·兰尼(Doug Laney)在他的论文《3D 数据管理:控制数据量、速度和变化》中对"大数据"进行了初步的解释,认为"大数据"是海量、高增长率和多样化的数据集合(Laney, 2001)。

  企业数字化会产生各种各样的数据。企业在海量数据中发现新的关联、影响因素和规律,并通过对大数据流的实时监测,在大量不断变化的数据中发现知识,以此作为决策支持的基础。大数据已成为我国基础性战略资源,在制造强国建设中发挥重要作用。2020 年,工业和信息化部公布了《关于推动工业互联网加快发展的通知》,明确要加快国家工业互联网大数据中心建设,鼓励各地建设工业互联网大数据分中心。工业互联网大数据中心通过整合、分析、共享和应用各类数据,实现各地区、各行业数据的连接和流通,从而统筹管理和调配工业领域各类资源,提升生产效率、降低运营成本、培育新兴产业,充分发挥数据作为核心生产要素参与价值创造的能力,为工业产业的预测、评价、规划等方面提供决策支撑。分中心通过采集和感知工业领域数据,不仅实现对工业互联网安全威胁的监测和预警,而且能够统一调配和共享资源,推动大数据在生产实践活动中的应用。根据《工业互联网创新发展行动计划(2021—2023 年)》,到 2023 年,我国将基本建成国家工业互联网大数据中心体系,建设 20 个区域级分中心和 10 个行业级分中心。随着工业互联网大数据中心基础设施建设进一步完善,上中下游产业的数据壁垒将渐渐消失,大数据中心体系的综合服务能力也将不断显现和提升。通过对大数据的监测分析,帮助政府制定相关政策,同时实现对工业领域数据资源的统一管理和使用,提高企业对设计、生产、仓储、运输、销售等环节的管理能力,形成以数据驱动的创新生产模式,创造制造业和实体经济新的增长点。

2.1　工业大数据的概念

工业大数据（Industrial Big Data）是大数据在工业领域的应用。从狭义上来说，工业大数据是来自世界各地工厂的工业设备快速产生的、大量的时间序列数据（Basanta-Val，2017）。根据《工业大数据白皮书（2019版）》，工业大数据被定义为"在工业领域中，围绕典型智能制造模式，从客户需求到销售、订单、计划、研发、设计、工艺、制造、采购、供应、库存、发货和交付、售后服务、运维、报废或回收再制造等整个产品全生命周期各个环节所产生的各类数据及相关技术和应用的总称"（中国电子技术标准化研究院和全国信息技术标准化技术委员会大数据标准工作组，2019）。这一诠释进一步拓展了狭义上工业大数据的内涵，工业大数据不仅仅是工业设备产生的数据，而是智能制造范畴下覆盖产品全生命周期各个环节产生的数据及其相关技术和应用。同时，这也表明了工业大数据并不是企业的目的，而是企业通过对数据的分析和洞察，获得解决问题的一种视角或工具。企业从大数据中总结经验、发现规律、预测趋势、辅助决策，利用数据去创造新的价值，才是工业大数据的最终目的。

2.2　工业大数据的特征

工业大数据是大数据的一种，因此，它具备了大数据的一般特征（大规模、高速性、多样性、真实性、价值密度低）。除此之外，工业大数据还具有多模态、强关联、高通量等特征。

（1）大规模（Volume）。随着传感器、5G通信及物联网的发展和应用，数据采集及传输渠道得以扩充，使得产生的数据规模不断扩大，存储单位已经从GB、TB直至PB、EB来衡量。国际数据公司（IDC）的监测数据显示（Reinsel et al.，2020），2018年全球大数据量已达33ZB，到2025年将突破175ZB。目前，工业大数据占全球大数据总规模比重达到48%，已成为全球大数据行业发展的主要领域。工业设备、生产单元和生产线的运行过程时时刻刻都在产生数据（生产机床的转速、能耗，食品加工的温度、湿度，火力发电机组消耗的燃煤量，物流车队的位置、速度等）。除了生产过程产生的数据外，客户与企业之间的交互和交易行为，智能化的产品通过传感器捕获用户的偏好和使用习惯等，也产生大量数据。工业领域数据爆发性增长迫切需要智能的算法、强大数据处理平台和数据处理技术来处理、分析和预测如此大规模的数据。

（2）高速性（Velocity）。由于大数据的交换和传播是通过互联网、云计算等方式实现的，比传统媒介（如报纸和广播）的信息交换和传播速度快。在这里，高速性包含两个层面：一是数据产生的速度快。工业数据主要是时序数据。这些由传感器、工业设备等采集的实时数据，采集频率高（基本为秒级，部分高频数据采集为毫秒或微秒级）。二是数据处理的速度快。大数据对数据处理的响应速度有严格的要求，需要实现实时对数据进行分析，数据输入、处理与丢弃几乎不存在延迟。数据的增长速度和处理速度是工业大数据高速性特征的重要体现。

（3）多样性（Variety）。传感器、5G 通信及物联网等多种数据采集及传输渠道在工业领域的推广和应用使得企业采集的数据变得更加复杂。这些工业大数据不仅包括传统的存储在 ERP、SCM、CRM 等企业信息管理系统的结构化数据，还包含来自网页、电子邮件、传感器数据等半结构化和非结构化数据。这些数据来源广泛，不仅产生于生产过程的各个环节，也来自企业外部；形式多样，涵盖文本、图片、视频、模拟信号等不同类型的数据。发掘这些形式多样数据之间的相关性并形成分析决策，是工业大数据的价值所在。例如，通过对生产过程中产生的工艺数据和质量数据的关联分析，提供生产控制和流程优化的建议；通过对仓储库存、订单计划与生产过程数据的关联分析，制订更优的生产计划。

（4）真实性（Veracity）。大数据的作用在于为决策建议提供依据，而数据的真实性和质量决定了基于数据的分析决策是否正确。高质量的数据有利于数据使用者把握正确的形势，作出成功的决策。而低质量的数据制约数据的利用，所取得的结论可能是错误的，甚至是相反的，从而影响决策的正确性。因此，大数据真实性是决策制定成功的基础。在工业场景中，通过高速的、实时的数据采集，通过结合多个数据来源创建更准确、更有用的数据点，或者通过数据清洗技术，来保障数据的真实性和质量。

（5）价值密度低（Value）。随着物联网的广泛应用，工业设备感知的数据无处不在，数据规模庞大，分散在生产过程的各个环节，价值密度较低。大数据的目的在于从大量不相关的各种类型的数据中，挖掘出对分析和预测等有价值的信息，并通过人工智能或数据挖掘技术进行数据分析，发现新的规律和知识，运用于生产实践活动，从而达到提高生产效率、优化生产管理等效果。相较于传统数据分析利用结构化的数据类型，大数据把目光也投向了非结构化的、包含各式各样的数据类型，通过对数据进行特征提取、筛选、分类和优先级排列，实现数据价值从低密度向高密度的转变，为企业带来更多的有效信息。

（6）多模态（MultiModal）。同一个对象，使用不同的方式或视角进行描述，那么这个对象描述数据的每一个方式或者视角被认为是一个模态。工业大数据来源广泛，有传统企业信息管理系统存储的结构化数据，也有系统日志、传感器数据等半结构化和非结构化数据。这些数据结构各异，表现形式多样，呈现多模态。

而每个模态都包含了不同来源、类型的特定信息。例如，企业使用工业视觉图片来记录设备使用的场景和使用机器读数来描述设备使用的情况。这些图像和读数是以数据的不同形式对某个设备使用情况进行描述的。这些多模态数据的融合可以帮助企业更好地理解设备使用的现象，特别是在其中一个模态存在不完整信息的时候。在工业大数据中，重点是发现数据之间是否存在某些内在联系，使得这些数据能够被协同用于描述某个生产环节或设备使用的现象。这些多模态数据需要利用统一数据建模，完成数据模型到对象模型的映射；将这些多模态数据集成到一起，根据物料、设备等生产要素之间的关联关系，通过业务语义实现数据的查询和分析，为指导生产实践活动提供支撑依据。

（7）强关联（Strong Correlation）。一般来说，大数据在进行预测和决策时，仅仅考虑的是数据字段间的关联是否具有统计显著性。在这种情况下，噪声和个体之间的差异在样本量足够大时可以被忽略，并且可以就数据本身挖掘其中的内在关联，而不需考虑数据本身的意义。例如，根据顾客超市购物的数据挖掘购物习惯，发现啤酒就可以摆放在尿不湿货架的对面，两者之间可能不存在机理性的因果关系。而工业大数据对预测和分析结果的准确率具有极高的要求。在工业场景中，仅通过统计显著性给出的分析结果，只一次分析失误都有可能造成非常严重的后果。显而易见，工业大数据更注重数据提取特征蕴含的物理逻辑以及特征之间的关联机理。也就是说，工业大数据在机理层面上具有非常强的相关性，能够协同关联工业场景中的某个事物或某个事件。例如，成品率的降低和某些工业指标有关，工业大数据要求理解工业参数的变化为什么会带来这样的改变。如此一来，需要充分融合工业领域的专业知识和数据模型，将业务知识作为工业建模的输入变量融入数据模型中，或者用这些知识来辅助建立数据分析、判断、预测模型等，从而指导工业应用。与此同时，需要从数据间的关联关系等方面判断数据模型是否满足业务场景的要求。

（8）高通量（High Throughput）。在工业场景中，机器替代人产生数据，能够实时地感知数据、不间断地产生数据，机器设备、传感器会在短时间内接入大规模数据，数据吞吐量大。以风机装备为例，根据《风电场监控系统通信标准》（IEC 61400-25），持续运转风机的故障状态，其数据采样频率为50Hz，单台风机每秒产生225KB传感器数据，按2万台风机计算，如果全量采集，则写入速率为4.5GB/s（王建民，2017）。由于机器设备通常分散在不同监测点，设备数量大，同时产生的时序数据采集频度高、总吞吐量大、7×24小时持续不断，呈现出"高通量"的特征。为了满足工业时序数据接入吞吐量方面的需求，需要构建满足数据接入和缓存、高效读写和存储、查询和分布式分析一体化的数据管理系统（中国电子技术标准化研究院和全国信息技术标准化技术委员会大数据标准工作组，2019）。

2.3 工业大数据的来源

从数据的来源来看，工业大数据主要有以下三种来源（中国电子技术标准化研究院和全国信息技术标准化技术委员会大数据标准工作组，2019）。

（1）企业内部信息化数据。这类数据主要涉及企业经营相关业务数据，包括企业资源计划（ERP）、产品生命周期管理（PLM）、供应链管理（SCM）、客户关系管理（CRM）和环境管理系统（EMS）等数据，是制造企业传统的数据资产。随着数字化应用不断深化，企业的产品、物料、工艺等方面的信息均以数字化描述、集成，并通过建立的信息管理系统收集、储存和分发信息。信息管理系统通过输入、处理和输出，将原始数据转化为有用的信息。利用信息管理系统，企业积累了大量的产品研发数据、生产数据、销售数据、财务数据、人力资源数据、物流数据、仓储数据、客户信息数据以及环境数据等，实现研发、生产、经营、管理等环节的整合，将企业的经营及管理流程在线实现，使得企业各层次用户通过这些信息做出快速的反应。企业借助信息化数据可以有效组织企业现有的资源，围绕企业战略、经营、管理、生产等方面开展实践和创新活动。

（2）设备物联数据。这类数据主要指在物联网和移动设备运行的场景下，实时感知和捕获的包括机器设备操作和使用情况、工况状态、环境参数等数据，描述在工业生产过程中设备、物料及产品等的运行情况。此类数据也被认为是狭义上的工业大数据，在目前智能装备广泛使用的情况下，数据量增长最快。数控机床等生产设备物联网数据为企业生产调度、质量控制和安全环保等提供了实时数据基础。基于设备物联数据，企业可以对生产过程进行实时监视、实时预警、实时控制，从而指导实际和计划的生产制造活动。企业通过实时监视数据查询，确认生产的进度、工艺参数与生产设定值的对比情况；通过对现场信息的汇总分析，快速发现异常情况，追溯质量事故发生的原因。根据发现的异常情况，企业对影响生产过程的因素进行控制并制定实施计划，系统地安排和调整工艺流程、生产进程，以保证生产过程的质量，降低由于异常情况带来的生产成本。不仅如此，企业还可以根据实时监测到的设备使用及其损耗情况，预警设备故障，及早解决和预防设备故障。

（3）企业外部数据。这类数据包括制造企业产品售出之后的使用、运营、维护情况以及客户、供应商等数据，还包括互联网来源数据，如产品在线评价、相关法律法规、产品市场预测等社会经济数据。一方面，通过对产品售后数据的分析，企业可以发现存在问题及改进方向。同时，这类数据也可以用于生成产品的用户画像，总结用户的各种属性如年龄、性别、喜好等。企业根据不同的用户群体的属性进行精准的产品营销推送。另一方面，当企业准备开发新产品或拓展新市场时，需要运用外部数据，对影响市场供求变化的因素进行分析，把握市场供求变化的规律，预测市场发展趋势。市场环境数据（如市场购买力水平，国家的方针、政策和法律法规，风俗习惯，气候环境等各种影响市场销售的因素）、市场竞争数据及市场供需数据等，能够为企业的经营决策提供支撑依据。

2.4 工业大数据在产品全生命周期的应用

新一代信息技术与制造业的融合发展使得企业拥有越来越丰富的数据。这些大数据的价值体现在提高智能制造各个环节的洞察力。制造企业逐渐形成工业大数据集成平台和大数据中心，为工业应用场景提供大数据解决方案，推动大数据在工业领域的应用和创新，提升企业生产力、竞争力，培育制造业新模式、新业态。工业大数据逐渐应用于产品的研发设计、采购、生产、运输、交付、维护等，贯穿于产品全生命周期各个阶段，成为企业转型升级的重要基础。

关于产品全生命周期，学术界和业界对这一概念有着不同的理解。从市场营销的角度，产品全生命周期包含引入期、成长期、成熟期和衰退期四个阶段（Levitt, 1965）。从产品管理的角度，产品全生命周期是产品的整个演化过程，分为概念产生、设计、采购、生产、销售和服务几个阶段（黄双喜和范玉顺，2004）。由于智能制造是让企业在产品的设计、生产、管理、服务等方面变得智能的生产方法，从产品管理的角度来理解产品全生命周期更契合工业大数据的应用场景。因此，本书将产品全生命周期概括为研发设计、生产制造、市场营销、物流供应、售后服务等五个主要阶段，覆盖了企业从获得产品和（或）服务需求到实现产品和（或）服务供给的制造活动各个环节。接下来，本节将简述工业大数据在产品全生命周期各阶段（即研发设计、生产制造、市场营销、物流供应、售后服务五个阶段）的应用。

2.4.1 研发设计

研发设计阶段聚焦产品的研究和开发，创造满足用户需求的产品和（或）服务。研发设计大数据包含需求分析、数据调研、企业或用户借助各类计算机辅助工具生成的产品模型、设计技术文档、工艺文档、BOM（Bill of Material，物料清单）等相关数据资料。企业借助大数据技术基于市场信息、客户需求或客户与企业之间的交互和交易行为等数据资料，挖掘、分析并确定产品和（或）服务设计或改进的概念。在这一阶段，产品设计的任务被初步分解，企业根据大数据分析的概念设计结果挑选合作伙伴组建协同企业或团队，通过建立的产品协同数据库，利用大数据技术实现多源异构数据接入、海量研发数据融合处理及快速访问和下载。如此一来，协作企业或团队可以交换和共享产品设计数据和思路，协同完成产品的设计或改进，提高研发人员的创新能力和工作效率。中航飞机股份有限公司利用大数据存储、处理、分析技术处理产品数据，建立企业级产品数据库，提供了统一的数据源存储和管理机制，使得不同专业研发人员能够按权限访问、共享产品设计数据，同时又保障了数据安全和稳定，为现代飞机起落架设计提供了新方法，提高了产品的可靠性和产品设计的效率。

  从市场需求分析和产品设计模式来看，工业大数据的应用可以提高企业对需求分析结果的准确度，精准量化客户需求、指导设计过程。大数据技术将研发设计阶段所需要的产品全生命周期关联知识集成在一起，实现研发设计阶段所需要的数据与研发过程各个环节融合，不仅帮助企业收集用户的个性化产品需求，而且帮助客户参与产品的需求分析和产品设计等活动中，实现定制化设计、柔性化生产，提供满足客户需求的产品和（或）服务。例如，酷特智能利用大数据技术对客户服装个性化需求数据进行分析和挖掘，建成款式数据库、工艺数据库、版型数据库、BOM数据库，将客户需求变成产品数据模型，使得服装自主设计成为可能。另外，企业使用工业仿真软件（如计算机辅助工程软件）模拟实现实体工业作业中的每一项工作和流程并将这些工作流程的交互整合到一个虚拟体系，以实现虚拟测试、早期验证，降低生产制造成本。大数据技术在设计仿真的应用，有利于工业仿真软件与工业实际应用更紧密地结合，对工业元素描述能够更加精确和细致，帮助企业持续不断地优化仿真模型，及早发现设计缺陷，减少试制实验次数，缩短产品研发周期。

  基于历史工艺流程数据，企业可以对原有研发设计环节过程进行模拟、分析、评估、验证和优化，利用大数据技术，从集成汇总的各类数据中找出工艺步骤和使用物料之间的模式和关系，分析数据间存在的关联，例如，确定工业参数的相关性以及这些参数对产出产品的影响，得出最佳工艺参数区间，从而调整和改进当前工业工艺流程，实现工艺流程和全流程整体运行优化。例如，美林数据依托大数据存储与处理平台，帮助长安汽车实现生产制造过程中设备、效率、成本、耗能等数据的集成、存储、管理，通过大数据技术建立冲压工艺侧围开裂预测模型，基于样本积累和模型训练，确定冲压制造过程影响因素间的关联关系，推荐优化工艺参数，改进冲压制造过程的工艺，提升生产产品的质量。

  综合而言，工业大数据能够让产品全生命周期产生的大数据在研发过程应用于产品协同设计、产品个性化定制及工艺流程优化等方面，实现研发过程的智能化，提升企业创新能力、研发效率以及产品和（或）服务的设计质量。

2.4.2 生产制造

  生产制造阶段是利用设备、系统、物料、人员等各类生产要素生成需求的产品和（或）服务。生产制造大数据不仅包括产品生产过程中采集的订单数据、设备数据、物料数据、生产数据、员工数据等生产过程数据，还包括产品生产上下游的供应商及客户管理等辅助生产管理数据。大数据在生产制造阶段的应用包括设备故障诊断和预测、生产计划与排程、产品质量控制、能源消耗管控等。

设备故障诊断和预测：安装在生产线上的传感器能够感知机器设备的工作状态，如温湿度、压力、振动等，对生产过程进行实时监控。企业可以运用大数据技术从收集的设备运行数据诊断设备的健康状态，预测设备的工作寿命和可能存在的故障类型，提前在设备出现故障前设定解决预案。例如，思科利用物联网软件技术实现对生产现场数据的实时采集、传输，并将数据导入后台大数据平台。企业通过大数据平台处理批量数据或者实时数据，并构建机器学习模型，进行实时预测性分析。当平台接收到实时和历史数据后，根据预设的算法模型进行分析运算，帮助企业发现影响设备运行的潜在故障隐患，预判部件故障的失效时间，制定有效的维修措施方案。

生产计划与排程：通过对企业订单、物料、设备、生产人员等生产过程数据的分析，找到影响产能的因素以及这些影响因素之间的关系，发现历史预测与实际生产的偏差，从生产过程数据挖掘生产调度规则，不仅能够制订合理的排产计划，还能够根据实时监控实际生产对比计划的差异，主动调整生产计划和排程，保证生产任务按期完成。例如，悠桦林以海尔生产场景需求为导向，通过大数据决策分析平台，将生产计划员的排产规则经验梳理固化到系统中，依托运筹优化算法自动计算出最优的排产方案，为企业提供分钟级的排产结果。

产品质量控制：基于产品生产过程的工序工作质量数据、设备质量数据、检测装置数据、测量工具数据等，利用大数据技术构建产品生产过程质量问题分析模型，通过数据训练使模型精准实现质量问题影响因素追溯，减少产品返工次数，提高产品一次合格率，直接提升企业的经济效益。例如，上汽乘用车公司采用大数据分析平台对采集的不同格式数据进行统一管理，评价产品质量状态和生产工艺状态，如果发现产品某些关键点的实际测量值与设计值的偏差超过公差范围，就会自动将报警信息即时传送至相关人员，防止有质量问题的产品流入下道工序。美林数据利用大数据技术对高压开关关键质检数据和过程加工数据进行分析，探查质量问题原因及追溯质量问题，促使产品良品率提升1.3%。

能源消耗管控：对能耗数据的实时分析，能够帮助企业预测能耗趋势，及时预警可能出现的或已出现的异常用能、超标用能等情况。企业各部门获得预警信息后，可以查找现场存在的耗能问题，也可以预判能耗的发展趋势并采取相应措施，实现节能工作事前与事中的有效管理，尽可能降低企业能源损耗和用能成本。永锋集团通过智慧能源大数据管控平台实现能源综合监控和能源基础管理，帮助企业优化能源使用，降低企业综合能耗，公司生产效率提升20%，吨钢成本降低300元。广州博依特智能信息科技有限公司基于大数据技术挖掘生产过程能耗数据与工艺数据的关系,在满足产品质量、产量要求的前提下,通过调整工艺参数来降低能耗。

工业大数据帮助企业实现自动、智能的数据采集、数据关联分析及数据价值挖掘,提供给企业各层次人员洞悉生产过程的一切信息及优化生产要素组合的决策支持,使得企业资源合理配置,从而降低生产、能耗成本。

2.4.3 市场营销

市场营销阶段是计划和实施产品和(或)服务的定价、促销及分销,传递产品和客户的价值。市场营销大数据包括广告效果、产品订单、上下游供应商及客户管理等数据。从市场营销大数据中,企业可以挖掘用户需求、市场趋势,以此指导生产计划和制定营销策略。大数据技术能够帮助企业处理和分析海量非结构化数据,准确判断个体客户的购物特征,基于不同消费特征的客户群体,寻找可能的商业机会。广东中烟工业有限责任公司积极探索大数据在烟草营销的应用,通过大数据平台中心的建设,实现企业系统间的数据交换、与行业下行数据进行融合以及外部市场的数据采集,全面整合企业内外部数据资源,完成营销相关数据的存储、处理、挖掘等数据处理工作。利用大数据分析模型与方法,构建客户画像、预测营销需求,为卷烟产品研发、产品发展分析、投放策略制定提供支持,帮助企业在产品培育的不同阶段实现精准投放,使得企业在竞争日益激烈的各类品牌中脱颖而出。

依托工业大数据,企业可以了解客户对产品的需求,根据客户偏好和习惯提供相应产品,不仅缩短消费者的选购时间,而且使得企业更快获得利润,实现客户与企业的互利共赢。例如,汤臣倍健对客户人群进行大数据分析,根据不同人群兴趣爱好、场景推送不同诉求的促销活动:针对互动低、价格敏感的客户群体,推送产品优惠信息,提高订单数量;针对高质量、潜力客户群体,推送高质赠品、限量新品等信息,提高客户黏度。就产品促销角度而言,汤臣倍健利用大数据营销机遇,通过节庆促销实现营业额快速增长。在"双十一"预热期间,企业收集以往促销的历史数据,洞察促销期间不同人群的购买能力,对重点人群(忠诚人群、兴趣人群及购买人群)设计不同的营销方案,促使企业在"双十一"期间实现会员数量增长100%以上,客户总资产增长20%以上。

工业大数据在市场营销的应用场景还体现在,基于大数据企业结合消费者购买行为和未来一段时间内潜在的影响购买行为的因素,构建消费者行为预测模型,预估产品的销售情况。这样,大数据和预测模型可以帮助企业有针对性地制订营销活动及生产计划。例如,探迹科技利用大数据技术助力铭华航电公司实现拓客的精准出击,快速提升企业成单效率,最大化投入产出相抵收益。面对订单缺少的困境,铭华航电公司借助数字化平台获取外部信息,从客户推广关键词、业务关键词精准定位目标客户，利用大数据批量找到与合作客户相近的企业，快速完成意向客户邀约，提升销售的效率和业绩。经过一个多月的实践，铭华航电公司实现业绩同比增长200%。

除此之外，工业大数据还可以帮助企业尽早鉴别潜在的客户流失倾向，跟踪客户的产品和（或）服务体验并及时作出响应，为客户提供更好的服务及合理的定价策略。企业基于客户的基础数据、行为数据、消费数据建立客户流失特征分析模型，根据这些特征预测现有客户哪些即将流失。通过实时的数据采集与分析，获取没有完成预定订单的客户，自动发送订单支付提醒信息；获取客户对产品和（或）服务的评价，通过对评价的情感分析发现体验较差的客户，设计相应的促销活动和个性服务避免客户流失。德勤在《汽车行业的大数据与分析》报告中指出，一家汽车制造商在制定策略停产一个主要品牌时，通过大数据分析模型来研究消费者群体，加强客户细分，制定了品牌转移客户和服务保留客户的双重策略，帮助企业挽留了570万有流失风险的客户（德勤，2016）。

以工业大数据为支撑，制造企业能够实现对产品和客户价值在市场销售阶段的增值，促进市场需求、生产能力及客户管理的对接，推动制造业由生产驱动向需求驱动转变。

2.4.4 物流供应

物流供应阶段涉及将产品和（或）服务产品从其制造商向最终用户的流动。物流供应大数据包括采购数据、仓储数据、运输数据、销售数据、资源数据、交易数据、供应商数据等，为制订库存计划、生产作业计划、采购计划等提供基础支撑。制造企业借助大数据技术分析订单、产能、调度、库存和成本间的关联关系，为解决生产和供应问题、保持供给和需求平衡找到最优方案。工业大数据在物流供应的应用主要体现在优化采购策略、配送网络、需求计划、库存管理等方面。

在优化采购策略方面，企业应用大数据技术分析和预测采购需求和支出结构，整合第三方数据源，发掘与企业发展战略相契合的供应商群，制定供应商寻源决策，建立可预测的供应商协作模式。通过实时监测和定期评估供应商绩效，预测供应商风险与绩效，从而提高控制和规避风险的能力，促进采购环节为企业创造新价值。在优化配送网络方面，企业通过工业大数据分析产品特性和规格、客户需求等因素对配送计划的影响并快速反应（如选择哪种运输方案、哪种运输线路等），制定最合理的配送线路。通过配送过程中产生的实时数据获取配送路线的交通状况，及时调整和优化配送路线，使得车货高效匹配，减少空驶带来的损耗以及对环境的污染，实现物流运输效率大幅提高，最短化、最优化定制物流车辆行车路径。与此同时，企业可以从大数据中挖掘影响配送的因素以及这些因素间的关联关系，解决物流配送中心选址、物流网络节点布局等问题，实现物流成本最低化。在优化需求计划方面，利用大数据模型并结合历史需求数据、客户购买数据、安全库存水平制订精确的需求计划，确定订单与所需物料的对应关系，完成对订单的物料配置，对于不能满足的订单生成物料采购计划。根据预测的需求结果结合企业现有能力制订生产线的生产作业计划，并对生产作业计划执行进行实时跟踪，为应对生产过程中产生的异常事件提供决策支持。在优化库存管理方面，基于历史销售数据通过大数据分析建立销量预测模型，根据销量预测进一步计算得出在途物资花费的销量及备货周期可满足的销售天数，得出库存补货需求计划。通过对货物实时信息的收集和分析，了解货物使用频率和库存停滞情况，为企业制定合理的库存布局消除过量的库存，降低库存持有成本。宝洁利用大数据技术将企业与客户双方的商业计划、媒体资源和促销方案转变为联合促销预测并生成预订单，将预订单的需求直接关联生产、物料采购、仓储运输等供应链各环节，制定最优的供应方案，使得企业在准时完成订单的同时减少库存，缩短30%的整体供应链时间，提升客户收货效率高达65%。

在物流供应阶段，工业大数据引入供应链管理，帮助企业收集、分析和洞察供应链上各个环节信息，结合历史数据和实时数据为企业决策提供参考依据，提升各环节协同效力，实现对供应链整体的紧密整合和响应速度的提升，从而增强企业的竞争优势。

2.4.5 售后服务

售后服务阶段主要负责产品和（或）服务的维护维修，将客户服务信息传递给相关部门，并将相应的处理和解决方案反馈给客户。售后服务大数据包括产品销售数据、客户数据、产品评价或使用反馈意见、客户投诉及相应处理记录、产品退货记录、产品维修记录以及在客户允许的情况下用产品嵌入传感器采集的实时数据及周边环境数据等。工业大数据经过采集、传输、储存、处理、分析等过程形成个性化的解决方案，应用在售后服务阶段能够让产品售后服务变得更加高效，有利于进一步提高售后服务质量、优化产品设计、提升客户满意度。大数据的实时、感知和预测在保障产品正常运行、创造产品使用新模式、降低产品维护维修成本等方面扮演着重要角色。

通过对产品实时运行状态数据采集和分析，实现产品远程监控、故障诊断及预测性维护等增值服务，从而降低维护成本，提高产品利用率。西门子利用历史运行数据构建预测性运维平台 SiePA，通过大数据分析帮助客户（如中国石化青岛炼油化工有限责任公司）及时预测预警故障风险，提前警示设备是否需要保养，还能够及时发现故障背后的原因并指导维修维护，以保证设备安全、持续运行。

在售后服务阶段，利用销售产品嵌入的传感器捕获客户使用产品数据及周边环境数据，使得产品价值拓展成为可能。美的通过收集和监控在线产品的状态数据，实时追踪用户的操作行为，利用大数据技术挖掘用户特征、产品功能、设备状态和设备故障等情况，根据产品潜在功能缺陷和用户操作行为偏好，为产品研发提供新的思路。同时通过对产品评价或使用反馈、客户投诉等数据的分析，挖掘客户对产品（或）服务的诉求，将这些价值信息融入产品的设计及产品改进中，从而提高产品质量及售后服务质量，降低客户投诉率。

不仅如此，基于客户投诉及相应处理记录、产品退货记录、产品维修记录等，大数据分析可以帮助企业挖掘产品退货或返修原因，并提供应对措施建议，达到提升产品质量、降低退货率及返修率的目的。同样以美的公司为例，某款产品客户投诉漏配件比率非常高，通过用户回访也无法确定问题来源。通过大数据分析溯源，美的针对产品包装进行改善，使得漏配件的投诉率下降了 30%～40%。而为了改善用户反映的产品噪声问题，大数据提供的决策分析能够达到与研发设计部门、生产制造部门动用三四个人的力量改善风动水平、原材料的同样目的。

由此可见，工业大数据能够帮助企业优化客户服务，满足客户随着购买产品老化不断变化的需求，推动与客户建立更加紧密的联系，实现以产品为核心的经营模式向"制造＋服务"的模式转变。

2.5 本章小结

本章简述了工业大数据的基本概念，它不仅仅是工业设备产生的数据，而是智能制造范畴下覆盖产品全生命周期各个环节产生的数据及其相关技术和应用；接着，描述了工业大数据的特征，包括大规模、高速性、多样性、真实性、价值密度低、多模态、强关联、高通量等特征；从数据的来源来看，工业大数据主要包括企业内部信息化数据、设备物联数据、企业外部数据；最后，概括了工业大数据在产品全生命周期各阶段（研发设计、生产制造、市场营销、物流供应、售后服务等）的应用，助力企业实现智能制造。

参 考 文 献

德勤. 2016. 汽车行业的大数据与分析[R/OL]. [2021-04-12]. https://www2.deloitte.com/cn/zh/pages/manufacturing/articles/big-data-and-analytics.html.

黄双喜，范玉顺. 2004. 产品生命周期管理研究综述[J]. 计算机集成制造系统-CIMS，（1）：1-9.

王建民. 2017. 工业大数据技术综述[J]. 大数据，3（6）：3-14.

中国电子技术标准化研究院，全国信息技术标准化技术委员会大数据标准工作组. 2019. 工业大数据白皮书（2019 版）[R/OL]. (2019-04-01)[2021-04-12]. http://www.cesi.cn/201904/4955.html.

Basanta-Val P. 2017. An efficient industrial big-data engine[J]. IEEE Transactions on Industrial Informatics，14（4）：1361-1369.

Bryson S,Kenwright D,Cox M,et al. 1999. Visually exploring gigabyte data sets in real time[J]. Communications of the ACM,42(8):82-90.

Laney D. 2001. 3D data management:Controlling data volume,velocity,and variety[R/OL]. (2001-02-06)[2021-04-12]. https://studylib.net/doc/8647594/.

Levitt T. 1965. Exploit the product life cycle[R/OL]. (1965-11-14)[2021-04-12]. http://repository.dinus.ac.id/docs/ajar/Exploit_the_Product_Life_Cycle.pdf.

Reinsel D,Gantz J,Rydning J. 2020. The digitization of the world from edge to core[R/OL]. (2020-05)[2021-04-12]. https://downloads. snapaddy. com/external/seagate-data-age-idc-report-final. pdf.

第 3 章
人工智能对制造业带来的"危"与"机"

3.1 人工智能的发展历程与基础定义

3.1.1 人工智能的发展历程

早在古希腊文学作品中，人们就对人工智能产生了初步设想。例如，在《奥德赛》中，奥德修斯乘坐自动驾驶的费阿刻斯之船返回伊萨卡岛，而在《伊利亚特》中，荷马写到了运输美食的自动轮式三脚架（Mayor, 2018）。人工智能的起源可以追溯到 20 世纪 40 年代。1942 年，美国科幻作家艾萨克·阿西莫夫（Isaac Asimov）在短篇小说《环舞》提出了"机器人三定律"，避免人类被自己创造出来的东西伤害（Asimov, 1942）。这部作品启发了几代机器人、人工智能及计算机科学领域的科学家，其中包括美国认知科学家马文·明斯基（Marvin Minsky，哈佛大学、麻省理工学院人工智能实验室的联合创始人）。同一时期，英国数学家艾伦·麦席森·图灵（Alan Mathison Turing）为英国政府研发了一款名为 Bombe 的密码破解机，用于破译德国军队在第二次世界大战中使用的 Enigma 密码。1950 年，他在《计算机机器与智能》一文中提出了著名的图灵测试：如果一台机器能够与人类展开对话而不被辨别出其机器身份，那么这台机器被认为具有智能（Turing, 1950）。图灵测试在现在仍然被认为是判断聊天机器人和数字助理是否具有人工智能的基准。

1955 年，由约翰·麦卡锡（John MacCarthy，达特茅斯学院）、马文·明斯基、纳撒尼尔·罗切斯特（Nathaniel Rochester，IBM 公司）、克劳德·香农（Claude Shannon，贝尔电话实验室）署名的《人工智能达特茅斯夏季研究项目提案》首次运用了"人工智能"一词（McCarthy et al., 1955）。1956 年达特茅斯夏季研讨会的召开聚集了数学、心理学、神经学、计算机科学与电气工程等各领域学者，共同探讨如何使用计算机模拟人的智能，并正式把这一学科领域命名为"人工智能"。这标志着人工智能作为一个研究领域正式诞生。

在达特茅斯夏季研讨会召开后的近 20 年里，人工智能领域取得了重大发展。一个早期的例子是赫伯特·亚历山大·西蒙（Herbert Alexander Simon）、约翰·克里夫·肖（John Clifford Shaw）和艾伦·纽厄尔（Allen Newell）编写的一般性问题解决程式（General Problem Solver）。一般性问题解决程式的第一个版本在 1957 年运行,整个研究项目持续十年之久。这一人工智能程序可以帮助解决各种各样的谜题(例如,"传教士和食人族"的过河问题),并通过反复试验的方式寻找解决方案。另一个例子是由麻省理工学院人工智能实验室的计算机科学家约瑟夫·魏泽鲍姆(Joseph Weizenbaum)在1964~1966年开发的第一个聊天机器人ELIZA。ELIZA是一个能够模拟人类对话的自然语言处理工具,也是第一个能够通过图灵测试的计算机程序之一。这些振奋人心的成功案例为人工智能研究吸引越来越多的资金投入。

然而在1972年,美国国会开始强烈抨击在人工智能研究上的高投入。同年,英国数学家詹姆斯·莱特希尔(James Lighthill)受英国科学研究委员会(British Science Research Council)的委托发表了一份报告,他在报告中质疑人工智能研究人员给出的乐观前景(Lighthill,1972)。莱特希尔指出,在象棋等游戏中,人工智能只能达到"有经验的业余爱好者"的水平,常识推理往往超出它们的能力。作为对这份报告的回应,英国政府终止了除爱丁堡、苏塞克斯和埃塞克斯三所大学外的所有大学对人工智能研究的支持,美国政府很快效仿了英国的做法。尽管在20世纪80年代"专家系统"的广泛应用促进了人工智能产业化发展,引发了人工智能的第二次浪潮,但远没有达到与商业模式、大众需求接轨的地步,1993年后,人工智能又进入第二次"寒冬"。

20世纪末,人工智能的发展虽然处于低谷,但并没有完全停止。2016年,谷歌开发的程序AlphaGo在围棋竞赛中击败世界冠军李世石引起轩然大波,让人工智能再次走进人们的视野。AlphaGo通过使用自学习神经网络使得计算机能够通过自对弈的方式不断提升棋力。AlphaGo对战围棋世界冠军取得的胜利极大地激发了人们思考科技对于改变人类命运的特殊意义。各国政府高度重视人工智能,纷纷出台本国发展战略,抢占人工智能制高点。2016年5月,美国白宫宣布成立人工智能与机器学习委员会,旨在协调全美各界力量推动人工智能发展。2016年10~12月,白宫连续签发了《为人工智能的未来做好准备》《美国国家人工智能研究与发展策略规划》和《人工智能、自动化和经济》3份人工智能相关文件,在政策方面给予人工智能发展最大支持。同年12月,英国发布了《人工智能:未来决策制定的机遇和影响》。2017年4月,法国颁布了《人工智能战略》。

近年来我国也持续关注人工智能的发展,制定了针对人工智能的一系列政策文件,包括《新一代人工智能发展规划》《促进新一代人工智能产业发展三年行动计划(2018—2020年)》《"互联网+"人工智能三年行动实施方案》《关于促进人工智能和实体经济深度融合的指导意见》《国家新一代人工智能创新发展试验区建设工作指引》及《国家新一代人工智能标准体系建设指南》等。这些文件促进了人工智能在我国经济社会各领域渗透。国际数据公司(IDC)与浪潮电子信息产业股份有限公司在联合发布的《2020—2021中国人工智能计算力发展评估报告》中预测，2020年中国人工智能市场整体规模约为63亿美元，2024年将达到172亿美元（IDC和浪潮，2020），人工智能发展前景被看好。

3.1.2 人工智能的基础定义

人工智能的定义有很多种，目前尚缺乏统一的观点。创新工场董事长兼CEO李开复在《人工智能》一书中列举了历史上有影响的、目前仍流行的人工智能的几种定义：①人工智能就是让人觉得不可思议的计算机程序，完成人们不认为机器能胜任的事；②人工智能就是与人类思考方式相似的计算机程序；③人工智能就是与人类行为相似的计算机程序；④人工智能就是会学习的计算机程序；⑤人工智能就是根据对环境的感知，做出合理的行动，并获得最大收益的计算机程序（李开复和王咏刚，2017）。虽然这些定义各有不同，但是它们都基本指出了人工智能是一种能够做出被人类视为"智能"行为的计算机程序或者机器。中国电子技术标准化研究院编写的《人工智能标准白皮书（2018版）》将人工智能定义为"利用数字计算机或者数字计算机控制的机器模拟、延伸和扩展人的智能，感知环境、获取知识并使用知识获得最佳结果的理论、方法、技术及应用系统"（中国电子技术标准化研究院，2018）。这一定义解释了人工智能学科的基本思想和内容，主要围绕着智能活动而构造的人工系统。该白皮书根据人工智能实现推理、思考和解决问题的能力，将人工智能分为弱人工智能（不能真正实现推理和解决问题的智能机器，主要完成如语音识别、图像识别、机器翻译等任务）和强人工智能（具有知觉和自我意识的智能机器，能够使用类似人的思维或与人完全不同的推理方式）。

3.2 人工智能与机器学习、深度学习

人工智能与机器学习、深度学习相互区别又存在联系，它们之间的关系如图3-1所示。人工智能是使用计算机程序或机器对人的智能进行模拟、延伸和拓展，由以麦卡锡、明斯基、罗彻斯特和香农等为首的一批有远见卓识的年轻科学家相聚在1956年达特茅斯夏季研讨会上正式提出人工智能的概念。机器学习是实现人工智能的一种方法，来源于早期的人工智能领域，自1980年作为一门独立的学科登上历史舞台。深度学习是实现机器学习的一种技术，杰弗里·埃弗里斯特·辛顿（Geoffrey Everest Hinton）于2006年在《科学》上发表的一篇论文开启了深度学习在学术界和工业界的浪潮（Hinton，2006）。本节主要从机器学习、深度学习两方面内容展开陈述。

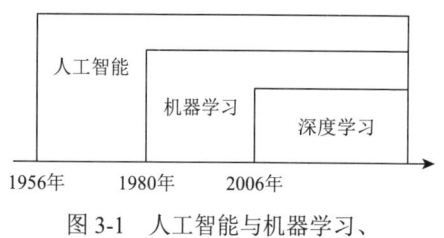

图3-1 人工智能与机器学习、深度学习的关系

3.2.1 机器学习

机器学习是人工智能的一个分支。计算机科学家和机器学习先驱汤姆·米切尔（Tom Mitchell）将机器学习定义为对计算机算法的研究，允许计算机程序通过经验自动改进（Mitchell，1997）。机器学习是实现人工智能的方法之一。机器学习依赖于在各种大大小小的数据集中检查和比较数据来发现共同的模式并探索细微差别，从经验中学习，从而随着时间的推移来提高自己在某些任务中的表现。

1. 机器学习的发展史

1949 年，唐纳德·赫布（Donald Hebb）在《行为组织》一书中提出了机器学习的赫布学习规则，解释了学习过程中大脑神经元发生的变化（Hebb，1949）。机器学习在某种程度上是基于脑神经元相互作用的模型。赫布学习规则的提出标志着机器学习思想的萌芽。被誉为机器学习之父的亚瑟·塞缪尔（Arthur Samuel）在 20 世纪 50 年代开发了一款西洋跳棋的计算机程序，并在 1952 年首次提出了"机器学习"（Machine Learning）一词（Amanda，2020）。这款程序实现了对搜索树（alpha-beta 剪枝）的优化，并允许应用程序学习每一个玩过的游戏，以提高自己的下棋技巧。1957 年，康奈尔航空实验室的弗兰克·罗森布拉特（Frank Rosenblatt）将唐纳德·赫布的脑神经元相互作用的模型与亚瑟·塞缪尔的机器学习成果结合起来，创建了感知器，给出了相应的感知器学习算法。这被认为是第一个成功的人工神经网络算法。1967 年，最近邻算法提出，意味着基础模式识别的开始。该算法用于路线映射，是最早用于求解旅行商寻找最有效路线问题的算法之一。20 世纪 60 年代，多层膜的发现和应用为神经网络的研究开辟了一条新路。人们发现，在感知器中提供和使用两层或两层以上的感知器比使用一层的感知器提供了更强的处理能力。多层感知器的应用催生了前馈神经元网络和反向传播算法。在 20 世纪 70 年代末和 80 年代初，人工智能研究集中于使用逻辑的、基于知识的方法，而不是算法。这一时期，神经网络研究被计算机科学和人工智能研究人员抛弃，导致了人工智能和机器学习之间的分裂。机器学习成为一个独立的学科领域发展并在 20 世纪 90 年代进入"繁荣"阶段。这一成功在很大程度上得益于互联网的发展，为机器学习提供了海量训练数据和共享服务能力。机器学习算法呈现多样化，被广泛应用到信息处理特别是互联网海量数据的分析处理当中。

2. 机器学习的类型及其基本算法

从训练方法上来看，机器学习主要分为以下四种类型。

1）监督学习

监督学习是指使用输入数据与标记数据配对的数据集来训练模型（Bishop，2006）。通过让机器学习大量带有标签的数据集训练出一个模型，当有新的输入时，可以根据这个模型得到相应输出。例如，假设某人确定某封电子邮件是垃圾邮件，并使用电子邮件阅读软件将其标记为垃圾邮件。我们可以把这种标记行为看作一个经过验证的垃圾邮件示例。在分析了大量的垃圾邮件例子后，机器学习算法可以检测出一个模式，并推断出一个判定垃圾邮件的规则。于是，该算法可以利用学习到的标记规则，对新收到的电子邮件进行自动评估并判断新邮件属于垃圾邮件还是常规邮件。监督学习主要完成回归（预测连续的、具体的数值）和分类（对离散事物的分类）的任务，常用算法包括线性回归、逻辑回归、朴素贝叶斯、支持向量机（SVM）、k 近邻算法、决策树、提升算法（Boosting）等基本算法。

线性回归：最简单的线性回归就是利用一条直线拟合二维平面上的一系列点，以描述所有训练集中样本的散布规律或趋势，用来预测新的样本点。二维平面上直线方程的一般形式为 $y = ax + b$，使用训练集中的数据以某种方式训练该模型后，就可以确定方程中的两个参数 a 和 b 的最优值。当收到了新的样本 x_i 后，可以通过方程计算得出 y 的值。线性回归建模速度快，但由于该模型不能很好地拟合非线性数据，需要先判断变量之间是否存在线性关系。线性回归可以应用在产品采购和生产线的多个阶段。例如，工程师可能想要模拟生产线的环境条件（如车间温湿度）的变化如何影响产品质量。利用线性回归可以帮助确定一个优化的系统，对车间的温度和湿度进行调节，以保证产品质量稳定、数量充沛。

逻辑回归：在线性回归模型中，对于每一个输入的 x，都有一个对应的输出 y，这些输出一般是连续的。而对于逻辑回归，输入可以是连续的，但输出一般是离散的，如输出值只有两个值——0 和 1。这两个值可以表示对样本的某种分类，如高/低、胖/瘦等。利用逻辑回归模型可以将实数范围的 x 映射到有限的几个点上，从而实现对 x 的分类。逻辑回归在实现分类时计算量非常小，速度快，存储资源低，但是分类的准确度不高，不能很好地处理大量的多种特征或变量。对于非线性特征，还需要进行转换。逻辑回归是机器学习中最为基础的算法之一，已被广泛应用于解决工业问题，如产品是否被购买、客户评价信息正负情感分析、客户等级分类等场景。

朴素贝叶斯：该算法基于贝叶斯定理与特征条件独立假设，对于一个未知类别的样本 x，会分别求得 x 属于每一个类别的概率，然后选择其中概率最大的类别作为其分类。在实际情况下，特征条件独立假设并不能成立，所以朴素贝叶斯算法的性能略差于其他一些机器学习算法，于是又从中优化演变出其他贝叶斯算法（如朴素贝叶斯分类器、半朴素贝叶斯分类器、贝叶斯网等），以增强其泛化能力（徐洪学等，2020）。由于该算法实现简单、计算复杂度低且对训练集数据量的要求不大，一直备受学术界和工业界关注，被广泛应用于设备故障判断、广告推荐、市场预测等场景。

支持向量机：该算法旨在找到训练数据集合边缘上的若干数据（称为支持向量），用这些若干数据点找出一个平面（称为决策面），使得支持向量到该平面的距离最大，从而实现对数据的分类。支持向量机可以解决高维问题（即大型特征空间），能够处理非线性特征的相互作用，泛化能力比较强，然而在观测样本较大的情况下，存在运行效率不高、通常只支持二分类等缺点（徐洪学等，2020）。该算法在工业领域上的应用为设备故障识别、交通状态预测、工业生产建模等场景。

k 近邻算法：计算 x 与每一个训练数据之间的距离，将求得的距离按照从小到大的顺序排列，找到距离最小的 k 个训练数据，以多数投票的方式得出 k 个训练数据中出现频率最高的类别，将 x 分到这个类别。该算法原理简单，便于理解，但是计算复杂度较高，而且忽略了数据本身的意义。k 近邻算法在工业领域使用在推荐系统等方面，例如，根据客户对某些特定产品的偏好，向他们推荐类似产品。该算法适用于根据不同人群兴趣爱好推送不同诉求的促销活动、发掘与企业发展战略相契合的供应商群等场景。

决策树：决策树是一种树形结构，树内每个节点表示一个属性的判断，每个分支表示一个判断结果的输出，每个叶节点表示一个分类结果。对于一个样本，它具有一组属性和一个分类结果。在监督学习的情况下，通过学习多个样本得到一个决策树，当获得新数据时，能够将其进行正确的分类。该算法计算量相对较小，处理速度快、准确率高，但是具有容易忽略数据集中属性的关联关系等缺点。决策树可以应用于设备故障预测、异常原因诊断等场景。

提升算法：Boosting 是一族可将弱学习器提升为强学习器的算法。该类算法通过训练更新训练集的数据权重，将已有的回归或分类算法通过一定的策略进行组合以提高分类的性能。Adaboost 是提升算法中最重要的算法之一。Adaboost 是将分类精度比随机猜测略好的弱分类器提升为高分类精度的强分类器，能够显著改善子分类器预测精度、不需要先验知识，但是对异常值和噪声数据较为敏感（徐洪学等，2020）。Boosting 算法较常用于分析生产过程数据，提高问题诊断的效率等。

2）无监督学习

与监督学习相反，无监督学习则是指在数据没有任何标签的情况下进行训练，找出训练数据的内在结构（Bishop，2006）。举例来说，机器会根据自己的判断将一个未分类的物品根据一定的特征对其进行分类。监督学习是让机器在已知规则下对物品进行分类得出较精确的结果，而无监督学习则是让机器用自己的方式对物品进行分类推断出数据的内在结构。无监督学习主要完成聚类（根据数据相似性和特征对它们进行分组)、关联（根据数据间的关联关系将它们联系起来)、降维（保证数据集不丢失有意义的信息的同时减少数据的维度）的任务,常用算法包括k均值算法、Apriori算法、主成分分析法等。

k均值算法：该算法将训练集的数据点划分为多个聚类,并使得这些数据点到它们所属聚类的质心的距离平方和最小。首先,在训练集中从n个数据点任意选取k个数据点作为初始的聚类中心;接着求得训练集中其他数据点到这些聚类中心的距离,分别将这些数据点划分到与其距离最近的聚类中心;然后重新计算聚类均值得到其质心,以这些质心作为新的聚类中心,不断重复这一过程直到标准测度函数开始收敛（徐洪学等,2020)。虽然该算法对异常值和噪声数据比较敏感,k值选择比较难把握,但是由于该算法实现比较容易、收敛速度快、聚类效果好,被广泛应用于客户购买行为特征挖掘、对客户群体进行细分以提供个性化产品和服务等。

Apriori算法：关联规则是从数据集中发现对象的频繁的模式、关联关系的过程。Apriori算法是关联规则里一项重要的基本算法,主要通过频繁集的关联分析寻找强关联规则。Apriori算法采用逐层搜索的迭代方式生成候选项集,原理简单易于实现,但是每次生成候选项集都需要花费较多的执行时间,计算成本较高。Apriori算法可服务于为客户推荐合适的产品组合、从历史数据中挖掘设备故障规律等应用场景。

主成分分析法：该算法旨在减少数据集内的维数（特征个数）的同时仍保留尽可能多的信息,它试图将高维度（n维）的数据保留一些最重要的特征（映射到k维上),从而实现提升数据的处理速度。该算法不受原始数据成分间的影响或数据集以外的因素影响并保留下数据的一些重要特征,但是不如原始样本数据特征的解释性强。主成分分析法可帮助解决工业上的问题,如发现瑕疵产品、图像去噪、物体识别等。

3) 半监督学习

半监督学习将大量无标签数据与少量标签数据结合使用来提高机器学习的性能。该学习方法基于少量带标签的训练样本建立初始分类模型,在每次学习的过程中模型会在未带标签的候选样本集中选择最能体现模型性能的样本,并将这些样本以一定的方式加入带标签的训练集中进一步训练模型（董立岩等,2016)。半监督学习能够解决在标签样本较少时监督学习方法泛化能力不强和缺少样本标签引导时无监督学习方法不准确的问题。半监督学习算法有很多种,本节以模型生成的方式介绍半监督学习算法的分类,则不再对各个具体算法进行描述。

半监督学习方法主要包含四种主流范式（周志华,2013)：基于生成式模型的方法,假设数据模型的各个组成成分可以通过大量的无标签数据获得,然后通过少量带标签的样本确定整个数据模型;半监督支持向量机方法通过调整支持向量机的超平面和无标签数据的类标签指派，使得支持向量机在所有训练数据（包括有标签和未标签数据）上实现最大化间隔；基于图的方法，根据数据样本集中数据间的联系，将数据集映射为一个图，然后在图上运用合适的学习算法推断图中无标签数据；基于分歧的方法，通过多个学习模型之间的差异性或多样性对无标签数据进行利用，以此提升这些学习模型标记数据的准确性。半监督学习方法被积极推广于工业领域的数据标注，用来改善故障诊断模型的性能等。

4）强化学习

强化学习是指软件代理从奖励或惩罚中学习最佳决策以达到回报最大化（Sutton and Barto，2018）。在这种形式的机器学习中，学习器不会被告知该采取哪些行动，而是必须通过尝试发现哪些行动能带来最大的回报。例如，一个机器人决定它是否应该进入一个新的回收站收集更多的垃圾或开始试图找到充电站的路，它会根据过去找到充电站的速度和难易程度做出决定。自适应控制器对炼油厂的运行参数进行实时调整，它会基于边际成本优化产量、成本、质量三者之间的平衡，而不是严格遵守工程师最初建议的设定值。这些例子表明，强化学习强调软件代理积极地与它周围环境的互动。在这种互动中，尽管环境存在不确定性，代理仍试图实现一个特定目标，并且它的行为可以影响环境未来的状态（例如，机器人的下一个位置或炼油厂的库存水平），从而影响它在以后可用的选项和机会。在与环境交互的过程中，软件代理根据自己的经验并随着时间的推移改进其性能。

根据软件代理动作选取方式，强化学习算法可分为三种主流范式（李茹杨等，2020）：基于价值（Value-based）强化学习算法，通过获取最优价值函数，选取最大价值函数对应的动作构建最优策略（代表性算法包括 Q-learning、SARSA 等）；基于策略（Policy-based）强化学习算法，通过最大化累积回报来更新策略参数，跨越学习价值函数直接获取最佳策略（代表性算法包括 Policy Gradient 等）；执行者-评论者（Actor-critic）强化学习算法，通过结合基于价值方法与基于策略方法，同时学习策略函数和价值函数来制定策略（代表性算法包括确定性策略梯度算法、双延迟确定性策略梯度算法等）。强化学习方法积极探索解决生产线上的人机协作问题，在优化派单策略、商品推荐、广告推送等场景具有广阔的应用前景和众多的成功案例。

3.2.2 深度学习

1. 深度学习的发展史

深度学习（Deep Learning）是机器学习的一个分支，其前身是人工神经网络。2006 年，杰弗里·辛顿以及他的学生在世界顶级学术期刊《科学》发表的一篇文章中基于深度信念网络提出了深度学习的概念（Hinton，2006）。他们提出了一种无监督的逐层贪婪训练算法，为解决深度结构优化问题带来了希望。该方法的提出，拉开了深度学习的序幕。2012年，在著名的ImageNet图像识别大赛中，杰弗里·辛顿领导的团队采用深度学习模型AlexNet击败Google一举夺冠。2014年，Facebook在DeepFace项目中利用深度学习技术提升了人脸识别的准确率，使得准确率已达97%以上，与人类识别的准确率相差无几。2016年，随着谷歌开发的程序AlphaGo在围棋竞赛击败世界冠军李世石，深度学习受到狂热追捧，发展势头不容小觑。

2. 深度学习的类型及其算法

深度学习允许由多个处理层组成的计算模型学习具有多个抽象层次的数据表示（LeCun et al.，2015）。具体来说，深度学习架构由多层非线性运算单元组成，较低层作为更高层的输入，从大量输入数据中学习有效的特征表示，为高层表示提供更多输入数据的结构信息，能够完成分类、回归和信息检索等任务（刘建伟等，2014）。与机器学习方法类似，深度学习也包含监督学习、非监督学习、半监督学习的方式。但相较于机器学习而言，深度学习能够使用无监督或半监督的特征学习自动提取分层特征，从而替代手动提取特征。深度学习发展至今已有数种算法，本节将简要介绍深度学习的两种经典算法：卷积神经网络（Convolutional Neural Network）和循环神经网络（Recurrent Neural Network）。

卷积神经网络。卷积神经网络的基本结构由输入层、卷积层、取样层、全连接层及输出层5种层次构成。在底层中采用若干个卷积层和取样层，并将它们交替设置（将一个卷积层连接一个取样层，取样层之后再连接一个卷积层，按此规律进行连接）。卷积层中输出特征面的每个神经元与它的局部输入进行连接，并通过对应的连接权值与局部输入进行加权求和再加上偏置值，得到该神经元的输入值（周飞燕等，2017）。而卷积神经网络的高层由全连接层构成，将由低层级所提取到的特征进行非线性组合得到输出结果输出至输出层。卷积神经网络能够处理高维数据，实现自动特征提取。然而，在提取特征的过程中容易丢失大量有价值信息，存在忽略局部与整体之间关联性等缺点。该算法被广泛应用于图像识别，可以帮助减少制造过程的缺陷，如通过处理工业视觉图像并自动识别产品缺陷等。

循环神经网络。传统神经网络通常表现为每层神经元与下一层神经元全连接，同层的神经元之间不存在连接，数据从输入层向输出层通过网络逐层传递。而循环神经网络跟传统神经网络的区别在于每次都会将前一时间步的输出结果带到下一时间步中一起训练，即神经元在某时刻的输出可以作为输入再次输入神经元进行处理。循环神经网络适用于时间序列数据，由于网络结构中的结构是重复的并且参数是共享的,显著减少了所需训练的神经网络参数,但是存在无法保存长时间序列上的信息等缺点(杨丽等,2018)。循环神经网络在工业领域的应用能够为企业提供市场预测、故障诊断和预测性维护等服务。

3.3 人工智能的应用

3.3.1 人工智能在制造业的应用概况

人工智能自诞生到大规模应用,经历了从早期的专家系统、机器学习,到当前持续火热的深度学习等多次技术变革。随着硬件技术和软件算法的快速进步与不断成熟,工业领域逐渐成为人工智能的重点探索方向之一,工业人工智能应运而生,是实现智能制造的重要途径。综合前两章内容来看,智能制造与信息技术在制造业的演进息息相关,经历了物联网转型升级、管理信息系统转型升级、大数据转型升级、工业人工智能转型升级等四个阶段(图3-2)。

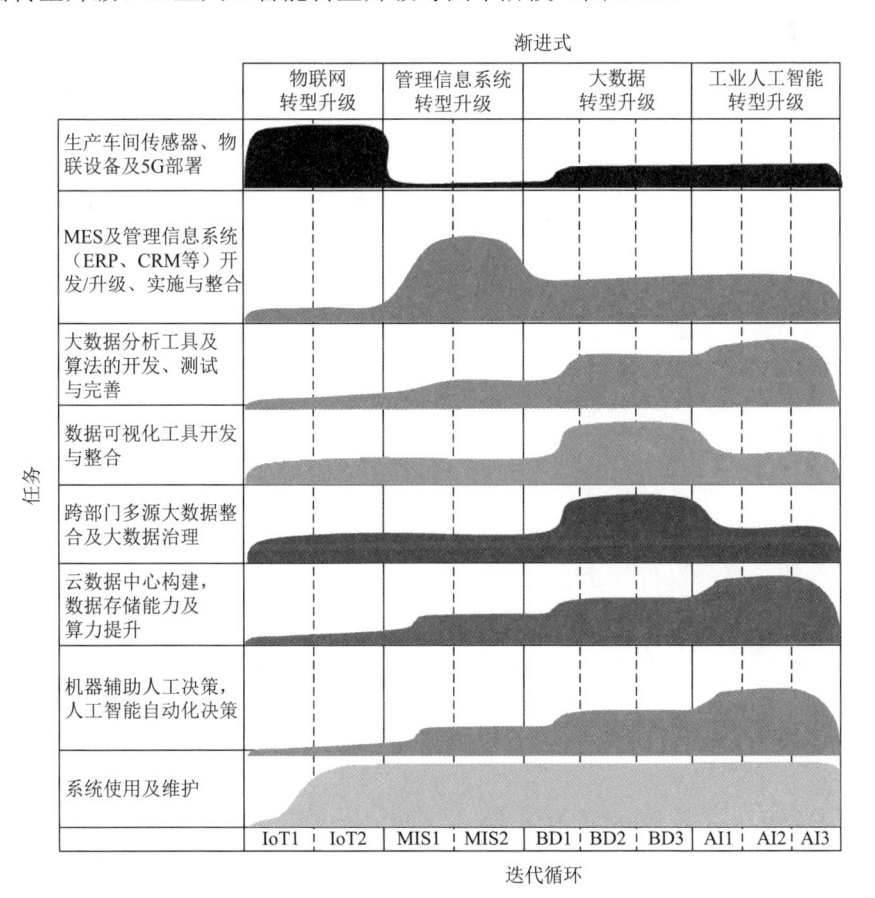

图 3-2 智能制造开发生命周期

如图 3-2 所示，在智能制造开发生命周期中，每个阶段需要完成的重点任务有所不同（以"驼峰"态势呈现）。例如，在物联网转型升级阶段，制造企业需要完成的重点任务是将无线传感器和物联设备部署在生产车间和整个生产线，把物理生产单元转化为信息物理系统，为构建智能工厂打下基础。

在管理信息系统转型升级阶段，聚焦开发和实施新的信息系统和软件应用（如新的制造执行系统），以支持 CPS 和物联网环境。在这一阶段，新开发的系统与企业现有的信息系统进行整合和集成（如 ERP 系统、SCM 系统、CRM 系统），为下一转型阶段需要完成的大数据集成铺平道路。

智能制造开发生命周期的第三阶段关注工业大数据的采集和应用。工业大数据的来源包括企业内部信息化数据、设备物联数据及企业外部数据。工业大数据不仅在生产制造部门生成，也出现在产品全生命周期各个环节，包括研发设计、市场营销、物流供应、售后服务等（见第 2 章）。大数据转型升级阶段的关键任务是对多源异构的工业大数据进行收集、清洗及整合，在云平台上进行安全存储和管理，并使用适当的大数据分析工具和算法进行处理和分析，最终生成有意义的洞察和预测，以可视化模式来提供支持决策的依据。

工业人工智能转型升级阶段，是智能制造开发生命周期最先进的阶段。在前三阶段发展和成熟的基础上，该阶段的重点任务是开发和利用更复杂的机器学习/深度学习算法，以获得不仅是洞察力，而且是智慧的力量，其特征是机器与机器进行交互，实现自我意识、自预测、自优化、自决策等。为了实现特定的人工智能功能，该阶段可能还会添加额外的传感器和物联网硬件。由于工业大数据存在于产品全生命周期各个环节，人工智能可以在产品全生命周期中应用、部署及创新。例如，制造企业不再需要指派人员监控生产机器的状态，通过人工智能电源的 CPS 可以实现机器设备的自运行、自诊断和自维护。这一阶段的主要任务是建立一个全企业范围的工业人工智能系统，帮助企业不断监测市场变化，预测技术趋势和材料价格变化，然后做出自动决策，如修改产品设计，发起有针对性的 B2B 营销活动，调整生产计划，优化 B2B 采购和物流等。

在经历了整个智能制造开发生命周期后，企业将发生实质性的转变。如图 3-2 所示，系统使用维护出现在智能制造开发的早期阶段，并贯穿整个生命周期。显然，这一任务不会在短期内完成。事实上，智能制造更像是一项战略创新计划，它由几十个项目组成，是一个循序渐进、迭代的开发过程。企业需要动员多个 B2B 服务提供商（如咨询公司、硬件供应商、软件供应商、云供应商、大数据和人工智能供应商）参与到各个项目，协同推进智能制造。

新一代人工智能及相关技术与制造业实体经济的深度融合，催生了智能装备、智能工厂、智能服务等应用场景。参考《人工智能标准化白皮书》，这三大应用场景表现为：①在智能装备应用场景下，人工智能赋予制造装备感知、分析、推理、决策、控制功能，通过自动识别设备、人机交互系统、工业机器人、数控机床等具体设备，提升企业的生产效率和产品质量，降低物料和能源消耗，实现生产过程的智能化发展；②在智能工厂应用场景下，人工智能赋予智能设计、智能生产、智能管理等能力，以产品全生命周期的相关数据为基础，在计算机虚拟环境中，对整个生产过程进行仿真、评估和优化，提供灵活高效的生产解决方案；③在智能服务应用场景下，通过捕捉客户使用产品的信息，结合历史积累数据，分析和洞察客户的习惯、偏好等，以及挖掘与身份、工作生活状态相关的潜在需求，主动给客户提供精准、高效的服务，不仅满足大规模个性化定制的产品和服务需求而且提供预测性产品维护等服务（中国电子技术标准化研究院，2018）。《德勤人工智能制造业应用调查》数据显示，在德勤公司调查的企业中，有93%的企业认为人工智能将成为全球制造业增长和创新的关键技术（德勤，2016）。新一代人工智能及其相关技术的发展趋向于利用对数据的分析和洞察来指导生产实践活动，以提高企业的生产力。在未来，人工智能在制造业的应用将从智能生产转向偏重智能服务和供应链智能管理。

3.3.2 人工智能在其他领域的应用概况

除了制造行业，人工智能与其他行业领域的深度融合也将改变传统行业。本节将简要概括人工智能在家居、医疗、金融、交通行业的应用。

（1）智能家居。人工智能技术应用于智能家居系统，可以为用户提供个性化的生活服务。智能家居设备能够自学习，分析用户行为，并根据用户的选择和反馈不断改进算法。在人工智能技术的协助下，智能家居系统可以持续监视家中的状态，并相应地打开和关闭设备。而用户也可以应用自然语言对智能设备进行操控，如提升（或降低）百叶窗、打开灯等操作。在用户不在家的时候，系统会自动开启入侵者警报，使得家居生活变得更便捷、节能、安全等。

（2）智能医疗。由人工智能技术支持的虚拟助手或问诊机器人，可以为患者提供问诊、分诊、咨询等服务，患者通过回答一系列的问题，获得相应的医疗建议，从而减轻医务人员和各种资源负担过重的压力。利用智能影像识别技术实现医学图像自动读片，有效提高医护人员工作效率。将智能手机的摄像头与人工智能集成在一起，能够为患者管理药物，监测患者的用药情况，提醒患者服用处方药。可穿戴式健康追踪器能够监控人体活动并将这些数据发送到人工智能系统，支撑个性化的医疗服务。

（3）智能金融。利用人工智能技术，通过对历史经验和新的市场信息的分析和洞察，可以实现对金融资产价格波动趋势的预测，并以此构建符合客户风险收益的投资组合；通过回顾用户的消费数据，挖掘用户的消费行为，可以突出不正常交易的情况，加强支付安全、防范网络欺诈；通过收入、日常支出和支出记录，刻画用户画像，制定个性化理财建议，帮助用户实现理财目标；基于大数据建立征信模型，实现企业和个人信用的审核、评估，增强放贷机构的风险控制能力。

（4）智能交通。人工智能技术融入交通系统，能够提供实时交通数据下的交通信息服务。例如，监控中心可以实时监控交通情况，并将路况推送到导航软件和广播中，在偶发性拥堵情况下，为驾驶员交通出行提供路线参考，辅助交通路径的选择；在发生异常的情况下，可以在接警后第一时间调取现场事件图像，帮助相关工作人员调查和追溯事件原因。不仅如此，智能交通系统可以为管理者积累城市交通数据，为规划、管理提供决策支持。

3.4 人工智能给制造业带来的挑战和机遇

3.4.1 人工智能给制造业带来的挑战

人工智能的发展和应用正在对制造业的生产方式和经营模式产生巨大影响。制造业面临着如下挑战：

（1）急需复合型人才。智能制造催生了对"人工智能+制造"复合型人才的大量需求。由于人工智能对就业结构造成影响，而供给的劳动力不能满足企业智能制造发展的需求，"人工智能+制造"复合型人才培养问题急需解决。应制定"人工智能+制造"复合型人才相关发展计划（如联想启动"紫领工程"，通过学生培养、在职培训、教学培训等，提升复合型人才的技能成长和实践创新能力），培养适应信息技术与制造技术深度融合的新型人才，并给予资金、税收补贴等政策性支持，保障人才发展计划的实施。

（2）冲击法律与伦理。人工智能发展过程中可能会对传统法律法规体系和道德伦理造成冲击和挑战。例如，使用人工智能算法对个人数据进行训练，这些数据可能在后续被披露出去，对个人隐私造成影响。人工智能技术供应商拥有无限的数据获取能力，在最大限度上打破了商户竞争所面临的信息不对称壁垒（国家人工智能标准化总体组，2019）。当机器设备具有自主性，如果造成人身、财产损害，在事故追责、责任划分等方面，是一个非常具有挑战的法律难题。除此之外，还有算法造成的歧视，如价格歧视、"大数据杀熟"等社会伦理问题。要重视数据的过度使用和泄露问题，依靠法律的指导规范、企业的道德自律、从业人员的伦理道德培养等方面，对人工智能实施敏捷灵活的治理。

（3）投入技术和资金。制造企业持续推进智能化转型升级需要技术和资金的支持。一方面，大多数中小型企业自有资金不足，而人工智能研发投入大、交付周期长，企业在智能制造之路举步维艰。另一方面，部分企业对制造业智能化的认知不足，在自身智能化基础薄弱的情况下盲目进行投资，结果往往是欲速则不达。鼓励地方政府出台针对中小企业智能化转型的相关财政扶持政策,做好顶层设计,引导企业使用平台,形成以行业龙头企业引领、业内中小企业参与的智造发展格局,有序推进制造智能化进程。加强基础研究和应用研究,突破人工智能关键技术,培养一批智能制造系统解决方案提供商。对于企业而言,则需制订符合自身特点的规划和路径,积极而稳妥地推进智能化发展。

3.4.2 人工智能给制造业带来的机遇

人工智能对制造业带来深远影响,制造业发展既面临挑战,也迎来重要发展机遇。人工智能给制造业带来的机遇包括(但不限于):促进制造业转型升级、提升工业效率及价值、保障生产安全和质量等。

(1)促进制造业转型升级。人工智能与制造业的融合将重塑和集成设计、生产、服务等产品全生命周期各个环节,引领制造企业全流程的价值最大化。例如,人工智能支持企业产品研发设计过程的智能化提升和优化,将大幅压缩新产品进入市场的时间。传统制造业标准化、流程化、规模化等特点,限制了产品和服务的个性化、定制化。人工智能的应用将极大提升企业的柔性化程度,满足大规模定制的个性化需求。智能服务将根据客户的反馈与意见,不断提升产品服务质量,主动为客户提供个性化服务,以提高客户的忠诚度和满意度。在这一过程中,制造业企业与人工智能技术提供商及解决方案合作伙伴之间的相互理解与合作发挥了重要的作用。

(2)提升工业效率及价值。人工智能依托算法改进变得更加高效,利用实时数据和历史数据,结合自学习经验来提高完成任务的性能。人工智能和自动化能够减少人工操作,改进生产制造流程,提升设计、生产、服务及处理供应链的效率。机器人全天24小时不间断工作,能够快速地为企业创造更多利润。企业应充分利用数据价值,提高核心竞争力,运用智能化更好地服务客户。人工智能技术提供商在开发更高能效表现和计算效率的算法同时需兼顾数据安全,提供满足企业日益提升需求的解决方案。

(3)保障生产安全和质量。在生产过程中,机器设备的正常运行是保障安全生产的关键。人在工作过程中可能因为疏忽或疲劳发生安全事故。尤其在高风险的工作岗位,用机器人代替人工可以尽可能确保人身安全,降低安全事故发生的概率。不仅如此,企业利用人工智能能够及时预测设备故障风险,发现故障可能发生的原因。人工智能提供的故障诊断和预测性维护功能,指导企业实施维修维护,保证设备长期稳定运行,帮助企业有效控制风险。从生产安全的角度来看,这样的智能预警机制为企业应对潜在故障或风险争取更多的时间,让企业及时采取相应措施,避免设备非计划停机的发生。从产品质量的角度来看,人工智能帮助企业快速识别产品表面存在缺陷的不良品,检查产品质量问题并进行归类,通过分析造成产品质量问题的原因，自动调整和改进当前工艺流程，从而减少产品不良率，同时也为企业节约了人工成本、提升了工作效率。

3.5 本章小结

本章首先概括了人工智能的发展历程及其基础定义；接着，介绍了人工智能与机器学习、深度学习的区别和联系，机器学习、深度学习的类型（监督学习、非监督学习、半监督学习等方式）和它们的基本算法，以及这些算法的优缺点及其在智能制造的应用场景；随后，阐述了人工智能在智能制造开发过程中的演进历程，以及人工智能在制造、家居、医疗、金融、交通等行业的应用；最后，提出了人工智能给制造业带来的挑战和机遇。

参 考 文 献

德勤. 2016. 造有道 智万物——德勤人工智能制造业应用调查[R/OL]. [2021-04-12]. https://www2.deloitte.com/cn/zh/pages/consumer-industrial-products/articles/ai-manufacturing-application-survey.html.

董立岩，隋鹏，孙鹏，等. 2016. 基于半监督学习的朴素贝叶斯分类新算法[J]. 吉林大学学报（工学版），46（3）：884-889.

国家人工智能标准化总体组. 2019. 人工智能伦理风险分析报告[R/OL]. (2019-04-25)[2021-04-12]. http://www.cesi.cn/images/editor/20190425/20190425142632634001.pdf.

李开复，王咏刚. 2017. 人工智能[M]. 北京：文化发展出版社.

李茹杨，彭慧民，李仁刚，等. 2020. 强化学习算法与应用综述[J]. 计算机系统应用，29（12）：13-25.

刘建伟，刘媛，罗雄麟. 2014. 深度学习研究进展[J]. 计算机应用研究，31（7）：1921-1930，1942.

徐洪学，孙万有，杜英魁，等. 2020. 机器学习经典算法及其应用研究综述[J]. 电脑知识与技术，16（33）：17-19.

杨丽，吴雨茜，王俊丽，等. 2018. 循环神经网络研究综述[J]. 计算机应用，38（S2）：1-6，26.

中国电子技术标准化研究院. 2018. 人工智能标准化白皮书（2018 版）[R/OL]. (2018-01-24)[2021-04-12]. http://www.cesi.cn/201801/3545.html.

周飞燕，金林鹏，董军. 2017. 卷积神经网络研究综述[J]. 计算机学报，40（6）：1229-1251.

周志华. 2013. 基于分歧的半监督学习[J]. 自动化学报，39（11）：1871-1878.

Amanda S B. 2020. Best practice leads to the best materials informatics[J]. Matter, 3（1）：22-23.

Asimov I. 1942. Runaround[M]. New York：Street & Smith Publications：94-103.

Bishop C M. 2006. Pattern Recognition and Machine Learning[M]. 8th ed. New York：Springer.

Hebb D O. 1949. The Organization of Behavior：A Neuropsychological Theory[M]. Hoboken：John Wiley & Sons，Inc.

Hinton G E，Salakhutdinov R R. 2006. Reducing the dimensionality of data with neural networks[J]. Science，313（5786）：504-507.

IDC，浪潮. 2020. 2020-2021 中国人工智能计算力发展评估报告[R/OL]. (2020-12-15)[2021-04-12]. https://www.inspur.com/lcjtww/resource/cms/article/2526910/2527321/2020-2021%E4%B8%AD%E5%9B%BD%E4%BA%BA%E5%B7%A5%E6%99%BA%E8%83%BD%E8%AE%A1%E7%AE%97%E5%8A%9B%E5%8F%91%E5%B1%95%E8%AF%84%E4%BC%B0%E6%8A%A5%E5%91%8A.pdf.

Lecun Y，Bengio Y，Hinton G. 2015. Deep learning[J]. Nature，521（7553）：436-444.

Lighthill J. 1972. Artificial intelligence：A general survey (The Lighthill report)[R/OL]. (1972-02-01)[2021-04-12]. http://www.chilton-computing.org.uk/inf/literature/reports/lighthill_report/p001.htm.

Mayor A. 2018. Gods and Robots：Myths，Machines and Ancient Dreams of Technology[M]. Princeton：Princeton University Press.

McCarthy J，Minsky M L，Rochester N，et al. 1955. A proposal for the Dartmouth summer research project on artificial intelligence[J]. AI Magazine，27（4）：12.

Mitchell T M. 1997. Machine learning[M]. New York：McGraw-Hill Education.

Sutton R S，Barto A G. 2018. Reinforcement Learning：An Introduction[M]. 2nd ed. Cambridge：The MIT Press.

Turing A M. 1950. Computing machinery and intelligence[J]. Mind，59（236）：433-460.

第二部分

工业人工智能的应用场景

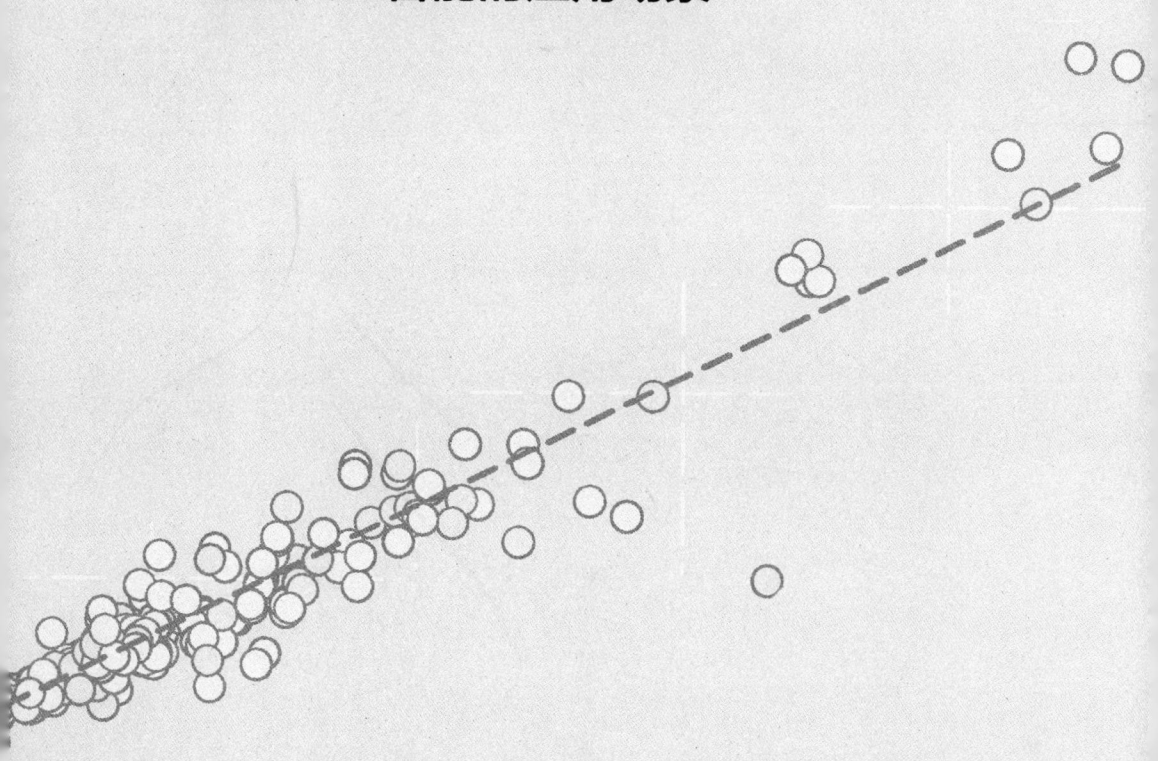

第 4 章
人工智能与研发设计

4.1 研发设计基础介绍

4.1.1 研发设计部职能

研发设计是企业持续发展的根本动力。企业要想生产的产品占据市场，获得消费者的认同，就需要不断地进行技术创新、产品创新。企业的研发设计部门则承担着企业新产品、新技术的开发和创新的工作。研发设计（R&D）指企业或科研机构创造性地运用科学技术、新知识实质性地改进技术与产品所持续的一系列活动。从事研发设计的机构（即研发设计部门，在欧洲被称为研究与技术开发（Research and Technology Development）部门）指企业或政府在开发新服务新产品，或者改进现有服务和产品方面所进行的一系列创新活动的专门场所（Jennings et al., 1998）。数据显示，截至 2018 年 6 月，世界范围内研发投入已接近 1.7 万亿美元，同时各国承诺到 2030 年将会从人员配备及资金投入方面更加大幅增加公共（政府、高校、研究机构等主导）及私立（企业主导）单位对于研发的投入力度。持续不断地进行研发设计是企业保持核心竞争力的重要途径。如果企业没有持续地进行研发与设计，企业的产品就无法突破固有设计，无法继续改良，这样一来也就完全失去了创新的灵魂，从而也就失去了消费市场。

研发设计部一般来说是设立在企业内部的，但是对于一些大型的集团或跨国企业而言，在企业外部会成立专门从事工业产品研发的机构，甚至是从事整个企业项目研发工作的子公司。然而，一般这些在外部设立研发机构的企业，往往在各地区分公司内部，仍然会设置专门用于支持此地区研发工作的部门，即外部有独立研发机构，内部也会有专门的研发部门。举例来说，中国知名的互联网企业阿里巴巴集团，在大数据、云计算、人工智能领域拥有独立的研发机构，称为阿里巴巴达摩院。阿里巴巴达摩院主要专注于研发，其产业领域包括了量子计算、机器学习、算法、人机交互、传感器技术、嵌入式开发、物联网等多个软件、硬件领域，不仅仅服务于阿里巴巴集团，更与世界各知名企业、高校进行研发合作,共同推动技术进步,更好地服务社会。同样,在传统的生产制造业领域,美国汽车行业巨头通用汽车集团,作为世界 500 强之一的跨国制造企业,针对中国市场,成立了通用汽车中国前瞻性技术科研中心,此研发机构致力于在中国研究全球最前沿的车辆设计和技术解决方案,承担电池、轻量化材料、先进制造工艺、发动机与变速箱系统以及车联网驾驶体验这五个领域的研发工作。通用汽车集团的另一个研发机构泛亚汽车技术中心有限公司主要是支持通用汽车旗下几个子品牌(如凯迪拉克、别克等)的整车生产研发工作。不难发现,企业的研发设计部门一般都是根据企业的战略规划和业务安排而设立的,旨在更好地设计和改进企业产品,提高企业的市场竞争力。

综上所述,研发设计部门是企业为了实现企业战略目标,在企业高层的领导下设立的,研发设计部门负责技术支持、新产品开发与管理、技术管理、试验管理、工艺管理等工作。该部门需要了解市场的最新情况,其中包括企业最新的技术趋势、市场用户需求、专利申报、前沿科技论文等;同时还需要制定企业不同阶段的技术策略及发展目标,探索新项目和新产品开发的可行性方案,从而制定出新产品的开发建议书,为管理层决策提供参考建议。尤其对于生产制造型企业而言,研发与生产通常是制造业价值链上两个比邻的环节,生产作为企业实现技术创新产业化的过程,目前大多数以产品导向的企业仍然会将生产放在企业战略中的第一位,一切的企业活动都是为生产服务。因此,研发设计部门需要与生产制造部门进行工作配合,针对在生产过程中出现的问题,研发设计部门需要第一时间给予支持和帮助,使得企业完成生产的目标和满足发展的需要。

4.1.2 研发设计部组织架构

有效、合理的组织架构是企业保持健康成长的关键之一。研发设计部门是企业运营的一个独立部门,与其他如生产、销售、物流等环节一样,部门内部也会有着不同的分工与任务安排,因此也会存在与之匹配的组织架构。什么是组织架构?组织架构是现代企业的"骨架"和"神经系统",它是企业内部各要素相互作用的形式,同时也是企业资源和权力分配的载体。国外企业管理领域知名学者 Child(1972)认为组织架构是用来定义企业内部层级关系的系统,包含角色、职能、上下属汇报等内容。Corkindale(2011)在《哈佛商业评论中》写道,糟糕的组织架构会导致企业员工角色的混乱、职能之间的不协调、想法无法及时分享以及决策过程缓慢,给企业高层管理者带来压力与困扰,而这些问题如果不及时解决就会成为企业发展过程中前所未有的内部隐患。因此,组织架构对于企业发展的重要性是不言而喻的。然而,就组织架构本身而言,有着不同的分类。隋舵等(2002)把企业组织架构分成了三大类,分别是直线职能型、矩阵型、事业部型。国外学者 Miles 等（1978）认为，直线职能型，又称为功能型（Functional Structure），它是企业实行从上到下的垂直领导，通常根据职能种类来划分，各职能机构分管不同领域工作。矩阵型（Matrix Structure）组织架构的出现是为了改进直线职能型的横线联系差、缺乏弹性等一系列问题，它的横向是项目系统，纵向是职能系统，项目系统一般无固定工作人员，可以随时进行抽调组合。第三大类事业部型，实际上，这里可以细分为两种形式，第一种是以产品本身来划分（Product-based Divisional Structure），根据企业生产的不同产品类别来进行组织架构划分；第二种是基于市场来划分（Market-based Divisional Structure），根据市场的消费群体来进行划分，即用户划分。事业部型是在 1924 年由美国通用汽车公司总裁斯隆提出，有许多学者将其称为"斯隆模型"，或者也称为"联邦分权化"，这是一种高度集权下的分权管理模式。事业部型往往是具有独立产品、独立市场和利益，实行独立核算，具有足够的权力，可以自主经营。因此，事业部型模式一般出现在大型跨国企业或超大规模集团式企业。

  目前，直线职能型、矩阵型、事业部型占据了市场上大多数企业组织架构模式。研发设计部门作为企业中独立的职能部门，往往其部门组织架构是遵循整体的企业组织架构的（Morgeson et al., 2010），通常存在着上述三种组织架构模式。然而，在企业实际的生产运营中，一些大型集团式企业设立了外部的研发中心机构，该研发中心拥有自己的人力资源部门、财务部门等。一般而言这类大型研发中心采取与总部企业相类似甚至一致的组织架构模式。但是，研发设计部门作为企业部门中一个分支机构，多数采用的是直线职能型与矩阵型相结合的组织架构。在部门总经理和技术总监的领导下，每一个分管经理负责公司新产品、新技术、新工艺的开发、创新、验证、生产技术服务等。因此，在每个分管经理下面，根据公司产品需要设置不同的技术研发人员（如电子工程师、机械工程师、软件工程师等），这类工程师根据上级安排开展研发工作。以离散型制造企业为案例，作为美国通用汽车曾经的全资子公司，耐世特汽车系统公司是一家集研发、制造、销售于一体的全球化集团公司。耐世特在亚太区的研发中心分别坐落在中国的北京和苏州。以苏州研发中心（STC）为例，整个研发中心配备了研发总监负责整个研发中心运营，并根据企业区域生产需要，分别配备了电子与系统（E&S）、机械（ME）、噪声振动处理（NVH）三大种类的研发小组，每一个种类研发小组都由一名经理领导，每名经理下面都会有 3~6 个主管负责不同领域或者项目的研发工作，在主管下面会有不同的研发工程师完成具体技术输出工作，如电子工程师负责硬件电路设计，系统（软件）工程师负责软件系统开发，算法工程师负责系统反馈的优化，机械工程师会负责产品外观设计改良，材料工程师负责新材料的验证工作等。

4.1.3 研发设计部工作流程

企业通过明确研发设计部及员工的工作流程，从而能够以快速、经济、有效的方法开发出满足市场需求的新产品。因此，标准化的研发工作流程有利于提升研发设计部员工的技术水平，提高产品研发效率，最终提高企业生产效率与经济效益。这里提及的标准化工作流程与以往企业生产中标准化作业不同，所谓标准化作业，是评判企业生产是否是精益管理的依据，标准化作业是将作业人员、作业顺序、工序设备等进行合理部署做最优化的组合，以达到生产目标而设立的作业方法（高红花，2007）。然而，标准化的研发工作指的是研发设计部工作人员的作业标准，作业标准与标准化作业大相径庭，作业标准是对工作的步骤、内容、方法、注意事项及质量标准进行设定的管理标准。因此，以研发设计部门日常工作为例，作业标准或者规范化工作流程都是符合"PDCA"循环的，代表着 P（Plan）——计划，D（Do）——执行，C（Check）——确认，A（Act）——行动。

PDCA 循环理论是企业实现产品质量"零缺陷"的有效方法，从整体上看，研发设计部工作流程主要有几个步骤，首先是前期市场调研，然后是立项，正式立项后开始产品研发计划，并且给出方案设计与成本预算；在敲定总体方案后，开展具体工作，研发设计任务完成后进行首件首样的制造，在这一步骤中研发设计部门需要与生产制造部门、质检部门以及采购部门相互合作完成。首件完成后进行产品的小批量生产，一旦小批量生产达标后，下一步则提交客户进行检验确认以便实施后面的量产，具体流程如下所述。

1. 前期市场调研

市场调研是企业研发设计活动中的重要内容，对企业的经济发展具有深刻意义。任何一件产品，从概念设计到产品研发成型，最终到一件成熟的产品都离不开市场的调研。市场行情是市场经济的导向，企业只有正确把握市场的方向，才能做出立足于市场的产品，这样才可以与时俱进，实现创新。因此，研发设计部门在开发任何一款产品前，需要对此项产品在市场上的行情进行充分的调研，这样有利于准确地定位市场，更好地满足顾客的需要，增强市场竞争力。

2. 立项

立项是指研发设计部对以研发某个产品为目的的项目进行技术指标的确认，并且进行详细的记录与研究，从而提出立项申请，通过对项目前期的最优化审核，对新产品进行命名，最终确认项目的成立。

3. 产品研发计划

当研发项目成立后，研发设计部会根据企业的研发和生产能力制定产品研发计划书，同时制定企业预期要达到的目标。产品研发计划书包含研发设计阶段的划分及主要内容、设计人员、责任人、配合部门、完成日期等。

4. 方案设计与成本预算

如果说产品研发计划是将整个研发计划进行分段，那么方案设计就是研发设计部对每一个阶段的研发进行方案设计，制定出几种（方案1、方案2、方案3等）可供选择的方案。在方案设计过程中，不可或缺的部分就是可行性分析，研发设计部工作人员必须在充分收集相关资料的基础上进行可行性分析论证，保证方案的可行性。同时，针对每一种方案进行价格成本预算。通过对方案进行全面的分析审核后，选择一个最佳方案和备选方案。

5. 具体研发任务工作

在确定设计方案后，项目的相关责任和任务要落实到有关部门。研发设计部门需要对产品进行结构、功能的分析，及时发现问题，分析问题，并且做好相关记录工作，从而为企业解决问题提供最全面的信息，实现问题可追溯。

6. 首件首样的制造

此阶段研发设计部已经完成了对新产品编制的工程图，提供给生产制造部门进行生产。此阶段各部门需通力协作，生产制造部门负责按时配备生产相关必需的零件，质检部门负责跟踪产品状态，一旦发现问题就反馈至研发设计部门进行调整，采购部负责零配件的采购。

7. 小批量生产

研发设计部在进行各项试验确保产品质量的情况下，便可安排各部门配合进行小批量生产，并且提供必要的技术支持。

8. 提交客户

将批量生产的新产品包装提供给客户后，客户验收并对产品进行有效的反馈。如果产品存在不足之处，则需要按照研发流程进行修改，对需要调整的零部件进行变更，与客户反复确认，以满足客户的需求。

4.2 研发设计需求

4.2.1 传统研发设计特点

企业的生产经营活动需要各式各样的信息进行支持，所有这些对企业信息的需求以及其相关行为的集合便形成了我们通常所说的企业信息需求。收集并挖掘企业信息需求，是保证企业正确决策与合理规划的前提，是进行有效企业管理的基础，更是高水平企业研发的向导。研发设计作为企业技术创新的基础平台，是企业全面提高自主创新的中坚力量，它在整个企业运营中扮演着至关重要的角色。因此，了解企业研发过程中的信息需求，是满足企业持续研发的基础条件。本章节涉及的研发需求，指的就是企业在研发设计阶段所需要的信息种类。

一般来说，企业的信息需求是比较复杂的，主要有以下两点原因：一方面，对于不同类型的企业而言，企业的信息需求往往是不同的。例如，对以技术开发为主导的高新技术企业来说，企业需要所属科技领域的国内外尖端、前沿的科研与技术信息，其中包括科学研究、技术、工艺的现状与未来趋势，同时它们会关注相关学科领域的研究综述、科技论文等，以及同类技术国内外的标准与专利等（丁玲华，2010）。相比而言，对于传统型制造企业（如汽车行业、快消家电产品、电子产品等），它们往往更关注市场信息，尤其是消费者行为信息，并且基于这些信息来更好地推动产品的更新换代（王秋宇等，2018）。另一方面，企业信息需求的复杂性还体现在同一企业在不同时期的企业环境也会生成不同的企业信息需求。如同世间万物都在不断地更新和变化一样，企业信息需求也会随着多种因素受到影响，例如，社会环境因素，其中包括了企业外部的政治、经济、文化等环境因素。企业存在于整个社会的大系统中，社会环境的变化必然会作用于企业系统进而影响到企业信息需求的变化。同时，企业内部环境影响也会造成企业信息需求的变化。举例来说，企业实现股份制改革，在保持原始信息需求的基础之上，企业会更加关注于政策、金融、法律方面的信息（贾晖，2002）。综上所述，企业的信息需求具有鲜明的阶段性特征，即在不同时期背景产生不同的企业信息需求。

回顾前面提到的研发设计工作流程，传统研发设计会经历不同阶段，也正是因为传统研发设计阶段的这些操作流程，导致了传统研发设计具有成功率低、周期长、管理难度大的特点。

1. 成功率低

研发设计是企业技术创新的基础与核心，而技术创新又是企业生存与发展的根本性战略。研发设计部门中的技术创新主要有技术开发创新、应用基础创新、生产工艺创新、市场开拓创新等，这些不同类型的创新工作都是企业发展战略中不可缺少的重要组成部分。研发设计是创新性工作，会受到许多未知因素的影响，其工作任务的结构化程度低，因而其风险程度和不确定因素也较高。世界企业的百年发展史告诉我们：以产品开发为主要内容的技术创新，最后实现商业价值的，成功率只有 16.67%，因此低成功率是研发设计的一个重要特点。

2. 周期长

研发周期长是传统研发设计的其中一个特征。一般而言，一个研发项目，少则几个月，多则一年多甚至需要更久的时间才可以完成。在整个研发过程中，在某些月份或者季度内，极有可能是没有具体的研发成果，或者可以说即使最终研发成功，但是其可见的成果是很难平均到具体每一个月份上，更不用说研发失败。因此，企业的传统研发设计很大概率会出现耗时很久，但最终没有具体成果。

3. 管理难度大

传统研发设计的另一个特点是管理难度大。企业管理难度大通常是企业经营中的通病，但是对于研发设计部门来说，管理难度大已经成为传统研发设计的特点。研发过程中，技术的复杂性和工作的集成性，使得部门内部之间关系复杂，一个研发项目不可能只由一人来完成，通常需要不同学科、多方面的人员相互合作、配合，因此一些协作工作在事先没有办法预料。同时，研发成果是研发人员共同探索的结果，但是研发人员各自的投入对最终成果的贡献往往很难计量，各自的责任范围也难以界定。因此，传统研发设计在管理上会有一定的难度。

4.2.2 工业 4.0 背景下研发设计信息需求

信息需求是人类行为的基本需求，而企业信息需求是企业经济活动中最为普遍的一种需求行为。随着信息社会的飞速发展，信息资源已经成为企业赖以生存的战略资源（于春莉，2010）。企业研发设计需要资金、技术和人才，也离不开信息资源的支持，收集研发设计信息需求，使得企业研发设计部门能够更准确地了解和使用各类信息资源，继而拓宽企业研发设计部门信息获取途径，成为企业高效研发的重点。正如前面所述，企业的信息需求具有鲜明的阶段性特征，当然企业研发设计信息需求也不例外。随着工业 4.0 时代的到来，人工智能与制造业将深度融合，企业研发设计的信息需求便有当下社会环境的特征。因此，在工业 4.0 背景下，研发设计信息需求的内容主要包括以下方面。

1. 市场需求信息

市场需求信息是指对市场需求的真相、性质、规律等情况的具体描述。市场被认为是商家集中产品买卖的场所，企业研发设计部门收集市场需求信息，具体而言，就是研究用户需要什么产品，需要多少产品，并且对相关产品有什么特定要求。一般来说，可以将市场广义地分类，因为不同的用户组成了市场，而不同用户有着不同的需要，企业只有将用户群体细分后，才能进行具体的需求研究。以消费者结构分类举例，市场用户可以划分为不同的年龄层次、不同的性别、不同的职业、不同的收入群体等。因此，在企业研发设计的开始阶段，研发人员需要了解市场需求信息，通过收集用户的意见，洞察客户的需求，从而设计产品以满足市场需要。例如，在如今工业 4.0 时代，用户在百度、谷歌等搜索引擎搜寻、浏览一款产品，这些搜索行为信息会被积累成为市场需求的一种；同时，现在较为流行的社交媒体（如微信、微博、Facebook、Instagram 等）上面网民用户对当下产品的评论、喜好等都会被收集，这些被积累的信息就形成了大范围的市场信息需求。这种汇集起来的大市场需求比以前在研发设计前期所做的取样调查更加准确、更加健全。

2. 产品信息

企业研发出来的产品投放到市场后能否受到市场及消费者的欢迎，这是决定企业成功与否的关键。因此，当企业研发人员做完市场需求之后，就需要基于市场需求信息，给即将进行研发的产品进行一个雏形设计，因为考虑到目前研发环境都是以过往的产品作为基础，所以在这里所说的产品信息需要包含了过往企业内部生产以及竞争对手生产的产品相关规格信息（即物体的体积、大小、型号等）、产品功能信息（即产品总体的功用或者用途，能够提供什么样的功效）、产品的使用装配信息（即相关子零部件技术标准、图纸设计信息）以及产品的外观信息（如颜色、图案等）。企业研发需要对过往产品信息进行分析，从而找出具备发展前景的新技术产品，这样一来，企业才可以在未来的市场竞争中把握先机。

3. 科技信息

由于研发设计部门具有技术密集和知识密集的特点，科技信息是研发设计部门在工业 4.0 背景下的重要组成部分。科技进步是提高产品质量、增强企业竞争力的重要手段。然而，根据统计，目前普遍存在科研与生产脱节的现象。例如，在中国每年平均 1 万多项科技成果中，可以真正应用到产品中去的仅占不到 20%

（徐志明等，2006）。科技信息对于产品研发设计的重要性不言而喻，促进了经济和技术的发展。这些科技信息包括：①有关专利、商标的信息（大力保护知识产权，避免重复劳动和盲目引进）；②本行业的科研发展、最新文献、前沿技术动态消息、国家及国际标准信息等，其中包括企业新产品研发、新技术创新、新工艺创新、新材料创新、竞争方动态等方面的现状和发展趋势；以及关于国内外的科技会议、技术市场的优秀成果与动向。总之，企业研发需要牢牢掌握科技信息，将有效的科技信息渗透到日常的研发中去，为企业产品优化提供基础依据。

4. 企业生产能力信息

研发设计的目的是企业更好地进行产品生产，而企业生产能力的高低将是企业进行批量生产决策的依据。具体而言，企业生产能力是指在计划时间安排内，企业可以直接用来参与生产的全部固定资产，其中包含了机器、设备、厂房、人力、资金、原材料等，这些信息都需要在正式生产前被获取。也许有人会提出，企业生产能力信息应该是企业生产制造部门负责而不是研发设计部门，但是往往在实际产品研发中，企业为了更好、更有效地进行大批量生产，在小批量生产前期，就会成立包含研发、制造、物料供应、质量等多部门协作的项目小组，此举将有效减少在实际生产过程出现部门衔接、沟通不畅等方面的问题。因此，无论从理论还是实践上都充分说明了企业生产能力信息对于研发设计来说都是必要的。

4.2.3　研发设计活动中人工智能应用

由前述可知，企业研发设计活动会产生各式各样的研发设计需求，但研发设计需求的产生仅仅被视为是企业信息需求行为的一个方面，除了探索工业4.0背景下的企业研发活动的信息需求之外，在后期更为重要的是人工智能技术如何进一步满足这些研发设计需求。因此，本小节内容将会从两个方面来入手，第一，企业研发设计活动中哪些环节可以利用人工智能技术来完成，不再需要人来介入参与；第二，在这些可代替环节中，人工智能技术是如何自动完成这些工作的。

事实上，从产品研发与创新的角度来看，人工智能技术是将传统串行式的研发流程转变成为基于用户及市场需求并配合专家知识系统而持续不断改进的闭环式智能化研发流程。人工智能技术的核心是数据，人工智能技术需要以大数据作为基础，换言之，没有大数据，就不会有人工智能技术的存在。然而在过去企业研发设计阶段，特别是在搜集用户及市场需求信息的过程中，企业往往采用传统的调研方式，如问卷调查、接受访问等，从而来获取用户需求，这些信息一般来说都是少量的数据，而且是通过抽样的手段来选取样本的，容易出现与市场真实环境的偏差。同时，在这种研发设计需求收集的过程中，用户只是作为被研究的对象和参考，他们并没有权力决定哪一种概念或产品会被采用，用户个体之间很少沟通交流，因此互动的程度也较低（陈以增和王斌达，2015）。这种情景下，除非给用户提供一定的奖励，否则大多数用户不会愿意投入时间和精力协助企业进行产品研发。

然而，工业4.0背景下的研发设计活动将会大为不同。当一款通过人工智能技术研发出来的产品正式生产并投入市场后，用户在使用此智能产品的过程中，嵌入在产品内部的各个智能化传感器将会时时刻刻地收集用户的使用习惯数据，这些数据将会不间断地传输至生产商云端数据中心，形成用户行为大数据。因此，不难发现，未来这些基于人工智能技术研发的产品都将具备感知、监测、自适应、互联互通、交互协同等功能，可以将它们称为智能产品。用户在与智能产品的交互过程中，形成的一系列行为大数据会被进行智能化分析（通过人工智能技术），从而形成用户到用户的迭代式产品研发循环模式。不难发现，在产品需求设计阶段，人工智能技术使得前期需求分析阶段就开始进行市场与用户相关数据的实时收集与分析，这些数据的特点是覆盖面全、范围广、实效性强。由于产品在使用过程中除了会生成用户行为数据之外，关于产品本身的数据也会被及时收集，这些数据最终都会被反馈到用户行为数据中心。此外，除了用户行为及产品数据之外，网友用户的产品反馈意见等也将会被系统自动爬取作为市场调研数据中的一部分，而系统基于自然语言处理技术可以对这类文本数据进行情感分析，实现文本挖掘和信息抽取，因此系统可以基于用户使用评论意见来进一步改善设计方案，形成一个往复反馈的智能化研发过程。

除了前期市场需求分析之外，工业4.0环境下的产品设计与过去也是大相径庭。过去在产品设计方案阶段，企业研发设计部门需要对项目产品进行一个市场可行性和技术可行性的分析，给出分析报告并向上层管理者汇报，管理层可以基于风险控制及投入预算计划等进行立项与审核。一旦审核完成，在真实的研发环境中，研发人员对产品的设计具体包含产品具体的工业设计、软件设计、硬件设计，而不同层面的设计都需要进行调试与仿真以此保证技术方案的可行性，最终在产品正式大规模生产前，研发设计部门都会与生产制造部门等联合进行小批量生产，通过现场追踪小批量生产过程来确认产品质量的一致性和稳定性，从而来确认产品可以用于大批量生产。

然而，基于人工智能技术的产品研发不但可以缩短其中大部分流程，同时也增加了企业的研发效率。在研发技术可行性分析阶段，尤其是研发过程中用来验证新技术、新材料、新功能的可用性方面，基于人工智能技术的分析与反馈机制可帮助企业研发设计部门建立产品的数字样机或者可以称为数字孪生（Digital

Twin）。数字孪生，顾名思义，是指物理世界中的物体，通过数字化的手段来构建一个数字世界中一模一样的物体，借此来对物理的实体进行深入了解、分析与优化。数字孪生的概念最早出现于 2003 年，由美国密歇根大学 Grieves 教授提出，他认为数字孪生是"与物理产品等价的虚拟数字化表达"，后来数字孪生的概念也在现实生活中被美国国防部首先引入航天飞行器的健康维护中去，基于飞行器的物理模型构建出完整映射的虚拟模型，从而利用历史的数据以及飞行器中传感器的实时数据来反映物理实体的状态（Glaessgen and Stargel，2012）。然而，当下随着关于产品的数据量（包括产品性能、用户行为、市场需求等数据）不断扩大，除了反映物理实体的情况之外，数字孪生更多被用来进行概念产品的开发与测试，尤其是伴随人工智能技术中依靠大数据的深度学习技术的蓬勃发展。最为典型的代表就是西门子公司提出的"数字化双胞胎"的概念，致力于为制造企业在信息空间就完成产品的全生命周期仿真，实现数字设计到制造执行的全过程数字化（Vachálek et al.，2017）。当数字孪生被用来支持产品的总体设计、结构设计、工艺设计等协同设计模式时，在这么多设计模式中会检验不同的方面，例如，设计具备正确公差尺寸的检验、功能完整性检验、干涉检查、材质特质检验、运动分析、人机功效分析等。同时，在研发设计阶段，数字样机还可以进行产品工艺评估，其中包括了产品的加工方法、加工精度、刀路轨迹等，实现了对样机的 CAM（计算机辅助制造）仿真和基于三维数字样机的工艺规划。通过借助在数字孪生平台进行仿真，与以往传统研发流程相比，研发人员可以减少实物试验次数，从而降低了研发成本，缩短了研发周期，同时还可以将仿真技术与实验管理结合起来，提高仿真结果的置信度。

这里以复杂度较高的离散型行业研发为例，对于汽车发动机研发设计公司来说，设计一款高效、节能的发动机是它们最核心的业务。通常来讲，图纸数模、电控模块设计图、工程设计方案是比较常见的工程交付物。然而，在人工智能技术的应用下，充满忙碌身影的绘图室、铺满工程图纸的桌子……这些经典场景对于未来的发动机设计而言都将成为过去。研发工程师们不仅可以使用三维数模自动转化图纸，随着关于汽车发动机数据量的不断扩大，以及算力和算法的不断升级优化，人工智能技术使得自主软件系统可以自主研发汽车发动机，并且根据上一代发动机用户行驶车辆过程中数据的不断收集反馈，新产品可以不断得到最优解。与此同时，不单单在发动机的设计方面，在功能测试方面，都已经不再需要进行物理实验，系统将可以自动进行功能测试，根据得到的各个参数结果的反馈，通过深度学习技术，新研制的产品可实现自优化，从而在研发设计阶段可以得到一个最优发动机设计方案，显著缩短了研发时间和降低了研发成本。

综上，随着今后人工智能技术不断推广应用，企业产品研发的模式将会由单向的技术创新、生产产品和服务体系投放市场，等待客户体验，转变成为企业主动与用户服务的终端互联，进行良性互动。系统基于大数据自动地进行产品开发、仿真、测试，此时技术创新的主体将会转变为用户、专家知识库，产品研发的过程将会由系统自主完成。但是，真正实现人工智能研发是一个复杂而漫长的过程，上述提及的需求自动分析、研发过程自主完成等要素的实现也是一个非常复杂的系统工程。企业除了需要建立并不断完善本身研发体系，加强并加深企业研发专家知识库之外，还需要通过人工智能技术实现产品全生命周期中数据流的自动化，以用户为中心，通过人工智能技术构建出智能互联的产品并形成产品生态圈，通过将用户需求、使用偏好、市场需求等信息与产品研发精密地联系起来，从而在人工智能技术的推动下形成一个闭环式、可持续优化的产品研发及服务体系。

4.2.4 人工智能研发设计带来的优势

产品研发是企业商业活动中一个重要的环节，同时企业研发设计活动也是一个非常庞大且复杂的系统。随着人工智能技术迎来迸发，人工智能技术与研发设计的深度融合给企业未来产品研发模式带来了无限的可能性和潜在优势。总体而言，人工智能研发所带来的优势可以分为用户需求更加客观、用户需求更加清晰、产品开发更加高效、产品研发风险降低以及知识共享能力提高，具体如下。

1. 用户需求更加客观

企业研发设计部门的主要职能是从事新产品的开发，新产品开发本身就是一种创新活动，产品的创意对于新产品成功开发起到了至关重要的作用。以往传统的产品研发模式是相对固态、封闭的，创意主要依赖于企业研发工程师的主观判断（主观经验、知识、能力）。出现这种现象是因为企业研发设计部门在做用户及市场需求分析时，往往采用问卷调查以及访谈的形式，由于时间以及预算的限制，需求调研的问卷发放数量也是有限的，同时再排除掉一部分信度、效度较低的问卷后，有效的问卷就更少了；并且在访谈调研中，由于时间较短，受访者缺乏与调研人员深入沟通，很多有效的信息就无法获取。在这种情况下，企业做产品研发就不得不更多地依靠研发人员的个人经验来进行判断，此时研发人员扮演了用户的角色，这种判断结果是较为主观的。然而，在通过人工智能技术进行深度学习系统自动研发的模式下，前提条件是基于大数据，参与需求调研的样本就是大数据，大数据是主角，此时数据的来源是更加广泛的，数据量也是巨大的，更为重要的是数据获取通常都是在用户无意识状态下进行的，避免了刻意隐瞒的情况，因此数据的真实性也更高。当系统通过人工智能技术自动对数据进行分析时，基于这些数据分析得到的结论就会更加真实、可靠，因此人工智能研发设计中获得的用户需求就更加客观了。

2. 用户需求更加清晰

产品定位精准与否是决定一款产品能否成功的重要因素，而产品定位又取决于决策者对整个市场状况的把握和判断能力。通常来说，传统研发设计的产品都会进行大批量生产然后投入市场，此时的产品会面临市场高度的不确定性。因为企业决策者无法确保这些产品都将会受到消费者的青睐，所以一旦这些产品没有被市场用户买单，那么企业就会面临产能过剩、库存积压等问题，同时也侧面造成了生产资源的浪费，这也将会被认为是一次失败的研发成果。因此，如何精准地判断市场情况，把握产品在市场中所处的层次，尽可能精确确定产品在市场上的需求量，了解哪些群体将会是潜在的用户群体等问题成为企业研发人员及企业决策人员亟待解决的难题。然而基于大数据分析的人工智能技术正好可以用来进行产品的精准定位，使得不同用户群体的需求更加清晰，从而增加了产品在市场的迎合度。举例而言，从技术角度来看，人工智能技术中的分类挖掘、聚类分析、关联规则等就是用来解决产品用户精准定位问题的，就以聚类分析来说，聚类分析是把数据按照相似性和差异性分为几个类别，其目的就是使得同一类别的数据间的相似性尽可能大，不同类别中的数据间的相似性尽可能小。聚类分析可以作为探索性分析，主要用于对客户群体进行分类、客户背景分析，进而进行市场购买趋势的预测。因此，基于分类好的用户群体，这些不同类别的用户需求也就更加清晰明了了，此时人工智能系统可以通过深度学习技术基于不同群体的用户需求，从而自主研发不同类型的产品，达到产品定制化效果。

3. 产品开发更加高效

人工智能技术加快了企业的产品研发速度，使得产品开发变得更加高效。这里的高效具体可以体现在两个方面。第一，从研发流程层面考虑，正如4.2.3节中谈及的，基于人工智能技术的研发使得在用户信息需求的获取方面变得更加智能化，数据来源也变得更加广泛和全面。与以往人工式的样本数据采集相比，新研发模式下的数据采集变得更加迅速了。第二，在研发方案设计过程中，从产品方案设计到具体的产品研发、材料选型、功能检验最后到产品小批量生产阶段，这些过程都由系统自动执行，显著缩短了研发周期，节约了成本，提高了产品研发效率。以流程型制造业为例，新材料技术研发对于促进国家繁荣和保障国家安全具有重要的意义，但是长期以来材料行业的发展都是以人为主的试错研发模式，从而导致材料产业研发周期长、成本高。研究表明，新材料从发现到实验室验证，最后用于航空设备等较高要求的产品，至少需要20多年的时间。传统基于经验式的试错方法，效率低，非常受限于人的精力和经验；同时从实验室成功应用到走向工程，需要花费数年的时间来确保流程工艺和操作参数，但是随着现在智能化传感器的不断升级，可以获取越来越多的研发流程数据，基于过去实验过程中采集到的数据，利用人工智能技术通过仿真建模工具和软件进行材料模拟，这不但可以免去其中的步骤，更为重要的是一切的研发结果都是以数据进行驱动的，保证了实验的科学性和真实性，使得研发更加高效。

4. 产品研发风险降低

人工智能技术不但提高了产品研发效率，同时它在一定程度上降低了研发的风险，尤其体现在新产品对于人类的风险上，最为典型的应用是生物制药的研发。医药行业是我国国民经济的重要组成部分，当前药品的研发面临着成本高、耗时长、风险大的问题。无论是抗癌药物研发还是应用于农作物的抗病毒化合物，都有两个待解难题：第一，找到所需要的正确化学结构；第二，确定哪些化学反应能让正确的原子和所需的分析连接（刘阳等，2016）。对于这两个难题，如果使用传统的研发方法，这些问题的答案往往都来自随机科学的猜测和意外的发现，不仅如此，新研发的药物还需要配合临床人员的应用才可以证明其有效性。因此，这样的研究过程不但十分缓慢、产生的有效效果较少，而且还存在一定的风险性。然而，大数据、人工智能技术等逐渐成为新药开发的重要手段，通过人工智能技术，可以为药物研发提供计算机辅助研究，可大大降低研发风险。同时，尤其是在临床试验阶段，人工智能技术能借助患者临床大数据筛选出更加符合试验需要的目标患者，提高临床试验的成功率同时也降低了新药物的风险性。

5. 知识共享能力提高

知识经济时代，知识管理是企业的必然选择，而知识管理中有一个关键要素就是知识共享，企业研发人员的知识共享能力直接影响了企业的产品研发效果。在过往产品研发中，员工个人的知识、经验等不同导致了研发个体成员之间存在知识的差异性，也正是因为这些知识差异性，影响了研发人员对于知识共享的意愿。很多时候会出现具备丰富知识和经验的研发人员不情愿甚至不愿意进行知识共享的现象。如今，尽管在人工智能技术的协助下，系统已经可以完成产品的自主构思与研发，然而在终身学习的时代，对研发人员个人而言，养成终身学习与个人知识管理的习惯和能力也是至关重要的。人工智能技术将会使得基于大数据分析而形成的知识网络构建一个可以面对面互馈的知识共享平台，而这个知识共享平台又可以作为企业的专家系统，人工智能技术将过去累积的数据自主完成学习，自动形成专家库中的知识，同时专家系统会对已经获取的显性知识归类整理，对隐性知识挖掘表达，员工通过这个专家系统可以不断学习和共享知识。因此，也提高了研发人员知识共享的能力。

总体而言，研发人员与人工智能技术不但可以共同协作，而且其协作程度比我们想象中还要紧密。当人工智能系统在研发工作中可以胜任越来越多的工作时，研发工作者就可以腾出更多的时间从事更高创造性的工作，从而从一名技术开发者转变成为一名技术管理者或产品设计者。

4.3 研发设计大数据

产品研发数据是企业研发人员在产品研发过程中不断积累而成的，它通常来源于产品生命周期的各个环节（包含用户需求调研、产品外观设计、产品功能设计、产品功能检测等），因此产品研发数据具有跨产品和跨行业且种类繁多的特性。从功能层面划分，基于人工智能技术的产品研发设计大数据有以下类型。

1. 用户需求大数据

用户需求是研发灵感的重要来源，研制满足用户需求的产品是研发设计部门的目标。如今的网络时代，对于研发设计部门来说，从网络空间上可以发现和爬取大量的用户需求数据，这里的数据是十分广义的，不仅包含数据本身，还包括信息和知识。网络空间可以指博客、网络虚拟社区、电子商务的网站如淘宝、亚马逊、京东等。这些数据的特点是零散，一般都分散在各个不同的网络点，其中又会混杂着大量无用和重复的数据，因此收集回来后都需要进行清洗和筛选，才可以用来进行产品研发。除了这些较为分散的数据之外，现代企业也越来越重视建立自己的销售渠道和网点，这样一来企业不仅可以建立和巩固自己的品牌，还可以在销售和后期服务过程中更加紧密地接触用户，更加深入地了解用户需求，一般这类用户群体都比较固定而且基数庞大。

2. 研发知识大数据

通过前期用户市场调研后，在真正产品研发过程中需要用到的设计知识、经验、模型、文献、专利等都可以统称为研发知识大数据。从知识管理角度出发，知识可以分为显性知识和隐性知识，因此研发知识也有显性和隐性两个部分。隐性知识主要是存在于研发人员的头脑中，这些都受到教育程度、阅历、经验等的影响，隐性知识很少会被记录，如产品研发失败后个人总结的经验及教训、研发经验等。而研发设计部门的显性知识大多数分散在不同研发工程师的电脑和笔记本中。除了这些，外部的公开知识如专利、科技文献、行业标准、设计构思、网络文章等都是显性的,这些显性知识具有数量多和非结构化的特点,在产品研发过程中都需要进一步过滤才可以被真正利用。

3. 产品零部件大数据

产品零部件大数据是指整个产品可拆分出来的各个零部件的集成,一般而言,在产品研发过程中研发设计部门会重复使用以往的零部件,因为这不仅可以降低新产品的研发成本,也缩短了产品研发周期。因此,企业研发人员需要对产品零部件的大数据进行优化和升级,这样,整个产品就会被分割为多个模块,因此多组有序的数据形成了一个产品部件,多个产品部件组合形成了整个产品。特别是对于一些飞机、汽车、轮船、火箭制造企业,其研发设计部门就有大量的零部件数据库来为新产品研发提供参考。除此之外,还有一些公共资源也提供零部件原型,例如,国外最大的零部件库(transparts.com)就存储了几亿个3D零件模型,这些零件模型可以提供给世界各地生产商。

4.4 本章小结

本章主要介绍了人工智能技术在企业研发设计环节中的应用,并给出了相应的解释与说明。首先对研发设计的职能安排、组织架构以及工作流程进行了阐述,介绍了传统的研发过程主要包含 8 个子步骤(详见 4.1.3 节)。同时,作者介绍了在企业研发过程中,传统研发人员的需求是什么,并总结了传统研发过程中的三个问题点,分别是研发的成功率低、周期长以及管理难度大,这也阻碍了当下的研发进程。然而,随着信息技术的更进一步发展,企业步入工业 4.0 时代,工业 4.0 时代最为典型的代表就是大数据以及基于大数据分析的人工智能技术,在人工智能技术的推进下,企业的研发将会发生巨大的变革,此时研发设计部门的需求、环节都会发生一定的变化,尤其重要的是工业 4.0 时代的新研发设计需求,人工智能技术如何满足从而更好地帮助企业进行产品研发。因此,不难发现,今后随着人工智能技术的进一步发展与推广,企业产品研发的模式将会发生翻天覆地的变化,从过往的单向技术创新走向企业与用户的协同创新,同时人工智能技术使得系统可以基于工业大数据自动地进行研制、仿真、测试,而此时技术创新的主体将会转变为参与的用户、专家知识库等,整个研发构思将会由系统自主完成。此举不但可以使得企业获得更加客观、高效的市场用户需求,从而有利于产品的精准营销,同时也会进一步降低研发的风险和提高企业内部研发人员的知识共享能力。总体而言,真正实现人工智能研发设计是一个漫长而又复杂的过程,企业自身需要不断完善研发体系,加强建设企业内部研发专家知识库,并同时与外界保持更多的知识、科技共享,通过将用户需求、偏好等信息融入专家知识库中，最终利用不断发展的人工智能技术构建一个智能互联的产品研发生态圈。

参 考 文 献

陈以增，王斌达. 2015. 大数据驱动下顾客参与的产品开发方法研究[J]. 科技进步与对策，32（10）：6.

丁玲华. 2010. 自主创新战略下高新技术企业的信息需求研究[J]. 科技管理研究，30（1）：115-117.

高红花. 2007. 基于精益生产的标准作业研究[J]. 机械工业标准化与质量，(3)：30-32.

贾晖. 2002. 市场经济条件下企业的信息需求和信息服务工作的深化[J]. 图书情报知识，(2)：83-84.

刘阳，白卉，伯晓晨. 2016. 基因表达谱大数据在抗癌药物研发中的应用[J]. 大数据，2（5）：22-31.

隋舵，孔艳杰. 2002. 集团公司组织架构模式比较与分析[J]. 学习与探索，(3)：78-82.

王秋宇，徐志成，唐冠宇，等. 2018. 探索传统企业满足消费者个性化需求的新思路——基于青岛红领模式[J]. 商场现代化，870（9）：15-16.

徐志明，李鹏，杨红玲. 2006. 高科技企业信息需求特征分析[J]. 图书馆，(3)：71-73.

Child J. 1972. Organizational structure, environment and performance: The role of strategic choice[J]. Sociology, 6（1）: 1-22.

Corkindale G. 2011. The importance of organizational design and structure[J]. Harvard Business Review，1：14-19.

Glaessgen E，Stargel D. 2012. The digital twin paradigm for future NASA and US Air Force vehicles[C]//53rd AIAA/ASME/ASCE/AHS/ASC Structures，Structural Dynamics and Materials Conference 20th AIAA/ASME/AHS Adaptive Structures Conference 14th AIAA，Honolulu：1818.

Jennings N R，Sycara K，Wooldridge M. 1998. A roadmap of agent research and development. Autonomous Agents and Multi-agent Systems，1（1）：7-38.

Miles R E，Snow C C，Meyer A D，et al. 1978. Organizational strategy，structure，and process[J]. Academy of Management Review，3（3）：546-562.

Morgeson F P，DeRue D S，Karam E P. 2010. Leadership in teams：A functional approach to understanding leadership structures and processes[J]. Journal of Management，36（1）：5-39.

Vachálek J，Bartalský L，Rovný O，et al. 2017. The digital twin of an industrial production line within the industry 4.0 concept[C]//2017 21st International Conference on Process Control (PC). Strbske Pleso：IEEE：258-262.

第 5 章
人工智能与生产制造

5.1 生产制造基础介绍

5.1.1 生产制造部职能

产品生产是制造企业中最基本的环节，企业的生产部门往往也是企业中最基本、最主要的部门。生产部门的工作错综复杂，任务繁重，总体而言，生产制造就是企业整合生产资源（如物料、资金、人力、设备等），按照研发计划预设的目标所进行的系统性地实现产品生产的物化过程（简泽，2011）。具体细分，其主要部门职能是负责公司生产运行、生产技术、设备管理、产品质量检测等生产管理工作。通常来说，企业在完成前期的产品技术研发后，就会进入生产模式，而企业通过销售生产出来的产品获得利润，这才是企业保持稳定运营的先决条件。Nieto 和 Santamaría（2007）认为产品不是企业唯一拥有的，但是产品却是企业获取利润的第一要素。在一个企业的经营管理中，企业文化是可以塑造出来的，企业员工可以训练出来，企业经营模式可以操作出来，甚至说企业的品牌知名度也可以通过宣传推广出来，但是，不可忘记的是一个企业的主导产品才是企业获取利润的第一要点，企业的产品是需要被生产制造出来的。因此，毋庸置疑，尤其是针对制造企业而言，它们的核心就是产品，而企业负责产品生产的就是生产制造部门。

一般而言，企业的生产制造部门会有两种不同生产形式。第一种是整个生产过程在公司厂区内独立完成，除原材料供应、生产设备以外几乎不涉及其他厂商，这些主要是针对流程型制造企业而言的，其中典型的有石油化工企业，如德国的巴斯夫集团（陈丹彤等，2014）。第二种是横跨不同地区进行生产制造，根据实际的生产供应需要，形成部分外包生产、部分企业内部生产的形式，这样的生产模式在离散型企业中较为常见，其中比较典型的是电脑、汽车、飞机等离散制造业，以日本丰田汽车为例，除了汽车底盘、发动机这些主要零部件是丰田公司自主生产之外，绝大多数都是进行供应商外包的形式，例如，爱信提供变速箱技术、捷太格特提供转向助力系统、汇通提供塑料注塑、艾帕克汽车配件提供车身骨架零件、天津富士通天提供车载娱乐系统等（马宁和王润良，2005）。然而，值得注意的是，在丰田汽车公司选择供应链上面的供应商时，无论日资或其他外资企业，供应商都无法真正掌握整车生产的核心技术，只是依据丰田公司提供的设计图纸进行加工制造。这种供应链合作形式的生产制造是现代离散性制造企业的典型做法，也是经济全球化发展的必然产物，世界各国经济的相互依存度越来越高，各个国家和地区根据自身资源情况进行合理分工，从而可以更好地加速产品的生产。

无论何种生产模式，对任何一个以销售产品为目的的企业而言，生产是制造企业的最根本任务。企业生产制造部门的核心职能就是负责管理与生产产品相关的一切活动。具体而言，第一，生产制造部门需要负责企业日常生产、设备、安全、环保等制度的拟定，同时需加强安全生产控制，严格执行安全生产法规和生产流程，确保安全生产。第二，生产制造部门需要负责制订生产线及车间的年、季、月度的生产计划，即基于评估后的产线生产能力从而给出科学的生产安排，有效地控制生产进度，确保按时交货。第三，生产制造部门需负责工厂的改造计划，其中包括车间布局、产品布局、工序间的协调，尤其在工业 4.0 时代，工厂车间改造也逐渐成为当下生产制造部门的一个工作重点。第四，生产制造部门需负责编制生产工艺流程，与研发设计部门合作组织试生产，不断提高产品的核心竞争力。第五，生产制造部门需负责生产设备的计划、验收、维护、保养等车间日常事务，配合生产工艺流程，制定生产设备的操作规程、管理制度等。以上职能主要是针对生产环节来讨论的。除此之外，企业的生产制造部门还需要负责生产管理人员的专业培训，例如，负责组织调度员、设备工程师、统计员的业务指导与培训工作，对其工作能力进行定期检查和考核。最后，生产制造部门还需要与上游的物料部门保持密切联系，需协同负责物料、半成品、成品的质量管理及异常的追踪、预防、纠正等工作。因此，生产制造部门作为制造企业的核心部门，需要与研发设计、市场营销、物流供应、售后服务部门保持密切的沟通与合作，做到一切的企业活动都是为生产而服务。

5.1.2 生产制造部组织架构

随着生产技术的不断提高，制造企业的生产制造部门组织架构也逐渐得到了完善。正如前面内容谈到的，对于生产制造型企业而言，生产制造部门会是企业最为重要的组成部分之一，对企业的发展起到促进的作用。然而，实际的生产过程通常具有连续性、不间断的特征，因此在生产过程中出现问题时，实际生产就容易出现中断的情况，从而会影响产能进度，最终影响出货量及客户订单。同时，在实际生产过程中，由于负责生产的产品不同，导致了各生产制造部门的类型不同，需要使用合理的组织架构进行管理，来提高生产制造部门的工作效率。

企业管理人员通过采用合理的组织架构模式管理生产制造部门，此举可以促进企业整体战略的实施，提高企业员工的凝聚力，完善企业的发展。Rahani 和 Al-Ashraf

（2012）认为，一个有纪律、有组织的生产团队，可以高效地完成企业制订的生产计划，促进企业朝着正向发展。当部门的组织架构与实际生产特点不符合时，就会影响生产制造部门的生产效率以及生产质量。因此，企业生产制造部门选择合理的组织结构就显得尤为重要了。通常而言，企业生产制造部门存在三种类型的组织架构，它们分别是项目型组织架构、矩阵型组织架构以及混合型组织架构。

项目型组织架构是指那些一切工作都是围绕项目本身来展开进行的，这种类型的组织架构容易使得生产制造部门中每一个工作人员都可以了解到企业制定的发展战略、规划，从而更清晰地明白发展目标，挖掘生产制造部门每一个员工的工作潜力。同时，寄托于项目管理形式的组织架构，可以对以往所有的生产项目进行积累，对过去多个完成的项目进行数据分析，从而可以科学地获得新的发展策略，促进企业健康发展（邢以群和郑心怡，2003）。然而，项目型组织架构也存在一定的缺陷，影响公司的实际生产。Ford 和 Randolph（1992）指出，在项目型组织架构中，如果项目负责人提出的生产目标不清晰，会导致员工对于企业的生产技术变得模糊，最终结果就是降低了实际生产效率。在企业实际生产过程中，员工错误地理解了生产计划，以至于生产出来的产品无法满足规定交货时间要求甚至是不满足客户要求，就会严重影响企业的经济收益。

矩阵型组织架构是由美国学者威廉大内在 20 世纪 80 年代首次提出的，矩阵型组织架构是把按职能划分的部门和按产品划分的项目结合起来的一种混合式组织类型，此类组织架构使得同一个员工既属于某职能部门，又在直线职能的基础上参与产品或项目的工作，职能部门与项目团队同时存在，既可以发挥职能部门的纵向优势，又可以发挥项目团队的横向优势（Rowlinson，2001）。一般而言，纵向的职能部门是永久性的，而项目团队的工作是临时性的。矩阵型组织架构能够提高企业的生产效率，当企业生产制造部门采用矩阵型组织架构时，通常在制订某产品生产计划时是由多个不同部门的员工临时组建生产小组，负责不同的工作，例如，自动化部门的员工会负责生产过程中电气自动化这部分工作，采购部门的员工会负责特定产品的货源等问题，质量部门的员工会重点关注生产过程中半成品、成品的质量问题。企业生产制造部门采用矩阵型组织架构，能够提高项目的生产效率，同时不同职能部门的员工参与到不同的项目或产品生产中，不会影响到各自的生产进度，对企业整体发展具有积极作用。矩阵型组织架构由于会设置专门的项目管理人员或者可以称为产品经理，产品经理根据产品的分类负责不同的项目小组，可以有效地接收客户以及公司内部员工的意见，从而可以不断完善企业生产。然而，矩阵型组织架构也存在一定的缺点。其中最为典型的就是在项目管理人员（或称产品经理）与职能部门管理人员之间的权利无法达到平衡，从而容易造成两个同级别部门之间的矛盾，不符合企业的长远发展，不利于企业凝聚力的形成，最终影响到企业的发展。

第三种是混合型组织架构。混合型组织架构是指组织结合了两种或两种以上的组织架构特点而建立起来的一种新的生产管理形式。最为常见的混合型组织架构结合了矩阵型组织以及额外一个业务单元，这里的业务单元是不同类型的产品项目（Ahmady et al.，2016）。因此，在制订生产计划时，业务单元可以根据市场需求以及客户群体的需要制定不同的产品，从而合理地安排生产。实际上，混合型组织架构可以帮助事业部门在产品生产中拥有足够的控制权，这样的集权管理模式可以有效地提高员工的生产积极性和工作态度，平衡好其他部门与生产制造部门的关系。同时，正是因为集权控制，使得以产品为目标的事业部门可以对生产过程进行有效的控制，控制能源能耗、控制生产成本，从侧面提高企业的利润空间。虽然混合型组织架构在生产管理中具有一定优势，其中一些缺陷仍无法避免。例如，混合型组织架构因采用了多种组织架构，参与项目的部门较多，导致了实际生产中容易出现差异和混乱，特别是当管理负责人数较多时，若生产遇到问题，容易出现"踢皮球"现象，各管理人员都不愿承担责任，从而对企业生产造成经济负担。

5.1.3　生产制造部工作流程

生产是企业实现技术创新、技术物化的过程，是企业获得利润的基础保证也是实现经营目标的重要途径。制造企业需要通过定义清晰的工作流程，从而以高效、经济的形式生产出满足市场需求的产品。因此，在企业经营管理中，产品的生产过程管理成为重点。无论大中小企业，在生产过程中都会出现各类异常问题，一些细小的问题如果不及时得到处理，就有可能演变成更为严重的异常，影响整个产品生产。企业为了能够实现高效的生产以及保证生产计划可以准时完成，一套规范的生产制造部门工作流程必不可少，它是企业产品生产计划执行和管理的有效保证。

基于产品的生产过程，本书将生产制造部的工作流程分为8个步骤，分别是生产计划安排、仓库物料准备、物料接收、生产线准备、生产线投产、品管质检、成品入库及最后的出货，流程详细说明如下。

1. 生产计划安排

生产计划是企业生产活动中的重要环节，它是企业产品生产计划执行和管理的有效保证。从概念上来说，生产计划是指企业对将要执行的生产任务作出统筹安排，例如，拟订生产产品的种类、数量、产能、进度安排等计划，是企业生产活动的行动指南。因此，生产计划安排是制造企业经营计划中的重要组成部分，是企业在进行生产管理时的重要依据。企业在制订生产计划过程中，需要合理地根据物料供应、人员配比、设备数量等进行生产计划的安排，这也是企业生产计划中的三要素，即物料、人员、设备的合理分配及使用。

2. 仓库物料准备

仓库的物料管理是制造企业中非常重要的环节，物料的供给水平将会关乎产品的生产能否如期进行。当下，由于市场竞争的加剧，越来越多的制造企业面临需求多变、订单周期忽然提前、原材料采购周期变长等问题。因此，仓库备料是一个极其重要的环节，一般而言，仓库备料都是根据生产线开出的领料单进行的，在保证配套日期的原则下，通常生产周期较长的物料会先下单，然后是生产周期较短的物料。

3. 物料接收

物料接收是指生产制造部门根据《生产制造单》进行领料，同时，需要对接收的物料进行简单的质量检验。物料接收环节通常较为简单，其主要目的就是将生产中需要的物料从仓库转移至生产线，此环节的主要责任人为生产领料员。

4. 生产线准备

生产线准备是新产品从开始试产（小试）到大规模批量生产的整个过程的准备工作，也是生产制造部门为了确保产品能够按照计划顺利地批量生产、保证产品数量、质量而进行的一系列准备工作。具体而言，企业生产制造部门需要准备生产中所需要的工具、材料、人力等，供设备开机时使用。除此之外，为了保证生产的有效进行，企业生产制造部门还会根据需要组织相关人员进行培训、制定标准作业指导书，这些活动过程通常称为生产线准备。

5. 生产线投产

在完成取料与生产线准备后，生产制造部门就会进行生产线投产。生产线投产是指生产制造部门按照计划进行产品生产，启动生产线设备工作。在产品生产的过程中，生产制造部门需要对产品的质量进行全程跟踪监控，对物料的使用、能源消耗进行合理控制，需要做到每日、每周、每月、每季度的生产数据跟踪。

6. 品管质检

产品质量，是企业取得成功的根本保障。具体来说，产品质量是企业赖以生存和发展的保证，同时也是企业用于开拓市场的有力武器。生产制造部门中的质量管理人员会对产品质量进行监督管控，根据产品性质及客户要求，质量管理人员会采取抽检和全检的模式。

7. 成品入库

生产制造部门根据质量人员验收的产品入库报告开具产品入库的单据,同时仓库管理人员必须要核对产品的单号、批次号、项目号、包装号等资料,将合格的产品放入库存,等待最后的出货安排。

8. 出货

出货,一般而言在制造企业中是由货仓部(或仓库)来完成的。生产制造部门会根据客户的要求,将具体的出货任务安排至仓库,仓库根据生产制造部门给出的单据,进行产品运输。

5.2 生产制造需求

5.2.1 传统生产制造特点

传统的生产制造是由美国福特汽车公司创立的流水线作业,被称为大规模生产(Mass Production)。这种生产模式在全世界制造业范围内迅速得到推广,时至今日,大多数国家的制造企业仍然采用该生产模式。大规模生产的流水线一直被认为是现代工业生产的特征之一,因为这样的生产模式可以降低生产成本,所以可以增加企业的利润(Ford and Randolph, 1992)。然而,随着社会的发展,不断更新的市场变化也相应地要求工业生产向多品种、小批量的模式转变。企业的一条生产线不能仅仅满足于生产单一产品,需要更加灵活、动态地进行多种类产品生产,以此最大化地提高生产设备的利用率。然而,当下生产制造企业仍处于传统生产模式,这种以产品为中心的生产管理模式具备了以下特点。

1. 专业分工过细

分工过细是传统工业生产的一大特点,在产品生产过程中,企业生产组织架构分工过细、层级繁多,从而导致出现完整的生产流程被过度分割,管理人员决策效率低下等现象。在一个产品的生产过程中,各部门工作人员只会把目光盯着自己的任务,以完成自己本职任务为最终追求目标,缺乏系统性的集体意识,以至于员工把工作重心放在个人工作上,而忽略了整个组织的工作目标,尤其是面临生产故障、产品不合格时,极为容易造成"踢皮球"事件,员工之间相互推脱责任。

2. 生产计划与作业计划脱节

传统的生产过程中,生产制造部门一般以产品为单位进行生产。但是,在各个生产阶段内部的物流与信息流都是以零件为单位，承担协调全公司生产任务，组织全企业零部件的任务便落在生产调度部门。然而，传统的生产调度的工作大多数是为零部件配套而进行的紧急工作，依赖于现场管理人员的经验式直觉进行判断的，容易导致生产计划与作业计划脱节，企业生产控制力低下。

3. 对市场反应能力弱，缺乏柔性

生产制造部门在生产过程中是以产品为单位的，此时投入一个产品生产与调整一个产品的生产对企业整体计划影响较大，再加上传统的生产系统转产速度慢、调整费用高、人工依赖程度高等原因，这无疑给企业调整生产带来了极大的困难与挑战。然而，当下的市场环境瞬息万变，上下游的供应又较容易出现问题，生产制造部门为适应市场需求，需要频繁地调整生产计划，这就往往使得传统的生产管理模式陷入混乱状态。

4. 数据集成化低，使用率低下

在传统的生产制造中，大部分企业采用不同品牌的生产设备，设备数据和环境数据被分别采集并上传至不同的数据库；这些不同品牌的设备数据往往在标准上是不统一的，而企业如果要做进一步的数据分析，所有这些设备数据和环境数据是没有关联的，只能做单点的分析，即每一台设备做独立的分析，无法做整体数据分析。例如，传统制造在监控设备运行状态时，被动地判断每道工序是"正常运行"还是"出现故障"，此时任何一道生产工序发生故障，整条生产线都会停止生产，造成大量的资源浪费。这样的传统生产模式主要出现在工业3.0阶段。

5.2.2 工业4.0背景下的生产制造信息需求

企业生产的目的是满足消费，市场需求什么，企业就应该去生产什么，这样企业生产的产品才有价值，企业的再生产才可以持续进行，企业经济才能保持健康发展，整个国民经济才具备坚实的基础。不可否认，企业在生产经营中需要不断进行决策来指引生产，因此在决策过程中，企业对信息的需求是无所不在的，因此企业用户也是信息行为研究中较大的群体。本小节主要分析工业4.0背景下的生产制造部门的信息需求，主要包含以下几个方面。

1. 生产计划工作信息

生产计划工作信息，是指企业生产系统的总体规划信息，它所反映的并不是某个岗位的工作信息或者说是某一条生产线的生产活动以及一些产品生产的细节问题和具体设备问题，它指的是生产制造部门在生产计划期内应该达到产品的品种、质量、产量、产值等生产方面的一些指标、生产进度信息等,这些信息主要作为指导生产在生产计划期的生产活动的纲领性方案。生产计划工作主要是指明确地实现生产目标所需要的各项业务工作,生产计划工作更多的是一种统筹安排,生产制造部门通过综合评定生产力、原材料供应等来提供一个最优化的生产计划。具体而言,生产计划的工作信息包含了以下几类:首先是生产任务信息,其中包括企业的年度、季度的生产计划,与不同客户所签订的订货合同信息,精准地了解这些信息有利于生产制造部门做更好的生产计划安排。其次是技术资料信息,技术资料信息主要是产品的生产工艺,例如,产品生产的图纸、产品技术检验规范、车间零部件清单表等各类信息。最后,生产准备工作方面的信息也是其中之一,包含工艺装备准备情况和原材料、配套库存及供应情况。

2. 生产过程控制信息

生产制造部门为了确保生产过程处于受控状态,对直接或者间接影响产品质量的生产过程的分析、监控、诊断、反馈等行为被称为生产过程控制(Production Process Control),而其中产生的信息就是生产过程控制信息。生产制造部门为了确保产品质量,需要对直接或间接影响过程质量的因素进行重点控制并实施控制计划,从而确保整个生产过程的可控性,以此尽可能地提高产品质量。工业4.0背景下的生产过程将会是全过程可监控、可视化的,无论成品还是半成品,或者处于何种状态,生产制造部门都可以进行精准的定位和追溯。举例来说,生产过程控制中的物资信息,主要是生产过程所需要的材料、零件类型、数目等信息,这些信息都是保证生产线正常生产的前提。

3. 生产成本信息

生产成本(Production Cost),也可称为制造成本,主要是指企业生产制造活动的成本,具体是企业为了生产产品所造成的成本消耗。从经济学角度出发,通常情况下生产成本是由货币的数量来表示的,这是一个衡量企业技术和管理水平的重要指标,包含原材料费用(如直接原材料、辅助材料、备品备件等),通过人工智能技术分析这些原材料成本信息有助于在生产过程中进行最优采购;人力成本费用(如生产、管理人员的工资、补贴),即提供劳务而产生的人工费用;车间成本费用(分厂、车间的水电费用);其他间接费用(如设备维护费用、福利费、办公费、差旅费等)。为了计算生产成本,企业在产品生产前都会对预计产生的生产成本费用进行核算,从而可以有效地计算出净利润。在市场经济条件下,生产成本是衡量生产消耗的重要指标,企业只有有效地控制生产成本,精准地把握生产成本信息,才可以保证盈利。

4. 设备生产运行信息

随着工业 4.0 的提出，打造智慧工厂实现智能制造成为各国制造企业的终极目标。针对工业 4.0 背景下的生产模式，其中生产车间设备的数据采集系统已经成为实现智能制造的基础条件之一，实时获取完整、准确的工厂生产制造过程的数据，从而为企业提高生产制造管理提供基础数据。企业需要通过加装不同种类、功能的传感器来获取所需要的数据，为工业人工智能分析奠定基础。设备生产运行的数据主要包含如下几个部分：第一，设备运行状态数据（如停止、待机、运行、检修等以及发生这些状态的时间点）；第二，设备运行工艺参数数据（如压力、温度、流量、转速、计数、位移等）；第三，设备运行的能耗数据（如电流、功率、电能、水力消耗量）；第四，企业供水、供气、制冷等相应设备的运行状态数据；第五，企业变配电系统运行数据（王建民，2017）。以上数据都是企业生产过程中关于设备运行方面的数据。基于这些数据的分析，企业获得设备生产运行信息，通过人工智能技术的自主反馈，全面优化生产制造的管理模式，提高生产制造的管理效率。

5. 产品质量信息

产品质量是指产品满足规定需要和潜在需要的特征和特性的总和。从市场角度出发，任何一件产品的生产都是为了满足客户的使用需要，因此无论多么简单或者复杂的产品，生产制造部门都会对产品的质量进行把关。产品质量信息主要是根据产品表现的参数和指标来归纳的，总体可以有六个方面，即产品性能、产品的寿命或称为耐用性、产品的可靠性与维修性、产品的安全性、产品的适应性以及最终产品的经济性。企业根据产品质量信息，并同时依据特定的标准（如国家标准），可以对新产品进行更好的规划、设计、制造、监测等。

5.2.3 生产制造活动中人工智能应用

以上分析了在工业 4.0 环境下生产制造部门对于信息需求的总体概览。然而，如何满足企业工业生产活动中的信息需求，使得人工智能技术与企业生产制造活动相互融合成为重点研究方向。因此，本节主要从两个方面来论述，第一，生产制造活动中哪些环节将会由人工智能技术进行深度参与。第二，人工智能技术如何在这些环节中被高效地应用，从而满足企业用户的需求。

首先，产品生产过程中的外观检测，可以有效地利用人工智能技术来更精确地完成。在制造企业中的很多细分领域都会依赖视觉检查，当下基于人工智能技术开发的 AI 设备对于样品进行视觉检查的能力正在迅速提高，这就是我们所说的基于人工智能技术的自动视觉检测系统。其核心原理就是通过图像识别技术，比较实际产品外观与合格产品照片，从而确定是否通过检查，相比于传统的质量部门的人眼检查，自动视觉检测系统可以在超出人类视觉范围的分辨率下发现产品中的微观缺陷，增强了产品外观检测效果，而且因为系统可以持续学习，其识别性能会随着时间推移而持续改善。以工程岩体的分类为例，目前主要是有经验的工程师通过仔细鉴别来判断，这样的人工方式效率比较低，并且不同的人判断也会有偏差。通过人工智能技术，把工程师的经验转为深度学习算法，确定算法后，通过前端开发就可以利用软件自动得到工程岩体分类的结果，高效且准确率高。再如电路板（PCB）生产后的质量检查，都是通过人工智能技术，将技术人员的经验转变为模型，从而提升 PCB 生产的功能与良率（刘海等，2013）。同时，人工智能技术用于视觉检测不单单是在产品上，在今后，基于人工智能技术开发的智能信息设备可以检测进入站点的人员是否为企业员工，从而确定其访问级别。这样的系统还可以用来评估进入生产线的人员是否遵守了安全规定，例如，是否穿戴了适当的安全帽、护目镜、防静电鞋、安全装备等。在生产中发生危险时，人工智能系统可以启动紧急响应措施，从而通知人员及时疏散。

其次，人工智能技术可以帮助生产制造部门优化生产过程。人工智能技术通过调节和改进生产过程中的参数，特别是针对制造过程中所需要用到的机器设备进行参数设置，进而优化整个生产过程。举例来说，在注塑环节，生产制造部门需要控制塑料的温度、冷却的时间、速度等参数，然而所有的参数都极大可能受到外部各种因素的影响，如工厂温度、湿度等，通过收集所有数据，基于上述数据分析的人工智能技术可以改进自动设置和调整机器的参数，从而帮助生产制造部门优化整个生产过程。

然后，智能化生产制造过程中的专家系统和模式识别技术已开始广泛应用。制造企业中原有的专家系统更多地是把业务人员的经验和实验数据用规则的方式在系统中进行定义，通过集成数学算法并根据给定的条件找出问题最优解，最为典型的应用就是调度排产中处理多目标动态任务规划。而模式识别是根据已设定的特征，通过设定参数的形式来识别模型从而达到判断的目的，比较典型的如生产信号处理、SPC 控制等。然而，人工智能技术能够采用标准的算法，学习历史样本和提取特征来构建与不断优化模型，从而使得企业中的原有系统提高了自主学习能力，有效解决了生产过程中的不确定性问题，提升产品生产系统的智能化水平。

人工智能技术除了可以提高产品制造效率之外，在生产设备维护方面也大有帮助。典型代表就是，人工智能技术可以预测机器设备故障，从而减少在生产过程中的停机时间。在资产密集型的制造业中，机械设备故障和定期的保养维护是一种常态。福布斯报告显示，基于人工智能技术分析可以帮助机器减少多达 26%

的故障和多达 23%的计划外停机（江丰光等，2020）。同时相关研究表明，在汽车生产制造中，其装配线上面的机械臂是一个常规设备，这些机械臂用来执行各种任务（如焊接、涂胶、布线等），而尼尔森公司的研究显示汽车制造中仅仅机械臂的停工成本约为每分钟 2.2 万美元，更不用说整条生产线所有的设备停机产生的影响，将会给企业和集体造成不可估量的损失（Falck et al., 2010）。因此，保障设备的正常运行，提高设备的安全性与稳定性显得意义非凡。随着人工智能技术融入生产设备，人工智能在设备检测中主要依靠专家系统、人工神经网络和模糊集理论。对于传统的检测方法，缺少普遍有效的应用，但是对多样性方法进行整合，使得这三种智能技术进行有效的互补，这也是人工智能技术在设备检查中的一个重要趋势。

最后，人工智能技术在企业生产过程中还可以用来确定产品质量问题来源。大多数产品在制造过程中会涉及一系列的步骤，当最终的产品没有通过质量检验时，很多时候企业人员也无法确定问题的来源。然而，人工智能技术通过对产品数据的分析，可以帮助企业人员自动识别出生产中存在问题的环节，从而使生产人员可以对其进行有效改善。

5.2.4 人工智能生产制造带来的优势

随着信息技术的进一步发展，尤其是在数据的井喷式增长、算力不断强大、算法不断优化的条件下，人工智能技术已经成为推动新一轮科技发展和产业革命的重要驱动力，并与其他产业加速融合，尤其是制造行业。工业人工智能，毋庸置疑就是人工智能技术与制造行业深度融合的最终形态，工业人工智能正在改变着企业的生产模式，重塑企业的经营管理模式。工业生产作为企业活动中的重要组成部分，人工智能技术将会从不同层面给传统的生产模式带来变化和潜在优势。总体而言，人工智能生产制造可以给企业带来以下五大优势：①提高生产效率和控制质量；②解放出更具价值的工作岗位；③提高工作场所的安全性；④开展设备预见性维护；⑤发展更加智能化的供应链。具体分析如下。

1. 提高生产效率和控制质量

在一个基于人工智能技术的智慧工厂中，自动化设备能够不需要依靠人类就可以做出智能的决策。在强大的计算能力与不断优化的算法的推动下，人工智能技术可以使得设备变得更加自主。设备可以根据数据分析后的结果进行自主学习，从而变得有自我判断能力、自我决策能力。举例而言，基于人工智能技术的设备可以监控订单的数量、物料的使用情况、前置时间、工作时间、停机时间等，通过对这些数据的分析，基于人工智能技术中的深度学习系统，设备可以自主优化生产运行，提高企业的生产效率。同时，这些不断实时生成的数据可以作为进一步提高生产效率的重要参考来源。不仅如此，人工智能技术还可以在生产过程中实时监测产品状态，从而发现质量问题。这里主要是利用图像识别技术来识别产品的缺陷和偏差，从而提醒生产管理人员和机器分别做出挑拣出不良品的指令，避免了由于人为检验而出现的错误。

2. 解放出更具价值的工作岗位

埃森哲的研究报告显示，预计到2035年，工业人工智能可以使得年经济增产率翻一番，同时通过从根本上改变企业员工的工作方式，将劳动生产率提高至少40%。人工智能技术的发展与应用不是用来取代人的工作，而是通过人类与人工智能技术协同工作，使得人类可以更好、更高效地工作。当智能机器可以覆盖和胜任日常的初级工作时，特别是如生产过程中的运输、基于实时生产过程的机器设备自动调整、产品外观检验、设备维护检修等工作都可以被人工智能技术所取代。这样一来，企业员工就可以腾出更多的时间来从事更加高技巧、高想象力的工作，从而帮助一线工作人员转换成为管理人员。这是一种由低端工种向高端工种的转变，可以更好地体现出人的价值。因此，不难发现，人工智能技术在企业生产制造中的应用有利于解放出更具价值的工作岗位。同时，这些具备高价值的工作通常需要执行者拥有良好的解决问题的能力、批判性思考的能力以及高创造力的能力，然而，这些高创造力的技能都是机器没有办法复制的。如果使用得当，企业生产中的员工可以与人工智能技术紧密地结合在一起，共同创造非凡的成果。

3. 提高工作场所的安全性

人工智能技术在生产车间的应用有助于提高企业工作场所的安全性，尤其是针对制造企业的生产车间而言。众所周知，保证生产车间的安全性是企业生产过程中重点的关注要素。因为无论在什么情况下，生命都是第一位的，所以安全第一的意识需要深深地树立在我们每一个人的脑海里。当下，一些互联网巨头公司如思科、微软等，都在致力于探索基于云计算的人工智能技术。在实际的运行环境中，利用硬件系统如摄像头、智能手机中的定位系统、网络设备等组成的系统，通过认知功能来提高企业员工工作场所的安全性。同时，还可以通过一系列的标签化图像，训练系统识别安全状态，一旦有危险情况，基于云计算的人工智能系统可以向工人发送警报，实现预警功能以便他们采取必要的行动。不但如此，在今后，基于人工智能技术的智能设备可以直接检测到进入周围站点的人员是否为企业员工，并且确定其访问级别（受限制访问、受限制操作）。不仅如此，人工智能系统还能够直接评估企业员工是否遵守安全规定，例如，员工是否穿戴安全帽、护目镜、防静电鞋、防静电服等。最后，一旦发生危险的情况，人工智能系统会自主启动相应的预警系统，通知应急人员并做出疏散指示，科学合理地对员工进行疏散。因此，人工智能技术在生产制造中的应用有利于提高工作场所的安全性，尤其是针对生产车间。

4. 开展设备预测性维护

人工智能技术的应用有助于企业在生产过程中开展设备预测性维护。预测性维护又称为预测性维修（Predictive Maintenance），是指通过对设备进行数据收集，基于收集到的数据进行分析，从而在设备故障发生前就预测可能出现的故障隐患。与此同时，在故障发生之前，系统自动提出防范措施，例如，更换相应的零部件。预测性维护的发展与应用，可以使得生产系统的维护计划和协调工作变得更加简单，收集到的物联网数据还有助于设备制造商改进产品设计，当设备制造商得到更多关于设备使用的信息时，基于大量数据分析后的结果可以应用于未来产品的设计。因此，无论对于设备制造商还是设备使用者（企业生产车间用途），定期地对生产设备进行预测性维护可以确保所运行的设备处于一个最佳的状态，而人工智能技术的应用可以提升设备维护的效率。毋庸置疑，基于大数据的人工智能技术处理数据的能力可以避免人为的预测性工作，同时基于设备运行过程中的大量数据，人工智能技术可以更加科学地预判设备的故障点，通过智能化传感器实时检测设备损耗情况，并且在异常状况发生时发出通知。这样，如果设备自行配备"备胎"零部件，设备可自行更换，或者说设备制造商可以获取故障信息，从而能够提前计划预留磨损的零部件或者考虑其他的替代方案，使得生产车间可以避免意外故障，减少停机时间，确保生产顺利有序进行。

5. 发展更加智能化的供应链

人工智能技术的应用有助于制造企业发展更加智能化的供应链。学术界目前对供应链的概念尚未统一，早期学者认为供应链是制造企业中的一个内部过程，是指将企业从外部采购回来的原材料和零部件进行生产转换最终传递到用户的一个过程。也有一些学者将供应链的概念与采购、生产、分销等供应管理相关联，用来表示与供应商、用户之间的关系。传统的供应链的模型完全是线性的，它们会重点关注商品的异地物理移动，即中间产品或成品所在的状态或位置。然而，如今的经济环境变化非常快，随着全球化、产品复杂性、产品开发周期缩短、市场变化快速等宏观发展趋势，制造企业的供应链模式也需要被重塑，需要成为各环节紧密联结的生态系统。得益于人工智能技术的发展，工业人工智能可以帮助企业基于大数据的分析来预测供应链网络中的所有不确定的变量，通过深度学习，人工智能技术可以精确定位产品供应链中的薄弱环节，从而优化企业的供应链生态系统。举例来说，生产制造部门可以通过人工智能技术预测某产品原料库存以及相对应供应商的交付表现，从而来准确地确定其生产计划，最有效地利用生产资源，做出更加明智的决策。除此之外，通过人工智能技术所获取的新知识，可以用来预测消费者的需求表现与变化，以此为基础制订相应的商业对策，例如，调整产品库存、缩短新产品进入市场的周期、最快速地占领市场等，最终形成企业的竞争优势。

总体而言，人工智能技术的有效应用和推广促使企业生产快速转型升级。企业员工利用合适的工具提升工作效率，更具弹性的高价值工作被引入市场，人们可以在现有产品和服务中获得更高的价值。与此同时，企业的生产模式也会得到巨大转变，变得更加自主、高效，最终的产品也会得到高质量的保证。

5.3 生产制造大数据

物联网（IoT）增加了连接设备、传感器的新维度。基于物联网技术，制造企业的数据可以被不断地收集，这些数据对制造商具有潜在的巨大价值。数据分析可以帮助工厂人员快速捕获、清理和分析机器数据，并提供提高性能的见解。基于人工智能技术的生产制造大数据可以有以下几种类型。

1. 设备运行大数据

任何企业的生产制造都离不开大量设备的良好运行，因此对于智能制造企业而言，设备运行过程中所产生的各类数据都将成为工业大数据的组成部分之一。设备运行大数据主要是指智能制造企业在生产过程中，生产所用设备在运行过程中所产生的各类数据，例如，设备运行的温度、油压、压力、电机的转速、振动频率等。企业利用人工智能技术，对设备运行大数据进行分析，因此设备运行系统可以自主地进行故障诊断以及健康维护。

2. 产品质量大数据

在新的市场条件下，企业要想取得经济效益，在激烈的市场竞争中立于不败之地，主要在于提高其产品质量。产品质量大数据是工业大数据的重要组成部分之一。产品质量大数据主要是指关于产品质量本身的数据集合，也就是涉及了产品质量的所有数据，有关产品质量的数据几乎延伸到产品生产的全过程。其中包括产品原材料的检测、现场的检测、机床的检测等。当前，通过先进的技术及设备都可以将这些数据进行采集，但是针对其有效的开发与利用还需要借助质量管理工具以及质量管理软件。

3. 能源消耗大数据

能源消耗主要是指企业在运营过程中的综合能耗，涉及燃料、动力、原材料、辅助材料的使用，这些均可以作为能源消耗大数据。在企业生产过程中，设备的运行、物料的输送、工厂的用电用水等，都需要消耗能源为其提供动力。因此，通过对企业的生产、输配和消耗环节实现集中动态监控和数据管理，收集企业用电、用水、燃气、蒸汽、压缩空气等各类能源的消耗情况，通过数据分析、挖掘、趋势分析来帮助企业进行能源统计、同环比分析、用能预测等。可以说，能源消耗大数据是企业能源管理、提高能源效率的数据基础。

5.4 本章小结

本章主要介绍了人工智能技术在企业生产制造环节中的应用，并就人工智能与生产制造环节的相互结合给出了解释与说明。本章首先对生产制造部门的职能安排、组织架构以及工作流程进行了简要介绍，介绍传统生产制造主要包含 8 个子步骤（详见 5.1.3 节）。与此同时，本章还指出了传统工业生产过程中所存在的问题，分别是：①专业分工过细；②生产计划与作业计划脱节；③对市场反应能力低，缺乏柔性；④数据集成化低，使用率低下。伴随着人工智能技术的日新月异，企业的生产制造发生了巨大变化，其部门的需求、生产环节等都会面临巨大的改变。企业的生产过程将会变得更加高效、易于控制，所有的生产过程都将会变得透明化，此举有利于提高企业生产效率和产品质量，也可同时提升生产车间的安全性，最终使得整个企业的生产制造变得更加自主、高效，最终的产品也会得到高质量的保证。

参 考 文 献

陈丹彤，梁永贺，陈伟. 2014. 精益生产模式在连续流程型企业的创新应用[J]. 中国质量，（6）：91-94.

简泽. 2011. 市场扭曲、跨企业的资源配置与制造业部门的生产率[J]. 中国工业经济，（1）：58-68.

江丰光，熊博龙，张超. 2020. 我国人工智能如何实现战略突破——基于中美 4 份人工智能发展报告的比较与解读[J]. 现代远程教育研究，32（1）：3-11.

刘海，李烨，李妍臻. 2013. 基于图像处理的 PCB 自动检测系统的设计与研究[J]. 电子世界，（4）：115-117.

马宁，王润良. 2005. 汽车制造业的模块化外包与供应商结构研究[J]. 中国机械工程，16（7）：608.

王建民. 2017. 工业大数据技术综述[J]. 大数据，3（6）：3-14.

邢以群，郑心怡. 2003. 流程导向型企业组织结构模式初探[J]. 科学管理研究，21（3）：48-51.

Ahmady G A, Mehrpour M, Nikooravesh A. 2016. Organizational structure[J]. Procedia-Social and Behavioral Sciences，230：455-462.

Falck A C, Örtengren R, Högberg D. 2010. The impact of poor assembly ergonomics on product quality: A cost-benefit analysis in car manufacturing[J]. Human Factors and Ergonomics in Manufacturing & Service Industries, 20(1): 24-41.

Ford R C, Randolph W A. 1992. Cross-functional structures: A review and integration of matrix organization and project management[J]. Journal of Management, 18(2): 267-294.

Nieto M J, Santamaría L. 2007. The importance of diverse collaborative networks for the novelty of product innovation[J]. Technovation, 27(6/7): 367-377.

Rahani A R, Al-Ashraf M. 2012. Production flow analysis through value stream mapping: A lean manufacturing process case study[J]. Procedia Engineering, 41: 1727-1734.

Rowlinson S. 2001. Matrix organizational structure, culture and commitment: A Hong Kong public sector case study of change[J]. Construction Management and Economics, 19(7): 669-673.

第 6 章
人工智能与市场营销

6.1 市场营销基础介绍

6.1.1 市场营销部职能

随着生产技术水平的不断提高，市场竞争变得日益激烈，直接影响到现代市场的经营与管理。对于企业而言，市场营销是企业生存的根本，在这个企业生存发展的时代，市场营销对于企业来说是至关重要的一环。很多企业没有制定好和执行好市场营销环节，随之而来的就是企业产品的市场份额变得越来越小，甚至最终被市场淘汰。因此，市场营销部门在整个企业的运营过程中扮演着举足轻重的角色，企业市场营销部门只有对客户的消费心理、消费动机进行有效的分析，让其对企业产品有足够的认知和认同，才可以去保证企业的持续生存和发展。

自 1912 年哈佛大学学者赫杰蒂出版了《市场营销学》以来，市场营销相关领域的概念和研究就开始不断涌现，尤其是在二战以后，伴随西方国家经济的迅速恢复和发展，企业市场营销更是雨后春笋般地发展起来（雷祺和刘晓梅，2009）。但是，针对市场营销尚未有一个清晰明确的定义。为此，美国市场营销学会（American Marketing Association）将市场营销定义为：市场营销是引导产品或物件从生产者流向消费者的企业营销活动。该学会认为，市场营销就是为顾客创造和传送价值的方式，之后就是对顾客关系进行经营管理，进而让组织受益的一种功能（Ringold and Weitz，2007）。由此看出，市场营销是一种贯穿于企业与客户之间的经济活动，企业市场营销部门在综合考虑外部市场机会及内部资源状况等因素的基础之上，确定目标市场，再制定市场营销战略，并给予有效的实施和控制。

就企业市场营销部门而言，其职能主要在于分析顾客需求、创造市场价值以及为企业构建和维护顾客关系等。市场营销部门职能的完全实现，不仅需要经过严谨的科学研究，同时也需要市场营销团队富有艺术的感染力（Srinivasan and Ramani，2019）。在过去，长期以来，市场营销都被认为是一种"推销"或者是"销售"行为，就是把企业生产的产品或者服务送到消费者手中并为企业带来效益。然而，这样的形式是片面的，同时也是非常狭隘的。这既不利于企业的生产经营，也不利于企业市场营销部门开展工作。事实上，市场营销是为社会创造和传递新的生活标准。举例来说，手机消费品中的苹果手机、快餐中的肯德基、奢侈品中的LV、运动服装中的耐克、社交软件中的微信等，都可以认为是市场营销做得比较成功的企业。我们将市场营销部门的职能细分为以下四种：第一是顾客需求分析，管理学大师德鲁克曾经说过，企业有且只有两种职能，其一就是市场营销，目的就是要满足顾客的需求。正是因为如此，对于企业市场营销部门成员而言，分析顾客需求就成为其工作职能之一（Webster，2009）。第二是创造市场价值，企业的成功离不开市场的定价。然而，市场营销部门对于产品的定价是基于顾客愿意接受的价格而定的。举例而言，同一种矿泉水，在普通超市的标价是2元，在大型商场的价格是5元，到了五星级酒店，价格可能标价10元甚至更高了，同样的东西在不同地方的价格不同，这种溢价功能也是市场营销的创造性发现，能够满足消费者的心理，也能够满足他们身份差异化的需要。第三就是构建并维护顾客关系。企业存在的价值不是由企业本身决定的，而是由顾客来决定。只有当顾客愿意为企业所生产的产品或者提供的服务支付费用时，企业才可以算是实现了它存在的价值。由此可见，顾客是否愿意支付企业产品或服务，其中最为关键的就是市场营销部门与顾客之间的相互关系。市场营销在其中最大的贡献就是识别、招募以及培养出最佳的顾客群体。以咖啡企业星巴克为例，星巴克通过定价策略，例如，为客户提供专业的、味道与服务质量保持不变的产品，提升了消费者对产品的认知价值，因此，消费者对价格的敏感度自然就降低了，更容易接受产品的定价。同时，这样的营销模式也帮助消费者感知到星巴克咖啡是时尚和成功的象征，他们愿意再次去体验星巴克的产品和服务。因此，星巴克的市场营销模式就是构建和维护好企业与顾客之间的关系，长此以往，也会降低企业的营销费用，同时又可以带来新的顾客。因此，基于上述的讨论发现，企业的市场营销部门的职能主要有顾客需求分析、创造市场价值以及构建并维护顾客关系。

6.1.2 市场营销部组织架构

在多数企业中，市场营销部门的最高负责人为整个企业主管营销的副总经理，而整个市场营销部门又是相对于研发设计和生产制造而存在的，并与这两个部门构成了企业的铁三角。这三个部门可以说是企业的核心部门，三个部门之间既有分工又相互配合。简单来说，研发设计是因，生产制造是果，而市场营销则是贯穿于整个研发到生产的过程。一般企业的市场营销部门之中，在其部门内部还会有更加细分的组织架构，由部门最高负责人统一垂直管理。一般来说，市场营销内部的组织架构会依据不同的职能进行分类，通常可以细划分成三个不同的二级部门，分别是市场部、销售部以及客户关系部（Guenzi and Troilo，2006）。本小节中就市场营销部门中的各级职责及组织结构进行解释与说明。

市场部是企业市场营销组织架构中重要的组成部分，一个专业和健全的市场部应该具备强大的调研能力。市场部的主要工作有两个方面，一方面它们需要为顾客提供独特的有形或者无形的价值体验，通过从各个方面去了解和挖掘客户的需求，然后通过合理的营销模式去满足顾客的需求。以企业产品生命周期为例，在产品导入时期，市场部的主要职责是对潜在消费者的购买心理及行为进行调查，根据调查的结果来制订产品进入市场的计划。此外，在产品导入阶段，市场部还需要提前规划并制定企业产品的营销策略，并合理制定产品价格。在产品成长阶段，市场部需要对营销过程中的信息进行收集，并且根据实际情况重新制订年度营销计划。在产品的成熟期，市场部门需要对同行竞争对手的产品进行分析，由此再提出未来市场的分析、产品发展方向和规划，进一步地去制订广告策略和产品品牌计划。另一方面，市场部还需要负责拉近产品与顾客之间的心理距离。所谓的心理距离，简而言之就是依靠企业的品牌来吸引顾客，使顾客主动寻找相应的产品。因此，在市场部中，所设置的岗位一般由一名市场部经理全面地负责市场部门的业务及人员管理。与此同时，市场部经理下面，配备不同的主管，例如，负责市场调研计划制订并实施的市场调研主管，制订产品分销计划的企划主管，制订年度广告计划的广告企划主管等。

市场营销部门组织架构中第二个分支便是销售部。通过上述讨论可以看出，市场部更多关注的是整体市场的均衡，可持续发展。然而，销售部更多关注的是每期的销售业绩和利润，其主要工作目标就是如何把产品送到消费者面前，并成功地收回资金实现商品的价值。因此，对于销售部而言，其日常工作包括定期拜访客户、产品推荐等活动。此外，销售部门不仅要完成每月的销售计划，它们还需要定期反馈市场状况以及竞品情况，基于这些信息内容以便于市场部能够根据不同时期的变化来预测未来的市场走向，从而制定下个月或者下个季度的生产计划。由此可见，如果说市场部是负责拉近产品与消费者之间的心理距离，那么销售部则是负责拉近产品与消费者之间的物理距离。

市场营销部门中第三个二级组织则是客户关系部。客户关系管理是提高企业核心竞争力的关键之一，在日益激烈的市场竞争中，企业的生存与发展越来越依赖于客户的信任及满意度，因此维护好与客户的关系就变得越来越重要。一般来说，企业将客户关系部放置于市场营销部门之中作为其中的子部门。同样如此，在客户关系部门中，也会有一名负责整个客户关系部门业务及管理的经理，其主要职责是牵头客户信息管理以及客户满意度和忠诚度管理。除此之外，在该部门中，还会配备数名回访专员，他们的工作职责主要为负责客户的满意度回访以及处理各类客户的不满意投诉等问题，当然他们也需要对客户的资料和信息进行保密。因此，维护好与客户的关系、提高客户的忠诚度是客户关系部的重要工作内容。

6.1.3 市场营销部工作流程

市场营销是企业的经济命脉，企业营销的好坏程度直接影响企业的收入。因此，对于企业市场营销部门而言，相关负责人要制定好清晰明确的工作流程以更加高效的模式来完成企业产品的营销，帮助企业回收资金，占据市场。本小节就市场营销部门的工作流程进行分析与解释。在本小节中，市场营销部门的工作流程总体上分为两个方面，一方面是市场部的工作流程，另一方面是销售部及客户关系部的工作流程，具体讨论如下。

正如 6.1.2 节中讨论的，市场营销部内部划分为了市场部、销售部以及客户关系部。一般来说，市场部的工作流程可以细分为 4 个环节，分别是市场分析与调研、目标市场选择、市场营销活动管理以及实施与执行营销计划，市场部工作流程详细说明如下。

（1）市场分析与调研。

一件好的产品或者是被绝大多数用户所接受的产品，必然是基于大量的调研和数据支持而诞生的，这样出来的一款产品才能够真正被市场和用户接受，由此成为市面上畅销的产品。然而，这一切都离不开市场部的市场分析与调研。企业市场营销部门的日常市场调研主要利用问卷调查、访谈调查、实地观察、统计抽样等形式来获取市场用户的需求，通过探索消费者的需求来设计满足消费者需求的产品。

（2）目标市场选择。

作为市场部工作的第二个环节，目标市场选择主要是指市场部需要在需求差异性的市场上，企业根据自身条件和能力来确定现有的和潜在的消费者群体的需求。通俗来讲，目标市场选择就是细分市场，企业根据细分的几个市场来确定其产品。因此，对于市场部所确定和选择的目标市场，它们通常为具备最大潜力，同时能够为企业带来最大经济利润的市场。

（3）市场营销活动管理。

市场营销活动管理主要是指针对具体设定好的市场，为其提供一套或多套有吸引力的市场营销活动方案。这些活动方案对于企业的经营发展，尤其是针对企业市场营销实践活动具有重要的作用。可见，市场营销活动是制定企业市场营销战略的基础，同时也是企业对付竞争者的强有力武器。一般来说，市场营销活动主要包括产品策略、定价策略、分销策略、促销策略等，针对这些营销活动的管理，是企业市场部重要的工作内容。

（4）实施与执行营销计划。

顾名思义，实施与执行营销计划主要是指将市场部制定好的营销计划转化为行动方案的过程，并在此过程中保证任务的完成，以期能够实现计划的既定目标。

因此，在实施与执行营销计划的过程中，市场部负责人需要因地制宜，基于其部门各员工的能力来安排任务，最大限度地完成既定目标。

此外，市场营销部门中还涉及销售部以及客户关系部，这两个部门的日常工作可以细分为6个主要环节，分别是寻找客户、邀约客户、拜访客户、跟进客户、成交客户以及维护客户，其工作流程详细说明如下。

（1）寻找客户。

任何企业销售的所有工作重心都是围绕客户展开的，一个没有客户的销售就像是没有脊椎的软体动物。因此，对于销售部而言，其首要工作是寻找并且找对客户。销售人员需要基于产品定位，寻找到适合于产品的客户人群，从而为后续工作奠定良好的基础。

（2）邀约客户。

企业销售部工作流程中第二个步骤则是邀约客户。销售人员寻找到合适的客户群体后，他们就需要为销售工作设计好场景，因此企业销售人员需要针对不同客户人群设计好邀约的理由。

（3）拜访客户。

常言道"没有拜访就没有销售"，企业销售人员在正式拜访潜在客户之前都需要进行准备，例如，了解企业的销售政策、制订好明确的销售目标和计划、掌握好销售技巧、整理好个人形象等，这些都是为拜访客户奠定的良好基础。

（4）跟进客户。

跟进客户通常来说是紧随拜访客户之后的步骤，当企业销售人员面对新客户的时候，需要先与其进行简要的沟通与交流，以此获取客户的需求。紧接着，通过与客户不断地沟通（线下或线上）增进双方的关系，建立起相互信任机制。

（5）成交客户。

成交客户主要可以分为两个层面，第一个层面是完成销售订单，为企业获取利润。第二个层面则是没有完成销售订单，即订单失败。

（6）维护客户。

第六个步骤为维护客户，维护客户一般而言是销售部及客户关系部所共同承担的责任。尤其是针对非一次性销售的产品而言，维护客户关系不仅仅是客户关系部所应该负责的，同样需要特定的销售人员来维护好与客户之间的关系。

6.2 市场营销需求

6.2.1 传统市场营销特点

传统的市场营销模式仍是当前绝大部分企业选择的营销模式。传统市场营销模式可以被划分为 3 类，分别是直营模式、代理商营销模式以及分销商营销模式（Forkmann et al.，2017）。第一种营销模式为直营模式，主要是指企业直接进行营销，而不是依托任何经销商或者中间商，即企业直接与客户群体来进行对接。其中，采用直营模式比较典型的企业有保险公司，这样的营销模式有助于维护好公司形象和信誉。第二种营销模式为代理商营销模式。代理商营销模式是企业比较重要的营销模式之一，企业与所在地区的一些零售商店甚至是个体签订代理协议，此时企业就将产品分配给各级的代理商进行离线销售。第三种传统市场营销模式为分销商营销模式。在市场竞争激烈的今天，很多综合实力比较强的企业多采用分销商营销模式，这是代理商营销模式的进化，企业在发展过程中为了降低经销成本同时又进一步扩大市场，多数会采用分销商营销模式。当然，这三种传统的市场营销模式各有利弊，以下就这三类传统的市场营销模式的特点进行解释与说明。

1. 以市场为导向

以市场为导向是传统市场营销模式的一个特点，在传统的市场营销模式中，企业或各级代理商或分销商都会把市场作为其营销策略的重点关注对象。因此，它们在制定营销策略之前，都会对市场进行调研，根据市场调研的结果来制定其营销目标与策略。由此可见，以市场为导向的思考方向具有一定的科学性，也存在一定的缺陷。实际上，消费者才是企业产品真正的营销对象，将产品销售到每一个个体消费者手中才能够保证企业的经济来源，但是当企业一味地只是将市场作为导向，而忽略消费者个体是否会买单这样的因素时，纯粹以市场为导向来制定营销方案就会导致企业在一定程度上承担了较大的风险。

2. 传统市场营销成本较高

企业传统的市场营销的重点是目标市场的确定，企业都会尝试通过以有限的市场网络来获取尽可能多的利润。但是，在现实的营销过程中，以低成本获取高收益的构想也确实存在，然而却并不多见。其主要原因在于我国地域辽阔，企业潜在客户也遍布全国各地，企业要想构建一个庞大的市场网络，必须要投入大量的人力、物力以及财力。正是因为如此，这也就无形之中提高了企业的营销成本，增加了企业的不确定性因素。

3. 传统市场营销模式效率低下

现代的市场竞争是与时间和速度的竞争。在传统的观念下，企业的竞争是受到市场能力以及企业生产能力所制约的。然而，在当前知识经济时代，企业的发展能力主要是受到企业满足市场需求所需要时间的影响，即满足消费者需求所需要的时间。因此，传统市场营销模式都是经过概念开发、产品设计、产品生产以及最终产品销售这几大环节，这也就导致了传统市场营销模式所花费的时间较长，速度较慢，即效率低下。因此，当前背景下，企业要想发展和营利，就必须提高速率，抢占市场先机。

6.2.2 工业4.0背景下市场营销信息需求

企业市场营销的目的就是要使得企业的目标、资源适应于千变万化的市场竞争形势，由此企业抓住机会，以期获得长期的利润。工业4.0背景下，信息作为企业决策的基础，企业成功地进行竞争战略研究的关键在于有效地进行信息的深层次开发。市场营销信息对于企业营销活动具有重要作用，企业要制定正确的经营战略与策略，必须要依靠这些市场营销信息。本小节重点就工业4.0背景下市场营销的信息需求类型进行探讨与分析。

1. 政治经济发展信息

政治经济发展信息主要是包含了企业外部环境的政治、法律以及政策环境的信息。无论企业处于何种环境，企业的市场营销活动总是在一定的政治法律环境下运行的，因此受到了政治、法律和政策的制约。政治经济发展信息是不可控或者说是难以被影响的外部环境因素，但是这是制造企业必须及时获取和掌握的关键信息。具体来说，政治经济发展信息主要包括资本市场、价格补贴、企业税收、银行利率、行业标准、竞争条例等方面的政策、规定以及协议，这些相关的信息一方面可以用来规范企业的市场营销活动，另一方面也可以给企业的市场营销带来机会。例如，当前除了工业4.0背景之外，国家又提出了"双循环"的概念，即加快形成国内大循环为主体、国内国际双循环相互促进的新发展格局。因此，企业需要掌握好全面的相关政治经济发展的信息，从而做好市场营销的信息保障。

2. 人口统计信息

人口统计信息是国家的重要信息，同时也是企业市场营销极为重要的信息内容。企业市场营销的最终目的是将企业所生产的产品推广到市场，工业4.0背景下，企业市场营销部门需要基于大数据分析来制定精准的营销策略，因此，企业市场营销部门会注重人口的信息，即人口规模、人口结构、人口增长趋势、区域人口的增长趋势、家庭就业、地区的收入变化等信息内容。具体来说，人口规模制约着产品的市场规模。与此同时，一些信息例如人口的地理分布、年龄分布都会对以年龄层为对象的产品的市场规模产生影响，因此企业市场营销部门则会对这些信息产生需求。另外，人口的流动，无论城乡的流动还是地区之间的流动，都会引起市场需求的变化，最终都会影响企业制定营销策略。因此，工业 4.0 背景下，企业可以通过大数据分析针对不同目标群体的市场需求进行精准化营销，以此提高企业的营销效率。

3. 生活形态趋势信息

工业 4.0 背景下，"个性化""定制化"成为这个时代流行的词汇。相比以往大规模的统一生产模式，工业 4.0 背景下最为典型的特征就是定制化生产制造。制造企业在各类信息技术的支持下，整个企业的生产运营各个环节都紧密联系在了一起，从而使得个性化产品能够以高效率的批量化方式生产，实现大规模定制生产。因此，在这个以个性化市场为导向的时代，企业在制订市场营销策略时，必须要考虑其目标消费者的生活形态趋势，具体来说就是诸如对品牌的认同、对媒体的选择、业余时间的分配、消费支出结构等，这些信息内容决定了用户的消费习惯、生活方式。企业通过获取这类信息可以制定广告、定位、品牌等方面的决策。在工业 4.0 背景下，市场营销部门需要掌握消费者生活形态趋势的信息内容，从而保障个性化、定制化生产的实现。

6.2.3 市场营销活动中人工智能应用

随着人工智能技术的发展与突破，高新技术的应用已经成为社会发展的趋势，在许多人高呼人工智能时代即将到来之际，人工智能技术对企业的方方面面都产生了巨大的影响，因此原本传统意义上的市场营销活动即将面临一场颠覆性的变化。人工智能技术在以不断降低成本、不断提高营销精准率的情况下，极大地提高了市场营销的效率，也给这个全新的行业带来了诸多挑战。因此，本小节主要从两个角度来论述，第一，市场营销活动中哪些环节将会有人工智能技术进行深度参与；第二，人工智能技术在这些环节中是如何被高效地利用，从而满足企业用户的需求的。

在人类认识事物和决策的过程中，推理都起到十分重要的作用，而人工智能技术正好具备了这样强大的功能，人工智能不仅可以从实验数据中筛选出历史的成功经历或知识，对企业的市场用户进行自动推理分析，还可以对当前市场的大局制定出一份针对性的方案。因此，以人工智能技术为代表的新零售模式在企业的市场营销活动中逐渐被应用。

第一，精准筛选推送。企业针对产品制定的市场营销方案有很多种，其中之一就是在手机客户端精准推送产品。企业通过人工智能技术对用户的大数据进行智能化分析，以每一个市场用户的行为记录为基础，挖掘这些行为数据背后潜在的活动。举例来说，淘宝会根据用户搜索的关键词、历史消费记录、浏览记录、停留时间等信息对用户针对性地推送产品，这也就是为什么当我们进入淘宝界面时发现每一个用户的产品推送都是不同的。因此，人工智能技术帮助企业以这样智慧销售的形式来增加企业品牌的曝光度。

第二，在线客服模式。如今，企业除了有线下销售这样的服务模式之外，线上销售已经成为这个时代更为主流的一种销售模式，消费者可以足不出户就能购买到自己所需要的产品。因此，在人工智能技术的推动下，传统客服将会被人工智能客服所取代。AI 客服可以收集历史的客服咨询记录，分析出咨询次数较多的问题并进行汇总，从而及时地为客户解答疑惑。此外，AI 客服还可以通过收集消费者的咨询问题来提取有效的关键词，更好地揣摩消费者的真实想法，帮助企业制定和推荐更有针对性的营销方案。由此可见，这样的做法不仅可以减少客户的等待时间，也极大地提高了销售效率。

第三，客户跟进管理。客户是企业最重要的资源，做好客户管理和维护能够帮助企业提高核心竞争力和效益。在过去，企业为了提高客户的忠诚度，会设立专门的部门对客户进行跟进式管理，正如 Inc 公司提出了 CRM 概念，CRM 的目标则是全面地提升企业与客户之间的关系。当前工业 4.0 时代，随着人工智能技术的发展与应用，企业与客户之间的联系变得越来越紧密，客户的各种需求都可以被人工智能系统所识别，企业借助人工智能系统分析和预测客户需求，为客户提供针对性的方案与服务，最终增强企业与客户之间的黏性，提高企业的经济效益。

第四，企业智能化的营销售后。售后服务是企业市场营销中一个重要的环节，其本身也是一种促进手段，因此良好的售后服务会给企业和品牌带来更好的信誉。正是因为如此，企业要想在后面长期的市场营销中占据优势，就必须要提高企业的售后服务质量。然而，对于当前的一些企业来说，尤其是对于中小企业，它们的人力资源不足，很难保障良好的售后服务。因此，随着人工智能技术的发展和应用，将在很大程度上扭转这样的局面。企业通过挖掘和分析相关数据，提前制定满足消费者不同需求的售后服务方案，从而节省物力和人力。举例来说，客户购买了一台冰箱，企业在冰箱中安装了各类传感器，从而可以提前通过数据分析来给客户进行智能化反馈，不需要人工提醒客户产品可能发生的故障问题。因此，这样的智能化营销售后模式可以极大地提高企业售后人员的工作效率，降低企业的运营成本。

6.2.4　人工智能市场营销带来的优势

人工智能技术颠覆了传统的企业市场营销模式，人工智能带来的不仅仅是营销手段上的革新，更是营销格局的巨大变革。因此，本小节就人工智能技术在企业市场营销环节的应用所带来的优势以及相应应用场景进行解释与说明。具体来看，其优势与具体应用场景可以细分为以下几个部分，第一，市场营销文案工作；第二，精准营销推送；第三，对话式聊天机器人；第四，未来趋势预测与分析，以下就从这四个方面来具体阐述。

第一，市场营销文案工作。制造企业在制定市场营销方案的过程中，需要做大量的文案书写工作，其中包括产品功能介绍、当前市场行情、现有竞品市场份额等。这些营销文案工作占据了企业市场部人员大量的工作时间和主要精力。文案的书写是其中一个方面，最为耗时的是相关资料的搜集与阅读工作。然而，随着企业逐渐引入人工智能技术，人工智能技术具备高效、快速地编辑内容的能力，系统可以将原始数据智能化地转化为叙事内容并自动生成标题，由此引导企业的营销转型。当前，市面上已经诞生了一款名为"Automated Insights"的人工智能写作系统，该系统将获取相关的数据自动转变成为符合人类阅读模式的文本，将数据中最有价值的部分形成可阅读的文案。因此，在人工智能技术的帮助下，营销人员可以借助 AI 改进海报、邮件广告等文案写作质量，大大缩短了营销人员的工作时间。针对性的产品内容传播，比起千篇一律、大水漫灌式的传统市场营销模式，显然可以得到更积极的反馈。

第二，精准营销推送。精准化的内容推送，是当今时代营销和传播中最为常见和有效的传播方式。对于客户而言，他们需要的是及时的、相关的营销内容推送。根据 Salesforce 公司发布的最新调查报告，高达 72% 的 B2B 买家希望在交易的不同阶段可以收到个性化、定制化的建议（Sharma et al.，2020）。与此同时，在 B2C 的市场方面，消费者也更加期待从每一个品牌厂商获得类似于亚马逊公司的体验。由此可见，个性化内容推荐或者说精准营销推送对于企业而言是至关重要的，这同时也是客户所需要的。人工智能技术的加入，让精准营销成为可能。举例来说，美国的 Outbrain 公司就是借助人工智能技术，将公司制作好的内容通过人工智能内容推荐系统尽可能精准化地推送给用户，这样一来可以减轻企业营销人员的工作负担和任务，二来也可以保证企业所传播的信息可以针对性地传播到不同人群中去，以此达到精准营销的效果。此外，随着人工智能技术与营销的不断深化与普及，这方面成功应用的案例也是越来越多，例如，IBM 公司的人工智能推荐系统"沃森"与运动品牌安德玛进行了合作，开发了基于用户行为数据为使用者提供个性化健康建议的应用软件。

第三，对话式聊天机器人。企业市场营销的目的之一就是要培养良好的人际关系并引导有意义的对话。基于人工智能技术的对话式聊天机器人可以完美地执行这一任务，帮助企业在不同阶段通过各个渠道来与潜在的客户进行交流。举例来说，Nordstrom 公司利用对话式聊天机器人，与客户进行一系列沟通后，基于双方的谈话内容给客户做出购买建议，这样的场景往往会出现在大型超市。这样一来，既达到了精准营销的目的，又可以降低人工成本（Turban et al., 2018）。事实上，相关数据统计，2018~2024 年，对话式聊天机器人在全球的市场规模预计增长 30%以上，由于未来人工智能机器人的成本会不断降低，后期的市场规模也将会越来越大（程洁，2018）。

第四，未来趋势预测与分析。对未来发展做出预测与分析是企业营销人员的必要工作之一，然而这也是最困难的工作之一。2019 年的研究统计分析，55%的营销人员都需要利用数据进行客户细分和重新定位，但是手动预测的难度着实太大，而且科学性也不强（王曦冉和来聪，2019）。伴随着人工智能技术的出现，基于人工智能技术的营销可以帮助企业大大提高其预测能力。如今处于数据爆炸时代，先进的信息技术能够帮助企业从不同的渠道获取各类数据，而基于人工智能技术的数据分析结果可以成为企业做出营销决策的依据。因此，基于智能算法，人工智能可以在数以千亿计的数据中，遴选出与企业产品、客户定位、潜在市场等相关的信息。企业在市场营销中更多地去使用人工智能技术，可以大大提高其员工的工作准确性和有效性。

6.3 市场营销大数据

市场营销大数据是企业营销人员在产品营销的过程中不断积累而成的，这些数据通常来源于消费者、消费者的日常行为、市场情况、竞争对手情况等，由此可见市场营销大数据主要都是外部的数据，具体可以细分为以下几个类别。

1. 销售大数据

销售大数据是企业市场营销大数据中的一个类别。具体来说，销售大数据主要是指企业产品的销售额、销售量、销售区域等，在基于人工智能技术建立仿真模型时，企业中的销售大数据主要就是用来精准预测销售结果，而且还可以通过人工智能系统来模拟与销售相关的各种其他结果，如新用户、网站访问等。因此，作为市场营销大数据的一个组成元素，销售大数据是用来分析销量等的基础数据。

2. 竞争大数据

竞争大数据主要是指有关企业竞品的大数据。所谓知己知彼，百战不殆，企业市场营销部门人员只有牢牢掌握竞争对手的相关信息，才可以制定出有针对性的、具有企业产品自身优势的营销方案。在这里，竞争大数据具体包括了竞品的市场占有率、竞品的目标市场、竞品的优缺点等数据内容。

3. 客户大数据

客户大数据主要是指客户的喜好、客户的细分、客户的需求、客户的联系方式、客户的行为、客户的满意度等，客户大数据是企业市场营销大数据中的重要组成部分之一，也是企业进行人工智能营销的基础。企业可以利用客户大数据制定各类产品的营销策略与方案。因此，针对客户大数据的获取也是企业进行人工智能营销的必要基础条件之一。这里，我们将客户大数据分为三种类型，第一种类型是描述型大数据，主要包括个人客户的联系方式、地理环境等，这些数据也是静态数据，比较容易获取。第二种类型是客户行为数据，包括客户的购买记录、消费记录、客户偏好、生活方式等。针对客户行为数据的分析，可以帮助企业营销人员在客户分析过程中掌握和理解客户的行为，而客户行为则是反映消费或产品选择的过程。第三类数据则被称为关联类数据，具体包括客户满意度、客户忠诚度、客户对产品的态度等，而这类数据的获取需要通过专门的数据调研与分析。针对关联类数据的分析可以直接帮助营销人员提高客户忠诚度与满意度等，降低客户的流失率。

6.4 本章小结

本章主要介绍了人工智能技术在企业市场营销环节的应用，并就人工智能与市场营销环节的相互结合作出了解释和说明。本章首先从市场营销部门的职能、组织架构以及工作流程入手进行简要介绍，介绍了企业传统的市场营销模式以及具体包括的一系列步骤。同时，本章还就传统的市场营销模式所面临的问题进行详细讨论与分析。伴随着人工智能技术的突飞猛进，企业的市场营销发生了巨大的变化，其部门人员的需求、营销的模式等都发生了改变，而人工智能市场营销，也给企业和部门人员带来了新的改变和新的潜在优势。

参 考 文 献

程洁. 2018. 智能聊天机器人：对话未来[J]. 科技经济导刊，2（628）：20-21.

雷祺，刘晓梅. 2009. 浅谈 AMA 关于市场营销定义的演变[J]. 市场营销导刊，(2)：43-46.

王曦冉，来聪. 2019. 基于大数据的预测型营销投诉管控[J]. 企业管理，(S2)：246-247.

Forkmann S，Ramos C，Henneberg S C，et al. 2017. Understanding the service infusion process as a business model reconfiguration[J]. Industrial Marketing Management，60：151-166.

Guenzi P, Troilo G. 2006. Developing marketing capabilities for customer value creation through Marketing-Sales integration[J]. Industrial Marketing Management, 35 (8): 974-988.

Ringold D J, Weitz B. 2007. The American marketing association definition of marketing: Moving from lagging to leading indicator[J]. Journal of Public Policy & Marketing, 26 (2): 251-260.

Sharma A, Rangarajan D, Paesbrugghe B. 2020. Increasing resilience by creating an adaptive salesforce[J]. Industrial Marketing Management, 88: 238-246.

Srinivasan R, Ramani N. 2019. With power comes responsibility: How powerful marketing departments can help prevent myopic management[J]. Journal of Marketing, 83 (3): 108-125.

Turban E, Outland J, King D, et al. 2018. Intelligent (smart) E-commerce[M]. Cham: Springer: 249-283.

Webster Jr F E. 2009. Marketing IS management: The wisdom of Peter Drucker[J]. Journal of the Academy of Marketing Science, 37 (1): 20-27.

第 7 章
人工智能与物流供应

7.1 物流供应基础介绍

7.1.1 物流供应部职能

全球化的竞争环境和第四次工业革命的浪潮刺激了动态联盟的产生,改变了企业的竞争方式,使得企业与企业之间的竞争已经不再单纯是单个企业的竞争而是上升到整个供应链的竞争(Yang and Sun,2019)。因此,这样的现象也就促使了传统的企业管理模式走向供应链管理模式的转变。那么究竟什么是供应链管理?究其历史,供应链管理起始于 20 世纪 90 年代,当时随着自动化和信息技术在制造企业的不断应用,制造企业的生产效率得到了迅速提升,然而通过改变制造技术本身来进一步提高企业效率变得较为困难。因此,为了进一步降低企业运营成本同时提升企业效率,企业开始将目光投向企业产品全生命周期中的供应与最终产品的供应链系统。相关研究表明,对于制造企业而言,企业的库存费用占据销售额的 3%,物流运输费用约占 4%,采购成本占销售额的 40%~60%,研究结果表明产品在全生命周期的供应环节的费用(如仓储、运输等)在总成本中所占据的比例越来越大(苏曼丽,2012)。

另外,随着经济全球化的发展,企业之间的合作也日益加强,大企业之间跨地区甚至跨国合作生产的趋势日趋明显。在国际市场上,越来越多的制造企业不断地将一些常规性业务"外包"出去给一些发展中国家,而企业自身只保留最核心的主体业务,如研发设计、市场营销等。这样的模式在很多企业上体现,例如,波音公司、通用汽车公司、克莱斯勒公司等大型制造企业。美国的克莱斯勒公司在生产汽车使用的零部件中,有近 70%的零部件是从外部企业获得的(Tian and Guo,2019)。另外一个例子则是我国的华为公司,华为公司自主研发设计了一些芯片,但是其生产则是由台积电来完成。在上述这些合作过程中,大量的物质资源和信息资源在很广的地域间转移、存储和交换,而在这些活动中所产生的费用也就构成了企业产品成本的一大部分(宋玮,2020)。正是因为如此,需要对制造企业中的整个原材料、零部件和最终产品的供应、存储和销售系统进行总体的规划、协调和管理,从而加快了物质资源的流动以及信息的流动,最终大大降低了产品成本和企业运营成本。因此，对于制造企业而言，供应链是至关重要的一个环节，构建供应链管理体系对于整个制造企业的上下游合理布置和协作体系的建立具有十分重要的作用。

供应链管理（Supply Chain Management，SCM）作为一个学术界和工业界的核心概念，其中供应链主要是指企业在生产及流通过程中，涉及将产品或服务提供给最终用户活动的上游和下游企业，由此形成的网链结构，这一过程被看作一条环环相扣的链条，这就是供应链（Tiwari et al., 2018）。具体来说，供应链主要是指围绕核心企业，从产品的零件开始，到中间产品以及最终产品，最终由销售网络把产品送到消费者手上。由此可见，整个供应链系统可以被拆分成供应商、制造商、分销售以及最终用户群体四个部分。另外，按照国际供应链理事会对于供应链的定义，一个完整的供应链管理主要包括以下五个方面：计划（Plan）、采购（Buy）、制造（Make）、交付（Deliver）和退货（Return）。其中，计划是整个供应链管理的大脑，是其中的核心问题，包括需求计划、生产计划、物料计划等，而其余四个方面则属于整个企业供应链管理中的执行部分。因此，从广义上来说，采购、生产、运输等都只是供应链管理中的一个部分，单独的采购与物流是不可以准确代替供应链管理的。然而，话虽如此，一般情况下，企业的供应链管理会将采购、运输以及生产制造分隔开来，因为整个供应链管理过程中主要在意的是"时间"和"数量"两个部分，而类似于执行采购这方面的工作任务则可以归纳为供应链管理（Min et al., 2019）。当前时代，供应链管理已经不再是制造企业的一个内部过程，更是包含了战略性供应商和用户合作伙伴关系管理、消费者需求管理、物料管理等。为了更好地解释人工智能技术在物流供应部门的应用，本书中的物流供应职能具体是指供应链的两个层面，第一个层面是采购环节，第二个层面则是物流运输环节。

7.1.2 物流供应部组织架构

物流供应作为承担整个上下游企业在生产和流通过程中的一个庞大系统，在本书中主要就其中的采购与物流运输进行详细的展开。因此，围绕产品全生命周期，如果将物流供应环节看作一个部门，那么去除研发设计、生产制造、市场营销和售后服务，物流供应部门则具体分为两个方面的职能安排，第一个方面就是采购，第二个方面则是物流运输。

首先，采购。采购是供应链管理中非常重要的一个环节。相关研究表明，生产型制造企业中需要用到 50%以上的利润来进行原材料采购、零部件采购，而中国的一些制造企业的采购成本甚至要达到 70%以上（曹晖，2017）。由此可见，采购绝对是企业成本管理中最富有价值的一部分。采购在物流供应部门中一头连接着企业内部，另一头则连接着企业外部的供应商，起到了一个承上启下的作用。企业通过提高采购活动的高效性和可靠性，来提高企业的生产效率，缩短企业的交货时间，减少企业库存，最终增强企业应对市场变化的能力。

其次，物流供应中的第二个重要环节则是物流运输环节。物流运输作为现代供应链管理思想的起源，同时也是供应链管理中一个重要的组成部分。20世纪80年代，物流运输开始出现，它被作为制造活动中的一个部分。后来，整个供应链管理出现，物流运输随之出现。物流运输主要是指在供应链范围内企业之间的物资转移活动，是属于企业与企业之间的物资转移，不包含企业内部的转移。如果从整个社会范围的角度来看物流运输，它可以被理解为所有为最终消费者提供商品和服务的活动网络，即供应网络。具体来说，供应商为企业提供原材料，整个物资转移的过程是物流运输；企业生产出来的产品分销给不同地域经销商也属于物流运输。因此，给物流运输一个较为准确的定义：供应链的中间部分包括库存管理、仓储管理、分销管理等内容，即从原料的采购进厂、生产再到产品交付环节（李真等，2014）。

7.1.3 物流供应部工作流程

正如前面所讨论的，本书中所指的物流供应部门职能主要分为两部分，一部分为采购管理，另一部分为物流运输管理。本小节主要是针对物流供应部门的工作流程进行解释与说明，此处也是主要基于两个方面的工作任务来对其流程进行解释与说明。

第一部分为采购工作管理。为了加强采购工作的管理，提高企业的采购效率，企业都会制定相应的流程来规范其工作。一般说来，企业采购的基本流程分为7个环节，其工作流程详细说明如下。

（1）采购需求。

在制造企业中，采购需求主要是指对所需要原材料的特征描述，这里的特征描述主要是指一些技术规格，如质量、性能、功能、数量、体积等。一个清晰的采购需求能够合理、客观地反映所需采购物料主要特征以及要求供应商响应的条件。

（2）采购计划。

采购计划主要是指企业管理人员在了解市场供求情况后，通过掌握企业在制造过程中的消耗规律，根据整个需求对物料所制订出的预见性进行安排和部署。一般来说，目前大多数企业的采购计划制订都是根据生产制造部门所制订的生产计划来确定的。如果按照采购计划期的长短来进行划分，可以将制造企业的采购计划分为年度物料采购计划、季度物料采购计划、月度物料采购计划等。除此之外，还可以按照物料的使用方向来分，因此又可以将采购计划划分为生产产品用物料计划、维修用物料采购计划、基本建设用物料采购计划、技术改造用物料采购计划等，这样的分类方式主要是按照其使用职能来分类。

（3）寻找供应商。

寻找供应商主要是指企业采购人员需要根据采购需求以及采购计划内容，通过合理、科学的步骤寻找到最合适的供应商。在寻找供应商的过程中，需要对供应商进行多维度的考核，一般会从其经营情况、供应能力、品质能力等方面来评定，并定期地从质量、运货、价格、交货准时性等方面来综合评分。由此可见，企业供应链中的采购人员在供应商选择的过程中需要考虑上述相关的因素。

（4）询价、议价。

询价、议价主要是指企业采购人员在确定好潜在的供应商之后，针对这些潜在供应商进行物料的询价和议价，尽可能降低企业的原材料成本。通过询价和议价，企业采购的原材料价格可以降低，进而可以降低其生产经营成本，最终对于企业提高产品竞争力和利润都具有明显的作用。价格是选择供应商的一个方面，但是价格最低也并不意味着是最合适的，企业采购人员还需要同时考虑原材料的质量、交货时间、物流速度等方面。

（5）合同签订。

采购的第五个环节是合同签订，合同签订主要是指买卖双方经过上述四个环节，最终双方签订有关协议。采购合同的签订一般需要根据采购原材料要求、供应商情况、企业本身管理制度等来决定，同时最终的合同样式等具体内容也需要与企业财务部进行核实，包括付款条件、运输方式等。

（6）质检交货。

质检交货主要是指企业采购人员以及企业质量人员对采购的原材料质量检查，货物质检合格后则进入企业库存，如果发现不合格的，则需要让供应商安排补货。在整个质检交货环节，除了企业质量人员对货物的质量进行把关之外，企业采购人员还需要再次核实原材料的品种、数量、交货日期是否与合同一致。

（7）入库。

入库是企业采购的最后一个环节，入库言外之意就是将所采购的物品进入库存。进入库存后，相关的系统就会更新企业原材料的库存储备量。

物流供应的第二部分内容为物流运输工作，其工程流程分为以下 7 个环节，具体解释如下。

（1）发货申请。

发货申请是企业运输工作的第一个环节，主要是指企业销售人员根据与客户签订的"销售合同"内容编制正式的发货单。正式制定好的发货单经过销售部门的负责经理审核签字后，即可形成有效的发货申请。发货申请单中包括客户、地址、产品名称、数量、制单人等具体内容。

(2) 备货理货。

根据发货申请单中的内容，企业仓储人员应了解到各个产品所存放的位置，检查产品无误后，并准备好相关的器具，安排相关的工作人员，以保证产品可以及时、准确地出库。与此同时，企业仓储人员还需要随时准备好随货出库的相关证件和各项资料，包括附带的技术证书、产品合格证、使用说明书、质量检验书等。

(3) 发货检验。

物流运输的第三个环节为发货检验环节，或称为出库检验，具体职责主要是针对理好的货物，仓储人员应仔细清点需要交付的数量，防止出错。除了针对数量的核查，发货检验这个环节还包括检查外包装是否完好，并且对一些不适合长途运输产品的外包装进行重新加固和改换包装。

(4) 发货复核。

在发货复核环节中，主要是企业的销售人员以及仓储人员对物流运输部门所准备好的产品进行清点和复核，主要复核以下五个方面：第一，复核产品名称、规格、型号、批次、数量等是否与发货申请单一致。第二，发货产品的配件是否齐全。第三，产品所附证件是否齐全。第四，产品外观质量、包装是否完好。第五，箱号、防震防潮标等是否正确和明显。

(5) 产品装箱。

产品装箱主要是指出库产品经过清点和复核无误后，便可进入装箱环节。一般来说，企业仓储人员填写完产品装箱单，经过销售人员确认后，便进入下一个环节。

(6) 发货安排。

发货安排是企业物流运输中的第六个环节，在发货安排环节中主要有以下具体环节。第一，发货作业。企业可以选择使用自己的运输队伍或者外包给企业外部的物流公司执行运输工作。第二，发货手续。产品交接完后，仓储管理人员在出库凭证上签字以明确责任，运输人员凭借出库凭证就可以离开企业，前往运输目的地。第三，产品运送。如果运输人员在产品运送过程中发现货物有任何异常，造成货物不能及时到达目的地，就需要通知企业仓储人员以及销售人员。同时，企业的销售人员也需要与客户进行沟通，确保在合同规定的时间内将货物完好地送达客户手中。当完成了以上三个具体环节，即认为完成了整个发货安排工作。

(7) 交货。

交货是企业物流运输中的最后一个环节，也是关键的一个环节。企业运输人员将产品运送到客户目的地，客户将填写货物签收单以及回执单交给运输人员，此时运输人员把货物签收单以及回执单交给企业的销售人员，最终录入系统进行归档，即完成了整个物流运输工作。

7.2 物流供应需求

7.2.1 传统物流供应特点

物流供应是围绕核心企业，通过对信息流、物流、资金流的控制，从采购原料开始，到制造成半成品及最终产品，最终通过销售网络把产品送到消费者的手中。在这个过程中，供应链将供应商、制造商、仓储、分销商、零售商以及用户，连成一个整体的功能网络结构。本小节针对传统供应链的特点进行解释与说明。

首先，分工明确，运作分散。所谓供应链，就是由供应商、制造商、物流仓储、零售等构成的物流网络。同一个企业也有可能会构成这个网络上的不同组成节点，但是更多情况下是由不同的企业来组成的（Zhu et al., 2020）。例如，在某个供应链中，同一个企业有可能既会作为制造商也会充当零售商。但是，绝大多数的供应链在分工方面会比较细化，不同的节点由不同的企业组成，在这样的模式下，供应链上的各个不同企业通常会根据自我职能或地理位置的不同而分成了不同的决策单位，并把库存作为它们之间的一个缓冲，单独的决策在一定程度上也确实减少了供应链整体决策的复杂性。然而，随着经济全球化的不断发展，这样单独的模式却加剧了产品的成本不断上升。如果按照日本 JIT 的精益思想，库存的存在实质上就是一种浪费现象。由此可见，对于传统的供应链发展模式，各节点运作计划的制定分别由不同的企业来完成，因此传统的供应链运作是处于一个分散状态的，形成了各企业之间各自为政的局面。这样的模式在信息流和资金流方面都会变得非常不利于整个供应链的发展。例如，对于供应链上的供应商而言，它只要想着把原材料卖给了制造商并且拿到了资金，就觉得万事大吉，至于制造商生产出来的产品能否卖得比较快，供应商则完全不会担心，因此传统的供应链发展模式就会表现出分工细化以及运作分散的特点。

其次，供给方主导型。在传统的供应链管理模式中，产品供给方起到了主导作用，因此传统的供应链管理模式也可被称为供给主导型的供应链管理模式。供应链的管理模式是由原材料供应商开始，到制造商生产，后面的零售商销售，最后供应链终止于对消费者的销售（丁琬清，2019）。然而，在这一条传统的供应链上，决定产品通过供应链移动的却是远离于消费人群的制造商。这些产品的生产并非来源于市场客户真正的消费需求，而是出自制造商的资源、背景以及营销能力。因此，传统的供应链仍然是线性的、从左至右的一个排序，处于供应链最尾端的消费者只能被动地去接受。因此，基于上述所讨论的，向消费者传递新产品时，传统的供应链是有一定的效率和效益的。制造商每一年经过设计、开发、生产出成千上万的新产品，通过进入市场给到消费者。

7.2.2 工业 4.0 背景下物流供应信息需求

物流供应管理的目的就是在满足客户需要的前提下，对整个供应链包括供货商、制造商、分销商、客户等各个环节进行综合管理，尤其是针对供应链中的货物流、信息流和资金流进行管理，使得企业的物流和库存降到最低。然而，正如 7.2.1 节中所讨论的，传统的供应链管理模式存在一些缺陷与不足，近年来随着经济社会呈现出高速发展的趋势，本书中采购和物流作为物流供应中关键的两个环节，提高企业在这两个环节的效率至关重要。因此，工业 4.0 时代，企业要想制定出最合理的采购与物流方案则取决于所获得信息的准确性和有效性，那么工业 4.0 背景下制造企业物流供应信息需求是哪些，本小节将会重点进行探讨与分析。

1. 采购管理信息

采购管理是供应链管理中至关重要的一个环节，对于企业而言，其表现出了对于采购管理信息的需求。采购管理信息主要包括原材料的价格、原材料质量、送货速度、企业的采购计划等具体信息内容。具体来说，对原材料价格的掌握是企业确定采购价格的过程之一，企业获取原材料的价格信息，选择出一些合适的供应商。当然，针对供应商的选择不仅仅是原材料的价格，还会涉及其送货速度、产品质量等，这些信息内容都可以被称为采购管理信息。因此，作为企业供应链的第一个环节，企业需要掌握好全面的采购信息，从而才能做好供应链管理的信息保障。

2. 物流管理信息

物流管理信息也是企业物流供应信息需求的内容之一，主要是指与产品运输有关的信息内容，如运输车辆、产品运输量、运输距离、目的地等信息内容。在工业 4.0 背景下，企业通过对这些信息内容的分析，制订出一个最合理、最科学的物流运输计划。因此，物流管理信息也是工业 4.0 背景下物流供应部门信息需求之一。

3. 市场用户信息

物流供应信息需求的第三类信息内容为市场用户信息。作为企业供应链，从原材料开始，到制成中间产品以及最终产品，最后由销售网络把产品送到消费者手中，因此，供应链的最终用户仍然是消费者群体，即市场用户。然而，正如前面所谈论的，传统的供应链管理存在忽视用户需求这一方面的问题，产品的研发、生产主要由制造商来决定。因此，对于企业物流供应部门而言，它们需要掌握市场用户的信息，从而来保证所生产的产品符合市场的需求。

7.2.3 物流供应活动中人工智能应用

人工智能技术是一种模拟人类思维并产生类似于人类的判断和反应能力的智能化技术。随着当前物联网技术的全面普及，大数据变得无处不在，供应链中的海量数据被不断获取，企业也从此逐渐步入人工智能时代。人工智能技术在供应链领域的应用能够为企业提供精准、多元、高效的解决方案，是推动企业供应链智能化转型升级（智慧供应链）的主要动力（Baryannis et al., 2019）。因此，本小节主要从两个角度来进行论述，第一，企业物流供应活动中哪些环节将会有人工智能技术进行深度参与；第二，人工智能技术在这些环节中是如何被高效利用的，从而来更好地满足企业需求。

首先是智慧仓储的应用。物资供应链通过人工智能技术实现了终端智能，由此打造智能产品、智能数据以及智能业务。人工智能给传统供应链中的仓储活动带来了智能化转型，由此形成了智慧仓储的模式。企业通过利用人工智能技术可以进行数据的智能化采集、识别以及管理实现仓储物品的智能化的物品入库、出库以及移动运输。通过构建智慧仓储，在一定程度上可以剔除繁重的劳力，同时提高时间监管的灵活度和及时性。企业通过应用人工智能技术，供应链的物资数据等具体内容都会通过智能化的计算呈现出来，系统通过这些信息和数据自主地实现智能化预测，形成智能发单的模式。由此可见，基于人工智能技术的应用，供应链的仓储环节中的基础设施和工具都将会变得更加智能化，最为典型的如智能机器人、无人驾驶车辆等的使用，在某种程度上已经代替了传统的劳动力，转变为虚拟劳动力，以此形成智慧仓储的基本要素。

其次，智慧仓储的应用不单单体现在上述讨论上，除了其日常运作之外，人工智能技术还可以帮助企业进行仓库选址。因此，人工智能在供应链中的第二个应用就体现为物流仓库选址。对于企业而言，物流仓库的选址是至关重要的，直接关系到各种物流活动的效率。传统的供应链在物流选址方面一般结合一些生产要素利用 GIS 软件来进行确定。然而，随着人工智能技术的应用，系统则会综合考虑供应商、生产商、零售商、后期运营成本、竞争对手状况等更加全面的数据来进行分析，从而显著降低了一些人为主观因素的干扰，以此提高物流效率。

然后，智能化物流配送。人工智能技术还可以应用在供应链中的物流配送环节，主要是针对运输路线和配送设备两个方面。一方面，在运输路线方面，企业利用人工智能技术对实时数据的分析可对运输路径进行优化，从而可以系统自动地提供一条科学化、合理化的运输路线。另一方面则是配送设备，在人工智能技术的推动下，可以通过无人配送车、无人配送机等进行小范围的配送。在这一过程中，企业销售人员首先会发送指令给智能配送设备，当设备接收到配送订单和任务后，仓库按照订单进行装箱，再由智能配送设备根据规划的最优路线进行自动配送，通过设备的感知系统，显著提高了配送服务质量和效率。

最后，订单追踪。企业通过人工智能技术还可以针对物流运输中的订单进行定位和追踪，可以实时地掌握产品位置及状态。企业的每一件产品在出厂后都会有一个独立的条形码，这样的一个条形码就可以让制造商和客户查询到产品的状态，以及可以进行原材料、半成品加工过程中的追溯，以此保障商流和信息流的统一，从而形成完整的信息链。也正是基于形成的信息链，相关的历史数据对于推动供应链的发展奠定了良好的基础。

7.2.4　人工智能物流供应带来的优势

人工智能技术推动了传统物流供应模式，使得企业的整个供应链转型成为智慧物流供应，具备以下优势。

第一，有利于实时数据的分析。对于制造企业而言，在工业 4.0 背景下，伴随着物联网技术的全面普及与应用，在企业运营过程中会产生海量的数据，而这些数据都具有较强的实效性和动态性。为了保障整个供应链管理的有序性和科学化，企业通过利用人工智能技术对相关的数据进行分析与处理，以此优化其运作流程。因此，对于企业而言，人工智能技术的应用有利于实时数据的分析。

第二，有利于提高采购运输配送效率。正如 7.2.3 节中所讨论的，人工智能技术可以应用在企业原材料采购、销售以及配送等环节，有利于提高其采购运输配送效率。具体来说，基于人工智能技术，通过对订单量、产能、库存等数据的分析，企业可以有效地预测补充货物的时间，系统也可以有效地实现智能化采购。在销售环节，制造商则根据整个市场反馈、竞争对手情况，同时又综合考虑现有的一些促销方式，对原料库存进行有效的控制。在运输配送环节，企业利用人工智能技术，能够有效地对未来销量进行预测，从而结合补货系统，精准化生产，以此降低库存周转率，缩短配送时间，最终提高客户满意度。

第三，有利于库存管理。在本书的第 6 章中也讨论过人工智能技术在市场营销方面可以实现精准预测销量，并基于精准的预测，精准化地提高其库存管理能力。具体来说，人工智能技术可以基于产品的历史销量，系统通过建立预测模型，比较准确地计算出在库存管理过程中的最优补货点和目标库存量，从而保障供应链的平稳运行。

第四，有利于推动整个供应链的转型升级。在供应链应用人工智能技术的过程中，需要相关的软件、硬件与其相适应，因此企业为提高利用效果，需要对现有的软件、硬件进行升级。这样可以在整体上改善整个供应链的运作流程，推动其朝科学合理的方向发展。

7.3 物流供应大数据

物流供应大数据是企业供应链在运行过程中所不断产生和积累的数据总称。物流供应大数据通常来源于四个方面，分别为原材料供应、生产作业、物流运输以及市场需求，以下就针对这四个方面的大数据进行讨论。

1. 原材料供应大数据

在当今竞争激烈的市场环境中，对供应商有效的管理成为企业建立竞争优势的有效手段之一。工业 4.0 环境下，随着人工智能技术的不断应用，企业对于供应商的管理已经由过去比较单一的管理模式转变成为基于大数据分析的管理模式，因此，原材料供应大数据作为企业供应链大数据的组成部分之一，是企业进行科学化供应商管理的数据基础。具体来说，原材料供应大数据主要是指针对供应商的一些数据指标，如产品质量、产品价格、供应商位置、发货时间等。企业利用人工智能技术对原材料供应大数据进行分析，从而来自动地识别和选择高质量的供应商。

2. 生产作业大数据

生产作业大数据作为供应链管理中的数据基础之一，主要可以细分为四个方面的数据内容。第一是产能数据，例如，个人、班组、车间的产量和效率、出勤率、设备利用率等方面的数据，这些数据都可以体现出企业的生产作业能力。第二是进度数据，主要是指生产计划、任务完成率、及时出货率等。第三是质量数据，例如，产品的合格率、次品数、一次性通过率等数据，这些数据可以直接反映出产品质量。第四是成本数据，例如，损耗、报废率、用电用水、设备损耗等。以上四个方面的数据主要集中在生产方面，属于整个供应链的中间环节，在本书中关于生产制造方面有更加详细的探讨。

3. 物流运输大数据

物流运输大数据主要是指制造商企业在流通商品时所产生的各类数据总称，具体包含了订单销量数据、运输距离、运输时间等数据内容。在物流运输的过程中，企业需要制定路线，在制定之前则需要考虑运输距离、运输工具、运输时间、运输成本等因素，物流运输的选择实际上是一个多目标的决策。因此，企业通过利用人工智能技术，对相关的物流运输大数据进行分析，从而制定最合理的运输路径。

4. 市场需求大数据

消费者是物流供应环节的终端，企业生产出来的产品只有满足消费者的需求，才可以进行有效的产品流通，以此获得利润。市场需求大数据是物流供应大数据中的一部分，市场需求主要是指消费者在一定的地区、一定的时间以及一定的营销环境中对于某种产品的购买意愿。基于此，为了更好地满足市场需求，企业收集相应的市场需求大数据以便系统进行自主分析，其中就包含了消费者偏好、区域收入情况、产品价格、替代品价格、国家政策、地理位置等数据。工业4.0时代，以用户需求作为导向已经成为企业的共识，因此企业需要获取市场需求大数据以便做出合理的产品安排。

7.4 本章小结

本章主要介绍了人工智能技术在企业物流供应环节的应用，并就人工智能技术与物流供应环节的相互结合作出了解释与说明。本章首先从物流供应部门的职能、组织架构、工作分工、流程等方面进行介绍，介绍了企业传统的供应链发展模式以及具体的操作步骤。同时，本章还就传统物流供应的特点进行分析，以及针对人工智能技术在物流供应的潜在应用价值及优点进行分析。

参 考 文 献

曹晖. 2017. 企业采购质量管理浅议——以C公司为例[J]. 商场现代化，（16）：88-89.

丁琬清. 2019. 传统物流管理向现代供应链管理模式转变的研究[J]. 物流工程与管理，41（6）：15-16.

李真，杜建国，孟庆峰. 2014. 工程供应链中物流管理的关键问题与对策研究[J]. 工程管理学报，28（4）：31-35.

宋玮. 2020. 台积电一骑绝尘，会帮华为吗?[J]. 看世界，473（12）：55-58.

苏曼丽. 2012. 物流业运输成本三成来自路桥费[J]. 物流与供应链，（4）：45.

Baryannis G，Validi S，Dani S，et al. 2019. Supply chain risk management and artificial intelligence: state of the art and future research directions[J]. International Journal of Production Research，57（7）：2179-2202.

Min S，Zacharia Z G，Smith C D. 2019. Defining supply chain management: in the past, present, and future[J]. Journal of Business Logistics，40（1）：44-55.

Tian Q，Guo W. 2019. Reconfiguration of manufacturing supply chains considering outsourcing decisions and supply chain risks[J]. Journal of Manufacturing Systems，52：217-226.

Tiwari S，Wee H M，Daryanto Y. 2018. Big data analytics in supply chain management between 2010 and 2016: Insights to industries[J]. Computers & Industrial Engineering，115：319-330.

Yang C，Sun J. 2019. Research on negotiation of manufacturing enterprise supply chain based on multi-agent[J]. Journal of Internet Technology，20（2）：389-398.

Zhu Z，Zhao J，Bush A A. 2020. The effects of e-business processes in supply chain operations: Process component and value creation mechanisms[J]. International Journal of Information Management，50：273-285.

第 8 章
人工智能与售后服务

8.1 售后服务基础介绍

8.1.1 售后服务部职能

伴随着经济全球化的不断发展,企业要拥有强大的竞争力,获得生存和发展的空间,就必须随着时代的变化而不断改变其运营模式。目前,伴随着工业 4.0 时代的到来,我们正在从一个大批量生产、产品和服务标准化的以制造商为中心的工业社会,转变成为以顾客为中心的服务型模式(Dalenogare et al., 2018)。因此,在整个制造企业的价值链中,我们应当更加注重对客户的服务。售后服务成为现代企业价值活动的重点。每一次的优质售后服务都是企业与客户之间更进一步发展的关键所在,很多企业把销售额和订单放在了第一位,反而忽视了售后服务的重要性。那么,什么是售后服务?售后服务是指生产企业或零售商把产品销售给顾客后,为顾客提供的一系列服务,包括产品的介绍、功能使用、技术指导、安装、调试、维修等(姜文芹, 2005)。简单来说,售后服务就是在商品出售以后所提供的各种服务活动。

回顾企业的整个产品生命周期,售后服务是产品全生命周期的最后一个环节。售后服务的优劣直接影响到客户的满意度、持续购买程度。顾客购买某件商品时,这件产品的保修维护、售后服务等都影响到其在购买产品时的疑虑和摇摆状态(Friend et al., 2020)。因此,在市场竞争激烈的社会,售后服务已经逐渐成为品牌经济的产物,消费者群体不再只关注产品本身,在同类产品的质量和性能都类似的情况下,消费者会更加愿意去选择售后服务比较好的公司的产品。相关数据显示,对于制造企业而言,产品安装、配置、服务等方面的收入已经占到总收入的 30%甚至更多,而且这个比例还在不断上升(陈丽娴和沈鸿, 2019)。由此可见,越来越多制造商通过服务在市场上获得产品的竞争优势。

在制造企业运营管理过程中,企业会成立单独的售后服务部门为终端消费者提供售后服务。一般来说,企业售后服务部门的服务内容主要包括以下几个方面,第一是为消费者安装、调试产品。具体来说,消费者购买了产品后,企业售后服务部门需要为其安装与调试,从而保证消费者可以正常使用,例如,空调、电视机、洗衣机等日常家用电器。第二是根据消费者的需求,进行有关使用方面的技术指导,企业售后服务部门需要指导用户产品的使用方法及注意事项等事宜(Rapp et al.,2017)。其中,比较有代表性的就是购买一些高级设备(如实验室用眼动仪),经销商的售后服务部门需要为其提供使用指导。第三是负责维修服务,并为其提供定期的维护和保养活动。其中,最为典型的例子就是汽车购买,售后服务是汽车购买中比较大的一个方面,经销商售后服务部门需要为客户提供定期的保养和维护工作。第四,为消费者提供定期的电话回访或上门回访。企业售后服务部门人员需要与企业的销售人员定期地拜访客户,了解客户在使用产品过程中的用户体验、使用情况以及客户新的要求,从而进行产品优化。其中,比较典型的就是医疗器械设备的使用。第五,处理消费者的来信以及电话投诉意见,解答消费者的咨询,同时也要收集消费者对于产品的建议。当企业售后服务部门接到投诉后,应当及时确认产品的状况,并同时做好问题记录,事后与企业的技术部门、生产部门、质检部门、销售部门联合起来对问题进行分析与讨论。以上是针对企业售后服务部门职能的说明与介绍。

8.1.2 售后服务部组织架构

企业的售后服务部门立足于产品后期的服务,面向企业不同产品业务的客户群体,为客户提供各项业务咨询和服务工作,以此维护企业在售后过程中与消费者之间的良好关系。对于大多数制造企业而言,售后服务部门是单独成立的,其直属领导为整个负责销售的大事业部门。根据其职能,售后服务部门可以被划分为三个小组,分别为业务受理小组、技术服务小组以及回访调查小组。本小节就这三个小组的职能、组织关系进行说明。

首先,售后服务部门其中之一就是业务受理小组。消费者的需求是不断变化的,因此售后服务的内容和体系也需要不断改变,企业应根据用户需求的变化不断进行创新以满足用户的需求。为了满足不断变化的消费者需求,业务受理小组主要负责业务咨询以及处理投诉工作。具体来说,业务受理小组会设立专门的顾客热线以及现场咨询服务,主要负责提供针对产品的技术咨询和受理顾客的投诉。传统意义上来说,当客服专员或者现场人员接到顾客电话、传真、信函、口述等形式的投诉后,相应的人员就需要及时地填写《客户投诉处理单》,从而对投诉进行备案和记录,提交给技术服务小组进行查询、分析和处理。

其次,售后服务部门的第二个小组就是技术服务小组。技术服务小组在售后服务部门中扮演着中间的角色,是真正处理问题的技术服务人员。当技术服务小组接到由业务受理小组填写的《客户投诉处理单》后,技术服务人员会根据顾客建议、投诉意见等进行分析,一旦涉及产品质量类的问题,就马上查询是否有相关批号的库存，是否也出现过相似的问题等，如果有问题就会立刻将问题产品退回，如果没有问题则会与业务受理小组进行沟通并提出解决方案，以此来回复顾客。

最后，售后服务部门的第三个小组则是回访调查小组。回访调查小组主要负责针对客户投诉和售后问题的回访、调查以及宣传工作。正如前面所讨论的，技术服务小组负责具体的售后工作，当它们完成这些具体工作后，那么针对企业所提供的售后服务是否满足顾客的需求等问题就由回访调查小组来完成。因此，回访调查小组根据售后完成情况，对顾客进行回访工作，以此获得顾客对于售后问题的建议，进而提升企业的售后服务工作。

8.1.3 售后服务部工作流程

售后服务是伴随着产品的售出而形成的，因此也可以说是产品的副产品。售后服务作为一个综合的概念，其所包含的内容也是非常多。同时，考虑到不同行业、不同产品的售后服务与内容也不尽相同，本小节就针对在制造企业情境下的售后服务的各项工作流程进行解释与说明。就总体而言，制造企业售后服务部门的工作一共可以分为 6 个环节，分别是接受任务、问题分析、开始服务、超保收费、服务完毕以及服务反馈，详细讨论如下。

1. 接受任务

接受任务是企业售后服务部门工作的第一个环节，即业务的受理环节。一般来说，客户通过电话、邮件、信函甚至面对面的形式来对相关服务提出需求，此时此刻，企业售后服务部门则需要对每一个客户进行建档，最终形成一份正式的服务文件。如果是投诉问题，那么就形成《客户投诉处理单》。

2. 问题分析

售后服务的第二个环节是问题分析，问题分析主要是针对用户反馈的现象、原因、维护问题等进行分析，从而可以基于分析结果提前准备好一些备品备件。如果售后服务部门没有相应的配件，则需要马上去申请。由此可见，问题分析是基于客户的反馈意见提前做好准备工作。

3. 开始服务

第三个环节则是开始服务阶段，即正式地去处理客户问题。具体来说，售后服务部门的技术专业人员首先到现场耐心地听取用户的意见，尽可能地去消除用户的烦恼。其次，针对产品所出现的问题进行专业分析与现场处理，若需要更换零部件等，如果是超保产品，则需要经过客户的同意，征得同意后并告知其收费标准，最终完成这个服务工作。

4. 超保收费

正如第三个环节所讨论的，在实际的产品维护、维修的过程中，需要先向顾客道明整个问题所在，如果需要更换零部件需要征得其同意。同时，如果产品已经超保，由于更换相关部件而产生的超保收费也需要给客户出示收费标准，严格按照收费标准进行收费，并开具发票。

5. 服务完毕

售后服务的第五个环节是服务完毕环节。在正式完成服务后，首先售后专业技术人员需要详细地去记录维修过程和内容。其次，需要让客户进行检查，并且在检查无误后让客户对产品的维修质量和服务态度进行评价，最终顾客签名。

6. 服务反馈

除了在第五个环节中纸质材料的反馈之外，到了后期，一般企业的售后服务部门中会有专门的小组针对售后服务进行回访调查，从而更加真实地获取顾客的心理感受。基于这些信息反馈，售后服务部门可以找到自身服务的不足之处，从而进行改善。

8.2 售后服务需求

8.2.1 传统售后服务特点

客户是企业最重要的资本，因此客户关系管理也自然而然成为企业提高自身竞争力的关键。在客户关系管理过程中，企业能够为顾客提供的售后服务的质量决定了企业能否牢牢维护好与客户之间的关系。虽然企业已经逐渐意识到售后服务对于其持续发展的重要性，但是当前的售后服务的质量仍然不尽如人意。本小节就针对传统售后服务存在的问题及特点进行讨论与分析，并指出工业4.0时代售后应如何进行改变。

首先，传统售后服务缺乏服务素质和服务理念。通过对当前制造企业的一些深入分析，我们发现售后服务的核心问题就是推行人性化的服务，一切的服务始终围绕着客户、遵循着客户的意见来进行。然而，传统的售后服务在这方面做得不是非常完善，有一些企业仅仅是停留在最为基础的宣传阶段。与此同时，一些企业的员工素质也比较低，缺乏相应的服务意识和理念。因此，售后服务比较缺乏服务素质和服务理念，这也是当前售后服务的问题所在。

其次，传统售后服务的基础较为薄弱。传统的售后服务主要依靠的是人与人之间进行沟通与反馈，一切的服务行为都将依赖于人类个体来完成。然而，这样的现象就会直接造成一个严重问题，那就是一旦企业接收到的投诉、维护维修问题增多后，企业就会变得非常措手不及，然而企业也不可能因为这样的现象去招聘更多的售后服务人员。因此，在这种情况下，企业的售后服务质量势必会降低，由此可见，传统的售后服务基础比较薄弱，缺乏更多先进技术的参与。

最后，缺乏明确的规章标准。随着整个经济全球化的发展，企业甚至一些零售商不断地加大投资（即连锁经营），方便了客户进行商品采购。企业或零售商的连锁经营在一定程度上提供给客户更多的选择，但是也会影响到企业的售后服务，最为典型的就是服务质量不一。总体上来看，当前一些企业的服务环境仍旧较为散漫，其主要原因就在于缺乏明确的规章和标准。举例而言，对于汽车服务连锁行业来说，加盟者是一个重要的组成部分，然而企业对待加盟者更多关注的是其能够为企业本身带来多少利益，在一定程度上会忽略售后服务这一重要的潜在营利市场。这样，就极有可能会导致这个企业的口碑下降，自然而然影响到企业的发展。

8.2.2　工业4.0背景下售后服务信息需求

售后服务是一次营销过程，也是一个长期的过程。企业售后服务的目的是企业在商品原本的利润之上进行更进一步的获利，因此做好售后服务对于企业维护好客户关系、保证企业稳定发展具有重要的战略意义。工业4.0背景下，企业售后服务部门人员只有获得充足的信息，才能做出最科学的决策，从而制定出最合理的售后服务。本小节就工业4.0背景下，企业针对售后服务相关工作所需要的信息内容进行讨论与分析。

1. 产品故障信息

市场竞争的日益激烈，使得维修售后服务成为企业重要的竞争能力之一。然而，产品故障的不确定性则会使得整个企业的备品备件难以预测，尤其是针对一些日常损耗较为严重的办公耗材来说，如打印机。因此，当面对这样的问题时，企业就会面临库存的压力，如果备品备件准备得够多，那么势必就会影响到其他产品的仓储，同时也会面临库存积压的问题。工业4.0时代，伴随着计算机技术、物联网技术的飞速发展，人类可以通过使用人工智能技术来对数据资源进行分析与预测。尤其是对于制造企业而言，此时此刻它们就需要获得产品的故障信息，通过利用大数据挖掘技术对现有的设备维修记录（例如打印机设备常见的故障）进行分析，为企业的售后服务部门提供建议。由此可见，企业售后服务部门需要获取产品的故障信息，使得设备的维修保障变得更加精准化。

2. 客户信息

企业的售后服务的意义就在于以客户为主，设身处地地为客户着想。企业售后服务部门的工作人员需要本着关怀的态度去帮助客户解决问题，最大限度地满足顾客的需要。作为一次"再营销"，售后服务可以帮助企业与客户进一步增进感情，从而为下一步合作打下良好的基础。我们都知道，任何产品销售出去后都会有一定时间的保修期，一旦过了保修期，相关的售后服务就要收取一定的费用，那么售后交给谁来做这个完全取决于客户自己的选择。因此，为了保持良好的客户关系，企业就需要提高其售后服务质量。因此，在真正开始售后服务工作前，企业售后服务工作人员需要掌握足够多的客户基本信息，例如，年龄、身份、职业、喜好等，每一个客户都可以形成一个用户画像，通过针对性地了解其个人信息内容，制定最佳的售后服务模式。由此可见，为提供精准的售后服务模式，企业需要掌握客户信息。

3. 库存信息

库存信息主要是指库存的收发货、指定货物位置以及调整库存的信息。企业供应链、生产制造、营销人员等都需要了解库存信息以便更好地做出各项决策工作。同样地，对于企业售后服务人员来说，他们也需要掌握库存信息，尤其是备品备件的库存信息。企业售后服务人员在产品维修过程中，有一些产品需要更换零部件，因此对于他们而言就需要时刻了解现有库存情况，做到有备无患。

8.2.3 售后服务活动中人工智能应用

随着先进信息技术的突飞猛进，人工智能技术已经开始发芽成长，成为当前新技术的热门话题。人工智能技术给制造业带来了显著的提升效果。麦肯锡的调研显示，人工智能技术对于美国制造业最高可下降50%的产品研发和装配成本，这一切都得益于人工智能技术围绕产品全生命周期的不同应用（蔡跃洲和陈楠，2019）。以人工智能为核心的数字化技术和远程运维服务形成了新的生产制造理念和经营管理模式。具体来说，2019年的调查报告显示，人工智能技术在售后服务中的使用正在上升，24%的企业售后服务团队已经开始使用某种形式的人工智能技术，还有56%的企业决策者声称他们正在积极地寻找先进的人工智能技术来提高企业的售后服务能力（Huang and Rust，2018）。因此，究竟人工智能技术在售后服务中可以有哪些作为？本小节针对售后服务活动中的人工智能应用进行说明。

1. 云客服

在人工智能时代，诸多企业尤其是电子商务企业已经推出了极具"云"特色的客户服务模式，即云客服。云客服把社会上喜欢帮助人并且也比较有自由时间的人聚集在了一起，使得客服人员在任何地点都可以对客户提供远程的服务，完全实现了居家办公（Home Office）。云客服充分利用了客服人员的时间，取代了以往招聘固定客服人员的运作模式，此举可以大大降低商家的运营成本，同时还提高了效率。由此可见，人工智能技术对客户服务带来了巨大的变革，给未来的客户服务带来了巨大的想象空间和无限的发展前景。甚至可以说，传统的售后服务模式是高成本、低价值的，在人工智能技术的帮助下转型成为企业的下一个利润中心，以此提升品牌价值、创造利润。

2. 智能化业务受理

企业售后服务中的业务受理是一项耗时、费力的工作，在大型企业中传统的业务人员每天都会收到数千份电子邮件咨询和投诉，为了有效地处理这些电子邮件，企业通过人工智能技术对所有电子邮件中的有关主题词进行提取，从而可以智能化地分析业务的紧急程度，以及把同一类业务进行分类。这样的算法处理的信息越来越多，整个人工智能系统也会变得更加"聪明"。人工智能的本质决定了它分析的数据越多，系统的反应就会越好，显著提高了售后服务部门中业务人员的工作效率，降低出错率。

3. 智能语音服务

在人工智能技术的推动下，企业还可以利用智能语音识别及分析技术，在传统的 IVR 基础上，通过语音识别及分析技术构建出智能化、人性化和高效率的智能语音服务系统，实现语音服务的有效管理，从而快捷地满足客户需求，提升客户满意度。具体来说，当顾客进入智能语音服务系统中时，顾客只要说出自己的需求，即可获得所需要的信息与服务，使得客户可以充分享受到以自然语音作为交互界面的高效、便捷的智能语音服务。该系统具备全面的自然语音理解能力，通过分析用户的对话，自动判断其需求，从而提供最适当的信息或服务，带来更高的客户满意度。

8.2.4 人工智能售后服务带来的优势

随着科学技术的不断进步，新技术的不断应用正在改变我们开展业务的方方面面。当前人工智能技术在售后服务中开始发挥作用，企业可以在任何时候都为顾客提供服务和帮助。相关数据表明，预计到2025年，85%的客户互动将会在没有任何人力的支持下发生（Syam and Sharma，2018）。因此，本小节就人工智能售后服务所带来的优势进行介绍。总体而言，人工智能售后服务具备以下五点优势，分别为具有主动支持和解决问题的能力、具有更高的个性化服务、具有更高的服务效率、具有全天候支持能力以及具有低触摸解决方案的能力。

第一，具有主动支持和解决问题的能力。在传统的企业售后服务中，客户服务都需要在获得其投诉或者问题后才可以制定出解决问题的方案。然而，伴随着物联网技术的全面普及，产品中潜在出现的问题都会被预判处理，企业凭借强大的AI技术可在问题发生之前就进行预判，从而在变成全面的问题之前进行解决。在未来，我们会看到更多的售后服务具备主动支持和解决问题的能力。

第二，具有更高的个性化服务。工业4.0时代背景下，产品也会变得更加智能化，在客户与产品交互的过程中会产生大量的数据，这些数据中包括了客户的数据、行为的数据等。企业通过人工智能技术的分析为客户提供比以往更多的定制化服务解决方案。整个个性化服务可以提高客户的忠诚度和满意度。

第三，具有更高的服务效率。企业售后服务人员的流动是企业售后服务能力不稳定的因素之一，企业员工的流失会导致企业在额外招聘和培训人员方面花费较大的成本。因此，人工智能客户服务系统的开发可以有效地解决这一问题，甚至可以说，AI客服系统可以释放出大量的人力，从组织的角度来看显著降低了企业的运营成本以及提升了企业售后服务的运作效率。因此，人工智能售后服务可以具有更高的服务效率。

第四，具有全天候支持能力。人工智能在周末甚至节假日中不需要休息，因此企业在全年的任何时间段都可以受理业务，这也显著提高了售后服务的响应速度。随着人工智能售后服务的不断普及，顾客将花费更少的时间来等待响应，甚至在下班后或者节假日，都可以来处理问题，这无疑为顾客创造了一个更加满意的服务环境。因此，人工智能售后服务具有全天候支持能力。

第五，具有低触摸解决方案的能力。随着年轻一代变得越来越个性化，这些年轻消费者更加喜欢自助服务，即一些低触感的解决方案，例如，常见问题的自助式解答、聊天机器人、网络论坛等自助服务资源。人工智能技术可以通过如AI机器人和网络监控对网络论坛中的一些问题进行解答，从而满足客户对低接触的需求。

8.3 售后服务大数据

售后服务大数据是企业售后服务部门在运营过程中产生的各类数据的总称。售后服务大数据主要分为两大类，第一类是产品类本身的日志数据，即产品日志数据；第二类是客户在使用产品过程中的行为数据，即用户行为数据。以下针对这两类数据进行说明。

1. 产品日志数据

产品日志数据作为企业售后服务大数据中的一大来源，主要是指产品本身在被使用或运行过程中所产生的各类数据的总称，其中包括产品的开关机时间、使用故障、错误代码、平时的日常维护保养等数据内容，最为典型的就是汽车使用、医疗设备的使用。就以汽车使用为例来说，在汽车日常使用中，后台就会存储汽车本身运作所产生的数据，例如，其发动机转速、零部件损耗、轮胎等易耗品的损耗等，这些数据就会被存储到后台，汽车 4S 店的人员会通过对这些数据的分析，预判零部件的更换时间，提醒车主进行保养。

2. 用户行为数据

另一类售后服务大数据主要是指用户行为数据，这类数据主要是指用户在与产品交互过程中所产生的数据的总称。用户行为数据主要来源于人的行为，因此这类数据也侧重于对人的行为的描述。一般来说，用户行为数据包含客户的地理位置、客户的使用时间、使用频率、客户在网站的停留时间、客户回访次数、表情、语言等内容。用户行为数据是售后服务大数据的一大组成部分，企业通过对用户行为数据的分析让企业更加详细、清楚地了解到用户的行为习惯，这有利于企业的营销变得更加精准、有效，从而提升企业的业务转化率。在电子商务领域，用户行为数据（如用户在某些服装网站停留时间、表情等）已经被广泛收集和分析，因此后台可以精准地为客户提供购物建议，这显著提高了商家的营销能力。

8.4 本章小结

本章主要介绍了人工智能技术在企业售后服务环节的应用，并就人工智能技术与售后服务相互结合作出了解释与说明。本章首先从售后服务部门的职能、工作流程、组织、任务等方面进行基本介绍，阐述了企业传统的售后服务的特点与问题所在。并且，针对人工智能技术在售后服务的应用进行分析，讨论未来人工智能售后服务给企业带来的潜在优势。

参 考 文 献

蔡跃洲，陈楠. 2019. 新技术革命下人工智能与高质量增长、高质量就业[J]. 数量经济技术经济研究，36（5）：4-23.

陈丽娴，沈鸿. 2019. 制造业产出服务化对企业劳动收入份额的影响：理论基础与微观证据[J]. 经济评论，217（3）：40-56.

姜文芹. 2005. 顾客化服务的超越性策略[J]. 经济纵横，4（4）：64.

Dalenogare L S，Benitez G B，Ayala N F，et al. 2018. The expected contribution of Industry 4.0 technologies for industrial performance[J]. International Journal of Production Economics，204：383-394.

Friend S B，Malshe A，Fisher G J. 2020. What drives customer Re-engagement? The foundational role of the sales-service interplay in episodic value co-creation[J]. Industrial Marketing Management，84：271-286.

Huang M H，Rust R T. 2018. Artificial intelligence in service[J]. Journal of Service Research，21（2）：155-172.

Rapp A A，Bachrach D G，Flaherty K E，et al. 2017. The role of the sales-service interface and ambidexterity in the evolving organization：A multilevel research agenda[J]. Journal of Service Research，20（1）：59-75.

Syam N，Sharma A. 2018. Waiting for a sales renaissance in the fourth industrial revolution：Machine learning and artificial intelligence in sales research and practice[J]. Industrial Marketing Management，69：135-146.

第三部分

工业人工智能成熟度评估及组织变革

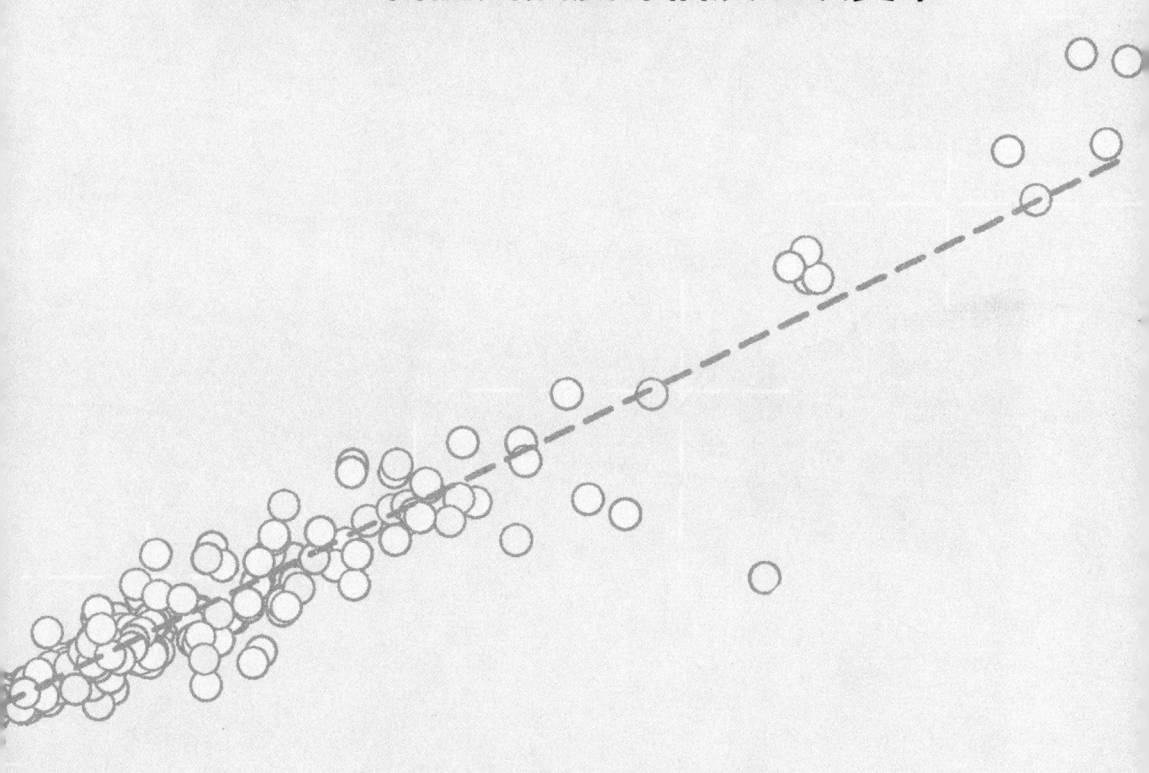

第 9 章
I4.0-AIM 工业人工智能成熟度评估方法

9.1 I4.0-AIM 模型的提出背景和意义

自 2008 年全球金融危机爆发后，各国政府越发意识到工业对于维护社会经济稳定发展的重要性，纷纷提出重振制造业的战略，如德国的"工业 4.0"发展战略、"美国创新战略"、"中国制造 2025"等。这些战略都突出了工业革命的核心技术（包括人工智能及相关技术，如信息物理系统、云技术和大数据技术等）在优化生产和运营过程中发挥的作用，有助于提高企业的效益和效率，促进经济增长。在智能制造的环境下，机器和生产过程被连接在一起无形增加了被网络攻击的风险，这显然会超过智能制造带来的潜在利益。于是，企业对于智能化转型疑虑较多，过多担心网络安全问题。然而，在人工智能及相关技术不断发展的背景下，智能制造是制造业发展的必然趋势。制造企业应积极拥抱这一变革，将智能制造纳入企业长期发展的战略规划之中。

目前大部分制造企业对于智能制造的认识和理解尚处于起步阶段。相关研究显示，企业缺乏应用人工智能及相关技术的能力，被认为是实现智能制造的最大障碍（Khan et al., 2020）。对智能制造无的放矢，盲目进行巨额投入，其结果轻则导致企业数百万计的经济损失，重则直接导致企业倒闭。除了对经济产生负面影响，制造企业的转型失败将导致大量人员失业，影响社会的和谐稳定。因此，需要一种理论透镜/工具，帮助企业了解其当前的发展状态，引导企业利用人工智能稳步地实现智能制造。

企业通常使用与技术相关的成熟度模型来评价和提高企业应用技术的能力。这些技术成熟度模型通常包括两个基本构成要素：评价维度和评价级别（Wendler，2012）。首先，成熟度模型通过建立不同的评价维度（在本章是指衡量技术能力的方面，如基础设施、业务流程、设备服务、操作管理等，在各种智能制造成熟度模型中，这些评价的方面又被称为"域"、"环节"、"单元"或"层次"），帮助使用者检查技术在多个方面所处的发展状态。其次，成熟度模型将技术的发展状态划分为若干级别（或阶段），由低到高，描述技术层层递进式的发展过程。

为了提高制造企业对智能制造发展路径的认识、更好地引导企业在工业流程中应用技术实现智能制造，国内外学者、企业、机构对技术与制造业的融合发展进行了研究，为构建智能制造成熟度模型及提升企业技术应用能力作出了大量的理论贡献（如 Lichtblau 等（2015）和中国电子技术标准化研究院（2016））。然而，前有相关成熟度模型主要聚焦技术支持的生产管理活动，并未全面研究如何使用人工智能相关技术实现智能制造。另外，这些成熟度模型包含重复的评价维度（但是使用不同的测评指标），同时包含各自不同的评价维度及其测评指标，给企业选择和使用成熟度模型带来困惑和挑战。现有研究亟须更系统的综合分析，确立关键的评价维度和测评指标，特别是以人工智能的视角，评价和提升企业应用人工智能及相关技术的能力，以实现智能制造。

有鉴于此，本章将提出工业人工智能技术成熟度模型（即 I4.0-AIM 模型），帮助企业更好地理解人工智能及相关技术在工业过程中的应用能力，从而开展自我评价，确定企业目前运用这些技术的能力，并利用相关技术实现智能制造。通过研究，首先对涉及评价人工智能及相关技术的实证研究和前有相关成熟度模型进行系统回顾，确定测评指标，以建立 I4.0-AIM 模型的评价维度。随后，通过专家访谈建立成熟度级别，定义与人工智能及相关技术在不同发展阶段的特征。

9.2 前有相关成熟度模型分析

在"工业 4.0"蓬勃发展的背景下，为了推动人工智能及相关技术在工业领域的应用，引导制造业实现智能化转型，国内外陆续出现若干个有关智能制造的成熟度评价模型（表 9-1）。本章参考国内外近期发表的有关智能制造成熟度模型研究的文献调研，查找和筛选前有相关成熟度模型。表 9-1 列举的模型均是以中文或英文撰写，发表于期刊或学术会议论文集以及行业或政府的正式报告，也是目前国内外主要使用的智能制造成熟度模型。

表 9-1 智能制造成熟度模型汇总

序号	作者（发表时间）	成熟度模型名称	评价维度	评价指标	评价级别
1	Lichtblau 等（2015）	工业 4.0 就绪度模型	6 个维度：战略和组织、智能工厂、智能运营、智能产品、数据驱动服务、员工	共包含 18 个关键域	6 个级别
2	Leyh 等（2016）	工业 4.0 系统集成成熟度模型	4 个维度：纵向集成、横向集成、数字化产品建设、跨领域技术原则	未提及	5 个级别
3	Geissbauer 等（2016）	普华永道成熟度模型-工业 4.0 能力发展	7 个维度：数字商业模式和客户访问；产品和服务数字化；价值链数字化及其横向纵向整合；数据和分析作为核心能力；敏捷信息技术结构；合规、安全、合法和税收；组织、员工和数字文化	未提及	4 个级别

续表

序号	作者（发表时间）	成熟度模型名称	评价维度	评价指标	评价级别
4	Schumacher 等（2016）	工业 4.0 成熟度模型	9 个维度：战略、领导力、客户、产品、运营、文化、员工、治理、技术	共包含 62 个测评指标	5 个级别
5	中国电子技术标准化研究院（2016）	智能制造能力成熟度模型	2 个维度："智能"+"制造"，2 个维度包含 10 大类能力	共包含 27 个细分的要素域	5 个级别
6	赛迪软件评测中心（2018）	企业智能制造核心能力评测参考模型	8 个能力测评单元：产品设计能力、市场能力、生产交付能力、销售服务能力、组织能力、采购管理能力、跨价值链能力、人员能力	共包含 30 个评价模块	未提及

如表 9-1 所示，国内外学者、企业、机构根据具体国情、研究方法以及自身对制造业智能化转型的理解来构建不同的智能制造成熟度模型。可以看出，某些评价维度（如员工）多次出现在不同的成熟度模型中，对应使用的测评指标却缺乏一致性。各模型也包含不同的评价维度及测评指标，评价的方面有的多有的少。这给企业在选择成熟度模型和实施成熟度评价上造成一定挑战。特别地，前有的智能制造成熟度模型只是在少数几个维度提及需要评价某些技术（如云计算和大数据（Leyh et al.，2016）），并未对人工智能及相关技术在工业领域落地应用的具体形式进行全面的、系统的回顾、梳理和整合，仍存在较大的改善空间。

而在前有人工智能及相关技术成熟度模型中，由于研究的视角与基础各不相同，人工智能及相关技术在工业场景的应用能力评价尚未形成完整体系，相关研究成果仍比较分散（表 9-2）。

表 9-2 前有人工智能及相关技术成熟度模型汇总

技术	作者（发表时间）	成熟度模型名称	评价级别	评价维度
信息物理系统	Westermann 等（2016）	信息物理系统（整体系统）成熟度模型	5 个级别	未提及
云计算	Mattoon 等（2011）	云计算成熟度模型	未提及	8 个域：架构，基础设施，信息，操作，行政与管理，业务与战略，组织，治理，项目，投资组合与服务
云计算	Iannucci 和 Gupta（2013）	应用云的数据中心能力成熟度模型	5 个级别，各等级包含相应的测评指标	未提及
大数据	Halper 和 Krishnan（2014）	大数据成熟度模型	5 个阶段，各阶段包含相应的测评指标	未提及
大数据	Comuzzi 和 Patel（2016）	大数据成熟度模型	6 个级别	5 个定位：战略、数据、组织、治理、信息技术
大数据	Dhanuka（2016）	大数据成熟度模型	4 个阶段	5 个维度：数据支持、数据与分析实践、技术与基础设施、组织与能力、过程管理

如此，企业可能仍不能充分理解人工智能及相关技术在智能制造发挥的作用，这将对相关技术的应用产生影响。尤其，前有研究较少明确指出如何在模型开发过程中确立测评指标。本章将通过记录构建成熟度模型的研究方法来解决这个问题。这也与 Becker 等（2009）提出的成熟度模型开发过程模型的第八点要求一致："成熟度模型的开发过程需要详细地记录下来，考虑开发过程的每一步、涉及的每一方面以及应用的方法和结果。"有研究学者提出，除了使用文献综述的方法外，还建议采用其他的探索性研究方法（如焦点小组访谈法、德尔菲研究法）来开发模型（Felch and Asdecker，2020）。为了促进人工智能及相关技术在工业领域的落地应用，完善智能制造成熟度研究在人工智能及相关技术应用能力评价方面的不足，本章对有关工业人工智能技术成熟度评价研究进行系统的回顾，着重关注前有相关研究：①对人工智能及相关技术的哪些应用能力实施评价；②在工业流程哪些环节对人工智能及相关技术的应用实施评价，从而得出一套更全面的工业人工智能技术成熟度评价指标，为学术界和业界提供有关工业人工智能成熟度评价的理论依据和实施建议。随后，通过专家面谈，确立所提出 I4.0-AIM 模型的成熟度级别。

值得注意的是，成熟度模型开发过程制定了标准化的方法步骤，可以防止设计过程中的任意性，有利于开发者建立理论基础扎实的成熟度模型（如 Becker 等（2009）的研究）。由于本章研究主要关注如何确立工业人工智能及相关技术成熟度测评指标，并未使用成熟度模型开发过程模型列出的所有标准需求（如 Becker 等（2009）列出的评价需求）。尽管本章研究没有利用成熟度模型开发的所有标准，但是尽可能多地使用当中的标准来提高 I4.0-AIM 模型开发的严谨性。例如，采用多种研究方法开发成熟度模型，使用基本构成要素构建成熟度模型（如定义评价等级及描述每个成熟度级别、明确测评指标的数量及描述每一个测评指标），以及结合测评指标描述不同成熟度级别的特征（即针对各个测评指标，企业在不同工业人工智能成熟度级别可能发生的活动）。

9.3　I4.0-AIM 模型构建方法

本节研究的主要目的是建立工业人工智能成熟度模型。例如，在 I4.0-AIM 模型提出的研究背景和意义部分提到的，成熟度模型通常包含两个基本要素，即评价维度和评价级别。为了达到研究目的，本节研究运用证据的范式对人工智能及相关技术应用能力的文献进行系统性回顾，确定测评指标，从而形成评价维度。然后，通过专家访谈，进一步确立和完善 I4.0-AIM 模型的成熟度级别。本节研究运用系统性综述和专家访谈开发成熟度模型，这与前有研究（Felch and Asdecker，2020）倡导的利用其他研究方法（即本节研究中的专家访谈）以及文献综述来开发成熟度模型的研究路线一致。为了构建 I4.0-AIM 模型，本节研究运用的系统性文献回顾和专家访谈的数据收集和分析过程如下所述。

9.3.1 系统性文献回顾

由于目前尚缺乏对有关工业人工智能及相关技术应用能力评价文献的全面分析，本节采用了系统文献综述方法。该方法遵循一套收集和整理已发表实证研究的过程，基于制订的选择标准筛查文献，以减少偏差。利用该研究方法，本节能够对工业人工智能及相关技术应用能力评价的现有实证研究进行全面的、系统的回顾、梳理和整合，从而确立 I4.0-AIM 模型评价维度及其测评指标。系统文献综述方法主要包括四个研究步骤：定义文献检查范围、查询初始文献、选择相关文献以及分析已选文献的数据。

1. 定义文献检查范围

定义文献检查范围主要包括如下几个主要活动。
1）建立文献入选和排除原则
本书采用的文献入选和排除原则如表 9-3 所示。

表 9-3　本书采用的文献入选和排除原则

原则	说明
入选原则	入选文献须以英文或中文发表 入选文献公开发表日期不限 入选文献含有人工智能及相关技术应用评价的实证研究
排除原则	文献是重复的 文献无法访问 文献不是经过同行评审的出版物，或不是行业机构、政府发布的正式报告 文献中有关人工智能及相关技术应用评价不是基于工业应用场景

2）确定研究领域
本节广泛地调查工程、信息管理和信息系统、计算机科学等多种学科领域的研究文献，以全面地概括前有工业人工智能技术成熟度评价的研究。
3）选择数据库和信息源
本节参考智能制造成熟度模型文献回顾（如 Schumacher 等（2016）），采用 EBSCOhost、Emerald Insight、Scopus、ScienceDirect、SpringerLink、Web of Science、Wiley Online Library、Google Scholar 八种外文数据库，以及知网、万方、维普三

种中文数据库，对工业人工智能及相关技术成熟度评价的文献进行自动检索。由于前有智能制造成熟度模型研究已经成功地使用这些数据库收集相关文献，这表明这些数据库收录了潜在最大范围的、经过同行评审的、与工业人工智能及相关技术应用能力评价有关的文献。因此，使用这些数据库检索文献，可以为本节准备尽可能详尽的研究样本。另外，本节还包含手动检索 Oracle、Deloitte、IBM 以及 Acatech 知名企业发布的有关工业人工智能及相关技术成熟度评价的研究论文和调查报告。不仅如此，为了丰富文献分析的样本，本节采用了正向检索（查找已选论文所列出的参考文献）和反向检索（查找引用已选论文的文献）直至查找的数据穷尽。

4）制定搜索词

鉴于本节的主要目标，此处归纳得出三个主要检索词："工业人工智能""技术""评价"。同样地，本节通过参考有关智能制造成熟度模型文献（如 Schumacher 等（2016））调研使用的搜索词，为"工业人工智能""技术""评价"这三个主要检索词查找到对应的相近词和关联词，如表 9-4 所示。英文主要检索词为"Industrial artificial intelligence""Technology""Assessment"。本书采用"Smart manufacturing"和"Ubiquitous manufacturing"作为"Industrial artificial intelligence"的相近和相关检索词，"Cloud*"（可指代 cloud-based cloud computing，cloud technology）、"Big Data*"（可指代 Big Data analytics，Big Data technology）、"Cyber-Physical Systems"作为"Technology"的关联检索词，"Roadmap""Level""Model""Framework"作为"Assessment"的关联检索词。

表 9-4　本节采用的文献检索词

主要检索词	工业人工智能	技术	评价
相近和相关检索词	智能制造	云计算 大数据 信息物理系统	评估

注：本节关于人工智能相关技术的检索词只选取了云计算、大数据、信息物理系统三个关键词是因为前有的智能制造成熟度模型（Leyh et al.，2016；Lichtblau et al.，2015）经常提及需要对这三个技术的发展程度进行评价。另外，本节参考了 Felch 等（2019）的智能制造成熟度模型文献调研，没有在检索词中包含"成熟度"关键字，从而可以查找到已经在工业人工智能技术应用能力评价实证研究中使用但是没有纳入前有技术成熟度模型的评价维度或测评指标。

2. 查询初始文献

本节在已选的数据库中通过题目、摘要以及关键词三个字段，使用布尔运算符连接表 9-4 中的检索词进行检索。中文搜索字符串为：（工业人工智能＋智能制造）*（技术＋云计算＋大数据＋信息物理系统）*（评价＋评估）。英文搜索字符串为：（"Industrial artificial intelligence" OR "Smart manufacturing" OR "Ubiquitous manufacturing"）AND（"Technology" OR "Cloud*" OR "Big Data*" OR "Cyber-Physical Systems"）AND（"Assessment" OR "Roadmap" OR "Level" OR "Model" OR "Framework"）。

3. 选择相关文献

根据表 9-3 列举的文献入选和排除原则，通过阅读文献的摘要和全文内容，本节对使用自动检索和手动检索查找到的初始文献进行筛选，本节保留了 21 篇文章。然后，又基于正向和反向检索的查找结果选择相关文献，从而进一步增加了 42 篇文章。最终，共有 63 篇文献入选。

4. 分析已选文献的数据

本节通过阅读和分析入选文献的内容，对文献中的研究发现和主要观点进行编码，从文献中提取和记录与本节研究主要内容（即对人工智能及相关技术哪些应用能力实施评价和在工业流程的哪些环节对人工智能及相关技术的应用实施评价）相关的数据。

本节参考中国电子技术标准化研究院智能制造能力成熟度模型白皮书"智能"+"制造"的维度划分思想（中国电子技术标准化研究院，2016），从人工智能技术和工业流程两方面（即"人工智能"+"工业"两个维度），对从文献中提取的 34 个测评指标进行划分，以诠释工业人工智能的基本概念和构成要素。然后，本节分别在"人工智能"+"工业"两个一级维度下，把相似的测评指标分组，再根据主题分析为每一组指标命名，形成 12 个二级维度，从而确立 I4.0-AIM 模型评价维度及其测评指标。

9.3.2 专家访谈

本节采用半结构化专家访谈的研究方法来确立 I4.0-AIM 模型的成熟度等级。首先，人工智能技术性高，不同企业发展水平不一致。其次，由于大多数企业仍处于人工智能应用的起步阶段，制造企业中的普通员工可能对本节研究调查的人工智能及相关技术的成熟度水平不够充分了解。因此，本节邀请了工业人工智能的专家作为我们的采访对象，以期专家们给予深刻见解，从而获得有意义的研究结果。基于系统性文献回顾的研究结果，本节从选取的文献中找到作者姓名及其工作单位，在 IE 浏览器中输入这些信息进行搜索，通过浏览并点击 IE 浏览器第一页显示的链接，找到他们的个人介绍，然后根据制定的入选和排除原则，确定本节的访谈对象。访谈对象入选原则包括：①访谈对象的个人简介可以在线查阅；②访谈对象与本节的研究人员在同一国家工作（研究人员将上门拜访专家并进行面谈，同地区可以节省旅行时间和费用）；③具有与智能制造、人工智能或工业互联网的相关研究经历；④目前在业界工作；⑤访谈对象在工作单位从事有关智能制造方面的相关工作。而排除原则为：①访谈对象的工作单位是重复的；②访谈对象的联系方式无法在线获取。基于这些标准，本节最终确定了 15 位专家作为本研究的访谈对象。首先，本节以电子邮件的形式向 15 位专家发送了访谈邀请，并告知专家参与本节研究将获得咨询费及一份研究结果报告。最后，共有 12 名专家回复邮件表示同意参加面谈。参与本节访谈活动的专家的基本情况见表 9-5。

表 9-5　本节访谈对象基本概况

职务	性别	工作地	智能制造工作经验	人工智能工作经验	研究领域	从事行业
智能制造产品经理	男	江苏	5 年至 10 年	3 年以上，5 年以下	工业互联网	机械装备
	男	广东	10 年以上	5 年至 10 年	工业互联网	烟草制造
	男	福建	5 年至 10 年	3 年以上，5 年以下	智能制造	发电设备
	男	广东	10 年以上	5 年至 10 年	智能制造	机械装备
智能制造顾问	女	北京	5 年至 10 年	3 年以上，5 年以下	人工智能	新能源汽车
	男	北京	5 年至 10 年	5 年至 10 年	人工智能	泛工业领域
	男	北京	10 年以上	10 年以上	智能制造	航空工业
	男	北京	10 年以上	5 年至 10 年	智能制造	泛工业领域
	男	北京	5 年至 10 年	5 年至 10 年	工业互联网	钢铁制造
	男	北京	5 年至 10 年	3 年以上，5 年以下	工业互联网	汽车制造
	女	北京	5 年至 10 年	5 年至 10 年	工业互联网	机械装备
	男	广东	5 年至 10 年	3 年以上，5 年以下	工业互联网	泛工业领域

专家访谈指南的制定是从系统性文献回顾的研究结果和获取专家在实施智能化转型过程中应用人工智能及相关技术的知识和经验的目的统筹考虑，该指南分为三个主要部分：启动、触发和后续问题。第一部分主要向访谈对象介绍面试的目的，以及了解访谈对象的工作岗位、背景和相关经验。在访谈的第二部分，向访谈对象描述系统性文献回顾找到和整理的工业人工智能技术应用能力测评指标，让访谈对象提出这些指标应该具有哪些成熟度级别，并描述这些成熟度级别的状态及工业人工智能具备的特征。当访谈对象有新想法时，他们被要求进一步描述和解释这些想法，这是访谈的第三部分。所有专家访谈活动都在访谈对象的办公室进行，每次访谈的时间为 50～90 分钟。在访谈过程中发现有 10 名访谈对象提出工业人工智能具有 5 个成熟度级别，有 2 名访谈对象认为有 6 个成熟度级别。在访谈过程中，采访者和访谈对象之间的沟通是互动

的。采访者向访谈对象介绍了前有智能制造成熟度模型的成熟度等级一般在 5 个左右及大部分访谈对象均认为工业人工智能有 5 个成熟度级别。于是，对成熟度等级持有不同意见的 2 名专家也达成一致，认为工业人工智能成熟度可以划分为 5 个等级。

征得访谈对象的同意，本节对访谈过程全程录音。在访谈结束后，将所有访谈语音记录进行转录。本节采用实质性的内容分析法对转录访谈记录进行分析，有助于充分利用专家的知识和经验来理解针对工业人工智能应用能力的成熟度特征。由于工业人工智能测评指标来源于系统性文献回顾的研究结果，并作为一组访谈问题向访谈对象进行描述，在分析访谈记录的过程中，本节并没有对测评指标的分类进行修改，而只关注专家对这些测评指标在智能制造场景下表现特征的描述，将其归纳为短语（即编码）。结合专家对成熟度各级别状态的描述，对访谈转录文本中词频相关的短语进行筛选，并根据相似度合并短语，建立编码表。采用该编码表对所有访谈记录进行分析和编码。这样，在不同成熟度级别上，工业人工智能应用能力表现的特征逐渐显现出来。最后，基于这些特征，为 5 个成熟度级别命名。

9.4 I4.0-AIM 模型架构

基于系统性文献回顾和专家访谈的研究结果，本章提出的 I4.0-AIM 模型包含"工业"和"人工智能"两个一级维度，覆盖 12 个二级维度和 34 个测评指标。这些评价维度和测评指标诠释了工业人工智能的内涵和组成要素。I4.0-AIM 模型包括规划级到引领级五个层次，描述了企业发展工业人工智能的规划目标和实现路径。

9.4.1 I4.0-AIM 模型的评价维度和测评指标

通过对相关文献的系统性回顾，本节建立了一套工业人工智能应用能力的评价维度和测评指标。I4.0-AIM 模型共有"工业"和"人工智能"两个一级维度，包含研发设计、生产制造、市场营销、物流供应、售后服务、智能数据获取、大数据质量、智能数据分析、智能决策、大数据安全、大数据管理、智能云平台 12 个二级维度以及 34 个细分的测评指标，如图 9-1 所示。

1. 工业维度

工业维度作为一级维度，以产品生命周期为主线，体现人工智能及相关技术对工业流程的调整和优化。工业维度包含研发设计、生产制造、市场营销、物流供应、售后服务 5 个二级维度和 12 个测评指标。

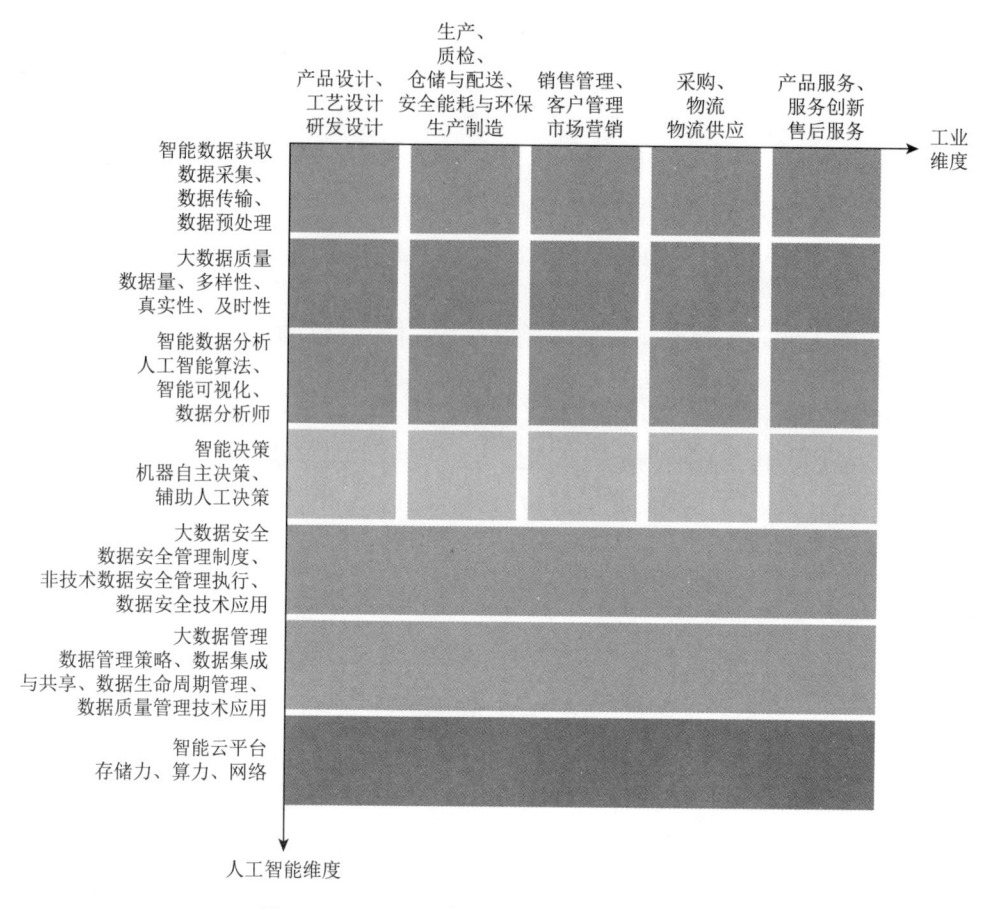

图 9-1 I4.0-AIM 模型的评价维度和测评指标

1）研发设计

研发设计是指通过对客户需求的分析，设计适应需求的产品和工艺（如产品的外观、功能及生产工艺），并研究产品和工艺优化的过程。在 I4.0-AIM 模型中，研发设计维度主要有产品设计和工艺设计 2 个测评指标：产品设计侧重于根据客户需求，运用技术对产品的外观、功能等进行研发与优化，并对接工艺设计的要求（林浩等，2017）；工艺设计主要是借助技术对工艺路线，包括产量、能耗、物料及设备的参数值进行设计与优化，以达到高效低耗的目的（林浩等，2017）。

2）生产制造

生产制造是运用物料、设备、技术、信息等生产资源，结合生产作业、质量检验、仓储配送、安全环保等生产环节，最终形成目标产品的过程。在 I4.0-AIM 模型中，生产制造能力的提升主要表现为能够利用技术在生产、质检、仓储与配送、安全能耗与环保等生产环节进行智能化管理和优化。因此，构成生产制造维度的测量指标有 4 个细分指标：生产是指运用技术将物料、设备等生产要素与生产过程有效结合起来，形成联动作业和连续生产，以获得最大的生产成果和经济效益（Schumacher et al.，2016）；质检是通过技术检测产品的质量，发现并预测异常产品，自动调整和优化生产过程，保证产品质量达到预定的要求（魏配轩，2020）；仓储与配送是指利用技术对原材料、半成品、零部件等物料进行自动标识与分类，以及规划、分配、调整物料的库位和送取，以实现厂内物料存储和运输的智能化管理（Henning，2013）；安全能耗与环保是对物料消耗、产品质量、设备运行等数据进行采集、监控及分析，基于建立的知识库对生产过程进行优化，实现安全节能环保的生产（高建等，2020）。

3）市场营销

市场营销关注产品需求、产品销售的计划和执行，在满足市场和客户需求的同时，实现企业的经营目标。在 I4.0-AIM 模型中，构成市场营销维度的主要有营销管理和客户管理 2 个测评指标：营销管理是指利用技术挖掘市场的需求和客户的行为，制订合理的销售计划、销售价格及分销计划等，促进生产、采购、物流等业务的有序开展和调整优化（Henning，2013）；客户管理旨在运用技术挖掘客户的需求和行为，为客户提供个性化、智能化的产品或服务（Henning，2013）。

4）物流供应

物流供应将产品生产和分销过程中涉及的上下游企业及其相关业务连接起来，以提供满足用户需求的产品。在 I4.0-AIM 模型中，构成物流供应维度的主要有采购和物流 2 个测评指标：采购是指利用技术跟进产品需求、库存储备等信息，预测和计划生产数量，帮助企业选择高质量的上游企业获取生产资源（高建等，2020）；物流是指在产品运输至下游企业或者客户的过程中，使用技术监控产品的运输过程并制定最佳运输方案，提供优质、低耗、快捷的物流服务（Henning，2013）。

5）售后服务

售后服务是在向客户销售产品后，提供智能化的派工服务（如安装和维修等），并根据客户回访、用户评价或反馈意见、智能产品感知的用户行为数据，进一步优化产品和服务。在 I4.0-AIM 模型中，售后服务主要由 2 个细分测评指标组成：产品服务是对产品运行状态进行实时监控，分析和预测故障风险，提前警示设备是否需要保养并指导维修维护，以保证产品安全、持续地运行（魏配轩，2020）；服务创新是指通过采集在线产品的状态数据，利用技术挖掘客户对产品和（或）服务的诉求，为设计、改进产品和（或）服务提供新的思路（魏配轩，2020）。

2. 人工智能维度

人工智能维度体现了人工智能及相关技术在工业领域的综合运用，全面展示企业信息化过程和智能化结果，包括智能数据获取、大数据质量、智能数据分析、智能决策、大数据安全、大数据管理、智能云平台 7 个二级维度和 22 个测评指标。

1）智能数据获取

智能数据获取是利用人工智能及相关技术为企业实现工业流程智能化提供所需的数据。在 I4.0-AIM 模型中，构成智能数据获取维度的有数据采集、数据传输和数据预处理 3 个测评指标：数据采集是指通过使用射频识别设备、传感器等硬件设施从物理世界中感知、识别、收集设备和产品数据，以及通过 API（应用程序接口）、网络爬虫技术等收集用户和制造商数据的过程（卢觊，2020）；数据传输是指将采集的原始数据，通过无线或有线网络传送至终端设备或存储介质的过程（Jatzkowski and Kleinjohann，2014）；数据预处理是指在数据传输的发送端和接收端对数据进行处理（如格式转换、数据清洗、冗余消除等），以提供满足企业需求的数据（靳威和荣红敏，2020）。

2）大数据质量

大数据质量帮助企业判断采集到的海量的、复杂的工业数据是否符合智能应用、满足企业需求。在 I4.0-AIM 模型中，大数据质量维度包括数据量、多样性、真实性、及时性 4 个测评指标：数据量指数据组件从源设备传输到目标设备以生成结果的数量，在工业人工智能环境下，数据采集、存储和计算的数量都非常大（魏配轩，2020）；多样性指工业大数据的来源多样，具有不同的形式和结构，除了结构化数据，还包括非结构化、半结构化以及含有不连贯的语法或语义的数据等（魏配轩，2020）；真实性指工业大数据反映真实物理世界，为解释和预测现实事件的过程提供支撑依据，是智能决策的必要基础（魏配轩，2020）；及时性指在预定的时间内对观察目标进行数据更新，在工业人工智能环境下，数据增长速度快，处理速度快，时效性要求高（魏配轩，2020）。

3）智能数据分析

智能数据分析是指运用数据分析工具从工业大数据中挖掘价值、发现知识（如市场需求、客户行为等知识）的过程。在 I4.0-AIM 模型中，智能数据分析维度的测评指标包括人工智能算法、智能可视化、数据分析师：人工智能算法是指将机器学习、深度学习、神经网络等算法用于工业大数据的分析，使计算机模拟人的思维过程，实现连续性的智能行为（如学习、思考、判断、执行、决策等），以达到自主管理、精准执行工业流程的目的（Moyne and Iskandar，2020）；智能可视化是指利用计算机技术、图形图像处理技术、虚拟现实技术、数字孪生技术等将工业大数据以图形或图像的结果显示出来，实现对数据的可视化解释以及对物理世界的数字化仿真（Brettel et al.，2014）；数据分析师是指专门从事有关工业大数据的采集、清洗、处理、建模、分析并能根据企业需求制作业务报告、提供决策建议的数据分析人才（刘建华和刘欣怡，2020）。

4）智能决策

智能决策是指机器从工业大数据中掌握制定决策的应用场景和规律，对企业当前或者未来可能发生的生产和运营的状态生成判断或预测，并提供最优决策方案。在 I4.0-AIM 模型中，智能决策维度包括机器自主决策和辅助人工决策 2 个测评指标：机器自主决策是指机器通过实时分析、自主学习工业大数据后，对企业生产及运营状态进行判断或预测，实施自主决策（Monostori et al.，2016）；辅助人工决策是指机器通过实时分析、自主学习工业大数据后，对企业生产及运营状态进行判断或预测，为企业提供决策建议（王瑾，2020）。

5）大数据安全

大数据安全是指针对工业大数据的安全，制定、执行和运用相关管理和技术方法。在 I4.0-AIM 模型中，大数据安全维度包括数据安全管理制度、非技术数据安全管理执行、数据安全技术应用 3 个测评指标：数据安全管理制度是指企业针对工业大数据的安全、保密、备份等问题，对数据安全专业人员层次结构和工作职责的划分、数据使用权限的界定、保护数据安全硬软件设施的使用以及数据备份要求和方法的制定，建立相应的管理制度（李艳，2019）；制度执行管理是指对数据安全管理规定非技术方面的执行情况进行监管，表现为培养全体员工的数据安全意识和保护数据安全能力、严格审批关键数据的访问权限、规范数据安全制度的制定和修改、监督数据安全管理制度的执行（中国国家标准化管理委员会，2019）；数据安全技术应用是指制造企业运用安全技术、防火墙软件、加密技术、备份技术等开展数据安全管理工作（李艳，2019）。

6）大数据管理

大数据管理是指企业对采集到的工业大数据制定管理策略，实现数据的集成与共享、数据生命周期管理及数据质量管理。因此，大数据管理维度包含以下 4 个测评指标：数据管理策略、数据集成与共享、数据生命周期管理、数据质量管理技术应用。其中，数据管理策略是指企业针对数据组织方式、数据治理、数据标准、元数据管理等制定管理策略、制度与流程，并通过对数据管理过程的监控和分析，持续优化数据管理制度和流程，与此同时，企业根据数据管理岗位实行绩效指标考核，规范和加强数据管理工作（中国国家标准化管理委员会，2019）；数据集成与共享是指将企业内外环境及产品生命周期的所有数据进行集中整合，实现跨部门、跨业务数据的互联互通和共享共用（Halper and Krishnan，2014）；数据生命周期管理是指将数据从计划、获取、存储、建模、分析、维护、应用、消亡的整个过程与企业需求和决策相结合，规划数据采集周期、数据保留时长以及数据退役时间等（中国国家标准化管理委员会，2019）；数据质量管理技术应用是指运用数据质量管理系统对数据的质量进行评估和监控，及时发现、定位及解决数据质量问题，从而保证或提升数据的质量（Halper and Krishnan，2014）。

7）智能云平台

智能云平台是解决网络中各种存储设备的协同工作，为数据存储和访问提供服务。在 I4.0-AIM 模型中，智能云平台维度主要包括存储力、算力、网络 3 个测评指标：存储力是指企业云数据中心的数据存储能力，企业通过云技术提升数据的存储空间，以满足更多工业人工智能应用的需求；算力是指企业云数据中心的计算能力，计算能力越强，数据分析的速度及精准度也越高，从而更好地指导企业智能化生产与运营；网络是指为实现数据在本地及云端数据库高速传输所组成的网络设施，帮助完成数据从传感器到本地服务器再到云端的传输，以及指令从云端到机器设备的传送（Mezgár and Rauschecker，2014）。

9.4.2 I4.0-AIM 模型的评价等级

本节通过专家访谈法探索 I4.0-AIM 模型中各个指标的成熟度等级特征。基于专家访谈的数据分析，本研究提取了从第 1 级（规划级）到第 5 级（引领级）不同成熟度等级下企业在生产实践中使用人工智能及相关技术的表现能力。

（1）规划级：企业开始意识到运用人工智能及相关技术，对生产环节进行了初步规划和硬件配置。

（2）规范级：企业对人工智能及相关技术的应用进行了全面规划，对企业核心业务的硬件设备和软件系统进行了投资。

（3）集成级：企业将推动工业人工智能发展的重点任务由硬件设备配置和软件系统优化转向企业内各部门间的系统集成。

（4）智能级：企业充分运用生产系统、管理系统及其他信息管理系统，已经全面完成企业内系统的集成，实现了企业的数字化及生产自动化调度、风险评估等部分智能功能。

（5）引领级：企业能够对实时数据进行采集、筛选、传输和分析，实现企业内各部门对产品全生命周期各个环节流程的自动决策和优化。

9.4.3 工业人工智能成熟度概述

在 I4.0-AIM 模型中，虽然"工业"和"人工智能"两个维度及它们的二级维度在定义上是相互区别的，但是"工业"和"人工智能"维度需要相互融合才能体现工业流程智能化的状态。例如，企业在工业研发阶段，能够实现与智能数据获取、大数据质量、智能数据分析、智能决策、大数据安全、大数据管理、智能云平台的融合，那么该企业可以被认为具有智能化的研发设计能力。同理，企业可以根据"人工智能"的二级维度在生产制造、市场营销、物流供应、售后服务等阶段的应用情况，判断企业当前所处的发展状态。通过对专家访谈记录的数据分析，本节归纳和概括了"工业"和"人工智能"维度的集成在不同成熟度级别的特征，为企业在工业人工智能应用方面实现从规划级到引领级提供参考和思路。图 9-2 为本节提出的 I4.0-AIM 模型架构，描述了企业在工业流程中使用人工智能及相关技术实现智能制造的规划路径。

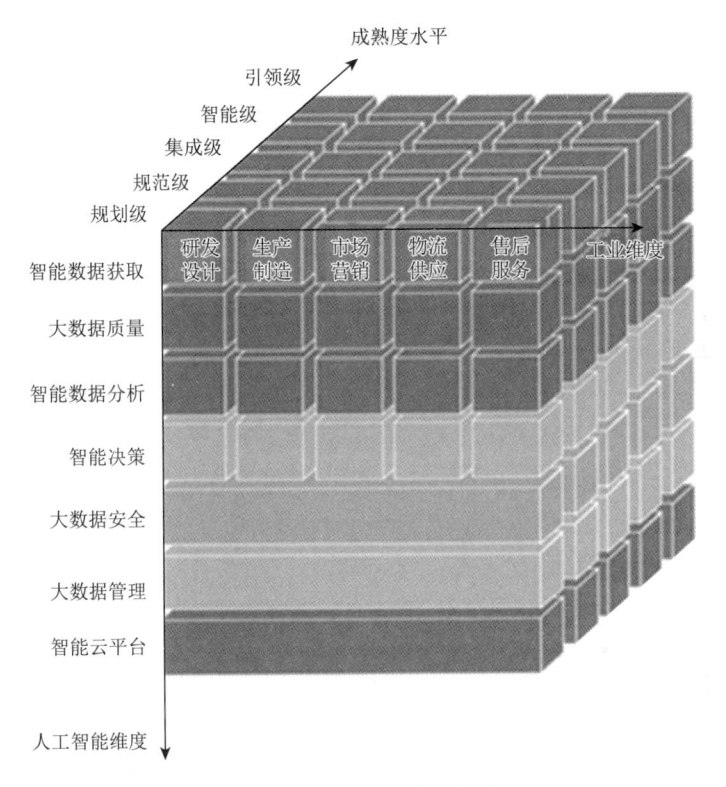

图 9-2　I4.0-AIM 模型架构

值得注意的是，智能数据获取、大数据质量、智能数据分析及智能决策能力在"人工智能"维度上可能会根据业务流程（如研发设计、生产制造、市场营销、物流供应、售后服务等阶段）在内容上有不同表现。然而，大数据安全、大数据管理和智能云存储能力则应在整个企业范围内表现一致。由于前有智能制造成熟度模型均涉及技术支持的生产管理活动，但是对人工智能及相关技术在工业领域落地应用的具体形式缺乏关注，本节将给出"工业"二级维度与"人工智能"测评指标交叉融合在不同成熟度级别具备的特征，有利于企业更好地理解如何运用人工智能及相关技术实现智能制造，以及评价工业人工智能发展水平、规划工业人工智能发展路径。

1. "研发设计"与"人工智能"交叉融合

在产品全生命周期的研发设计阶段，从智能数据获取维度来看，人工智能在研发设计的融合表现为，系统能够从不同数据源采集多种类型的数据（内部数据包括生产、销售、用户反馈等，外部数据包括政策、行业市场信息、竞争对手动态等），实现数据跨部门、跨平台的传输和预处理。从大数据质量维度，人工智能在研发设计的融合表现为，系统能够提前抓取、管理和处理覆盖整个工业研发阶段的超大规模的、所有不同来源、形式和结构的数据集，采集的数据能够真实地、及时地反映研发设计情况，以供数据分析决策使用。智能数据分析与研发设计的融合表现为，系统通过对历史产品数据的学习，找到产品设计的热点，也能够根据不同的用户需求或不同类型的产品定制个性化的工艺流程，模拟流程以验证设计的可行性，并对设计自动进行修正。智能决策与研发设计融合表现为，系统能够基于企业内外部数据，对产品和工艺设计所涉及的参数、流程和环节进行全方位的自动检测和模拟分析，预测对采购、供应链、市场营销环节产生的影响，生成预调整方案，为企业各层级人员决策提供有针对性、有价值的参考建议。大数据安全与研发设计的融合表现为，企业能够为研发设计人员根据岗位和职责设定不同的数据使用权限、建立数据访问和修改的行为规范，培养研发设计人员的数据安全意识并对数据安全管理制度的执行情况实施监控和奖惩，以及评估数据安全技术在研发设计阶段的应用。大数据管理与研发设计的融合表现为，企业能够在研发设计阶段综合实施数据管理策略、数据集成与共享、数据生命周期管理以及数据质量管理。智能云存储与研发设计的融合表现为，企业的云平台能够监控和预测存储空间的使用，并根据使用需求自动完成服务器集群扩展；企业云数据中心能够在数据分析、决策建议、预测分析实现快速、精准的计算，并与其他设备完成信息的实时同步；企业在数据采集、指令传送的过程中不受设备移动的影响，实现数据的同步传输。人工智能及相关技术在研发设计环节应用能力的成熟度级别及特征见附表1和附表2。

2. "生产制造"与"人工智能"交叉融合

人工智能与生产制造的融合在大数据安全、大数据管理、智能云存储方面，与研发设计的融合有相似的呈现（见附表2），因此，本节主要针对生产制造在智能数据获取、大数据质量、智能数据分析、智能决策的融合进行论述。从智能数据获取维度来看，人工智能在生产制造的融合表现为，系统能够从不同数据源采集多种类型的内外部数据，实现数据跨部门、跨平台的传输和预处理。从大数据质量维度，人工智能在生产制造的融合表现为，系统能够提前抓取、管理和处理覆盖整个生产制造阶段的超大规模的，所有不同来源、形式和结构的数据集，采集的数据能够真实、及时地反映生产制造情况，以供数据分析决策使用。智能数据分析与生产制造的融合表现为，系统通过机器学习、深度学习算法，找到与生产相关的规律和变化，指导生产活动和仓储管理；在产品投入量产之前进行数字孪生模拟生产，根据生产报告对相关参数进行自动修正，也能够根据需求将数据以相应的可视化形式呈现给不同的用户群体。智能决策与生产制造的融合表现为，系统对生产制造所涉及的参数、流程和环节进行全方位的自动检测和模拟分析，判断或预测发生的生产状况，能够实施自主决策，也能够为企业各层级人员决策提供有针对性、有价值的参考建议。人工智能及相关技术在生产制造环节应用能力的成熟度级别及特征见附表2和附表3。

3. "市场营销"与"人工智能"交叉融合

从智能数据获取维度来看，人工智能与市场营销的融合表现为，系统能够从不同数据源采集企业的销售数据、运营数据、客户服务数据，实现数据跨部门、跨地域、跨平台的传输和预处理。大数据质量与市场营销的融合表现为，系统能够抓取、跟踪、管理和处理覆盖整个市场营销阶段的超大规模的，所有不同来源、形式和结构的数据集，采集的数据能够真实、及时地反映市场营销情况，以供数据分析决策使用。智能数据分析与市场营销的融合表现为，系统通过人工智能算法，从已有的销售数据、运营数据、客户服务数据中找出客户消费行为的规律和变化，自动对销售计划、销售价格以及客户维护进行规划和预判，能够将数据分析的结果按照不同需求以相应的可视化效果呈现。智能决策与市场营销的融合表现为，系统通过追踪网络营销实时热点，并根据以往的销售数据、运营数据、客户服务数据，预测未来的销售情况，自动完成销售方案的调整，设计客户管理方案。同时，系统能够对销售管理和客户管理生成分析结论和决策建议，为企业各层级人员决策提供差异化的参考建议和趋势预测。人工智能及相关技术在市场营销环节应用能力的成熟度级别及特征见附表2和附表4。

4. "物流供应"与"人工智能"交叉融合

同样地，关于人工智能与物流供应的融合，本节主要从智能数据获取、大数据质量、智能数据分析、智能决策维度进行论述。智能数据获取与物流供应的融合表现为，系统能够从不同数据源采集户内数据（库存、订单等数据）和户外数据（道路、车辆等数据），实现数据跨部门、跨平台的传输和预处理。从大数据质量维度，人工智能在物流供应的融合表现为，系统能够提前抓取、管理和处理覆盖整个供应链阶段的超大规模的，所有不同来源、形式和结构的数据集，采集的数据能够真实、及时地反映供应链情况，以供数据分析决策使用。智能数据分析与物流供应的融合表现为，系统通过人工智能算法，自动测算推荐采购供应商和物流运输路径,并根据供应商或户外情况的变化适时调整和优化推荐方案,能够为物流人员和采购人员自动呈现不同数据分析结果界面。智能决策与物流供应的融合表现为,系统对户内和户外数据进行全方位的自动检测和模拟分析,判断或预测发生的采购和物流情况,能够实时完成与相关部门的沟通协调、自动调整资源调配方案,也能够为企业各层级人员决策提供差异化的参考建议。人工智能及相关技术在物流供应环节应用能力的成熟度级别及特征见附表 2 和附表 5。

5. "售后服务"与"人工智能"交叉融合

人工智能与售后服务的融合表现在,从智能数据获取维度来看,系统能够实现从本地数据库提取和从网络上抓取客户服务数据和产品评价数据,完成数据跨部门、跨地域、跨平台的传输和预处理。大数据质量与售后服务的融合则在于系统能够获取多种来源、形式的数据,包括本地数据库存储的历史客户回访数据、产品维修维护数据等,网络抓取的客户评价数据,以及从传感器实时上传的产品状态数据和客户行为数据,以供产品服务和创新应用决策所用。智能数据分析与售后服务的融合表现为,系统能够基于历史数据和实时数据,通过人工智能算法,找出客户使用产品的行为规律,不仅提供产品故障预警、预测性维护、远程升级等服务,而且能够自动规划个性化售后服务,将数据分析的结果按照不同需求以相应的图的形式呈现。智能决策与售后服务的融合则表现为,系统能够结合历史数据和实时采集数据,自动评估和预测产品故障风险,并提出改进旧产品或生成新产品的设计方案,也能够为企业各层级人员决策提供差异化的参考建议,为客户在产品维修维护节点自动发出提醒。人工智能及相关技术在售后服务环节应用能力的成熟度级别及特征见附表 2 和附表 6。

9.5　I4.0-AIM 模型的应用

9.5.1　评价方法

I4.0-AIM 模型建立了"工业"+"人工智能"维度和成熟度级别之间的联系,诠释了企业如何在工业流程中使用人工智能及相关技术从规划级向引领级迈进,从而实现智能制造(见图 9-2)。企业可根据工业人工智能能力在不同成熟度级别具备的特征,与自身实际情况进行对比,获得目前在各个产品全生命周期阶段中所具备的人工智能及相关技术应用水平,并根据下一个更高级别的成熟度特征制定相关改进方案,提升工业人工智能能力。

借助 I4.0-AIM 模型,可以通过运用文档审阅法(审阅企业各部门自我评价报告)、实地考察法(现场巡视及查看系统演示效果)、专家面谈法(对企业内人员进行访谈）及问卷调查法（采用成熟度等级量化表对企业的工业人工智能应用能力水平进行打分）等方法评价企业的工业人工智能应用能力的水平。值得注意的是，I4.0-AIM 模型侧重于企业的自我评价，而不是企业间的比较。在使用不同评分权重规则的情况下，企业获得的评分会存在差异。I4.0-AIM 模型的提出旨在帮助企业提高对工业人工智能应用能力的认识，让企业明确自身实际情况、寻求智能改进方案。有鉴于此，本章提倡运用文档审阅法、专家面谈法、实地考察法或定性加定量的综合评价方法等对企业的工业人工智能应用能力水平进行评价，以更深入、更全面地了解当前的发展状态。

9.5.2 评价步骤

首先，企业结合自身实际情况和智能制造发展目标，选择 I4.0-AIM 模型的整体或某些测评指标，判断是否满足某一级别的特征。判断的依据主要基于专家访谈记录、文档记录、系统运行记录等。对于中小型企业或在某些环节需要重点提升智能化水平的企业来说，选择 I4.0-AIM 模型工业维度下的某一个二级维度或某几个二级维度或者某些测评指标较为合适。而对于大型企业或者各方面发展较均衡的企业来说，I4.0-AIM 整体模型可以作为参考目标。接着，将选择的工业维度与人工智能维度进行交叉分析，对照附表 1~附表 6 描述的不同成熟度级别特征，判断企业目前所处的发展阶段。成熟度级别评价需要根据收集的证据进行判定。在这里，只有当企业满足某一级别所有描述的特征时，才能判定企业处于该级别，判定结果为"是"；否则，判定结果为"否"。例如，当企业自身实际情况符合较低级别特征（第 3 级别）而不满足较高一级级别（第 4 级别）所有特征时，判定为较低级别水平（第 3 级别）。只有满足较低级别所有特征时才能申请更高级别等级的评价。基于评价结果，企业结合自身的发展现状、市场地位、客户需求和投资能力，选择合适的成熟度级别作为当前的追求目标（选择的等级可能并不是工业人工智能最高的成熟度级别），逐步提升运用人工智能及相关技术的能力（如从规划级到规范级，从集成级到智能级），从而循序渐进、稳步推进智能制造的进程。

在成熟度评价的过程中，企业可能在产品全生命周期的不同阶段获得不同的评价结果。例如，某企业在生产制造阶段通过应用人工智能及相关技术实现了自动数据分析和数据可视化，但是在市场营销阶段只能完成简单的数据分析。因此，企业可能需要针对市场营销这一薄弱环节进行重点的智能化转型升级。I4.0-AIM 模型可以作为一个参考模型，帮助企业评价工业人工智能应用能力水平并为寻求改进方案提供思路。在不同的行业背景下（例如，汽车制造和机械装备），企业可以在专家指导下以更详细、更具有行业针对性的操作化形式，对特征进行表述并进行成熟度级别判定。

9.5.3 应用示例

某大型制造企业申请进行工业人工智能成熟度评价，适用 I4.0-AIM 整体模型。专家根据成熟度不同级别特征，对该企业的业务范围、人工智能及相关技术对业务的支撑效果等方面进行访谈与验证，采用的评价方式包括现场巡视、系统演示等，并基于收集的证据确定工业和人工智能维度交叉融合的情况（见图9-3）。

人工智能维度		工业二级维度				
人工智能二级维度	人工智能测评指标	研发设计	生产制造	市场营销	物流供应	售后服务
智能数据获取	数据采集	1 2 3 4 5	1 2 3 4 5	1 2 3 4 5	1 2 3 4 5	1 2 3 4 5
	数据传输	1 2 3 4 5	1 2 3 4 5	1 2 3 4 5	1 2 3 4 5	1 2 3 4 5
	数据预处理	1 2 3 4 5	1 2 3 4 5	1 2 3 4 5	1 2 3 4 5	1 2 3 4 5
大数据质量	数据量	1 2 3 4 5	1 2 3 4 5	1 2 3 4 5	1 2 3 4 5	1 2 3 4 5
	多样性	1 2 3 4 5	1 2 3 4 5	1 2 3 4 5	1 2 3 4 5	1 2 3 4 5
	真实性	1 2 3 4 5	1 2 3 4 5	1 2 3 4 5	1 2 3 4 5	1 2 3 4 5
	及时性	1 2 3 4 5	1 2 3 4 5	1 2 3 4 5	1 2 3 4 5	1 2 3 4 5
智能数据分析	人工智能算法	1 2 3 4 5	1 2 3 4 5	1 2 3 4 5	1 2 3 4 5	1 2 3 4 5
	智能可视化	1 2 3 4 5	1 2 3 4 5	1 2 3 4 5	1 2 3 4 5	1 2 3 4 5
	数据分析师	1 2 3 4 5	1 2 3 4 5	1 2 3 4 5	1 2 3 4 5	1 2 3 4 5
智能决策	机器自主决策	1 2 3 4 5	1 2 3 4 5	1 2 3 4 5	1 2 3 4 5	1 2 3 4 5
	辅助人工决策	1 2 3 4 5	1 2 3 4 5	1 2 3 4 5	1 2 3 4 5	1 2 3 4 5
大数据安全	数据安全管理制度	1	2	4	3	5
	制度执行管理	1	2	4	3	5
	数据安全技术	1	2	4	3	5
大数据管理	数据管理策略	1	2	4	3	5
	数据集成与共享	1	2	4	3	5
	数据生命周期管理	1	2	4	3	5
	数据质量管理技术应用	1	2	4	3	5
智能云平台	存储力	1	2	4	3	5
	算力	1	2	4	3	5
	网络	1	2	4	3	5

图 9-3 某企业工业人工智能成熟度的评价结果

灰色部分表示判定的成熟度级别结果

如图 9-3 所示，灰色部分表示专家判定的成熟度级别结果。该企业在研发设计阶段，智能数据获取、大数据质量、智能决策已满足第 1 级别的成熟度水平，但未能满足第 2 级别全部特征，表示企业所处的成熟度水平为第 1 级别，规划级。在这一阶段，企业不具备最低级别的智能数据分析成熟度特征。企业各业务流程（含研发设计、生产制造、市场营销、物流供应、售后服务）在大数据安全、大数据管理方面已达到成熟度第 1 级别，规划级。然而，企业尚未意识到利用云平台解决数据存储容量和数据高速传输等问题以及提升数据计算能力，尚未配置相关的基础资源，因此，在智能云存储方面，成熟度未达到规划级。该企业可以根据 I4.0-AIM 模型的提升路径，设置智能化转型目标，制定改进方案。例如，在研发设计阶段，为提升企业的智能数据分析能力成熟度（选择第 1 级别为提升目标），企业需对人工智能算法、数据可视化技术应用于产品设计和工艺设计产生认知，并配置相关基础硬件设施，数据分析师也需初步计划利用人工智能及相关技术生成相关数据结果支持产品设计和工艺设计。在下一次成熟度评价过程中，如果企业能够提供满足智能数据分析成熟度第 1 级别特征的证据，则该企业的研发设计环节达到规划级。

9.6 本章小结

本章介绍了研究项目组开发 I4.0-AIM 模型的过程，阐述该模型提出的背景和意义，分析智能制造成熟度模型和人工智能及相关技术成熟度模型的研究概况；接着，详细描述了 I4.0-AIM 模型的构建方法，包括系统性文献综述法和专家访谈法，并基于研究结果确定了工业人工智能成熟度模型维度（"工业"+"人工智能"维度）和测评指标以及成熟度级别，对"工业"+"人工智能"维度进行交叉融合分析；最后，介绍了如何利用提出的模型评价企业工业人工智能成熟度。I4.0-AIM 模型的提出，以期帮助企业提高对利用人工智能及相关技术实现智能化转型升级的认识，明确企业当前所处的工业人工智能发展状态。根据 I4.0-AIM 模型提供的成熟度级别特征（见附表 1～附表 6），企业可以结合自身战略发展目标，制定相关改进措施，进而提升人工智能及相关技术的应用能力，稳步推进智能制造的应用落地。

参 考 文 献

高建, 杨大明, 杨志. 2020. 关于化工智能制造的研究[J]. 化工管理, (4): 15-16.
靳威, 荣红敏. 2020. 神经网络与人工智能在水泥企业的应用[J]. 四川水泥, (1): 10.
李艳. 2019. 人工智能技术对计算机网络技术的应用及存在问题[J]. 卫星电视与宽带多媒体, (24): 48-49.
林浩, 韩庆敏, 姚旺君, 等. 2017. 移动终端制造行业智能工厂评估标准与评价方法的研究[J]. 微型机与应用, 36 (23): 89-92.
刘建华, 刘欣怡. 2020. 大数据技术的风险问题及其防范机制[J]. 广西师范大学学报（哲学社会科学版）, (1): 113-120.
卢贶. 2020. 人工智能在电子信息技术中的应用[J]. 电子测试, (4): 127-128.
赛迪软件评测中心. 2018. 企业智能制造核心能力评测参考模型[EB/OL]. [2020-07-20]. https://www.ccidgroup.com/sdgc/10796.htm.

王瑾. 2020. 人工智能在计算机网络技术中的应用[J]. 无线互联科技, 17（1）：149-150.

魏配轩. 2020. 大数据在制造业中的应用研究[J]. 现代商贸工业, 41（4）：40-41.

中国电子技术标准化研究院. 2016. 智能制造能力成熟度模型白皮书 1.0 版[EB/OL]. (2016-09-22)[2020-07-20]. http:// www.cesi.ac.cn/201612/1701.html.

中国国家标准化管理委员会. 2019. 信息安全技术数据安全能力成熟度模型：GB/T 37988-2019[EB/OL]. [2020-08-12]. https://www.dsmm.com.cn/home/doc/GB%E2%88%95T%2037988-2019%20%E4%BF%A1%E6%81%AF%E5%AE%89%E5%85%A8%E6%8A%80%E6%9C%AF%20%E6%95%B0%E6%8D%AE%E5%AE%89%E5%85%A8%E8%83%BD%E5%8A%9B%E6%88%90%E7%86%9F%E5%BA%A6%E6%A8%A1%E5%9E%8B. pdf.

Becker J，Knackstedt R，Pöppelbuß J. 2009. Developing maturity models for IT management-A procedure model and its application[J]. Business & Information Systems Engineering，1（3）：213-222.

Brettel M，Friederichsen N，Keller M，et al. 2014. How virtualization，decentralization and network building change the manufacturing landscape：An Industry 4.0 Perspective[J]. International Journal of Mechanical Industrial Science and Engineering，8（1）：37-44.

Comuzzi M，Patel A. 2016. How organisations leverage big data：A maturity model[J]. Industrial Management & Data Systems，(1168)：1468-1492.

Dhanuka V. 2016. Hortonworks big data maturity model：The strategic path to accelerating business transformations[EB/OL]. [2020-07-20]. http://hortonworks.com/wp-content/uploads/2016/04/Hortonworks-Big-Data-Maturity-Assessment.pdf.

Felch V，Asdecker B. 2020. Quo Vadis，business process maturity model? Learning from the past to envision the future[C]//International Conference on Business Process Management. Gewerbestrasse：Springer：368-383.

Felch V，Asdecker B，Sucky E. 2019. Maturity models in the age of Industry 4.0-Do the available models correspond to the needs of business practice?[C]//Proceedings of the 52nd Hawaii International Conference on System Sciences. Honolulu：ScholarSpace University of Hawaii at Manoa：5165-5174.

Geissbauer R，Vedso J，Schrauf S. 2016. Industry 4.0：Building the digital enterprise[EB/OL]. [2020-07-20]. https://www.pwc.com/gx/en/industries/industries-4.0/landing-page/industry-4.0-building-your-digital-enterprise-april-2016.pdf.

Halper F，Krishnan K. 2014. TDWI big data maturity model guide：Interpreting your assessment score[EB/OL]. [2020-07-20]. https://tdwi.org › media.

Henning K. 2013. Recommendations for implementing the strategic initiative Industrie 4.0[EB/OL]. [2020-07-20]. https://www.din.de/blob/76902/e8cac883f42bf28536e7e8165993f1fd/recommendations-for-implementing-industry-4-0-data.pdf.

Iannucci P，Gupta M. 2013. IBM SmartCloud：Building a cloud enabled data center[EB/OL]. [2020-07-20]. http://www.redbooks.ibm.com/redpapers/pdfs/redp4893.pdf.

Jatzkowski J，Kleinjohann B. 2014. Towards self-reconfiguration of real-time communication within Cyber-Physical Systems[J]. Procedia Technology，2014（15）：54-61.

Khan S，Khan M I，Haleem A. 2020. Prioritisation of challenges towards development of smart manufacturing using BWM method[J]. Internet of Things，(1)：409-426.

Leyh C，Bley K，Schäffer T，et al. 2016. SIMMI 4.0-A maturity model for classifying the enterprise-wide it and software landscape focusing on Industry 4.0[C]//Proceedings of Federated Conference on Computer Science and Information Systems. Piscataway：IEEE：1297-1302.

Lichtblau K，Stich V，Bertenrath R，et al. 2015. IMPULS—Industrie 4.0 Readiness[EB/OL]. [2020-07-20]. https://industrie40.vdma.org/documents/4214230/26342484/Industrie_40_Readiness_Study_1529498007918.pdf/0b5fd521-9ee2-2de0-f377-93bdd01ed1c8.

Mattoon S，Hensle B，Baty J. 2011. Cloud computing maturity model—Guiding success with cloud capabilities[R].

Redwood Shores: Oracle.

Mezgár I, Rauschecker U. 2014. The challenge of networked enterprises for cloud computing interoperability[J]. Computers in Industry, 65 (4): 657-674.

Monostori L, Kádár B, Bauernhansl T, et al. 2016. Cyber-physical systems in manufacturing[J]. Cirp Annals, 65 (2): 621-641.

Moyne J, Iskandar J. 2020. 智能制造的大数据分析[J]. 中国电子商情（基础电子），(Z1): 57-58, 60, 62.

Schumacher A, Erol S, Sihn W. 2016. A maturity model for assessing Industry 4.0 readiness and maturity of manufacturing enterprises [J]. Procedia Cirp, (521): 161-166.

Wendler R. 2012. The maturity of maturity model research: A systematic mapping study[J]. Information Software and Technology, (5412): 1317-1339.

Westermann T, Anacker H, Dumitrescu R, et al. 2016. Reference architecture and maturity levels for cyber-physical systems in the mechanical engineering industry[C]//Proceedings of the IEEE International Symposium on Systems Engineering. Piscataway: IEEE: 1-6.

第 10 章
工业人工智能的企业变革与转型路径

伴随着计算机算力和全球数据总量呈指数级增长、算法研究的快速迭代，人工智能技术已经走向了科技革命的风口。高德纳的调查研究表明，目前全球处于上升期的技术应用中，有一半以上都是与人工智能相关（于申和杨振磊，2019）。人工智能技术已经成为全球经济发展、科技创新以及社会变革的重要驱动力之一。人工智能技术从早期处于迷茫状态，到如今成为切实改变世界的技术，处于工业 4.0 时代的制造企业也开始逐渐意识到它对于制造企业转型升级的重要性和巨大价值。根据麦肯锡全球研究院的预测，人工智能技术将会为全球企业创造约 5 万亿美元的经济价值，这一数字甚至超过了欧洲发达国家之一德国在 2018 年的 GDP 总量（朱启超，2018）。因此，人工智能技术与制造业的相互融合让人们浮想联翩，工业人工智能也因此首次站到了工业发展的舞台之上。

如今，以全球"灯塔工厂"为典型代表的工业人工智能企业的实践已经证明，人工智能技术将会重塑整个企业产品生命周期的业务流程，即研发、采购、供应链、生产、销售、服务等环节，打造具有颠覆性的创新业态，成为企业实现智能制造的新引擎（Ghahramani et al., 2020）。因此，当企业面临的这些外部环境正在发生剧烈变化的时候，越来越多的制造企业开始意识到企业的变革是企业唯一不能改变的事情。制造企业必须思考自身如何去改变才能够完成工业人工智能的转型，才能在这场独属于"追光者"的竞赛中取得先发优势。由此可见，在人工智能技术的推动下，企业的各个方面都会产生变化，能否管理好变革是制造企业在这场技术革命中成败的关键所在。本章针对工业人工智能的企业变革与转型路径进行介绍与分析。

10.1 变革管理

10.1.1 变革管理的含义

"变革"这一词最早出自《礼记大传》，其中描述到"此其所得与民变革者也"，变革的最根本意思就是改变或者说改变事物的本质。从古至今，随着人类社会的不断发展，每一次的进步都是由一次次的变革而推动实现的（郑功成，2018）。在整个社会大组织中，企业发展作为社会生产力进步的标志之一，要想更好地实现运营目标、保持持续性的竞争优势，企业必须要与时俱进，不断变革。根据美国《财富》杂志统计，美国企业中高达 62%的企业寿命不会超过 5 年，能够存活到 50 年以上的仅仅占据所有企业数量的不到 2%（姚洁等，2010）。由此可见，企业进行变革是企业能够在激烈市场竞争中保持核心竞争力的关键。

如果将企业的变革进行有效的管理，就是企业变革管理。从科学研究角度来看，变革管理（Change Management）是 20 世纪以来管理理论和实践关注的焦点问题。变革管理被认为是企业管理理念中的一种管理方法，也是近年来探讨比较多的一种管理方法（Gill，2002）。从科学管理、行为管理到权变管理，从全面质量管理到企业流程再造与学习型组织，几乎每一种管理理论都与企业的变革有关系。当组织或者企业成长缓慢，内部不良问题频繁发生，已经无法适应经营环境的时候，企业必须要做出变革，以此将企业内部的层级、工作流程、管理理念甚至企业文化等进行必要的改革，从而达到企业顺利转型的目的。如果将变革管理作为一门学科来看待，变革管理是建立在管理理论、混沌理论、耗散结构理论以及复杂系统理论的基础之上，是以变革作为研究对象和内容的科学，因此变革管理可以认为是管理学与组织行为学领域的重要概念。另外，变革管理又可以认为是一个过程，是企业在理解环境变革的基础上，为了能够生存和持续发展而主动采取的变革措施，具体是指在对原来组织管理体系进行改造与调整的有效管理安排，因此在一定程度上变革管理也是一种实践过程（Hornstein，2015）。它不仅仅适用于组织层面，也适用于个体层面。

10.1.2 变革管理的必要性

自 20 世纪 80 年代以来，变革已经成为西方企业界谋求长期发展和创造高绩效的关键要素，是企业高层管理者首要的任务。当然，企业变革成功与否谁也说不清楚，但是面对市场竞争的压力、频繁的技术更新等内外条件，企业变革可能会导致失败，但是不变则注定要失败。企业的变革管理有多方面的原因，就总体来说可以分为内部原因和外部原因。因此，本小节就针对变革管理的必要性进行探讨与分析。

首先，企业变革管理是适应外部环境变化的需要。现代化企业的崛起来源于技术革命的爆发，科学技术是第一生产力，技术的发展与进步对于企业变革来说具有重大的外部推动作用。因此，科技是带来企业变革管理的重要外因之一。当前，随着物联网技术的全面普及、人工智能技术的迅猛发展，这些技术革命都已经使得世界经济发展发生了根本的变化，也必然引发了市场环境的变动。为了适应新的市场环境或社会环境，企业就需要提出变革的要求和措施，增强企业对于社会发展的适应性，以此提高企业经济效益。因此，在信息技术飞速发展的今天，变革管理的实施能够提高企业的管理水平和整体竞争力。

其次，企业变革管理是适应内部环境变化的需要。唯物辩证法认为，任何事物的发展都是由内外因所导致的，内因是事物发展变化的内在依据，外因是事物发展变化的外在条件，内外因同时对事物发展起到作用（刘玉芳，2017）。在企业变革管理方面也同样如此，来自企业内部的变化是要求企业变革管理的最直接原动力。举例来说，企业内部原因包括企业内部战略发展目标的不断完善与改进，企业目标是随着企业处于不同发展阶段所设定的目标。当处于不同的发展阶段时，企业结构形态和调整要求就是促使企业进行变革的基本动因（李国栋，2011）。当前处于工业 4.0 时代，企业的研发、生产、服务等方式都与以往变得有所不同。人工智能技术在产品生命周期不同阶段的应用要求企业需要改变原来的工作环境、绩效管理方式、任务分配等，从而来满足企业不同层级员工升华的需求。以我国海尔集团为例，海尔集团早期就开始对国际化战略进行思考，企业最初的金字塔式的组织架构很难直接感受到市场的压力。因此，自 1999 年开始，海尔集团以市场需求为导向重塑整个企业组织架构，将原本的业务流程进行彻底变革。这种组织架构和业务流程上的变化不但缩短了公司与客户之间的距离，而且最大化了企业资源配置，从而提高了海尔集团的经济效益和社会影响力。这个案例说明，企业变革管理仅是必要的，更是非常紧迫的，企业只有高瞻远瞩，对未来发展提前预判，才可以提前做好变革规划。

由此可见，在竞争不断加剧、信息技术不断发展的今天，无论传统的超大型企业还是一些新兴的产业公司，都必须要与时俱进，准备好企业的变革，唯有这样，企业才能够得以持续生存和发展。因此，21 世纪，变革管理是企业生存的最根本法则。

10.1.3 变革管理理论

学者 Kurt Lewin 是变革管理理论发展过程中重要的角色之一，他将组织变革分成了三个阶段，第一个阶段是现状的解冻阶段，即承认当前不好或者说需要改变的现象，及时地释放出原先被掩盖的不利信息。第二个阶段是改变行为的过程，主要通过沟通和建立学习型组织，促使组织成员逐渐接受改变是一种正向的观念。第三个阶段是再冻结，主要是指企业经过转型期到达新的状态后保持这种新状态，并予以再冻结，以此维持变革成果（Hussain et al.，2018）。Lewin 的变革管理理论指出组织在进行变革时，必须要关注如何让组织成员能够结束现状从而面向未来。此外，Lewin 三阶段理论又同时指明，企业高层管理者不应该在达到企业变革目标的时候就停止变革项目，因为变革管理最终的变革成果都会体现在企业文化上，企业只有通过不断的努力来维持来之不易的变革成果。

Kurt Lewin 是变革管理理论的奠基人，在他之后，许多学者基于这个理论进行了多维度、更深入的探讨。其中，Lippitt 等在三阶段模型的基础之上提出了一个五阶段组织转型模型，并最终发展成为著名的 Lippitt 变革五阶段模型。相关的还有哈佛大学商学院教授 John Kotter 提出的另一个变革管理模型，称为科特的八步骤变革模式，分别为进入、问题诊断、提供反馈、设计变革措施、实施变革、评估、保持变革、形成文化。此外，除了上述的经典三阶段及八步骤变革管理理论模型之外，目前研究中还有不少改良后的变革管理模型，例如，Bullock 及 Batten 发展的四阶段规划变革模型。

10.2 人工智能所引起的企业变革

在人工智能技术的推动下，对于制造企业，首先带来的是企业内部信息技术的变革，技术变革的出现会引起个人以及组织的变革。这里以人工智能技术引起的企业变革为例进行解释与说明，具体分为技术变革、个人变革以及组织变革。

10.2.1 技术变革

人工智能技术（Artificial Intelligence Technology）是研究、开发用于模拟、延伸和扩展人的智能的理论、方法、技术及应用的一门技术科学。作为计算机科学的一个分支，随着人工智能技术发展的不断成熟，工业人工智能就是人工智能技术在工业制造领域的广泛应用，从而形成的智能化转型最终企业愿景。因此，对于工业人工智能企业而言，制造企业最先改变的就是技术，因此也可将其称为技术变革。技术变革主要是指企业在运营和管理过程中运用新的技术来改变原有的技术元素。由图 10-1 可知，工业人工智能企业首先会进行数据收集，通过智能化传感器从企业中的各类信息系统、生产设备、外部获取不同类别的数据。其次，企业的人工智能系统将会对数据进行自动处理，可称为预处理环节，通过数据清洗、数据修正、数据关联、数据聚类等一系列数据预处理环节，得到可信赖数据，即可以直接被人工智能系统分析的数据。上述环节都是基础的数据准备阶段，技术变革中最为关键的就是人工智能技术的应用。工业人工智能企业通过应用计算机视觉、机器学习、深度学习、自然语言处理、语音识别等人工智能技术，使企业智能化系统可以直接根据人工智能技术分析出来的结果形成数据报表、故障诊断、预测性维护等。如上所述，人工智能分析作为工业人工智能中最核心的环节，所用到的处理技术至关重要，由此也需要企业对现有的硬件进行转型升级，如云计算中心的设立、智能化传感器的安装等，从而来满足后续的人工智能分析软件。因此，工业人工智能在企业内部引起了重大的信息技术变革。

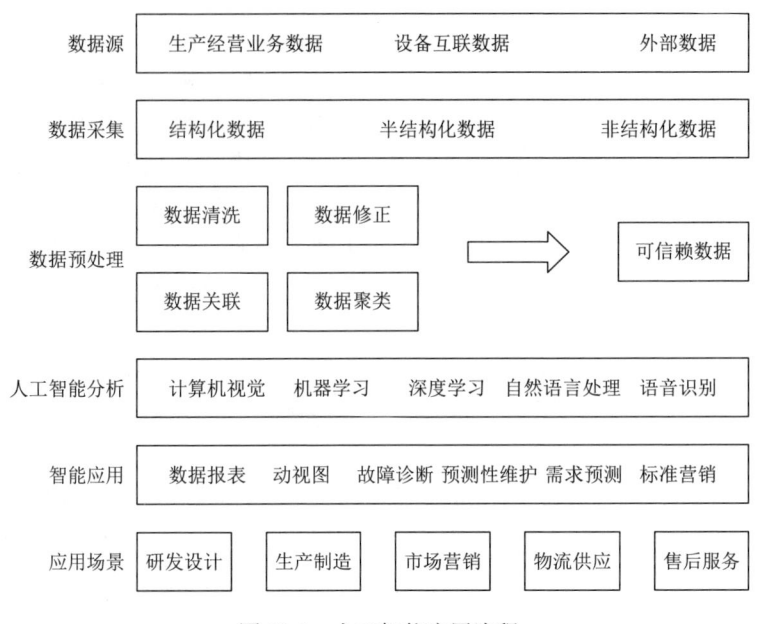

图 10-1 人工智能应用流程

10.2.2 个人变革

随着工业人工智能时代的到来，除了在技术层面带来的变化之外，还会引起企业内部的个体变化，即个人变革。哈佛大学心理学家哈克曼创建的工作特征模型中提到了五大核心工作特征，其中包括了技能多样性、任务完整性、任务重要性、工作自主性以及工作反馈。随着人工智能技术的进一步使用，工业人工智能企业围绕这五大工作特征所表现出来的变化将会直接影响到企业员工的心理状态，主要体现在员工的工作动力、工作满意度和工作效率上（图 10-2）。毋庸置疑，人工智能技术在制造企业的各种应用场景的推动与应用，将会给企业各部门个体员工的工作特征带来多方面的深远影响与变化，具体表现在以下几个方面。

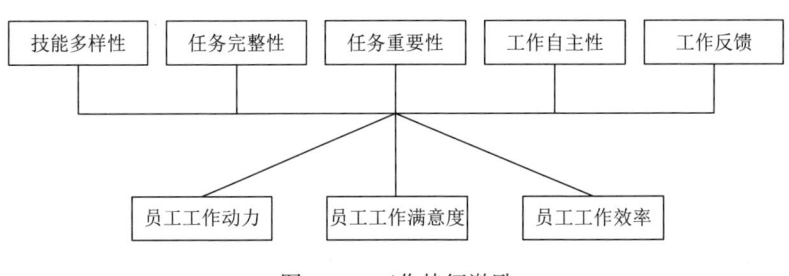

图 10-2 工作特征激励

1. 技能多样性

随着人工智能技术的不断应用，制造企业中一些传统的工作岗位将会逐渐被智能化系统所取代，如营销客户、产品质检人员等。此外，个体用户在原有业务技能的基础之上，还需要具备一定程度的数据建模、数据分析能力，具备科学使用智能化系统的能力。

2. 任务完整性及重要性

工业人工智能企业中，人工智能技术会贯穿于产品全生命周期，同时也把企业各部门连接在一起，形成更加紧密的整体。企业员工个体的工作也将在智能系统的引导下作为整体来完成，例如，企业研发离不开生产、营销、服务等各环节人员的支持，因此这时企业各部门相互关联、相互促进，个体工作的重要性也被放大，显著提高了员工的主人翁意识。

3. 工作自主性

企业智能系统自动生成的各类诊断、控制、预测等智能化生产、运营等信息，可以帮助企业用户在制定工作计划、执行商业决策的过程中拥有更多的自主权和自由度，与此同时，员工也将肩负起更大的责任。

4. 工作反馈

工业人工智能企业能够让企业管理人员、中层人员、基层人员等更加及时、清晰地了解到个人从事工作的绩效，并集合生产运营的综合性需要，对个人提供有针对性、提高工作效率的建议。

诚然，在工业人工智能发展的过程中，企业个体员工都会扮演各种重要的角色。制造企业要想实现工业人工智能，实现企业智能化转型的目标，就需要员工个体改变原有的工作方式，因此最终落脚点是企业员工角度和态度的变化。企业能否打破并且改变员工的固有思维，从而适应人工智能时代的需求，对于企业智能化转型成功率起到了决定性作用。因此，员工个人变革的顺利推进能够进一步推动人工智能技术革命及创新应用，反之则会成为企业内部的巨大阻力。

10.2.3 组织变革

工业人工智能背景下，技术及个人变革最终会在整个企业范围内引起深度的组织变革。相关企业管理领域的研究人员对组织变革进行了大量的科学研究后发现，组织变革是一个长期的过程，并不能一蹴而就。Cummings 提出的组织诊断模型包括战略、组织架构、企业管理、人力资源管理以及企业文化五个方面所做出的变革，如图 10-3 所示。人工智能技术的应用，从组织层面来看将会给组织整体造成深远的影响，具体讨论如下。

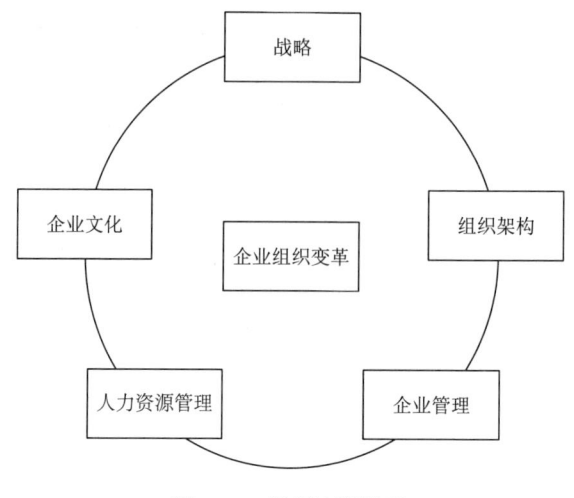

图 10-3　组织诊断模型

1. 战略

人工智能技术的应用使得企业在战略层面发生一定的改变。首先，企业的竞争由单边区域竞争转变为全球化的市场竞争。其次，企业员工的个人工作决策已经由传统的凭经验式决策转变为以数据驱动的决策模式，尤其是企业的高层管理者，基于人工智能分析出来的趋势做出企业整体的战略方向。

2. 组织架构

工业人工智能企业的组织架构会变得非常扁平化，企业对于中层人员的需求越来越少，已经不需要这样上传下达的人员，然而对知识型技能类员工的需求不断加大，如算法工程师、数据科学家等。此外，随着人工智能技术的不断应用，企业会同步增加新的职能部门（如人工智能中心）和新的就业岗位（如人工智能工程师）。这些新部门、新岗位的设置在于帮助企业更好地规划、部署、应用以及维护人工智能技术在不同企业运营部门的应用，以此为企业提供最好的技术服务保障。

3. 企业管理

工业人工智能企业中，人工智能员工将会部分代替以往普通员工的一些工种。企业管理者将更好地管理和协调人类员工和智能机器人之间的关系。此外，企业管理者管理的对象也将发生一定的改变。对于以往企业管理者而言，他们管理的主要是人类员工，但是人工智能时代，人工智能系统或者说一些智能化设备将会成为一种全新的虚拟劳动力，人工智能将会以"员工"的身份进入企业内部参与工作，部分取代甚至完全取代人类员工。因此，企业管理将由管理人类员工转变为管理人类员工以及人工智能系统与设备。工业人工智能企业中的管理者将会变为掌握智能技术的管理人员。

4. 人力资源管理

在人力资源管理方面，工业人工智能企业需要招聘更多拥有人工智能技术背景的工程师。这些工程师需要具备硬件（如电气工程、自动化、机械设计）背景。此外，在人工智能中心还需要拥有计算机科学、数据科学、算法等软件背景的工程师。不能忽视的是，企业中的一些基层员工以及从事重复性工作的人员可能会面临失业危机，因此当企业面临这一情况时需要对基层劳动力结构作出合理的规划，一旦贸然将这些基层员工解雇，可能会影响到企业的品牌形象。因此，在人力资源管理方面，人工智能与企业人力资源工作在某种程度上产生了一定的冲突。

5. 企业文化

时代的变革决定了企业的变革，而企业的变革则决定了企业文化的变革。人工智能时代，制造业也在不断地进入转型升级阶段，人工智能作为国际上智能制造产业洗牌的转折点，近年来得到各个国家的高度重视。工业人工智能企业需要鼓励企业开展个性化、定制化、柔性化生产的模式，培育企业精益求精、增品种、提品质的企业文化特征，同时企业也需要鼓励工匠精神。放到这个时代背景下来理解，工匠精神就是追求突破的创造精神、精益求精的品质精神、用户至上的服务精神，这些精神都应是人工智能时代企业所需要具备的文化特征。科技在不断发展，人工智能也会给人类社会带来巨大的变化。然而，工匠精神不但不会消失，而且还给企业注入新的力量，帮助企业更好地实现工业人工智能。

10.3 工业人工智能转型障碍因素

对于企业来说，变革意味着从当前状态向目标状态的改变，此举不仅涉及公司的战略，而且涉及企业的业务流程、组织架构、信息技术应用等方面的转变。毋庸置疑，这些转变也必然会涉及企业人员在权利、责任、利益、工作等方面的重新调整与分配。现有研究表明，在企业有计划的变革管理案例中，因为技术问题而变革失败的仅仅占10%，而绝大多数是由于企业内部的抵制（Morrison and Milliken，2000）。企业在努力应用人工智能技术开发潜力的同时，也将会面临诸多挑战。企业要想在人工智能时代获得成功，在智能化转型过程中必须要处理好阻碍变革的一些障碍因素。因此，本小节就针对阻碍企业进行工业人工智能转型的障碍因素进行讨论与分析，以此为企业工业人工智能的发展奠定良好的基础。

第一是来自数据的挑战。人工智能技术的应用依赖海量的数据，然而数据的获取、收集、标记、质量等问题是影响人工智能技术应用的要素之一。因此，数据的数量和质量对于人工智能技术实现起到了关键的作用。然而，企业在数据这方面则面临不少的挑战。首先是数据的数量方面的问题。人工智能系统做出智能化决策依赖海量的数据，但是当考虑到隐私和安全问题时，数据收集则会受到一定的限制。相关研究报告显示，其中51%的企业信息中心负责人表示他们目前还没有足够的数据基础，这无疑对企业数据基础设施提出了更高的要求（孙华和贾晓婷，2018）。其次，在数据收集方面，当前由于硬件条件的限制，还有相当一部分关键的数据暂时不能够立马进行获取，尤其是产品在生产过程中的一些参数。与此同时，一些传感器的精度同样会导致在数据收集环节数据的质量问题。数据挑战的最后一个方面就是数据标记，要想使用人工智能模型对数据进行分析，前提是要对数据进行标记、分类和校对。研究显示96%的企业都面临训练人工智能模型时所需的数据标记问题。

第二是来自透明化的挑战。人工智能决策就是利用机器学习、深度学习的算法得出结论并进行预测。然而，对于一些复杂的智能决策而言，企业会面临黑盒问题，即企业无法清晰地知道结论是如何得出的，因此这在一定程度上会让企业人员对于人工智能决策的准确性产生不信任和怀疑。由此可见，企业人工智能应用需要透明化，只有这样，企业与人工智能系统之间才可以建立起相互信任的关系。

第三是来自企业劳动力的挑战。对于企业基层劳动力来说，尤其是面向制造企业场景，企业一旦采用人工智能技术元素，员工就会感到威胁和压力，他们就会觉得自己一直在和机器竞争，这不但会直接影响到人来管理技术的效率，还会对企业劳动力工作氛围产生负面影响。由此可见，工业人工智能的转型过程中会面临基层劳动力方面的挑战。

第四是专业知识层面的挑战。专业知识的匮乏是企业应用人工智能技术的一大障碍，对于企业来说，它们需要雇用拥有专业技能、专业知识的人才来进行人工智能技术的使用、管理和深度开发。与此同时，具有相关人工智能知识的人员还需要懂得企业的需求、企业的运营以及企业的管理，以便能够更好地将技术应用与痛点问题进行深入结合。德勤的统计数据显示，按照目前的供需情况，到2024年美国预计将有25万名数据科学家的短缺。

第五是选择用例方面的挑战。工业人工智能的实现并不是一蹴而就的，对于人工智能技术在制造企业的应用需要进行优先级排序，然而在优先级排序方面选择用例是企业采用人工智能技术所面临的共同挑战之一。人工智能在制造企业拥有广阔的应用领域，但是企业很难从中选择最重要的优先用例。

第六是来自经费的挑战。人工智能技术的应用需要大量资源的投入，包括人力、财力等物质资源的投入。然而，企业在大规模投入后也并不一定能够立马获得相应的回报，因此也就导致很多中小型企业望而却步。相关研究表明，40%的企业高层管理者认为，人工智能项目的最大障碍之一就是专业设备和专业技术人员成本太高，多数中小型企业无法承担这样的费用。

由此可见，企业在工业人工智能转型过程中会面临不同类型的挑战，虽然在转型途中并非一帆风顺的，但是工业人工智能绝对值得为之努力，这也是工业 4.0 时代企业发展的大势所趋。

10.4 工业人工智能变革干预措施

为了消除企业实现工业人工智能的障碍，确保企业变革管理能够顺利推进，组织发展与变革领域的学者们提出了包括人际干预、人力资源干预、技术-结构干预、战略干预等多种变革干预措施。企业通过一系列变革干预措施来改善组织的缺陷，旨在促进企业个体员工能够更好地适应新的企业环境。本小节针对工业人工智能转型过程中的障碍因素，提出了工业人工智能变革干预措施。

10.4.1 人际干预措施

人际干预主要是指人与人之间的交往关系，这种关系主要存在于人类的共同劳动和生活中。在企业工业人工智能转型过程中，企业需要加强员工与员工、员工与管理者、管理者与管理者之间的交往关系以及心理因素，以改善员工的情绪、焦虑和不安感，从而提高企业整体的工作效率。正如前面所讨论的，来自企业基层劳动力的挑战是工业人工智能转型中的一大障碍因素，企业应通过团队学习、团队培训、技能指导、知识普及等措施来缓解企业基层劳动者的不安和焦虑，确保企业各层级、各部门能够共同推进人工智能技术的应用。

10.4.2 人力资源干预措施

人力资源干预措施主要是指企业通过重新设定招聘人员要求、重新制定绩效考核要求、重新设置部门和岗位职责的一种手段。企业通过一系列人力资源干预手段来确保原来和新聘员工具备推动企业变革所需要的素质和技能。在工业人工智能企业中，智能化的生产运营模式将会深入企业产品生命周期的每一个环节，原本各部门的运作模式将会被改变，改变过程中将会对员工岗位技能、知识水平等提出新的要求，例如，具备数据驱动意识、会编写人工智能算法等。人力资源干预措施可以有针对性地解决企业用户专业知识的不足。

10.4.3　技术-结构干预措施

技术-结构干预主要是指通过改善技术与组织结构的匹配程度来提高变革效果，包括业务流程重组、组织结构调整等措施。业务流程重组是企业推动人工智能技术应用的必要手段，随着人工智能技术的不断应用，企业原本的业务流程将会改变，工业人工智能企业中的业务流程将会变得更加简单，企业的工作效率也会变得更高。组织结构调整具体是指企业原本的组织结构会变得越来越扁平化，人员沟通也更加容易，减少部门壁垒，信息也就变得更加流通。

10.4.4　战略干预措施

战略干预措施主要是指基于内外部环境，针对企业长远发展而作出的战略规划。企业通过制定分步骤式的工业人工智能转型路径规划，从而可以稳步地去执行企业的变革措施。战略干预措施包含商业战略、组织企业联盟、制定五年发展纲要等战略性手段。人工智能技术的推动与应用给企业带来的影响是长期且深远的，因此针对工业人工智能转型，企业不能仅把焦点放在短暂的投入和回报上面，也不可盲目跟风，而是需要根据企业的实际情况来制订最合理的战略规划目标和具体实现措施。

10.5　本章小结

本章主要介绍人工智能技术所引起的企业变革与转型路径。首先，对变革管理的概念、企业变革管理的必要性以及相应的变革管理理论进行介绍与说明。其次，介绍了工业人工智能所引起的企业变革，具体包括技术变革、个人变革以及组织变革。考虑到人工智能技术的复杂性，制造企业在应用过程中势必会面临诸多挑战，因此本章同步介绍工业人工智能转型过程中企业所面临的障碍因素。最后，针对不同类型的障碍因素，提出工业人工智能变革干预措施，主要包含人际干预措施、人力资源干预措施、技术-结构干预措施以及战略干预措施。

参 考 文 献

李国栋. 2011. JH 集团的组织变革研究[D]. 天津：河北工业大学.

刘玉芳. 2017. 论事物发展的内因和外因[J]. 甘肃教育，24：1.

孙华，贾晓婷. 2018. 大数据时代人工智能在计算机网络技术中的应用[J]. 信息与电脑（理论版），403（9）：133-135.

姚洁，杨淑艳，王来玉. 2010. 美国中小企业发展的历史和现状分析[J]. 商业时代，（2）：79-80.

于申，杨振磊. 2019. 专利视角下全球人工智能技术发展现状[J]. 科技创新与应用，（19）：27-28.

郑功成. 2018. 中国社会保障改革与经济发展：回顾与展望[J]. 中国人民大学学报，（1）：37-49.

朱启超. 2018. 麦肯锡发布人工智能影响评估报告，额外贡献全球经济 13 万亿美元[J]. 信息安全与通信保密，（10）：6.

Ghahramani M，Qiao Y，Zhou M C，et al. 2020. AI-based modeling and data-driven evaluation for smart manufacturing processes[J]. IEEE/CAA Journal of Automatica Sinica，7（4）：1026-1037.

Gill R. 2002. Change management--or change leadership?[J]. Journal of Change Management，3（4）：307-318.

Hornstein H A. 2015. The integration of project management and organizational change management is now a necessity[J]. International Journal of Project Management，33（2）：291-298.

Hussain S T，Lei S，Akram T，et al. 2018. Kurt Lewin's change model：A critical review of the role of leadership and employee involvement in organizational change[J]. Journal of Innovation & Knowledge，3（3）：123-127.

Morrison E W，Milliken F J. 2000. Organizational silence：A barrier to change and development in a pluralistic world[J]. Academy of Management Review，25（4）：706-725.

第 11 章
工业人工智能的实施挑战与对策

11.1 工业人工智能的实施挑战

当前国内企业在工业人工智能的实施过程中存在的挑战主要与数据、算法、成本、需求以及伦理五个方面相关。数据和算法共同构成技术壁垒，成本和伦理则从经济和道德层面进一步限制了工业人工智能的实施，最后，受制于实际相关建设经验的缺失，部分企业缺少建设工业人工智能的需求与动力。基于以上实施挑战，政府与企业领导人需要深刻意识到阻碍工业人工智能建设实施的关键性因素，并采取适当的措施促使工业人工智能建设尽快落地。

11.2 制造业积累的数据难以满足人工智能建设需求

11.2.1 数据量尚未达到工业人工智能建设标准

制造业积累的数据量不达标最直观地体现为企业所储备的整体数据量达不到建设标准。从整体上看，一方面，工业领域以企业私有数据库为主，这便导致数据规模有限，难以满足人工智能的需求。另一方面，对于偏实体或者重资产的制造业，其工业大数据的主要构成部分为生产制造环节涉及的数据。对于国内规模较大的制造企业而言，每天在工业生产环节会产生百万级甚至是千万级的数据，其中传感数据占大多数，这些数据格式多样且更新快，是工业大数据的重要组成部分。然而与生产制造环节涉及的数据相比，研发设计、市场营销、物流供应和售后服务环节所积累的数据量则少很多。另外，对于大部分制造业而言，其在市场营销和售后服务等环节较少涉及如客户回访、购买历史、浏览记录等数据，这在相当大的程度上削减了市场营销和售后服务环节涉及的数据量。最后，出于压缩成本的考虑，大部分企业选择将物流供应环节外包给第三方，所以，物流供应环节积累的数据更少。

制造业所积累的数据量不达标还体现在缺少负向样本。对于制造业而言，负向样本数据是生产经营中出现的错误数据，如机器发生故障时产生的故障数据。而这些数据只能在一些特定情境下获取，如生产过程中设备发生故障时的故障数据，但对于大部分设备而言，其发生故障的概率较低，且企业在日常生产经营中会对设备进行定期维修，进一步减少了负向样本。

11.2.2 数据质量在多个维度上难以满足人工智能建设需求

首先，人工环节的存在影响数据的准确性、完整性和规范性。国内制造业在研发设计、生产制造、市场营销、物流供应和售后服务等环节存在大量需要由人工主导的流程。单就生产制造环节而言，由于目前国内制造业还未实现全自动化作业，这便无法避免人动作的不确定性对数据质量造成的影响。

此外，行业数据离散，数据缺少一致性和关联性。对于离散行业的制造业而言，其本身的离散性、复杂性和多样性导致数据也具有离散性、复杂性和多样性，各环节之间、每个环节的细分领域之间，都存在数据壁垒，很难进行数据整合。另外，制造业对数据具有较高的保密性要求也导致制造业的数据在存储上具有分散性和独立性。其中，研发设计环节的数据表现得最为明显。一方面，大多数企业的研发数据都存储于本地；另一方面，不同部门所涉及的数据分别存储于本部门的数据库里，其他人员若想获取该数据，需经过繁复的审批流程。除此之外，各部门之间不愿也不能去共享数据，而这种部门之间的独立性，进一步加剧了行业数据的离散程度。

11.3 人工智能算法难以满足制造业对准确性的极高要求

11.3.1 人工智能算法自身的不成熟性影响结果的准确性

和机器学习、回归算法一样，人工智能算法的拓展能力较弱，其对有规律性的数据具有较好的拟合效果，而对于规律性非显而易见或无规律性的数据，则很难去模拟。尤其对于一些在未来会发生变化的数据，更是无法进行准确预测。而与之矛盾的是，工业大数据具有极强的专业性、关联性、流程性、时序性和解析性等特点，其更加强调特征之间的物理关联、逻辑清晰的分析流程和与分析流程相匹配的技术体系，恰恰对预测和分析结果的容错率较低。

11.3.2 人工环节的不确定性和判断尺度的可调性影响算法准确性

对于制造业而言，数据结构具有不确定性，这使得构建算法的过程中，很难去准确地模拟数据结构。在采用人工智能算法模拟一个产品的生产过程时，即便是同一类型的产品，其个体间也存在差异，例如，在同样的生产环境下，不同个体之间对物料的吸收能力，或者在组装过程中零部件之间的细微的挤压程度都存在着细微的差异，但这些差异是随机产生的，算法无法精确地模拟这些细微差异。

在设计或生产过程中,利用算法得到的结果是理想情景下的产物,但对于制造业而言,最终得到的产品却是基于实际生产而得到的产物,该产物自研发生产至销售的整个生命周期中,不可避免地受诸多不可预测因素的影响,而算法无法准确地模拟这些因素。进一步地,在生产制造环节,对于涉及人工操作的工序,由于人的动作存在误差,如装配等操作存在不确定性,也导致实际生产出来的产品数据与基于模型模拟出来的数据存在误差。

研发或生产过程中,在对参数性能进行测试或对产品进行质检时,存在很多难以量化的标准,这就导致判断的尺度具有一定的可调性,而人工智能算法很难把握这个可调性。举一个简单的例子,对于质检而言,在某些情况下合格与不合格之间并没有明确的界限,甚至可以相互转化,单凭机器很难准确把控。

11.3.3 算法无法模拟决策过程的复杂性

决策是一个复杂的过程,决策的制定不仅依赖数据和算法,而会更多地依赖人的主观情感。对于市场营销、物流供应和售后服务等环节而言,其决策结果是各方博弈后最终形成的平衡结果,很难准确地映射到量化的模型上。尤其当涉及经营管理时,一旦产生协同作用,如果仅凭算法或一些数学模型,难以呈现一个各方博弈的平衡的最终结果。这是因为决策的结果不仅涉及数据反映出的矛盾,更多地会关系到企业的目标、企业的社会关系以及企业下一步的策略。

11.3.4 产品体系和测试场景的多样性要求算法具有多样性

一方面,受产品参数、性能等多方面因素的影响,不同体系的产品对应有不同的神经网络算法,在实际研发生产中,无法将不同种类的产品放在同一个算法模型里面计算,因而需要构建大量的神经网络算法。而不同的神经网络算法对数据的需求也不相同,如果企业要研发一个新产品,则面临缺少相应的历史数据的问题,这又会阻碍神经网络算法的构建。另一方面,人工智能算法只能基于已训练好的场景进行模拟测试,而无法对未训练的场景进行模拟测试,然而在研发设计过程中涉及对产品多个参数的性能测试,每个性能又对应复杂的测试场景,要想覆盖所有可能发生的场景,涉及的算法数量巨大。

11.3.5 算法与视觉须具备协同性

与工业人工智能融合了工业和人工智能相同,企业对于算法的构建,也不仅仅停留在基于算法得出计算结果的层面,而是需要将得到的结果用于实际生产中,即需要将算法与生产相结合。对于立体产品,其在生产制造过程中,受光照和角度的影响，会产生极其微弱的缺陷。为提高产品的良品率，企业需对产品生产制造过程中的光照和角度做到精准定位，故需要配置繁复的硬件设备。因此，在满足算法准确性的同时，还需确保设备具有稳定性。即算法决定机器的智能程度，而视觉决定机器定位的准确性，只有二者同时满足，才能实现真正意义上的工业人工智能。

11.4 较高的投资成本与尚不清晰的收益回报相矛盾

11.4.1 建设工业人工智能需耗费大量资金成本

第一方面，信息化及自动化的建设极大地依赖于基建，而制造业却具有较强的重资产性。国内制造业发展较早，对于某些较老或较小的制造企业而言，其厂区的基础建设相对而言较为落后，无法满足自动化生产的需求，如改建则需较高的改建成本。第二方面，对于部分产品而言，其生产过程中的人力成本远低于企业构建自动化的成本，因此企业进行工业人工智能建设，并不具备成本优势。第三方面，产品的价值又会反作用于产品的整个生命周期，由于某些制造企业本身的产品利润较低，对于一些价值不高的产品，往往需在生产的各环节压缩其生产成本，这就势必会优先选择成本较低的人力而非机器。

11.4.2 人工智能建设需要耗费大量的时间成本

首先，对历史数据的治理和对算法的学习需要时间和过程。从数据角度来看，制造企业所储备的历史数据时间久远、数据具有离散性，且存储位置也不统一，对历史数据的数据治理需要一个过程。从算法角度来看，由于生产制造具有复杂性，因而需要耗费较长的时间，积累足够的经验，历经多次试验才能构建出企业所需的工业人工智能算法。此外，算法的更新周期无法满足产品较短的生命周期。一方面，随着产品更新换代的加速，其对应的研发周期越来越短，因此，较短的研发周期要求其对应的智能研发模型也需要进行及时的更新。另一方面，在生产制造环节中，产品频繁变更的需求，也难以做到只靠调整处理参数就能快速响应；同时，产品较短的生命周期，也对算法的构建提出了严苛的时限要求。

11.4.3 缺乏人工智能与制造业深度融合所需的复合型人才

工业人工智能的建设涉及多学科的融合，因此需要大量复合型人才。然而，现阶段人工智能工程师对产品的了解程度远远不及产品工程师，受专业知识的限制，人工智能工程师只能提供粗糙的模型框架；另外，产品工程师又缺少学习人工智能的精力甚至是能力，故无法将产品更好地融进人工智能模型中。这一观点与文献（黄令，2020）中提到的"目前我国严重缺乏深度融合所需的复合型人才等，大多数的高端综合性复合型人才主要集中在大数据、互联网、人工智能等相关行业，而在制造业的高端人才培养上投入力度不够"相吻合。

11.4.4　回报收益难以评估，投资前景尚不清晰

从短期来看，企业在建设工业人工智能过程中的投入产出是不对等的，建设前期需要投入大量的成本。而由于人工智能尚处于起步阶段，目前缺少参考样本，企业无法得知其他企业的工业人工智能建设现状，更无法得知其建设将对生产制造带来了哪些有益的效果。与学术研究不同，企业的出发点为营利，在难以判断长期投资与回报比的情况下，企业会保持谨慎观望的态度。然而就目前而言，尚难以评估国内企业进行工业人工智能建设的收益，缺乏清晰的投资前景分析。

11.5　较低的建设需求使得企业缺少必要的建设动力

1. 保密性及安全性要求使得企业不具备进行数据集成的能力

工业数据涵盖设备、产品、运营、用户等多个方面，在采集、存储和应用过程中一旦泄露或被篡改，会给企业和用户带来严重的安全隐患。尤其对于涉及研发设计环节的数据，因其关系到企业的商业机密及市场竞争，具有极高的保密性要求，因此，对于数据的安全性要求也远高于消费数据，故研发数据大多基于本地部署。另外，对大部分企业而言，进行云部署需要购买其他公司的云产品，然而将数据部署于第三方公司提供的云平台上，则意味着存在极大的安全隐患。

2. 产品的高安全性使得企业对于模拟算法的需求度较低

在研发设计和生产制造环节中，在对安全性能要求较高的项目或产品进行测试时，对于无法保证仿真测试结果完全准确的情况，必须依赖基于实物的测试。在涉及安全性的测试下，即便是细微的差异，也可能导致严重的事故，因此，为规避风险，企业更愿意耗费一定的成本进行实物测试。

3. 对网络延迟的低容忍性使得企业无建设无线网络系统的需求

生产制造环节的快节奏对网络延迟具有低容忍性，要求数据能被立刻访问到。然而，目前的无线网络传输速率无法满足生产即时性需求，当企业认为现有的有线网络传输速率已能满足当前生产需求时，无建设无线网络系统的需求。

4. 人工智能技术在制造业中展现出的价值不具备说服力

首先，在研发设计环节，制造业对测试结果具有高精确性要求，但仿真结果仅具有参考性。其次，在生产制造环节，由于最终生产出来的产物都是实物，基于实物的生产与质检远比通过其他方式进行模拟更为简单、有效；另外，现有网络设施可以满足当前生产需求，企业目前无法确定 5G 或其他信息化建设是否会给生产带来明显的效益。然后，在实际检测过程中，通过机器检测所耗费的时间甚至远远高于人工检测所耗费的时间，例如，对于人工目检只需 2 秒的产品检测流程，换成机器检测则需耗费 30 秒（皮特潘，2021）。最后，在市场营销环节，基于历史数据的回归预测在现实工作中起到的支撑效果并不明显。然而，工业人工智能建设的价值只有在提升价值链迈向中高端水平或转型升级补齐短板过程中的需求恰好与人工智能所具有的优势相匹配时，才会得以体现。

5. 企业缺少工业人工智能改建的动力

从微观角度上看，生产制造环节的部分工艺对精确度的要求并不高，同时客户也并未提出基于人工智能的生产需求，企业现有的传统生产模式即可满足生产的需求。另外，对于 B2B 的制造业而言，企业用户成分单一且不涉及海量用户大数据，无须用到大数据分析方法，也就不存在需靠人工智能解决问题的痛点。

从宏观角度上看，现阶段人工智能的普及程度并不高。较低的人工智能普及程度导致企业普遍缺少建设人工智能的意识与动力。而工业人工智能建设又必须是多方协作共同建设的结果，只有当大多数人具备工业人工智能建设的意识时，这项工作才会真正落地。另外，受人工智能的普及程度及发展程度的限制，国内制造业缺少人工智能建设的相关经验，即便企业具备了建设人工智能的意向，落到实际建设中，也面临不知该如何建设的问题。

11.6 工业人工智能的建设势必会对伦理道德产生冲击

1. 工业人工智能的建设将会造成人员失业

伦理与社会秩序也是阻碍工业人工智能建设的重要因素。制造业为社会提供大量的工作机会，承担着缓解就业压力的责任，当工业人工智能成为现实后，势必会导致大批人员失业，打破社会平衡。

2. 工业人工智能的建设增大了隐私泄露的风险

企业在进行研发设计及市场营销的过程中，往往会根据用户喜好来定位产品性能，制定营销策略，故高度依赖对消费者数据的分析。一旦工业人工智能开始普及，通过获取用户更多的信息以构建更精确的算法模型必将成为促使企业在竞争市场中占领高地的关键要素之一，在这一过程中不可避免地出现通过探索用户隐私以获取用户信息的行为，因此，消费者通过让渡隐私权获取相应收益的行为必将受到多方鼓励（周程，2018）。随着人工智能技术的发展，这些主动提供的个人信息、不经意间暴露的个人信息以及被非法窃取的个人信息一并成为可能泄露隐私的来源，面临着极大的被应用于牟利的风险，而这些信息在推动工业人工智能发展的同时，也带来了严重的社会伦理问题。

3. 工业人工智能的建设将强化人对机器的依赖

人工智能将会使社会的信息和知识加工处理能力被显著放大，信息和知识的冗余反而使人陷入选择困境（袁勇，2019）。随着企业工业人工智能实施的不断推进，人参与社会互动的次数和范围将逐渐缩小，相反，应用于机器上的人工智能技术将越来越多地介入知识的生产中。随着机器智能化程度的逐渐提升，知识与机器间的关系越来越密切，而知识与人的需求之间的关系将变得越来越间接，当人工智能发展到某一程度时，甚至可能会反过来支配人的需求。

11.7 对策与建议

第一，推动工业数据标准制定与应用，加强数据安全保护体系建设。强化工业大数据的保护机制，引导企业研究制定工业数据的行业标准，促进数据的开放与共享。构建生产制造环节的工业大数据库，在制造业领域加强数据获取和整合，以企业私有数据库为基础，打造全球领先和规模最大的制造业大数据库，并逐步形成自主标准体系，提高人工智能的安全性和稳定性（邓洲，2018）。

第二，加强人工智能核心技术攻关（孙立，2020），联合领先互联网企业、重点高校研究室和制造企业组建人工智能实验室，以产学研合作等方式聚焦任务导向型、战略性前沿基础技术的研究，加强在大数据智能、人机混合智能、群体智能、自主协同等方面的基础理论研究，致力突破信息技术、人工智能、核心芯片、基础软件等领域的技术瓶颈。

第三，政府加大资金投入，通过技术改造贷款贴息、搬迁补助、职工安置补助、加速折旧、产业引导基金投资等方式支持和鼓励企业进行工业人工智能建设（沈恒超，2019）；另外，注重复合型技术人才的培养，从整个行业和企业自身出发，创新人才培养模式，解决复合型人才匮乏的难题。

第四，促进人工智能在制造业领域的应用研究和模式推广，通过树立标杆，推动有条件的龙头企业先行先试，形成示范效应，带动中小型企业跟进，推动规模化的工业人工智能的应用与建设（范灵俊，2018）。

第五，建立适当的机制，准确衡量人工智能发展带来的道德伦理、法律法规及社会影响，对人工智能与制造业深度融合直接形成冲击的相关学科进行调整，减小招生数量规模，同时提高技能型和知识型职业教育的比重（刘伟，2017），最大限度地降低工业人工智能建设对社会就业结构的冲击。

参 考 文 献

邓洲. 2018. 促进人工智能与制造业深度融合发展的难点及政策建议[J]. 经济纵横，（8）：41-49.
范灵俊. 2018. 发展工业互联网的难点和对策[J]. 互联网经济，（11）：46-51.
黄令. 2020. 人工智能技术在制造业领域的研究概述[J]. 轻纺工业与技术，49（10）：124-125.
刘伟. 2017. 大数据思维视阈下的高等教育治理变革[J]. 内蒙古社会科学汉文版，（1）：146-150.
皮特潘. 2021. 工业界 AI 项目落地有多难[EB/OL]. [2021-03-31]. https://mp.weixin.qq.com/s/6tZlqn-b2yLFYTCxx9_Pzw.
沈恒超. 2019. 制造业数字化转型的难点与对策[J]. 智慧中国，（6）：57-59.
孙立. 2020. 工业大数据驱动下"制造业＋互联网"融合与创新研究[J]. 电子商务，（9）：19-20.
袁勇. 2019. 人工智能伦理三问[EB/OL]. [2021-03-31]. https://guancha.gmw.cn/2019-04/05/content_32719012.htm.
周程. 2018. 人工智能带来的伦理与社会挑战[J]. 人民论坛，（2）：26-28.

第四部分

工业人工智能的应用案例

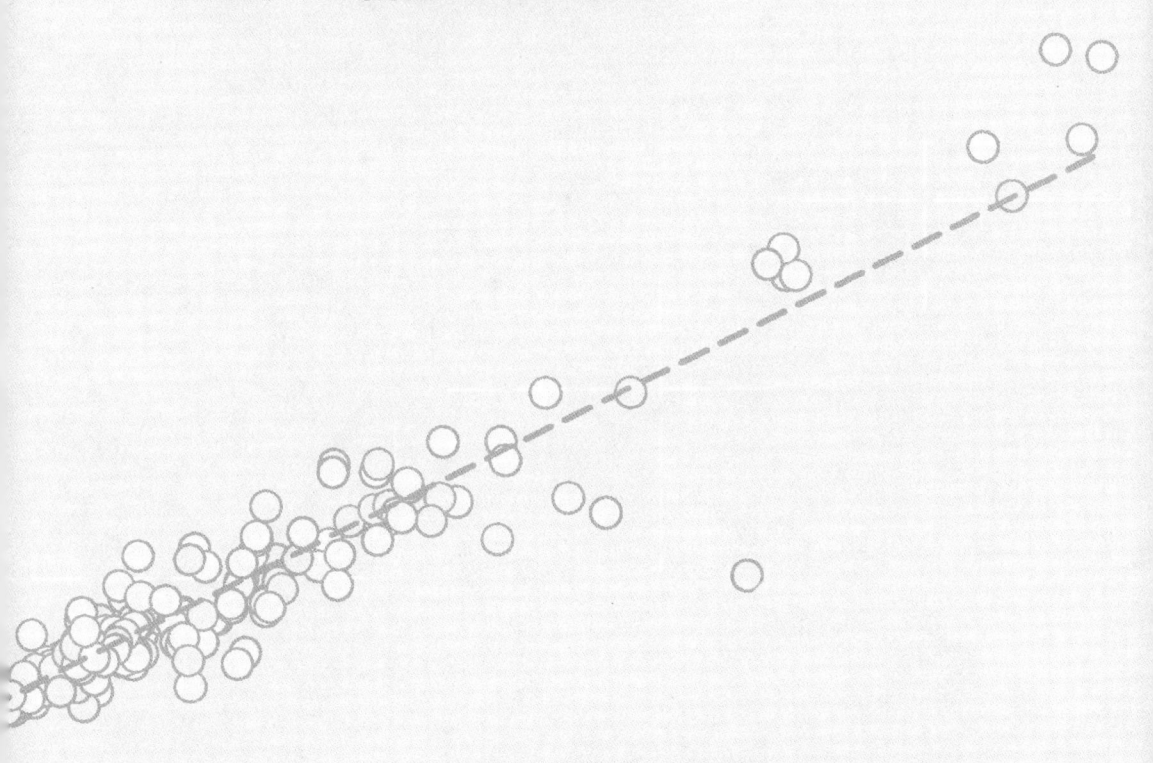

第 12 章
能源、冶金及化工行业案例

12.1 能源、冶金及化工行业背景特征

能源、冶金及化学工业是世界经济发展的至关重要的工业部门，在我国通常将能源工业（主要包括煤炭、石油和电力）、冶金工业、基本化学工业以及部分机械工业统称为基础工业。基础工业在全球工业生产与发展中都扮演着重要角色，对其他的工业部门特别是重工业起到了物质技术基础的作用，也是全球工业生产总值的重要贡献者。以化学工业为例，化学协会国际理事会（The International Council of Chemical Associations，ICCA）2019 年 3 月 11 日发布的关于化学工业对全球经济的贡献的分析报告指出，2018 年化学工业领域为全球 GDP 贡献了 5.7 万亿美元的产值，为全球提供了 1.2 亿个就业机会。作为基础工业，能源、冶金及化学工业对制造工业及生产消费资料部门（如通信制造领域、生物健康领域、航空航天领域、食品工业等）发挥着支柱性的作用。与其他产业不同，基础工业产业的工业化在生产及销售流程中非常复杂且各流程相互渗透，因此更需要对流程进行科学管理。同时，基础工业产品往往大宗且对环境有一定的危害，运输过程必须要保证安全。然而，安全性的保证通常会对供应链的灵活性产生限制，并对运输环境的安全性有较高的要求。

基础工业需要较多的装备，生产建设周期长，耗用资金多等，属于资产密集型产业，其中主要资产的生命周期大多在 20～30 年，甚至更长。例如，在化工领域，欧洲化学工业理事会的调查显示，目前欧洲的化工产品的产量逐渐减少，与其他大陆的化工产品产量对比也相对大幅萎缩，欧洲大部分的化工生产线被转移到了中东、远东和海湾地区。随着化工产业的下游制造业逐渐走出欧洲，面向全球市场，客户在产品方面的要求也逐渐提高，例如在产品的可追溯性、生产过程的合规性、产品的附加值方面提出要求。这些变化为基础性产业带来挑战的同时，也为新一轮的基础工业技术革新创造了机会。

除增长变缓及客户不断提高的需求外，激烈的市场竞争，生产及运输过程的监管障碍也成为企业面临的挑战。为了在市场竞争中占据领先地位，基础性工业企业必须对其业务流程及技术进行全方位改革。人工智能技术的发展为能源、冶

金和化工领域的企业实现智能化转型升级提供了重要的技术支持,有助于解决基础工业面临的瓶颈问题。人工智能是控制理论的一个分支,是计算机科学的延伸,在基础工业的应用场景越来越广泛。因此,本章将针对石油、煤炭等能源工业,冶金工业及化学工业的相关人工智能应用案例进行分析,剖析人工智能技术在该行业中的应用原理及应用现状。

12.2　石油行业工业人工智能应用

12.2.1　石油工业行业特征

世界油价持续低迷为全球石油工业的发展带来了深远的影响和挑战,降本增效成为石油企业提升核心竞争力的关键因素,而人工智能技术则是帮助企业实现智能化转型的有效途径。工业人工智能技术在石油企业的降本增效、产品升级以及安全环保等方面具有广阔的应用前景,以智能化的手段助力石油企业提升核心竞争力。埃森哲(Accenture)在《技术愿景2019》报告中指出,在众多新兴科技中,人工智能技术对油气企业的影响最为显著,这也是油气行业发展的必然趋势(埃森哲,2019)。

12.2.2　应用原理及应用现状

人工智能与石油工业全产业链都可以进行紧密的融合,从上游的智能勘探、智能油田,到中下游的智能炼化、智能物流及储存,再到经营管理方面等都有着广泛的应用。

1. 上游领域

智能油田是大数据及智能算法、机器学习等人工智能技术在石油工业上游产业的典型应用,其具有强大的实时分析能力,超常稳定性及可重复性等性能,因此在油田地质分析、优化钻井作业及油藏预测等方面具有明显的优势。具体指利用先进的智能技术及传感设备对油井进行智能化改造,实时采集并监测井下工况及压力、温度等数据,采取大数据分析技术对回传地面的数据进行分析。通过机器学习及智能算法等,对井下情况做出判断与决策,并对油气井进行自动化控制,保证了油田的互联互通以及数据和各个系统之间的有效整合。

具体地,智能油田对人工智能技术的应用主要体现在以下几个方面。

大数据分析技术。大型油田每个时间段都会传回大量的井下实时数据,由不同的传感器进行采集，这些数据多为多源异构数据，因此加大了对油田生产状况的数据分析的难度。大数据技术能够融合多源异构数据并对其进行清洗、整合、分析与处理，并通过智能化平台传递数据处理结果并进行可视化表达。目前大数据分析技术主要用于对智能油井异常状况的自动识别与智能诊断，能够帮助油田管理者对井下复杂工况的研判和处理，构建一系列能够快速反馈的机器学习模型，提升油田的整体管理水平。

机器学习。利用机器学习中所涵盖的深度学习算法可对地震资料进行解释，并且可以根据产油量、产气量及压力数据等合理预测单个智能井及整个油田的生产状况，以深度学习训练网络作为驱动模型明确油田的配产需求（李阳等，2020）。此外，机器学习在优化钻井作业、岩相分析、预测性维护、测井曲线解释等油气勘探工作中均有着广泛的应用。通过利用机器学习对地震数据进行学习并生成迭代改进的分析模型，企业可以快速地对油藏状况进行分析，并准确预测地下状况，提高油藏的预测精度和钻井效率。

智能优化模型。对复杂的油藏系统进行生产动态历史拟合与数值模拟，利用智能优化模型对生产开发方案以及油田工程技术措施等进行提升和优化，从而更高效地模拟、分析复杂油藏系统。此外，构建代理模型等方法能够帮助智能油田筛选最佳经济价值方案，实现油田开发的优化升级。

2. 中下游领域

对于中下游领域的智能炼化来说，人工智能技术的应用不仅体现在智能技术与生产工艺的深度融合，在供应链管理方面也起着重要的作用，涵盖了原油的选择、贸易与运输、炼化生产、储存、物流到产品销售的全方位智能化管理。在横向供应链管理方面，运用人工智能技术对供应计划、需求计划、生产计划、原料供应、产品配送等进行分析，能够准确预测库存、进料和产品产量，能够迅速地对生产做出智能的优化与调整，从而提高物料平衡的准确性，使炼化企业能够更快地应对市场响应。

管线运输石油产品及其衍生物，一旦发生泄漏将产生严重的环境问题并危害公共安全，因此建设智能管道，实现管线数据的标准化、智能化及可视化对于石油化工的智能化也十分关键。智能管线系统是实现管线智能化管理的有力抓手，在管线调度运行、风险及异常管理、油品泄漏检测监控等方面起到了重要的作用，致力于管线管理的生产运行监控、风险隐患监管及异常事件快速响应。全球的石油公司对智能管线建设中的物联网及人工智能技术进行了研究和探索，这在管道泄漏检测、管网负荷预测、管道安全监控及优化管线运行效率等方面发挥了关键的作用，未来将在建设统一的管线数据管理平台、打破信息孤岛状况等问题上进行进一步的规划和筹备。

3. 经营管理领域

以石油产品的销售为例，最典型也最接近生活的就是加油站，这也属于成品油销售的末端产业。人工智能背景下的加油站将以客户为导向，利用大数据技术对用户的需求数据等进行采集，实现精准化营销和更加人性化的服务。通过对用户数据及消费数据的充分挖掘与分析，采取智能优化算法、流程优化等智能化手段改善加油站的油品管理及设备管理等工作，提升加油站的服务质量及运营水平，有助于改善加油站的整体运营效益，提升顾客满意度及顾客黏性。搭建智慧加油站管理系统，通过抓取系统数据（如加油卡系统、POS 机系统及会员系统）、车辆信息（如车牌信息）、消费者信息以及外部平台信息并进行数据分析，把握消费者的基本信息、消费习惯、车辆信息等，从而更好地实现客户信息的统一管理，展现以顾客为中心的加油站服务体系。图 12-1 为石油工业销售领域的智能服务系统示意图。

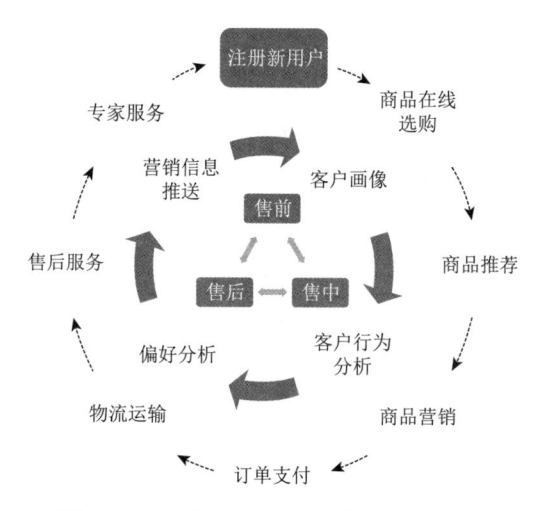

图 12-1 石油工业销售领域智能服务系统

12.2.3 案例分析

在人工智能浪潮席卷全球之际，国内外知名石油公司也纷纷加入了发展人工智能技术与石油产业深度融合的行列。下面将结合石油工业产业链，对国内外工业人工智能在石油企业应用的具体案例进行分析。

1. 上游产业应用

中国海油集团（简称中海油）是我国海上最大的石油生产商，在智能油田建设的过程中，吸收了国内外众多先进人工智能技术来提升核心业务的水平及能力，如利用智能算法对钻井设备的预防性检测与维护。在海上油田钻井方面，通过智能算法及集成系统对实时采集并传输的钻井数据进行建模分析，对钻井过程中的风险进行预测并采取实时分级的监控和预警。通过对风险的有效把控，中海油将单井非生产时间降低了 10%，提效 0.5%，借助这一人工智能技术预计国内油井每年可节约成本达 1.77 亿元。中海油集团采用了一系列的智能化管理系统对石油开采、设备维护、油井监控及油气输送等环节进行分析和管理，包括智能设备健康评估系统、智能采油系统、智能分注分采系统、智能油气集输系统等（王同良，2020）。

其中，智能设备健康评估系统能够实现对海上燃气机机组的预测性维护和检测。该系统采集机组全参数并进行大数据分析，随后在用户界面上呈现和反馈数据分析结果，帮助设备管理人员及时对燃气机机组进行干预和检修。预计该系统将为中国海油集团每年减少约 9% 的设备维护成本。曹妃甸作业公司运用智能采油系统已经基本实现了电潜泵设备的预测性维护，此举降低了 1/3 的由于设备维护所浪费的生产时间，同时降低了约 20% 的设备维护成本。此外，智能分注分采系统也能够帮助控制高含水区的含水量，提升中海油油田的石油开采的效率，并能够实现对注水井、采油井的智能化管理。智能油气集输系统可以通过智能算法分析输送规则等历史数据生成分析模型，并借助模型对异常事件、输送线路进行数值模拟来预测分析并生成预警提示，形成集运行监控、异常预警、模拟分析、方案优化、全网调控等环节为一体的业务闭环。种种人工智能系统及技术的运用促进了中国海油集团"降本增效"目标的实现。

2. 中下游领域

在智能炼化领域，中国海油集团运用生产工艺实时优化（Real Time Optimization，RTO）系统中的智能分析手段，实现了装置能耗的降低并提高了芳烃类产品的生产率，通过该 RTO 系统中海油炼厂每年可提升 2000 余万元的盈利。在编制调度排产计划方面，生产优化系统也发挥了巨大的作用，系统中的智能算法对原油调和优化和调度排产优化进行数值模拟和计算，根据系统计算结果编制二次加工装置计划和调度排产计划，助力中海油实现了智能化的排产和调度。此外，ADNOC 公司也将机器人和无人机等技术运用到采油设备及输送管线的检查和监测过程中，形成了低成本、高效率并且安全智能的巡检模式。传统环境下，石油工业中设备和管线维护一直采用人工实地查看的方式，但存在有毒气体泄漏等安全隐患。因此，人工智能和深度学习等技术的运用将很大程度地改善这一问题，管道巡检效率较传统方式提升 6~7 倍。

在石化运输方面，5G 等先进的通信技术与人工智能的组合也大大提升了石化产品的运输安全性和运输效率。目前在辽宁盘锦已建成了16条、总长度达365千米的智慧石化运输公路，借助5G技术实现了石化运输车辆与运输路程的协同、高效的智能化管理。智慧石化运输公路通过智慧交通平台以及5G通信传输技术能够精确地定位、跟踪石化等危险品的运输车辆，对路网进行实时调度，保障了运输过程的安全、高效。利用加装在智慧石化运输公路上的AI高清摄像头等设备，以及低时延、广连接的5G技术，可以让监管部门和运输公司了解到车辆的具体位置和行驶状态，并对运输路况进行实时的掌握与判断，以最大限度地实现提前预判与风险规避。智慧石化运输公路是石油工业产业链下游智慧化运营的体现，能够科学有效保障危化品运输安全，依托智慧石化运输公路，盘锦将创建东北区域最大的危化品产业聚集中心。

3. 经营管理领域

大数据分析技术大规模地应用于油气销售，如中国海油集团将大数据分析技术和新一代互联网营销手段应用于销售环节，并通过物流大数据分析系统对海量交通数据进行实时分析，为加油站或天然气站提供全国范围内各高速、国道的各类重卡车流量等数据分析结果，助力销售人员挖掘潜在客户。通过大数据分析及互联网营销，中海油吸纳会员超过53.3万人，直接或间接带动销售金额达7000万元。在销售领域，中国石化集团以"综合服务站"为目标建设智能加油站，采用新一代人工智能技术试点无人加油站、无人便利店等理念，对油品和非油品的销售进行全面升级。目前已在北京、江苏和广东等地展开了试点工作，已经具备了车牌识别、智慧支付、数字营销等服务能力，这对增加客户黏性，提升客户对加油站的使用体验和满意度有着积极的影响。2018年，中国石化集团也借助智能机器人等技术对客户服务进行改进，用智能机器人代替一部分人工来完成回访、引导、咨询、值班等业务。同时采用知识管理和知识图谱等理论构建智能知识库，并对服务评价、监督等实行智能化管理，旨在更加精细化地描绘客户画像，全面捕捉客户意图与潜能，实现精准营销并提升销售效益（李剑峰，2020）。

在销售领域，中国石化集团以"综合服务站"为目标建设智能加油站，如图12-2所示。

12.3 冶金行业工业人工智能

12.3.1 冶金工业行业特征

冶金工业作为传统典型的重工业，经历了多年粗放式的高速发展，存在"高产量、高成本、低价格、低效益"的特点，目前亟须向高质量、精细化生产的方

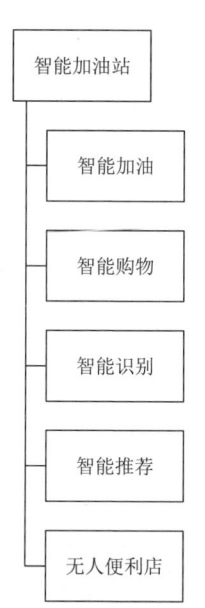

图 12-2　智能加油站服务建设

向迈进。以我国钢铁企业为例，外部环境上钢铁工业受上游原材料行业和下游钢铁产品深加工行业的双重影响，内在因素则包括产品品类和质量问题、高能耗问题以及生产管控问题等。

大数据技术、云计算及人工智能的发展为解决冶金工业在产品生产中多尺度、多变量、非线性和不确定的问题提供了新的思路与途径。冶金企业在生产过程中采集并积累了海量的多源异构数据，但缺乏对其深层次的分析与挖掘。借助新一代智能技术对数据加以利用已成为目前冶金工业关注的热点，这对实现智能、高效、协同的冶金产业链具有重要的现实意义。

12.3.2　应用原理及应用现状

对于冶金工业，各类型产品的生产环节有所不同，但大多具有连续化生产、工艺流程复杂、设备价值高以及高温高压等特点，同时生产过程中能耗较高，存在生产废料废渣的污染以及人员安全等问题（陈百红等，2020）。借助人工智能技术，冶金企业在生产过程中能够实现技术创新、高效研发、稳定生产、提升质量，同时建立能源效率成本综合管理体系及柔性的组织管理制度，力图达到绿色、环保、安全生产，进而提高企业的核心竞争力。

人工智能技术将促使传统行业发生变革，最终使各生产工序实现无人操作，各工序形成协同生产。目前，人工智能在冶金行业的应用主要包括以下几个方面。

（1）智能成本管控。以钢铁行业为例，铁水成本主要取决于烧结配料及高炉配料方案的价格，同时还要能够满足冶炼性能需求，高性价比的配料方案能够为钢铁企业降低成本并增加生产效益。针对钢铁生产中的炼铁原料采购及烧结高炉配料问题，通过建立数学模型并使用智能优化算法和深度学习算法进行求解，不仅降低了铁水配比成本，同时综合考虑烧结及高炉生产的工艺要求，以及钢铁的生产质量。

（2）产品工艺优化。借助数字孪生理念的大数据+模型的分析方法，实现智能生产协同化和管理体系优化。冶金企业在生产过程中存在连续、离散、半连续并存的情况，较为复杂，并且在生产过程中多是半结构和非结构化问题，优化处理的难度较大。通过基于数值模拟和建模分析可以很好地对产品工艺进行优化并达到生产控制一体化，如图 12-3 所示。

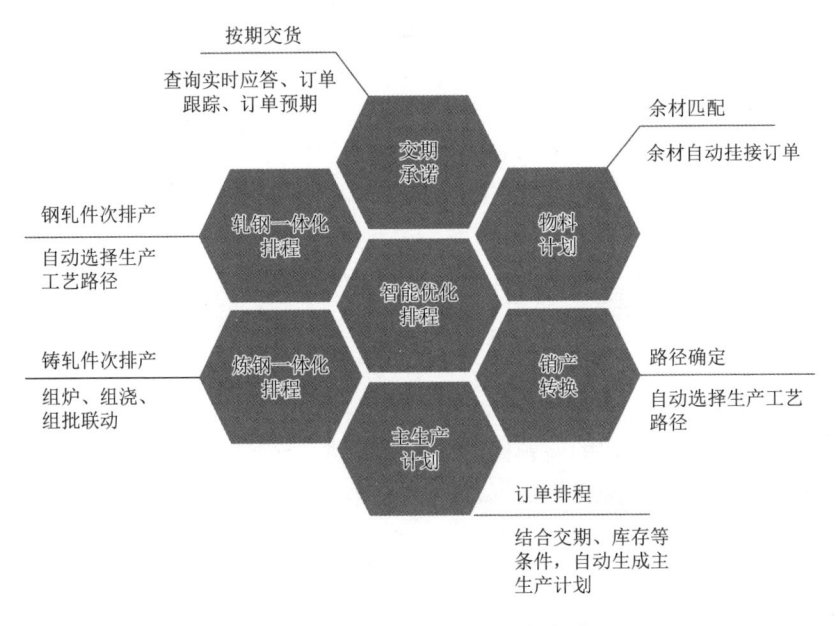

图 12-3　钢铁行业生产管控智能化

（3）质量管控。借助模糊推理理论，识别风险及诊断问题，对冶金生产过程进行控制等。在钢铁领域尤其是钢板生产中，模糊推理方法能够发挥巨大作用。受诸多因素的影响，钢板生产过程中版型控制难度较大，传统生产过程中多采用 PID 控制，即结合比例（Proportional）、积分（Integral）和微分（Differential）三种环节于一体的控制算法，其很难满足版型控制的质量及要求。而在控制系统中融入模糊理论后，可以很好地解决版型控制问题。同时，模糊理论在冶金产品缺陷控制中也具有明显的优势。冶金及钢铁工业中许多产品工艺特征的描述不精准，通过应用模糊理论可以很好地解决工业生产过程中的模糊不确定问题，合理控制缺陷发生的范围，从而提高工业生产效率（王龙等，2021）。

(4) 生产过程一体化。智能化的生产计划和调度对钢铁企业的高效协调生产和节能降耗有着重要的实际意义，也是实现智能制造的关键所在。但是，大多数冶金企业的生产流程具有设备种类繁多、工序复杂、产品结构多样化等特点，因此不确定因素和干扰问题也更加复杂多样。针对钢铁企业生产计划和调度问题，通过将人工智能技术与钢铁生产工艺规则相结合，设计并实施基于智能优化算法的生产计划与排产系统，综合考虑各个环节对生产排程的约束条件，有效避免冶金工业生产中不确定性的影响。在应用中可帮助冶金企业实现产销一体化等计划，对冶金全供应链进行优化，强化计划、任务、资源、设备及物流的协同能力，达到批量计划、提高生产组织效率的目的。

(5) 生产设备智能化管理。借助智能识别系统及数据可视化，对设备运行状态及维护、环保的问题进行精细化管理。钢包主要用于承接钢水以及浇注作业等，因为其密闭性的结构很难对生产中的参数进行控制。基于物联网技术，百度公司开发的智能钢包识别系统对传统钢包进行改造升级，新型的智能钢包通过加装在钢包上的传感器能够实时采集钢包的运转温度、压力数据。通过热成像及计算机视觉技术实现数据的可视化，直观展示了钢包运行时的实时参数信息与运行状况，实现了智能化感知、智能化分析、智能化呈现，进而完成对钢包的智能化管理（杜文奎，2019）。

(6) 能耗管理及安全管控。冶金工业作为高能耗的重工业，解决好能耗问题对于控制生产成本至关重要。冶金企业借助大数据分析平台对实时能耗数据进行实时分析，全面监管与重点控制，通过大数据分析做到企业能耗的智能化管理、平衡和优化。这样不仅能够节能降耗，提高能源的利用效率，同时也能降低资源和环境成本，实现环保与增效双赢。

(7) 智能物流与营销。冶金产品大多有很大的体积和数量，需要对仓储、物流等环节进行智能化管理。利用 5G 等移动通信技术和 GPS、GIS 等移动定位技术，实现大宗原料及产品的智能调度。并通过传感器及物联网技术，实现冶金矿石原料及产成品的实时定位，加速物资周转。并通过高清摄像头等实现物流运输过程可视化及实时监控，提升客户服务满意度。此外，数据挖掘等技术可以帮助冶金企业精准定位潜在客户群体，为客户提供快捷、及时和个性化服务；为企业提供市场发展趋势预测、原料或产品价格走势分析、客户需求预测等服务，实现精准与智能营销。

12.3.3 案例分析

攀钢公司隶属鞍钢集团，是依托攀西地区丰富的钒钛磁铁矿资源，依靠自主创新建设发展起来的特大型钒钛钢铁企业集团。在生产中，攀钢公司在生产和管理中广泛应用人工智能技术，联合阿里云、积微物联、星云智联等互联网企业启动了"钢铁大脑"项目,推动大数据、物联网等人工智能技术在钢铁行业中落地,起到了很好的示范性作用。目前"钢铁大脑"智能模型已于 2019 年 4 月在云端成功上线,在降低原料消耗、实现成本管控等方面取得了显著成效。下面将对鞍钢集团实施人工智能技术的典型应用进行案例分析。

"钢铁大脑"项目位于在攀钢西昌钢钒炼钢厂内,是国内钢铁行业首家实现在线智能炼钢的项目。该项目旨在为钢铁生产过程装上智能"大脑",用人工智能技术代替人工对钢铁生产流程进行管理和控制。通过实施数据采集、数学建模和智能优化算法,力图减少钢铁生产过程中的能源、原料浪费,以及解决低效率生产和产品质量问题。

1. 智能在线炼钢

钢铁生产中要经历加料、造渣、出渣等多道工序,并且这些数据属于多源异构数据,无法串联起来为上层算法提供支撑和依据。因此,在数据采集的过程中并不是简单地对数据进行复制,而是需要对数据进行"清洗"和"重建"后进行传输并分析。在西昌钢钒的示范基地,钢铁生产设备及过程管控等相关数据,都需要经过二次处理和基础数学建模后才能被分析并指导生产。积微物联作为智能化技术指导完成了数据采集、搭建转炉炼钢模型,并设计了数据可视化、集成生产报表等功能模块。基于此,生产过程中的数据和影像资料在被处理后传送到阿里云端、现场控制 PC 端以及手机 APP 中,实现了数据的多元呈现。通过数据的充分交互,各生产环节实现了一体化及协同运转。传统生产中,钢铁生产多依赖工人手工计算及生产经验。"钢铁大脑"项目上线后,各个生产环节都有数据作为依据和参考,现场工人在 PC 端控制系统中输入云端传回的生产参数,可以控制脱硫等生产流程的无人化智能操作,实现在线智能炼钢。

2. 降低钢铁原料损耗

围绕降低炼钢钢铁原料消耗这一目标,"钢铁大脑"项目的相关技术人员除开发了脱硫工序的大数据模型外,针对精炼、连铸等生产环节陆续搭建了十余个大数据 + 机理模型,通过智能优化算法等计算出影响炼钢工艺、物料消耗的关键因素,以及生产控制的最优参数。运用数据挖掘及大数据分析技术,结合人工智能模型,对每道工序进行参数推优。据估算,西昌钢钒炼钢厂每生产一吨钢,大约可节约一公斤以上的钢铁原料,预计每年炼钢成本节约数额可达 1700 万元左右,真正实现了帮助钢铁企业降本增效的目的。

3. 智能判定钢材表面缺陷

传统钢材生产中多采用人工的方式对钢板或钢卷表面的质量缺陷进行识别和

鉴定，但由于标准理解差异和工作经验等主观干扰因素的影响，人工判定存在判定结果不稳定、波动大、不能持续等问题，难以保证成品钢材质量检验的结果和水平，进而会造成隐形成本高的质量风险。为实现数据检验的准确性，"钢铁大脑"开发团队采集了大量的钢材表面质量的各种缺陷情况，并将这些典型质量问题通过人工的方式进行原因判定并收集检验依据，与现场实践经验有机汇集，最终形成完整的数据分析体系内置到智能系统中（图 12-4）。借助"钢铁大脑"系统，可以对成品钢材的表面缺陷问题进行自动检测，做到了上线至今未发生一起表面质量异议，强有力地提升了钢材质量检测准确率。

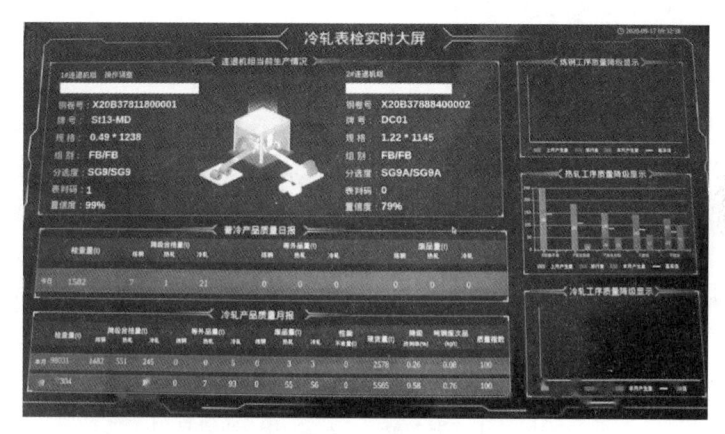

图 12-4　质量检验实时监控大屏

4. 智能远程监控

西昌钢钒炼钢厂在生产线上安装了数以万计的传感器，区别于传统情况下的只收集、不分析，这些传感器回传的各个生产环节的各项数据可以即时呈现在智能技术支持的大屏幕上，积微物联的相关技术人员可以对数据进行分析并将数据分析结果反馈至生产管理部门和现场车间，通过智能化手段优化工艺、服务生产。此外，即使远在千里之外，生产管理者通过手机"钢铁大脑"APP，都可以查看当天生产车间的炼钢实时状况，浏览关键生产指标，并做出相关的管理决策。"钢铁大脑"实现远程监控这一举措也被评为"2019 年工业互联网 APP 优秀解决方案"，这也被专业人士称为"为传统钢铁企业装上工业大脑"。

5. 智能物料运送

物料运送是冶金工业生产过程中重要的组成部分，也是实现生产线智能化的关键所在。在攀钢集团攀枝花钒厂，钒氮合金智能生产线采用无人吊车、自动导引车（AGV）、叉车等物料运送设备，实现机械臂自主卸料进而完成生产物料的自动运转。

整个钒氮合金智能生产线融合了人工智能、工业网关、数字仿真等先进技术,在生产过程中仅需 2 名工人在可视化远程集控中心进行操作。在钒成品制造完成后,利用自动化的包装线完成后续钒氮合金产品的自动破碎、输送、粗称和封口等步骤。攀枝花钒厂通过打造钒氮合金智能生产线,实现钒氮合金产品的智慧物联传输、生产物料自主转运、产品自动包装、全线远程可视集控,达到了无人化、可视化、智能化的生产水平,在钒生产领域处于全国领先的位置。

12.4 化工行业工业人工智能应用

12.4.1 化学工业行业特征

智能化高速发展的今天,全球化学工业也借助人工智能等技术朝着智能化方向迈进。在化学工业中,人工智能的应用多聚焦在化工安全、生产、运营和环保等方面,依托物联网及大数据等智能技术对复杂场景进行智能化的改造。基于此,全球化工企业都在积极地探索和应用人工智能技术,以期实现化学工业企业的智能化感知、产量预测、生产协同及一体化、数据分析、成本控制和整体的优化升级(何德颂和汪志伟,2018),如图 12-5 所示。由此可以看出,人工智能技术已经成为化工行业转型升级的催化剂。

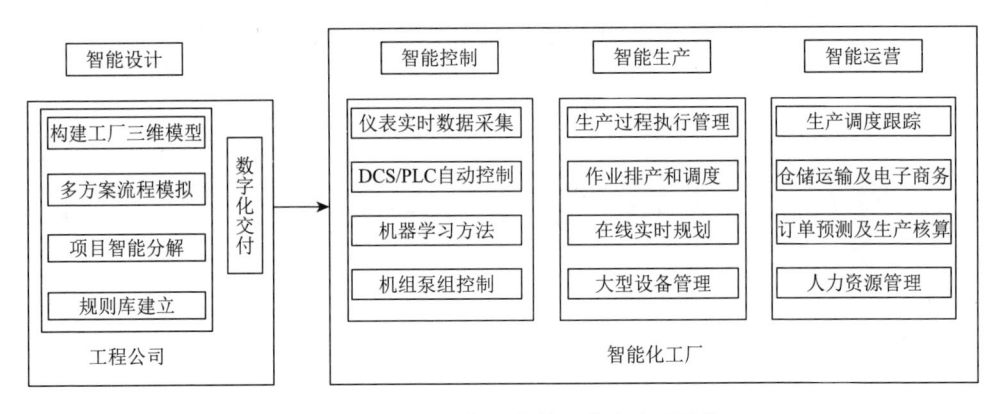

图 12-5 基于人工智能的化工生产应用结构

12.4.2 应用原理及应用现状

1. 人工智能在化学工业技术研发方面应用

目前,在化工技术及新材料研发领域,机器学习算法、智能机器人、计算机视觉等人工智能技术能帮助化工企业提高生产及研发的效率。化工行业的生产流程及工艺大多非常复杂,同时需要根据订单需求对已有的生产线进行改进,应用机器学习及深度学习算法可以有效地优化化工产品的生产流程。同时，神经网络等深度学习算法在计算高维度、非线性的复杂问题以及进行特征提取时具有强大的优势，因此在药物分子性能预测与分子筛选等方面具有广阔的应用空间。此外，利用大数据分析技术可以实现快速地将有机物和无机物进行标识归纳及系统分类，完成对石油、化纤数据的查询及清洗等工作。

化工领域是最早使用机器人帮助生产的工业领域之一，将智能机器人技术与计算机视觉进行深度融合，应用在新材料研发领域可以做到精确地描绘材料成分、结构、性质等。此外，作为人工智能技术中的基础建设之一，部分化工企业将云计算技术运用于新材料研发中，借助云端提供的动态数据资源来帮助构建新材料的预测模型。

2. 人工智能在化工生产安全方面的应用

化学生产过程中一旦发生事故，后果将极其严重，如何使用人工智能技术来帮助化工企业降低安全风险，已经成为目前化工行业的研究重点。安全生产是化工行业的重中之重，然而人工检查受到天气及环境、工作经验等因素的影响，在一定程度上削弱了安全检查的准确性。为解决化工生产过程中存在的安全隐患问题，政府机构对危险化学品的生产、存储、运输和销售都设置了安全规定与行业标准，并督促化工企业完善危险化学品的安全监管、风险评估、事故预测与模拟事故处理的智能化应急反应系统。因此，化工安全人工智能解决方案也成为人工智能应用的热点需求之一（刘浩等，2021）。

在化工生产中，运用人工智能技术可以对化工生产环节进行实时的监控和感知，例如，借助计算机视觉技术对危险品状态及储存危险品容器状态进行监测，采用图像识别等方法捕捉并辨识工厂内或生产线上潜在的安全生产隐患，观测工人的操作行为及相关的生产过程，并将数据回传、反馈。在观测数据回传到控制系统后，系统将对数据进行清洗、归纳，随后运用机器学习、深度学习等算法对数据进行分析建模，进一步识别、预测安全风险，从而辅助安全生产。

此外，化工生产中反应容器内温度过高或压力过大都会对设备造成损害，如果发生泄漏等问题则会危及生产安全。化工企业可以通过加装在生产设备上的智能传感器，对化工生产的容器温度、压力等数据进行收集，随后同步上传到物联网系统对这些生产数据进行分析。若分析结果显示异常，系统可自动或半自动（人工启动）地调动温控、压控等智能程序对反应容器进行调节，使容器乃至整个生产过程恢复正常，确保生产安全。在化工生产中，智能机器人技术多应用于生产操作、安全巡检等过程，利用机器人替代人工进行自动生产可以有效地规避工人操作问题带来的安全风险。如借助智能机器人与化工生产监控平台，可以及时、准确地帮助安全生产监督员确定有毒化学品泄漏的位置，做到实时地监控化工生产线的环境与安全状态，做到对泄漏事件的及时反应与处理。

3. 人工智能在化工企业运营管理方面的应用

化工企业的智能化不仅体现在技术研发和安全管理方面，合理运用智能信息系统对生产运营进行管理也至关重要，可以减少人为因素造成的排产不合理以及订单疏漏等问题。借助生产系统中内置的云存储系统，将客户信息与订单需求、交货时间等上传云端进行系统分类和存储。采用云计算技术对云端存储的数据进行智能化分析，从而辅助企业对现有的生产流程进行合理的规划与调整。在生产排程与调度方面，智能排产系统可以动态捕捉生产中原辅料消耗、订单信息及生产线任务情况等各方面的综合数据，利用系统中的大数据分析技术计算并合理预测新订单的工期、物料用量以及设备工况和折旧等关键数据，并将预测结果与实际生产做出对照与判断。依托机器学习算法等智能数据处理方式，从生产工艺、设备效率、物料成本及人员班组等生产过程的大数据中对调度规则进行计算，并根据结果优化现有的生产计划及人员和成本投入。智能生产系统从下单到生产到发货能够实现高度的自动化与无人化，助力企业提高生产力及生产效率，并可对化工企业的上下游产业起到良好的衔接作用，促进全产业链的一体化。此外，合理的计划排产也可以减少化工企业人力、物力与资金投入，为企业降低成本消耗创造更多的生产回报与利润。由此可见，智能化生产管理系统可以优化企业的生产模式，提升化工生产效率及利润率。

12.4.3 案例分析

1. 巴斯夫一体化生产

巴斯夫（BASF）是德国的化工巨头，也是世界上最大的化工集团之一，其产品范围包括各类化学产品、塑料产品、涂料产品、作物技术及保护产品、原油和天然气等。巴斯夫的子公司遍布全球 90 多个国家，旗下共拥有 6 个一体化（Verbund）的基地和 300 多个生产基地。巴斯夫在"智能工厂"的建设进程中，不仅注重人工智能、物联网及大数据分析技术的应用，更致力于应用智能技术实现工厂的智能化管理。以位于德国路德维希港的一体化基地为例，该基地是全球最大的、由单一公司运营的综合性化工生产基地，也首创了化工生产一体化的理念。一体化被定义为生产工厂、能源流和基础设施的智能互连，这种体系也是巴斯夫最大的优势之一。基于德国路德维希港的经验，一体化的理念也在不断完善后应用于世界各地的生产基地，以实现资源的高效利用。

路德维希港工业园占地 10 平方公里，拥有超过 39000 名员工，是世界上最大的化工园区。这里有 110 个生产设施和 200 个生产工厂实现了内部的互联互通。化工生产的产品和副产品通过 2850 公里的管道、230 公里的铁路和 100 多公里的道路在园区内进行运输和传送。巴斯夫的一体化理念涵盖生产一体化、技术一体化、市场一体化以及数字一体化等几个方面。以生产一体化为例，一套生产装置的废热可作为另一套生产装置的能源，一套生产装置的副产品也可被其他装置用作原料，通过这种废料与原料互相转化的方式实现了各生产单元及能源需求的智能连接。这样不仅降低了生产成本，还减少了污染物及化工废料的排放。巴斯夫生产一体化网络包括能源、物流及基础设施一体化，能源一体化，为基础化学品到消费品的生产提供了可供参考的解决方案。在物流一体化方面，园区内各工厂彼此靠近，因此显著缩短了物料运输的距离，据估计可以每年减少 280000 辆卡车的装载量。此外，巴斯夫的智能供应链计划拥有世界上最大的智能 AGV，这些 AGV 使公司能够以较低的成本更快地为其生产工厂提供产品。以往从订购到使用大型储罐运输原材料将花费 24 小时，但通过启用智能供应链计划及 AGV，成功地将运输时间缩短到了一个小时以内。

此外，在能源方面，生产过程中产生的废热被收集起来并为其他工厂的生产提供能源支持。能源的收集和重复使用使巴斯夫每年节省了约 1900 万兆瓦的能耗，使该工业园区每年可减少 380 万吨的二氧化碳排放量。但是，由于电力价格单位时间的波动较大，如何经济有效地利用电力资源成为一个亟待解决的问题。该公司的智能制造系统能够对电力需求及价格波动进行准确的预测，以减少发电成本。智能制造系统可以实时获取生产工厂在现场提供的蒸汽和废热数据，并根据一年中的停产时间、天气数据、经济指标的历史数据和最新数据等信息，同时计算出电厂需要提供的蒸汽和电力的数量。传统生产过程中，电力需求通常结合生产经验由人工进行计算，目前通过智能制造系统的能源模块，基于大数据分析的统计模型可以计算出更为精确的电力需求量。借助该系统，蒸汽电力需求的预测精确度已经提高了近 60%。

一体化作为一个综合性体系，不仅帮助巴斯夫节省了原材料和能源，降低了废弃物排放量和物流成本，更有助于巴斯夫公司对生产进行控制，并且灵活地应对市场和政策变化带来的冲击，高效的智能化系统为快速、精准的决策提供了有力的支持，充分发挥了协同效应。除了生产以外，一体化理念还贯彻落实到技术、市场和数字化等方面。例如，技术一体化方面体现在将新技术升级整合到生产装置的运行和设计，不断开发新的技术和应用，为此巴斯夫专门成立了新的工程与卓越运营部。技术一体化能够有效利用所有业务领域（如生物科学、催化作用、配方平台）的技术优势，拓展业务和技能宽度、促进技术的创新与进步，增强科研领域的全球影响力。成功实施一体化理念可为巴斯夫在全球范围内每年节约成本超过10亿欧元。由此可以看出，一体化不仅能创造巨大的经济效益，使化工生产降低成本并提升生产效率，同时也实现了更安全、更环保的目标。

2. 巴斯夫人工智能技术应用

除一体化的智能生产体系外，巴斯夫在智能制造领域还开发了一系列智能化解决方案，包括增强现实技术、预测性维护和人员定位系统等，以期利用人工智能技术提高生产效率和生产过程中的有效性，进而提升工厂的生产力和生产的安全性（巴斯夫，2018）。

1）增强现实（AR）技术

AR技术结合了集中式数据和智能移动设备，利用AR技术，生产人员通过工业定制的智能手机和平板电脑等移动设备，获取实时工况数据和生产任务信息，从而更为便捷地掌握日常生产的状况，并且可以对安全生产随时进行检查和指导。现场工作人员可以根据操作说明更便利地了解设备工况并对其进行检测，根据反馈的检测数据对相关问题进行更快速的处理和反应，另外，操作员借助增强现实技术对阀门进行定期检查。收集到的整合数据经过软件分析，可以实时反映现场检测情况，这些检测数据和结果还将直接生成电子报告并呈现在移动设备上，提高了效率，也减少了人为错误。2018年，巴斯夫大中华区18个生产装置成功引进增强现实技术。

2）预测性维护

目前，巴斯夫大中华区的多个生产装置开展了数十个预测性维护项目，预测性维护是利用数千个传感器所组成的物联网，抓取生产装置中实时产生的数据并结合历史数据，对关键性生产设备（如压缩机、涡轮机、泵和热交换器）和流程组件（如重型旋转设备）中的异常情况做出及时反应。能够精确地预测关键部件和单元的维护需求以及最佳的维护时间，从而避免故障产生以及缩短意外维修造成的停工停产时间，减少计划外的维修需求并提高定期检查的效率和准确性，以达到维修与生产之间的有效平衡。

3）人员定位系统

由于化工生产存在一定的危险性，相关工作人员需进行安全培训，获得生产现场的准入资格并佩戴安全防护设备。出于人身安全考虑，对于不符合生产现场准入要求的人员，利用定位系统可有效防止他们进入工厂禁区。巴斯夫大中华区自2017年6月起启动该系统的开发，并于2018年完成了多个试点项目。目前，该系统已在巴斯夫上海漕泾生产基地和江苏省如东县的生产基地推广应用，这一举措也得到了政府的关注和支持，并进行了推广。智能人员定位系统有利于加强化工生产和项目建设期间的人员安全性及安全管理的效率。在发生毒害气体泄漏的紧急情况时，该系统还能够显示危险环境中的人员实时位置信息，帮助生产安全管理者确认疏散过程中工人的位置，提升了人员安全管理水平和紧急情况下的人员疏散的速度及效率。

12.5 煤炭行业工业人工智能应用

12.5.1 煤炭行业特征

煤炭行业作为支柱性能源工业，在几十年间被视为全球能源的"压舱石"，为世界的工业经济发展提供了巨大的支持，尤其在"富煤、贫油、少气"的中国更是如此。随着经济与金融市场持续震荡，全球采矿作业的生产率持续下降，煤炭行业步入了需求增速放缓，产能和库存过剩以及环境制约增强的时期。由于大多数矿山仍在使用传统技术进行开采，难以对成本进行有效的控制并提高生产率。为了将挑战转化为机遇，煤炭行业越来越多地将目光投向与人工智能相关的先进技术方面，意图通过将新一代智能科技与传统煤炭生产工艺创新融合，提升行业整体科技实力、转变煤炭行业传统形象，促进行业提质增效。基于此，煤炭智能化和智慧矿山的概念也应运而生（刘峰，2020）。

12.5.2 应用原理及应用现状

以下将结合 NORCAT 和 Deloitte 合作开发的一系列人工智能技术来对目前人工智能在煤炭工业的应用情况进行简要的介绍。

1. 更快更精确的决策分析

在煤矿勘探中需要处理大量的数据，传统情况下多通过工人手动记录或检查来收集数据。使用新一代传感器设备以及机器学习的技术，能够精确地捕捉地下数据并通过计算为现场提供决策参考。通过人工智能技术能够简化勘探工人的工作流程，并且显著地减少了数据传输、分析和预测的错误值。例如，RockMass Technologies 通过在井下部署高敏感度的传感器设备来捕获实时数据，能够很快地识别岩石表面存在的岩性，地下勘探的工人通过移动设备可以在几分钟之内获取岩石表面的分析结果。数据分析借助了基于人工智能和算法开发的软件，该软件分析数据的速度是当前人工手算方法的 18 倍，可以显著提升计算结果的精确性，从而对勘探过程中潜在风险进行准确、快速的评估。

2. 工人行为智能化管理

人工智能技术可以帮助煤炭工业在勘探过程中更好更快地进行决策分析，减少一线工人在危险的地下环境中的工作时间，这对于改善一线矿工的健康和安全状况，以及加速采矿向"过程主导替代人力主导"的转变至关重要。这部分工作可以借助 NORCAT 和 Deloitte 合作开发的 ThoroughTec 平台进行，该平台利用可穿戴式传感器实时监控工人的行为，生成行为数据后自动进行分析，通过分析结果发现工人行为趋势中存在的问题。随后在基于虚拟现实技术的模拟器环境中，为现场工人和管理者提供重要的补救措施建议、指导及相关培训。这使智慧矿山管理人员能够根据现场工人在操作中出现的潜在或紧急的问题，优化岗位培训以及实施相应的应急管理及干预措施，从而保证一线工人的生命和健康安全，并最终提高整个工人队伍的工作效率。

3. 提升效率，降低成本

传统情况下，井下图像识别的质量受到人为因素的干扰明显，例如，工人不能准确地识别井下矿藏导致工作效率和质量的下降。与人工识别相比，Ionic Engineering 利用机器学习显著增强了矿藏识别的精确程度，有效降低了识别的错误率。该平台利用历史数据和人工经验，借助神经网络学习的技术对矿藏图像特征进行学习和训练，以提高识别的精准度，减少了矿藏寻找和识别的时间，对降低生产成本及提高产品质量起到了很大的作用。

通风是地下矿井中最大的能源成本，在降低成本方面，将 AI 技术嵌入现有系统中能够帮助煤炭工业准确把控井下通风需求，进而降低电力能源成本以及对环境的破坏。Shyft 公司智能通风调节系统利用六年多的井下通风数据，使用机器学习来对井下通风的电力需求进行峰值预测，通过集成的系统进行通风系统自动调节，可大幅降低电力能源的损耗和相应的成本。

12.5.3 案例研究

在 5G 技术蓬勃发展的今天，煤炭行业充分利用 5G 通信及人工智能技术，为煤矿智能化的建设添砖加瓦。陕西延长石油巴拉素煤矿，将 5G 通信及 AI 技术对煤炭工业的大数据管理、数据交换与分析进行了系统改造升级，设计了智能煤矿建设的"延长方案"。该方案将 5G 通信技术作为主要技术支撑，并参考了巴拉素煤矿开采、生产等技术特征以及企业的信息需求和管理控制需求等因素，制定了统一的智能化数据管理方案（范京道等，2020）。

"延长方案"首先系统分析了巴拉素智能煤矿目前的所有业务系统数据分类依据以及相关的数据描述方法，并按照智能化煤矿数据分析的要求和目标，建立了统一的煤矿数据标准和交换协议。随后借助 5G 技术、煤矿工业以太网以及云平台服务等信息服务设施，构建了综合云大数据服务中心。依托综合云大数据服务中心及其他各项基础信息设施，该方案对巴拉素煤矿原有工作系统中的各功能模块进行了更加精细的划分，从而明确各子系统的专属微服务和公共微服务并进行资源的优化配置，实现系统的再构造。基于此，巴拉素煤矿构建了基于微服务架构的 GIM 一张图多功能智能管控平台，该平台的功能模块覆盖了煤矿生产管理、安全管理、日常运维、煤矿控制及运营等多个方面。最后，以综合管控平台为蓝本，对其中的业务应用搭建手机 APP 等实现多终端登录，最终实现智能煤矿统一门户。传统情况下，煤炭企业中生产（如开采、掘进）、安全管控（如一通三防）及智慧园区等业务都依托于不同的信息系统，数据标准及数据形式不同，因此各系统间的数据无法很好地进行互联互通，最终形成各业务系统间的信息孤岛现象。巴拉素煤矿通过制定云平台及统一的数据管理方案，形成统一门户、统一数据中心、统一管控、指挥运行的煤矿运行中心及生态系统，促进了煤炭企业的大数据利用效率，提升了煤炭智能化的水平。

2021 年 1 月 8 日，河南省首座"5G + 智慧煤矿"新桥煤矿在永煤集团正式落成，该项目由河南移动、永煤集团、上海山源联合打造，借助 5G 及人工智能手段以高效地实现矿山智慧化。

在矿井大数据传输方面，目前新桥煤矿已完成矿井 5G 核心网的建设，对于网络建设实现了快速、轻量化铺设及便捷管理。此外，5G 的核心网络主要部署在矿区，保证了数据传输的安全性和可靠性，实现了矿区专网应用。目前在新桥煤矿，"5G + 智能设备"共同助力实现煤炭开采智能化以及井上井下的协同作业，已落地的包括"5G + 无人机巡检"、"5G + 4K 高清摄像"、"5G + 自动驾驶电车"以及"5G + 智能采掘系统"等。依托 5G 网络，新桥煤矿目前将无人化操作应用到了实际生产中，如机电硐室无人巡检、掘进面无人操作、综采面无人操作、运输车无人驾驶等。无人化操作帮助企业节省了人力资源成本，使新桥煤矿的生产更加智能、安全、环保，也使生产管理朝着高效率、高质量的方向迈进。

在矿区监控方面，"5G + 无人机巡检"系统利用 5G 大带宽、低时延特性，将现场数据实时回传，可以全景清晰地采集新桥煤矿的矿区实时图像数据，并显现在新桥煤矿调度集控中心的大屏幕上。依托 5G 强大的数据传输能力，无人机智能巡检可以有效降低传统高空作业巡检带来的安全风险，也可以全景无死角地检查矿区安防、主副井天轮、架线等主要生产环节设备的运行情况。通过智能化无人巡检保障设备的正常运行及日常维护工作，系统还能通过智能视频分析，实现危险源预测预警，强化了煤矿的安全生产。

在物料运输方面，"5G + 无人驾驶"可以远程控制电机车作业实现煤炭运输小火车的无人驾驶，无须工作人员的现场指挥就能进行变速巡航自动运行。在 5G 网络的加持下，无人驾驶运输机车出现脱轨等状况时，传感器检测到就会立即停车，随后向运输机车监控系统报告故障信息，等待人工指令后进行调度。运输小火车的智能化的显示屏幕可以清晰地显示故障信息以及车载视频图像、机车运行速度、里程、电池电量等参数，机车调度和维修人员则对机车上传的视频图像和故障信息进行分析,并提出维修意见,这样能够快速地排除故障,减轻了人工维修的工作量。

永煤集团新桥煤矿的井下作业可达地下 600m 左右,通过 5G 信号传输的井下 4K 高清摄像头可以使现场指挥室清楚地看到井下的情况,在井上也可进行超高清视频监控、远程现场实时展示。高清摄像头内嵌了人工智能预警感知分析系统,可以现场实时监控矿山生产中的环境、流程、设备和工人等,对一些涉及人身安全和工作规范的不当操作等进行远程预警和提示,同时监视设备状态并预测潜在的环境安全问题,以保障井下煤炭开采的安全性和规范性。目前,新桥煤矿已实现采煤机、电液控以及视频信号的高速传输,通过井上的远程控制系统,就能对矿井下的智能化设备进行远程的控制(图 12-6)。据新桥煤矿管理者介绍,以前井下需要 100 多个工人同时进行现场作业,借助智能采掘系统减少了一半左右的人力成本,也降低了安全生产事故的发生数量。

图 12-6　新桥煤矿调度集控中心

然而,在煤炭人工智能技术蓬勃发展的今天,仍有许多实际的应用问题值得关注。例如,在实际应用中,煤炭人工智能面临较难获取数据的问题,受隐私、技术保密等限制,难以获得有效的数据,同时受到采样技术、手段、环境、成本的限制,也难以获得大量数据。由于多源异构数据的存在,以及数据收集标准的不统一性和数据采集过程的不规范性,一些煤炭及采矿企业难以采用一致性强的高质量数据来训练机器学习模型,这对机器学习模型预测结果的准确性产生了很大的影响。

此外，由于开发煤炭 AI 技术需要强大的技术背景及相关人才，因此煤炭公司倾向于从信息科技公司购买相关人工智能应用和方案。在 AI 技术更新换代迅速的今天，这将会对煤炭企业实施人工智能技术造成一定的困难。采矿专业人士指出，尽管某些人工智能应用方案的测试结果能够解决煤炭生产过程中的部分问题，但其实施起来却很复杂，需要将传统的采矿技能与先进的技术技能相结合，而这就要求煤炭企业聘请相关高新技术人才来为 AI 技术的实施提供专业的指导和日常的运营维护。同样，AI 在煤炭企业的应用落地在初期会遇到很多问题，如员工不熟悉、员工有抵制情绪等，这将会对煤炭生产造成很大的影响，而部署人工智能方案又需要企业大量的财务投资，并且短期内很难得到相应的回报，这将对煤炭企业的财务造成巨大的负担。

12.6 未来趋势与建议

综上，在石油化工行业，鉴于油价低迷的国际市场形势，石油企业利用大数据和人工智能技术可以有效地节约人力成本并提高石油开发、生产和企业管理效率，因此受到了石油化工企业的广泛关注。在未来的应用中，油气企业应注重搭建综合性的智能化分析与应用平台，加强系统的集成性，未来可开发出集勘探、开采、生产和加工一体化的智能化研究系统。同时，注重数据的标准化建设，促进石油工业上、中、下游全产业链的数据联动及一体化，使智能分析平台具备强大的系统集成与功能模块开发能力、大数据管理和处理能力以及智能化分析能力，从技术上实现石油工业行业向智能化迈进。

对于冶金行业，人工智能技术在冶金生产中的应用场景逐渐丰富，不仅从局部应用扩展到整体的系统化应用，更呈现出生产、管理及战略制定的全局性的应用趋势。人工智能未来在冶金工业中的研究应更注重以下方面。

（1）在安全管理方面，由于冶金工业多为高温高压作业，在操作过程中会涉及高温辐射、钢水和熔渣的喷溅与爆炸、氧枪回火燃烧爆炸、煤气中毒、煤气燃烧爆炸等，同时生产设备操作规程复杂，运输作业、起重作业频繁，容易造成机械伤害及重物倾轧伤害等。如果出现违反规章制度的行为或者现场监督管理存在疏漏等问题，则很容易引起安全事故。全面上线智能机器人操作会对企业造成巨大的成本压力，需要循序渐进地实施。因此可以先利用人工智能技术率对高温作业线内电气设备进行监管，通过智能算法对工人操作技术的规范性进行预测和判断，并及时进行安全提示。同时收集相关数据并运用大数据分析技术确定安全风险产生的原因，继而对相关参数进行调节，弥补设备运行缺陷，实现人工智能技术对安全隐患源头的控制。

（2）在技术方面，冶金工业中的模型自学习多通过历史的生产数据对模型进行训练，预测实际生产中的问题或产量。但冶金生产过程具有连续性等特点，新的生产数据和生产问题也会不断地涌现，因此要根据新采集的数据不断地对模型进行迭代，提高模型的在线学习能力，以适应不断发展变化的生产流程。

（3）在环境控制方面，由于冶金行业存在工艺流程复杂、设备多样化的特点，作业环境难以避免高温、烟尘、化学污染等恶劣的环境条件，若不严加控制则会对人身安全造成极大的危害，并且可能会对生产设备造成损害，进而影响冶金产品的质量。目前人工智能的应用集中在设备及生产线的优化和改进，而较少应用于对生产环境的管控。基于此冶金企业的技术研发团队未来应考虑如何将人工智能与冶金行业环境控制进行深度融合，通过参数设置等智能化手段对影响生产环境的因素进行感知并加以管控，打造环保、人性化的冶金生产制造环境。

此外，针对化工行业，工业人工智能技术的发展方向将聚焦在生产安全管理、员工人工智能技术培训和营销等方面。

由于大多数化工产品存在危险性和毒害性，需要特别关注安全生产管理方面。未来企业可采用人工智能技术及传感器、工业物联网等措施对设备进行实时监控，并采用预测算法预判安全事故发生的可能性，加强化工企业事故处理及应急能力等，从而提升化工生产环节的安全等级。

化学品的生产往往处于高风险环境，在工人未完全掌握操作技术的情况下进行培训将存在很大的安全隐患。利用 AR 技术以及计算机视觉模拟等智能化手段，实现安全环境下的危害性化学产品员工技能培训等，不仅大大提高了生产培训的安全性，同时还能节约培训所需人力资源成本，缩短培训时间以及降低运营成本。

值得关注的是，工业人工智能技术在化工行业的应用仍然在数据资源、容错率及投资回报率等方面存在一些问题和局限性。

在数据资源方面，化工行业的生产数据量大，但应用人工智能技术仍然存在很强的局限性。化工行业的生产数据一般分布较窄同时数据类型比较单调，机器学习等智能算法很难从这些生产数据中挖掘生产规律或创造新的知识。这对于预测模型的稳健性有很大的影响，使预测模型的功能受到很大限制，难以超过传统的数据分析方法。例如，许多化工厂没有跟踪或存储其传感器数据，没有数据，就不会有基于机器学习的解决方案。

在设备容错率方面，化工生产过程往往涉及对大量有毒、易燃易爆的危险化学品直接或间接地使用，因此，行业对设备和系统的安全性与可靠性要求极其严格，这种极低的容错率使人工智能技术需要很长时间才能够完全适应并达到精准预测。

在投资回报率方面，人工智能技术的实施和应用往往需要企业进行大量的资金投入，而化工行业的特性使得产品研发时间相对较长，因此人工智能技术难以在短时间内投产使用。因此，人工智能的应用并不能快速地提升化工企业的生产效益，在很大程度上影响了化工行业的资本投入情况。

最后，在煤炭行业，人工智能、工业互联网、物联网、大数据、5G 等新兴科技在煤炭工业中具有广泛的应用，并且通过各种技术的深度融合在灾害预警监测、生产安全管理及无人化、智能化生产等方面创造更高的应用价值。充分运用人工智能技术，对煤炭生产信息进行智能感知、AI 分析与数字孪生、建模和映射，高度融合应用于矿山 5G 高质量工业互联网和公共服务平台安全生产管控，是当前和未来的发展趋势，有着广阔的应用前景。

参 考 文 献

埃森哲. 2019. 埃森哲报告：科技愿景[EB/OL]. [2021-03-31]. http://www.199it.com/archives/833747.html.

巴斯夫. 2018. 巴斯夫 2018 年度报告[EB/OL]. [2021-03-31]. https://www.basf.com/cn/zh/media/publications.html.

陈百红，张华，高恩运，等. 2020. 鞍钢热轧带钢厂智慧制造发展研究[J]. 鞍钢技术，(2)：67-70.

杜文奎. 2019. 探析人工智能在冶金行业电气自动化控制中的应用及发展[J]. 中国设备工程，(18)：184-186.

范京道，李川，闫振国. 2020. 融合 5G 技术生态的智能煤矿总体架构及核心场景[J]. 煤炭学报，45（6）：1949-1958.

何德颂，汪志伟. 2018. 关于化工行业智能化应用的展望[J]. 石油化工自动化，54（4）：34-38.

李剑峰. 2020. 智慧石化建设：从信息化到智能化[J]. 石油科技论坛，39（1）：34-42.

李阳，廉培庆，薛兆杰，等. 2020. 大数据及人工智能在油气田开发中的应用现状及展望[J]. 中国石油大学学报（自然科学版），44（4）：1-11.

刘峰. 2020. 对煤矿智能化发展的认识和思考[J]. 中国煤炭工业，(8)：5-9.

刘浩，范梦婷，郑谊峰，等. 2021. AI 技术在化工领域的前沿和基础技术情报研究[J]. 化工管理，(4)：98-101.

王龙，冀秀梅，刘玠. 2021. 人工智能在钢铁工业智能制造中的应用[EB/OL]. [2021-04-13]. https://doi.org/10.13228/j.boyuan.ssn0449-749x.20200503.

王同良. 2020. 中国海油人工智能技术探索与应用[J]. 信息系统工程，(3)：93-94.

第 13 章
交通运输设备制造业应用案例

13.1 交通运输设备制造业背景特征

交通运输设备制造业包括汽车、飞机、船舶、轨道交通、自行车、摩托车等多个细分领域。它和人们的生活息息相关，快捷的物流运输、不再遥远的城际旅行，都让人们的生活变得舒适和方便。依托智能制造浪潮和人工智能技术的应用，全球的交通运输设备制造业正在经历一场转型，逐步成为高端制造领域的重点行业。

我国早已是交通运输设备的制造大国，但自主品牌的核心竞争力不强、信息化水平不高、许多核心零部件依赖进口等问题一直困扰着相关行业的发展。2019 年我国交通运输设备制造业出口在全球市场的占有率为 5.46%，跃升全球第 5 位，但与德国和美国相比仍有较大差距。在衡量行业在国际竞争中地位的显示性指数方面，我国交通运输设备制造业仅为 0.41，而其他前十大出口国均在 1.4 以上，说明我国交通运输设备制造业在国际市场上的优势相对较弱。

在《中国制造 2025》规划背景下，我国交通设备制造业也加快大数据、云计算、物联网、人工智能等新技术的应用，推动工业制造企业向智能化转型，在借鉴美国、德国、日本等国家先进的数字化转型企业经验的同时发挥本土优势，探索利用工业人工智能实现"弯道超车"的途径。本章通过介绍汽车制造业、航空制造业、轨道交通业三个行业中优秀的国内和国外企业案例，展现该行业企业实现智能化的历程以及最新的发展方向，为行业内的企业提供参考和借鉴。

13.2 汽车制造业工业人工智能应用

13.2.1 汽车制造业特征

汽车是高新技术的结晶，汽车制造业的发展为进入后工业社会奠定了坚实的物质基础和工业力量。自动化流水线这一经典的生产模式就是诞生于汽车制造业而被广泛运用于各个制造行业中。汽车这种过去被认为是奢侈品的商品也逐渐进入千家万户,成为人们出行的代步工具。世界汽车工业协会的统计显示,2013~2017年全球汽车生产总量一直保持增长,平均每年增长幅度约为2.89%,并在2017年生产超过9700万辆(图13-1)。在这五年的周期中,中国的汽车生产总量长期占据全球第一,随后则是美国和日本。

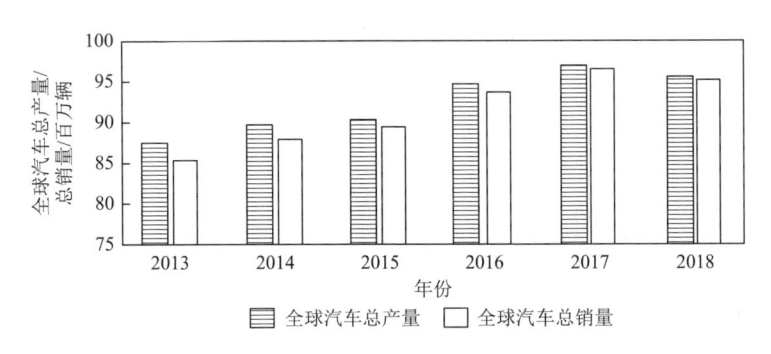

图13-1 2013~2018年汽车生产与销售量趋势图(数据来源:世界汽车工业协会)

作为重要的中游制造行业,汽车制造业具有资本密集型和技术密集型的特征,行业集中度相对较高,在各个细分的整车制造行业里面均呈现垄断竞争格局。

一方面,汽车制造业产业链长而复杂。上游对接零部件、钢铁、橡胶原料企业、玻璃企业、纺织皮革工业等;中游为汽车整车制造,相关企业多进行纵向一体化生产,产品端囊括轿车、SUV、客车等多种细分产品;下游则对接需求端,主要包括公路交通运输、特种用途车辆等的需求,企事业单位商务和个人家庭用车需求以及汽车维修、服务等延伸需求。另一方面,相对于其他产业来说,汽车制造业涉及新技术范围更广、数量更多。国家智能制造水平的增强,在很大程度上也取决于汽车工业的发展水平。因此,更快速、更高效、更精确成为汽车制造业的发展目标。汽车行业高度的自动化体系为智能化转型提供了条件,工业人工智能也正是在汽车制造业诞生了萌芽。它在提高汽车制造业的智能制造水平的同时,也正引领着整个产业链相关行业企业的转型升级。

13.2.2 应用原理及应用现状

汽车制造业中具有代表性的人工智能技术包括计算机视觉、大数据分析、机器人、语音识别和自然语言处理、云计算、AR/VR等(顾勇,2019)。目前,依托于这些技术,工业人工智能技术对于汽车制造的赋能主要聚焦在汽车研发、汽车制造、汽车功能升级、汽车营销与售后四个方面(表13-1)。

表 13-1　汽车制造业工业人工智能技术应用

应用领域	应用场景	涉及技术
汽车研发	调研与开发	大数据分析、计算机视觉、AR/VR
	产品验证与测试	大数据分析、计算机视觉、AR/VR
汽车制造	制造流程控制	云计算、计算机视觉、机器人技术、自然语言处理
	自动化操作	计算机视觉、机器人技术
汽车功能升级	车联网	云计算、大数据分析、自然语言处理、语音识别
	自动驾驶	云计算、大数据分析、计算机视觉
汽车营销与售后	营销与售后	云计算、大数据分析、自然语言处理、语音识别

（1）汽车研发。汽车研发对于人工智能的应用是最早的，包括应用智能软件将汽车制造图纸化、零件数字化，利用人工智能算法对汽车的各部件、材料、制造环节进行优化，还可对汽车产品的性能进行测试，从而降低生产成本，提高汽车功能（唐银，2020）。从产品的生命周期来看，来自汽车生产制造、营销服务、金融保险以及自动驾驶等的数据最终都会反馈到产品研发领域，通过数据不断累积来自动识别热销车型和设计参数，从而找到产品设计的最优解。

（2）汽车制造。汽车制造领域是人工智能应用最广泛和最娴熟的一个环节，包括利用 AI 来推动生产流程的智能化、进行零件制造和自动化生产操作。基于柔性制造的汽车无人工厂是 AI 的典型应用。

（3）汽车功能升级。汽车功能升级领域是人工智能应用最深、难度最大、创新系数最大的领域，也是未来人工智能技术在汽车制造领域应用的重要方向，其主要技术逻辑就是要集成 AI 技术重构和颠覆汽车功能（唐银，2020）。最为熟悉的就是车联网和自动驾驶技术研发。

（4）汽车营销与售后。基于人工智能的云平台，可以精确地瞄准那些有条件的目标受众。通过人工智能与大数据的结合，汽车信息娱乐系统可以推荐给用户个性化的产品和服务。同时，云服务平台能实时监控数百个传感器，通过学习算法从中发现细微的变化，在影响车辆运行之前发现问题。

13.2.3　案例分析

上海汽车集团股份有限公司（简称上汽集团）是目前中国产销规模最大的汽车集团，主要业务涵盖整车（包括乘用车、商用车）、零部件（包括发动机、变速器、动力传动、底盘、内外饰、电子电器等）的研发、生产、销售、物流、车载信息、二手车等汽车服务贸易业务，以及汽车金融业务。2019 年整车销量达 623.8 万辆，国内市场占有率近 23%，列《财富》世界 500 强第 52 位（上海市国资委和科创局，2021）。近年来，上汽集团以自主创新为抓手，在国内汽车行业率先提出并实施"电动化、智能化、网联化、共享化"的"新四化"发展战略，并推动人工智能、5G通信、大数据、云计算等新一代信息技术与制造业的深度融合，加快实现企业数字化转型和工业人工智能的应用，构建全业务链上的数据闭环，为品牌持续提供差异化的前瞻技术产业化应用成果。

为适应数字化转型的要求，上汽集团成立了人工智能、大数据、云计算、网络安全四大中心。2020年初，又专门成立了零束软件分公司，加快打造1个架构（中央大脑和域控制器融合的整车电子电器架构）、2个平台（软件平台和数据平台）和1个体系（软件开发体系），加快提升上汽"软件定义汽车"的能力（上海市国资委和科创局，2021）。在工业人工智能方面，上汽集团积极推进整车C2B智能定制、智能工厂、智能物流等项目，利用5G技术对智能制造和智能工厂的传输协议、标准和介质进行统一建设，推动工业互联网建设，实现从造车、卖车、用车、车生活等用户全生命周期的智能化转型，以点带面将工业人工智能技术向原材料供应、设计研发、制造物流、销售服务等各个环节延伸，从而不断降低运营成本、持续提高运营效率。

1. C2B汽车智能定制

2016年的云栖大会上，阿里巴巴集团董事局主席马云首次提出了"新制造"的概念，它是指通过物联网技术采集数据和人工智能算法处理数据的智能化制造，形成高度灵活、个性化、网络化的生产链条以实现传统制造业的产业升级。相较于传统制造，"新制造"在核心价值观上强调以客户为本，并以用户为中心实现拉式生产。从本质意义上来说，新制造是工业人工智能在制造业的新型应用模式，在大数据和人工智能等技术的支撑下通过用户驱动企业生产，从而实现整个生产链条的智能化。在这一方面，子公司上汽大通采用C2B智能定制战略，对汽车制造业的"新制造"模式进行了十分有益的探索。

过去对于同一个车型厂家会在动力、内饰用料、科技配置等方面推出不同配置版本供消费者选择，这种固定套餐选车的模式可帮助消费者节省选配的精力与等待时间，但由于套餐配置相对固定，选配余地较小。低配置版本车型无法满足需求，而高配置版本车型提供的配置过剩，消费者可能需要为一部分不太需要的配置支付费用。

为了充分满足消费者的真实需求，上汽大通推出了"蜘蛛智选"平台（图13-2），在这个平台上客户可以参与车的定义、开发、认证、定价、配置、改进六大环节，对汽车的型谱、外饰、内饰、安全、舒适与便利、娱乐与科技、其他个性化选装件等方面进行定制化开发，从而实现3D看车、多模式选车、自选提车时间、便捷下单、在线咨询以及全程在线跟踪的一站式交互体验。目前，上汽大通的C2B汽车定制化范围提供了59种配置群，180种配置项，支持定制的车型款式达兆亿种。客户的订单能实时更新，跟踪制造进度，确保客户的想法能够在第一时间得到实现。此外，消费者还可以在平台上和上汽大通的工程师直接进行沟通，将自己对于汽车的理解与想法直接提出，上汽大通的工程师会根据工程可行性来安排实施。

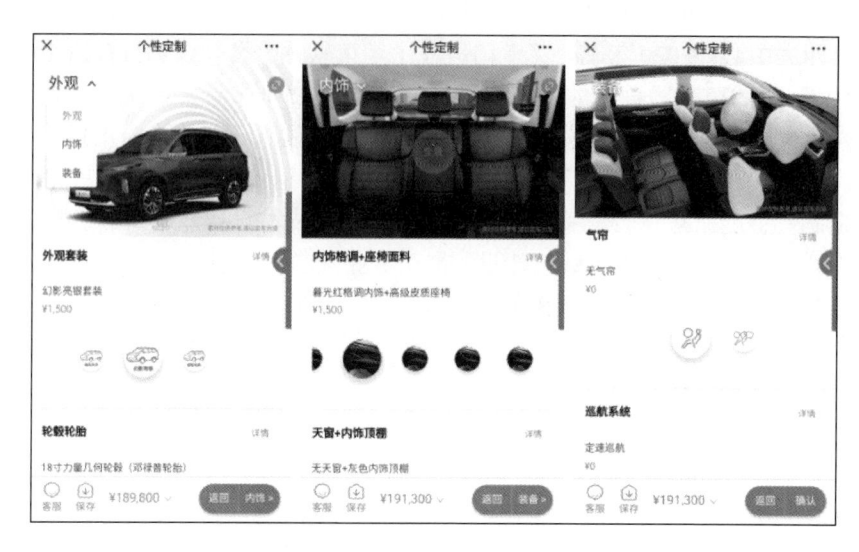

图 13-2 "蜘蛛智选"操作界面

对于用户而言，购买上汽大通汽车时，通过"蜘蛛智选"智能选配器选定车型和配置后，即可通过"日历订车"功能选择一个满意的交车时间，并实时查看车辆的生产及运输状态。上汽大通的强大之处是将这些信息延伸到工厂内部，将汽车实时生产信息一并向用户展现。只要用户在网上付了定金，就能通过手机看到汽车是在排产中，还是在车身车间、油漆车间或是总装车间，甚至车辆下线以后发运的环节和路径，都一目了然。

前期探索中，车辆的交付时间是推行 C2B 模式最大的瓶颈与障碍。过去不少车企推出了定制化模式来满足消费者按需购车的要求，但确定配置后客户等待交付时间长达数月，极大遏制了汽车定制模式的发展。对于上汽大通来说，满足快速交付不仅要解决工厂初期产能爬坡，还要协调供应商的相关资源，具有很大的难度。但为了满足很多消费者对快速交付的期待，在 C2B 2.0 时代，上汽大通对消费者做出了 16 天交付期的承诺。而兑现这个承诺的核心，则在于背后的企业数字化转型和工业人工智能应用。

2. 企业数字化转型

能够做到真正意义上的 C2B，让用户得以深度参与到全价值链的产业互动之中，制造全流程就需要做到订单式的量身定制。这是一个将所有业务链用大数据打通，依靠互联网再造整个业务的过程。每一个用户订单，即每一辆车都对应独立的 ID，后续的配件、生产、组装等所有环节都将对应着独立 ID 来进行。这是一套与传统的批量式生产完全不一样的体系支撑，想要做到这样的转变就要实现比传统汽车更复杂的生产模式和更先进的管理体系。

为此，上汽大通首先进行了整体规划，从战略上以数字化、模块化的思维去重新梳理消费者、车厂、供应链（C、B端）之间的关系。模块化的思维是其中的关键。为了能够将 C2B 落地，上汽大通将汽车生产中可以合并同类项的环节或者零件整理成不同的模块，从模块到模块进行拆分组合。例如，线束，原来针对每辆不同配置的车开发一种线束，有几千个零件号。但现在通过线束模块化设计供货模式（KSK），按照模块控制，根据不同整车配置进行组合，能有效降低库存（赵宇航，2019）。

另外，在 C2B 模式将从消费端到制造端的业务流程数字化的同时，这种流程的数字化也在推进企业全业务链的数据化和组织转型，赋予了企业不断优化流程、组织和业务模式的动力。在组织结构方面，上汽大通将逐级汇报的科层结构组织转变为以用户为中心的流程型组织，将内部结构转变为中台支持一线的形式。上汽大通已经构建起七大平台，包括面向 C 端的"我行 MAXUS"平台、"房车生活家"、"蜘蛛智选"、"蜘蛛智联"和"3D 工程设计"在线五大数字化平台，面向 B 端的"大通知乎"平台，以及面向内部的"i 大通"平台，从研发制造到运营、营销，再到企业内部管理，呈现出全面数字化的特征（涂彦平，2021）。

3. 供应链数字化改造

汽车制造是流水线工作，当流水线式的加工链路被优化成为跟随每一个订单的加工流程时，供应链也应一同进行优化。因此数字化改造不能仅停留在企业内部，还涉及与供应商的联动。上汽大通的信息系统除了涵盖企业价值链中不同的业务板块外，包括 DMS、SAP、PLM、MES 等，还在这个信息化基础上升级到了与上下游产业环节的连通。这些数字化系统是智能化定制生产流程背后支撑的核心。

通过业务数据化，上汽大通将供应链的数据打通，实时传递每一辆车的订单信息。通过在一个平台上与供应商共享订单信息，将过去的零件号预测转变为配置级的预测。举例来说，汽车座椅采用供应链体系，一般供应商会压库存供货，但对于大通则行不通，在高度定制化面前，不定性因素太多。如果几千个座椅都放在工厂内，一是占地面积特别大，二是装配环节时从众多座椅中寻找对应 ID 座椅难度非常高，三是供应商生产压力大，生产周期会拉长，传导下来直接会影响车辆的交付时间（赵宇航，2019）。

为了减少物流与仓储的成本，大通南京工厂采用集成化、精确化供应体系，通过 IT 系统与供应商延锋安道拓的打通，每一个订单都将实时发送到座椅供应商手中，再进行备货送货。在上汽大通工厂，延锋安道拓更是将一条生产线搬到了上汽大通工厂内部，通过机运链打通，可以实现成品零库存，响应周期从一周缩减到两小时。

4. "灯塔工厂"

从预测发布、用户下单、计划排产、零件入厂，直至整车生产、质检、发运的每个环节，都充分展现了上汽大通覆盖产品全生命周期的"智能定制"理念。在消费者下单之前，上汽大通就会提前通过智能排产的数字系统进行生产计划编制，将排产从传统的 1 天 1 次提升至 1 小时 1 次，在有限的时间里按需调配产能，并且将风险识别能力从整车级下沉到了配置级。"预知"消费者的需求，从而确定零部件的数量和种类，并进行相应的生产计划安排，大大缩短 C2B 定制汽车的生产时间。当用户订单通过"蜘蛛智选"下单后，订单信息会同时发送给上汽大通工厂和核心供应商，确保供应商和上汽大通工厂都能在第一时间准备订单所需零部件。与此同时，OTD 在线系统会全面监控每一台订单从触发到交付到经销商处的全过程。

当订单来到上汽大通南京工厂，集数字化于一体的冲压车间、车身车间、涂装车间、总装车间将共同协作。同时，上汽大通借助基于网络物理系统、物联网、云计算以及人工智能技术的综合性制造技术，例如，行业领先的工程数据智能分析、数字化生产技术、数字化质量管理系统和数字化供应链等，快速响应及实现众多配置组合的开发，将每一个订单的相关信息高效、准确地传递至制造现场。

借助 APS 高级排程系统，当车身进入装配车间时，系统立体库就会对其进行排序，由系统统一控制每一辆车的装配，统一排放到流水线上。而在系统上也可以清晰地看到每一订单车辆的所在位置（赵宇航，2019）。

在智能物流体系环节，智能化生产线满足不同客户的需求定制，IMAP 智能装车识别系统可实现防误防错的 C2B 智能装配。上汽大通还依靠不同型号的智能配料车（SPS），在车间内自动运送专属零件到相对应的装配线上，从而准确解决订单式生产所带来的配送混乱问题，避免了人工运输可能产生的错误，达到精益生产的目的（腾三毛，2018）。在大通南京厂区内还采用了 EV80 改造的无人物流车，用来短驳冲压件的物料，充分利用空闲时段提升整体效率，缓解物流短驳的压力，显著提升安全性和用户体验。无人物流车应用上汽大通的多项智能驾驶领先技术，具备 L4 自动驾驶能力，运行场景可支持低速行驶、固定路线接驳，并可全天候工作。

在装配过程中，生产工艺实时在线。生产线各工位都有 IMAP 电子显示屏，工人只需要按照 IMAP 系统显示屏弹出的装配信息和操作要求，"傻瓜式"操作即可。IMAP 数字化生产线集成系统实际上是集成了 B 端智能制造开发的多项功能，如产品变更质量优化导致的变化点管理、精确追溯条码防错等功能。这不仅仅是简单的防止漏装、错装的可能性，而是从供应商端启动防错。同时，IMAP 也集成物料控制的暗灯系统，将传统的看板卡物料拉动模式彻底淘汰，融入系统实现半自动化提醒（赵宇航，2019）。

针对 C2B 带来的总装难题，上汽大通南京工厂同样采用了一系列高科技设备，例如，可变节距功能的 EMS + VAC 升降系统、Gudel 双臂高速冲压线、近 200 台机器人的领先 AI 焊接等，不仅能够适时、适量、适品满足用户的定制化需求，实现 C2B 大规模定制，同时满足高质量、可控成本、短交期的要求。例如，总装车间轮胎智能防错数字化系统，利用视觉识别分析等技术，结合实物特征和生产序列，实现了对重点零件错误的自动分析预警，并给出智能解决方案，对整个纠错过程进行追溯管理，而且还能提前预警错误，无须停线便可将错误纠正在装配之前。总装车间目前已实现了设备数据化管理，整个车间的 90 个摄像头会对设备运行状态进行实时监控，实现对设备运行的数据采集、控制、追溯与管理；系统会记录返修故障的时间和每次故障发生的间隔时间，便于维修团队分析问题，更高效地找到解决办法，提升设备开动率。

5. 小结

C2B 汽车智能定制的核心就是一切由用户来驱动：产品设计、服务模式、定价一切都由用户来确定，这背后由上汽大通自建的大数据平台串联了消费者、上汽大通、大通的供应商以及最终交付的经销商。通过用户驱动企业来实现全价值链数字化直联，这不仅是汽车企业走向工业人工智能的基础，也是在工业 4.0 的背景之下推动汽车制造产业变革的重要途径。用技术了解需求，让需求定义制造，通过人工智能等新技术实现供需匹配，把消费互联网和工业互联网紧密结合，对于促进产业与消费双升级具有重大意义。

作为汽车制造业"新制造"模式的先行者，上汽大通的 C2B 定制模式也获得了良好的市场反馈。2020 年，在新冠肺炎疫情紧张的不利局面下，上汽大通仍然实现了销量的持续快速增长，10 月、11 月、12 月，连续三个月刷新单月销量历史纪录，2020 年上汽大通全年总销量达 147209 辆，同比增长 17.16%（涂彦平，2021）。上汽大通南京 C2B 工厂在 2019 年 7 月夏季达沃斯世界经济论坛上，获评"灯塔工厂"——这一荣誉意味着全球制造业最高科技含量及制造水平（涂彦平，2021）。当时的评语这样写道："具有挑战性的市场环境推动该工厂打造了大规模智能定制的新模式，实现从用户到供应商、端到端的数字化价值链，从而提高了销售并降低了成本。"这都说明，无论从市场销量表现，还是行业认可，上汽大通的 C2B 智能定制模式的确在汽车行业下行的态势下取得了阶段性成果。

上汽大通在 C2B 智能定制这条路上领跑三年之后，也有越来越多的主机厂开始将方向转向这条路。以 C2B 模式为支点，上汽大通撬动了整个制造体系智能化升级，并成为以用户需求为中心的用户企业典范。在它之后，威马、宝沃、北汽越野等车企也提出了类似的造车理念。

13.3 航空制造业工业人工智能应用

13.3.1 航空制造业特征

航空器包括飞艇、滑翔机、飞机、直升机、旋翼机等多种类型。从产值和技术含量的角度考虑，本节重点讨论民用飞机制造。一般来说，航空制造包含研发、部件制造、整机组装、销售和服务五个环节（丁勇和刘婷婷，2011）。航空制造业是高新技术最集中的高端制造业，具有以离散为主、流程为辅、装配为重点的特点，行业内企业多为典型的离散制造企业。航空产品复杂度高，例如，美国波音 747 零部件共 600 多万个，我国的运七支线客机零部件超过 55 万个。产品精度也很高，飞机零部件技术参数达到 10^{-7} 量级，相比之下一辆汽车的零部件技术参数为 10^{-4} 量级。企业的产品需要进行以零部件装配为主要工序的离散生产，工艺路线灵活，自动化水平较低。

同时，航空制造业是高投入、高收益与高风险并存的行业。由于航空产品技术含量、复杂度和精度都很高，因此在研发过程中需要大量资金投入进行支撑，并需要庞大的产业配套。航空制造业的产业链很长，包括与飞机直接配套有关的设备零件以及与飞机制造过程配套的制造设备等。波音 787 大约有 400 万个零部件，需要上万个企业进行协同生产，其中 90%的零部件生产分包给了 40 多个国家的合作伙伴。

总而言之，以飞机制造为代表的航空制造业是国家工业的尖端产业，具有技术密集度高、产业关联范围广、辐射带动效应大等特点，是国家工业发展、科技能力以及国防水平的重要标志和综合体现。对于航空制造业而言，由于其高复杂性和高精度的特点及其高质量和低周期的研制目标，对工业人工智能的应用需求已十分迫切。在航空制造领域推进工业人工智能，将有效缩短航空装备产品的研制周期，降低运营成本和资源能源的消耗，推进生产系统的适应性和灵活性，对提高航空装备研制水平，加快开发高水准的航空器产品，推动航空工业转型升级、创新发展都具有重要意义。

13.3.2 应用原理和应用现状

数据是发展人工智能的基础。目前，在数据化程度越来越高的背景下，航空制造业已有许多人工智能的应用,但这项技术仍处于起步阶段,尤其是制造环节,相对设计、运营与服务应用较少。主要原因在于数据离散性强、批量小。与之相比,在先进的汽车制造企业中,工业人工智能在生产线和质量管理等多个方面应用已经十分成熟。另外,由于航空制造业对安全性的极高要求和特殊的政策法规,每项引入航空产业的新技术必须经过谨慎且昂贵的验证、认证过程,因此目前的人工智能在航空领域的应用具有明显的局限性,与可验证、可追溯的理念不符。总而言之,工业人工智能在航空制造业仍具有很大的发展空间,现阶段主要应用领域如下所述。

1. 智能化生产

飞机制造过程步骤烦琐且精细,耗时长、成本高,应用人工智能技术可以节省时间、降低成本、提高制造质量。例如,在航空产品零部件减重、自动化设计等环节利用遗传算法与创新产品设计技术进行复杂产品设计,可使工程师以更短的时间探索更多的选择,平衡设计需求和约束,从而得到最佳设计;又如,借助工业物联网技术全透明化的物流管理平台,运用智能化物料配运技术由 AVG 小车进行全自动化的物料准时配送,再用柔性自动化装配技术辅助人工装配,不仅可以缩短装配时间,提升效率,还因其适用于各种尺寸部件的装配从而降低设计、制造不同工装工具的成本(徐旺和陈智超,2019)。除此之外,零覆盖喷涂技术也是民航制造企业的一个重要竞争力量,使用移动操作平台承载轻质机器人可实现全机筒段的喷涂。

2. 智能化维修

人工智能系统具有快速、准确分析数据的能力,可对飞机进行健康和使用周期监测,根据广泛分布的传感器上传的数据进行分析,可以实时识别和报告潜在故障,并预测最合适的维修时间,从而创建更智能的维修计划。而随着技术的进一步发展,人工智能可以应用于飞机的各项系统及零部件中,进行全面精准的分析和监测。空客公司已经开始采用这种方案来预测各流程中的变化趋势,进行预测性维修(刘晓,2020)。

3. 智能航空与自动驾驶

目前,自动驾驶汽车技术已经日趋成熟,自动化飞行技术也受到了越来越多的关注。将人工智能运用在自动化飞行技术上可以使飞行器自动完成复杂性操作,应对各种紧急事件,使驾驶人员将更多的时间和精力放在处理飞行策略与任务上。

13.3.3 案例分析

本节选取了美国波音公司的智能化历程作为航空制造业的典型案例。它是全球航空航天业的领袖公司，也是世界上最大的民用和军用飞机制造商之一。在下面的案例中我们可以看到，波音公司的工业人工智能体系是如何经过数字化到网络化再智能化的发展来一步步实现的（图13-3），它不仅是智能技术的应用，也不止于智能工厂建设，而是以自主研发为基础的，包含物流与供应链、生产制造、营销与售后等全生命周期的管理体系的转型升级。

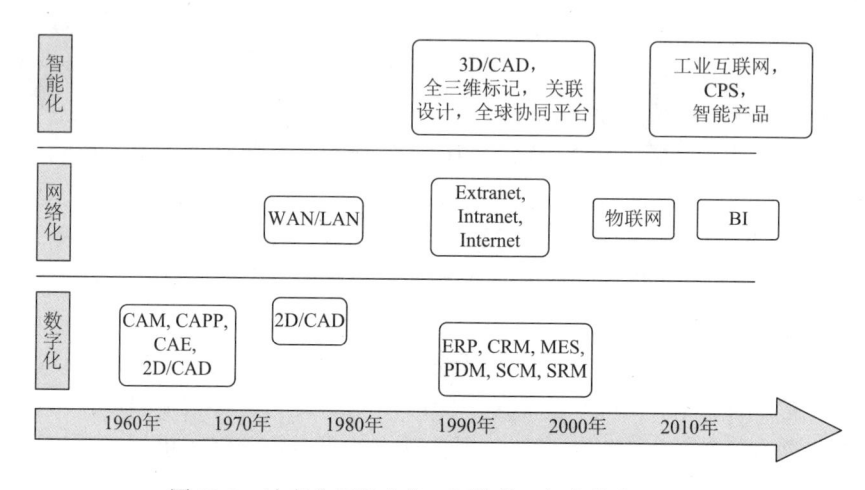

图 13-3　波音公司数字化、网络化、智能化发展历程

1. 数字化起步阶段：研发环节的数字化

1）部件级的三维验证

1986年，波音公司受法国达索公司"隼公务机"三维设计成功的影响，启动了自己的飞机数字化设计验证计划，在747、757、767以及已经首飞鱼鹰的部件都做了大量设计、工艺、制造的三维数字化验证。该阶段采用的是大型计算机主机，用CAD工具形成初级的以几何为中心的部件及数字模型。通过数字化的三维实践，波音公司形成了相关的规范和成熟的设计方法。

2）全飞机三维数字化设计

1991年，波音公司开始研制波音777飞机，由于有了过去多年的三维设计基础，波音大胆启动了777的全飞机三维数字化设计。波音777零件全部基于三维沟通、数字化装配验证、数字化工装定义，300万个零件全部采用三维表达。波音777是世界上第一个采用全数字化的设计手段完成的整机设计。没有基于计算机的大型项目研制就没有大数据。可以说，大数据是从波音777的研制开始的。

结果是：波音 777 飞机研制过程工程更改减少 90%，首架飞机的组装就比已经生产了 24 年的波音 747 更便捷，同类飞机研制周期由通常的 10 多年缩短到了 4 年半（宁振波和刘泽，2020）。

3）打通设计与制造

然而全三维设计仍然存在不少隐患。一方面常规的文件管理系统难以管理三维数据，文件管理系统是树状架构，而生成的飞机模型是立体的网状架构，因此造成了前后数据不一致、难以协调的问题。另一方面，波音 777 飞机采用的是三维设计、二维发图。尽管设计师在三维空间中形成了完整的结构数字样机，但模型信息却不能顺利在加工厂中用来指导制造。人们不得不把用三维 CAD 生成的三维数字模型重新制作成二维的工程图纸。而这个工作量远远超出建三维模型的工作量，也非常容易出现错误。于是波音公司当时的想法是，能否不用转换为二维图纸，而是持续用三维模型，直接指导工艺和制造。

为解决数据管理的问题，波音公司于 1994 年启动了 DCAC/MRM 项目，这个项目的核心就是数字化的飞机构型和控制、制造资源管理，这也是世界上第一个 PDM（产品数据管理系统）和 ERP 的应用结合（宁振波和刘泽，2020）。它涉及精简作业流（TBS）、简化构型管理（SCM）、单一产品数据源（SSPD）和改进物料管理（TMM）四个关键要素。这个项目波音公司用了 10 年时间，到 2003 年才完成，投资超过 10 亿美元。有了 DCAC/MRM 项目的加持，波音公司建立了全球广域实时协同环境（Global Concurrent Engineering，GCE）；它是波音公司和达索公司共同创建的虚拟工作平台，分布于各地的分包商可以在这个平台上对波音 787 进行协同设计与制造。

至于发图的问题，1996 年，波音公司联合了 16 家制造业公司，推动美国机械工程师协会（ASME）来建立基于三维的制造标准。通过七年的努力，终于建立了标准 ASM14.41，即 MBD 标准（基于模型的定义）（吴金兰，2018）。该定义要求在零件三维模型上表达设计、材料、工艺生产制造过程、计量检测及质量数据。这样一来，三维模型就能够完整地表达某个零件的全部数据，包括通过装配和工艺检测到的各类数据，这就意味着传统的二维图纸可以舍弃了。

波音 787 就是在两个数字化基础项目成功的背景下开始研发的。整个制造业，因为波音 787 而实现了全数字化制造。在此基础上，数字化生产开发成本减少 50%，而且全部覆盖件使用复合材料，复合材料占飞机结构质量的 50%，使该机型取得了极大的商业成功（吴金兰，2018）。

2. 网络化崛起阶段：供应链协同

互联网带来的制造和生产的网络化是基于内部网和外部网来实现的。内部网是指将企业内部各个业务板块和部门所有的信息系统连接成网络，可极大地提高企业内部业务的运行效率和效能。而外部网是指企业依靠互联网进行外部联系，即企业把部分内部网开放给外部合作单位，求得横向打通。在数字化制造阶段，波音公司已经实现了设计系统的关联，这是制造业网络化的重大技术突破之一。在该阶段，波音公司更重要的成果在于将网络协同平台的控制效力从虚拟空间拓展到实体空间，在内部数字化协同的基础上向外延伸从而实现生态链的协同。

Exostar 的供应链管理解决方案如下。

为了有效地利用资源，降低自身的成本和风险，飞机制造业通常采用转包生产。以波音 787 为例，波音完成飞机定义和总体设计之后，全飞机结构的初步设计、详细设计、生产加工，全部委托三菱重工、富士重工、川崎重工、沃尔特、思博瑞特、阿莱尼亚六家结构生产厂商进行，当然，相应的机电系统、航空电子系统也是委托全球相应的公司完成。波音完成总装、调试、试飞和交付，客户运行中的服务也是由波音负责。

这种生产模式的最大挑战之一是确保所有的合作伙伴有对波音公司最新的需求信息存取和可见度，同时波音公司能及时了解到供应商的实际能力，以满足交付时间表，确保组件按时交付。交货日期的延迟将直接造成整体作业时间和其他组件的延迟。另一个巨大的风险因素是大量部件提供商的 T1 一级供应商会消耗供应连续性。为缩短付款周期，波音公司保留直接与二级合作伙伴提供合同关系。为此波音公司需要维持 T1 和 T2 供应商之间基于拉动的供货模式的合作伙伴关系，同时需要迅速在整个供应链中找出潜在的问题，并立即评估其对其他合伙人或制造过程的影响（张彩萍，2013）。例如，当一个组成部件供货发货迟到时，需立即判断出其是否会造成潜在的一级供应商库存不足，是否会影响飞机的组装进度以及其他组件的生产进度，如图 13-4 所示。

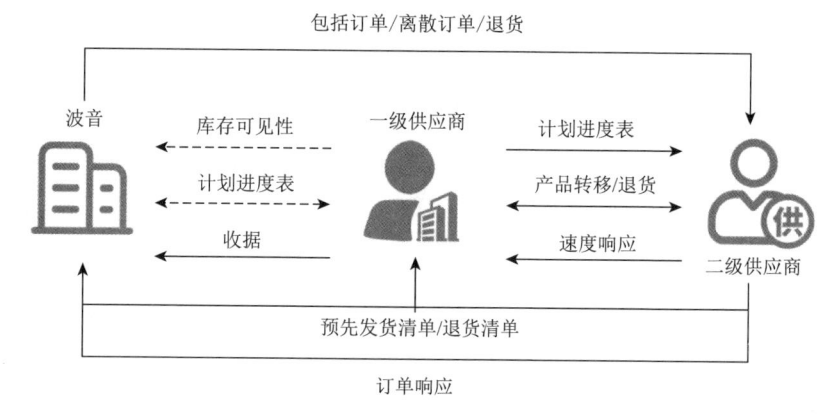

图 13-4　波音公司供应链模式

为此，2000 年 9 月，以波音公司、BAE 系统公司、洛克希德·马丁公司、雷神公司、罗尔斯·罗伊斯公司为代表的美英国防航空巨头，发起组建了大名鼎鼎的安全协同供应网络 Exostar，帮助制造商和供应商携手合作实现航空行业的供应链网络协同，获得关键业务流程的可视性、控制和整合，加快产品上市的时间，提高盈利能力和降低风险。目前，通过 Exostar 进行供应链管理和协同的有六大主制造商，涵盖 34000 个不同规模的贸易伙伴。

Exostar 帮助波音公司管理跨越多个层次的供应网络的执行过程，监控订单周期以及状态回报过程，同时也跟踪计划的时间表，以及包括 T1 一级供应商对 T2 二级供应商补充库存管理程序。Exostar 允许波音公司和其合作伙伴制订计划时间表，发出采购订单，跟踪采购订单的变化，交换航运信息，管理汇报，追踪货物，并在制造过程中跨越多个层次来管理库存消耗。该系统还监控事件和合作伙伴之间的同步时间序列信息，并评估这些事件的影响，应对主计划时间表运行过程中发生的异常。该解决方案包括报告功能，使波音公司及其合作伙伴跟踪、评估供应链的整体性能（张彩萍，2013）。

Exostar 的软件作为客户化交付模式和现有的网络连接到企业供应链，使波音公司从项目启动不到 90 天时间即可利用已有平台提供完整的解决方案。波音公司能够利用其已经投资的企业系统快速连接到 Exostar，形成整个扩展供应链的供应链流程。

3. 智能化发展阶段：CPS 与智能工厂

数字化、网络化和智能化是航空飞机实现工业人工智能的三个核心要素，其中数字化和网络化是基础，智能化是方向。当把生产制造的各个环节一步步转化成软件和模型交由计算机操作时，智能制造的实现也近在咫尺。基于大量工业系统平台的支持、高速工业互联网的连接，制造商才能在虚拟空间中完成产品全生命周期的设计制造实验、问题检测和修正，最后把网络空间中的虚拟实验和仿真实验映射到实物实验过程中，就可以实现智能化生产线。当具有数据采集、数据处理、数据分析能力的各个数字化系统和网络化平台能够准确执行命令、实现闭环反馈时，便可进一步实现自主学习、自主决策、不断优化，工业人工智能也就由此实现。

对于波音公司来说，在智能化阶段融合网络化、数字化制造技术、物联网、虚拟现实等人工智能应用，将生产设施互联为一个综合计算、网络与物理环境的多维智能物理信息系统（CPS），使得现实世界的各种物体具有计算、通信、精确控制、远程协作和自组织功能，并且使得系统的物理信息部分实现有序、有意义的自动控制和执行成为可能。

在 CPS 的作用下，波音等飞机制造商可在生成运行管理的数字虚拟空间进行生产任务编辑，并通过数字空间向物理空间智能映射，实现面向多样化的生产制造环节，实现业务和生产的数字连通。基于并行工程的概念，将生产工艺和产品本身的研制过程并行协同，缩短产品研制周期，降低总成本。通过智能完备的 CPS，使其识别并承接研制环节的 MBD 数据，并翻译成生产执行控制代码，实现产品研发和生产制造的智能集成（张新苗等，2017）。CPS 实时地统筹处理制造、工业链以及各个顾客的要求，使得工业人工智能、智能工厂的实现成为可能。智能工厂是通过在生产系统中配备 CPS 来实现的。基于自动观察生产过程的 CPS 的生产系统的灵活网络，智能工厂的装备具有高级自动化的能力。通过可实时应对的灵活的生产系统，智能工厂能够实现生产过程、生态网络的彻底优化。波音公司在这方面也做了许多有益的探索。

1）数字孪生

数字孪生是充分利用物理模型、传感器更新、运行历史等数据，集成多学科、多物理量、多尺度、多概率的仿真过程，在虚拟空间中完成映射，从而反映相对应的实体装备的全生命周期过程（隋少春等，2020）。在生产制造阶段可以实现生产过程仿真，提高生产时间和交付速度；在售后服务阶段可实现可视化监控以及预测性维修。波音 777 客机其实就是利用数字孪生的初期技术来开发设计的。

从设计、制造，到产品落地、装配的整个过程中，波音公司都运用了数字孪生技术实现产品的设计和原型交付。波音公司为 F-15C 型飞机创建了数字孪生体，不同工况条件、不同场景的模型都可以在数字孪生体上加载，每个阶段、每个环节都可以衍生出一个或多个不同的数字孪生体，从而对飞机进行全生命周期各项活动的仿真分析、评估和决策，让物理产品获得更好的可制造性、装配性、检测性和保障性。

2）脉动装配线

从汽车生产自动化移植到飞机制造的"集成装配线"（IAL）是目前最先进的飞机制造技术。集成装配线实际上就是一种自动化、智能化的脉动装配线。它最大化地使用机器人和自动化设备，为飞机生产提供更加强大的制造和装配能力。波音公司在 2000 年应用精益制造原则建立了世界上首条脉动装配线，为阿帕奇直升机生产服务。2006 年建成波音 717 的连续移动式总装配线。后来又在波音 737 的总装中应用，并且有了大量的经验总结和报道。飞机移动式总装配的优势开始显露出来以后，波音公司扩大了对它的应用，如在波音 757、777 和 P-8 海军反潜巡逻机、F-18 战斗机和 C-17 重型运输机等的装配中都有应用。由于飞机脉动装配线效率显著高于传统生产模式，且采用脉动装配时受企业外部供应链影响较小，波音 787 的装配线就是世界最先进的脉动装配线。如今，脉动装配在飞机部件装配、军工产品制造中都有很成功的应用。

3）预测性维修

2015 年，波音公司与卡内基梅隆大学合作建立了一个"航空数据分析实验室"（图 13-5），利用人工智能和大数据来对波音飞机进行全面升级，用机器学习的方法来优化波音飞机的运行，用大数据来指导设计、建造和运营（孔祥芬等，2018）。

波音飞机上装有几千个传感器，每个航线过程中都不停产生着大量数据，如飞行员和机械产生的文本、结构工程数据库等。从海量的航空器数据中快速精准锁定有用数据，将让飞机有能力预判潜在的问题，并在起飞前进行检查和零件替换，降低风险。简而言之，该实验室将能决定飞机什么时候需要维修，而不是遵循固定的保养周期，这就能避免在飞行过程中出现故障。在人工智能的帮助下，飞机将能实现自我修复。基于数据，飞机将有能力判断第二天的航线中会出现什么问题，并在起飞前进行检查和零件替换，降低风险。

图 13-5 航空数据分析实验室主要服务

13.4 轨道交通制造业工业人工智能应用

13.4.1 轨道交通制造业特征

轨道交通制造企业主要业务集中在电力机车、城轨车辆、城际动车组领域。伴随全球轨道交通行业技术创新与发展，全球轨道交通装备市场呈现出强劲的增长态势。近几年来，全球轨道交通装备行业年复合增长率超过 6%。从全球市场分布上看，中国、美国、俄罗斯拥有全球最大的铁路网，是全球轨道交通装备制造业最大的市场，中东、南非、亚洲、南美等地区也快速呈现出巨大的轨道交通装备的需求（樊康丽，2019）。全球轨道交通装备制造企业主要集中在美国、日本、德国、法国、加拿大等发达国家。

我国轨道交通装备制造业经历 60 多年的发展，已经形成了自主研发、配套完整、设备先进、规模经营的集研发、设计、制造、试验和服务于一体的轨道交通装备制造体系，成为我国高端装备制造领域具有国际核心竞争力、自主创新程度最高、产业带动效应最明显的行业之一（工业和信息化部装备工业司，2016）。"十二五"以来，我国动车组车辆保有量持续增加。2011~2020 年，动车组保有量的年复合增长率为 18.52%（图 13-6）。2019 年中国城市轨道交通总里程为 6730.27 公里，通车里程远高于其他国家，占全球总里程的 23.92%（韩宝明等，2020）。

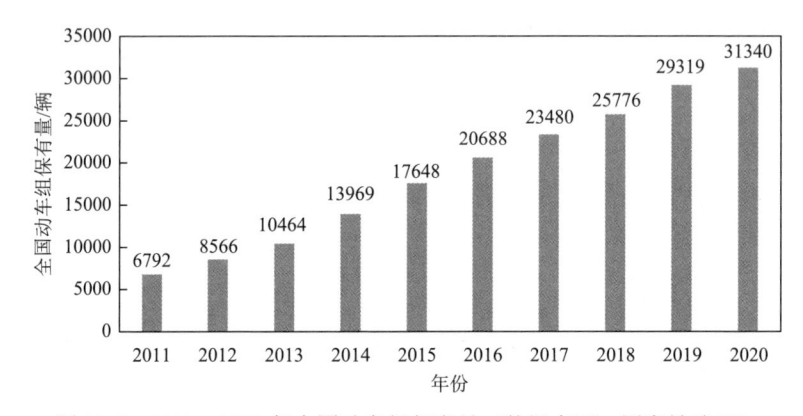

图 13-6　2011~2020 年全国动车组保有量（数据来源：国家铁路局）

目前，轨道交通制造业已形成完整的产业链（图 13-7）。上游行业包括钢板、铝材、橡胶等原材料、研发设计、基础施工等；中游主要由整车装配以及各主要装备零部件行业组成；行业下游有车辆设备检测、检修以及交通运营等。

随着现代自动控制技术、计算机和网络技术、数字通信技术的进步，发展数字化、智能化、轻量化、多样化的轨道交通车辆制造体系是未来轨道交通发展的趋势。目前轨道交通装备国际市场竞争格局时刻变化、竞争不断加剧，轨道交通装备正在由"批量大、客户单一、品种少"向"小批量个性化、短周期柔性化、低成本绿色化"转变。全球领先的轨道交通企业已经开始实施产品数字化设计、智能化制造、信息化服务，我国企业面临着欧美、日本的激烈竞争。

13.4.2　应用原理和应用现状

根据轨道列车生命周期的研发、制造、运营、维护等四个阶段，工业人工智能的应用大致分为全流程一体化数字研发、智能制造、智能产品和智能运维等方面（梁建英，2020）。

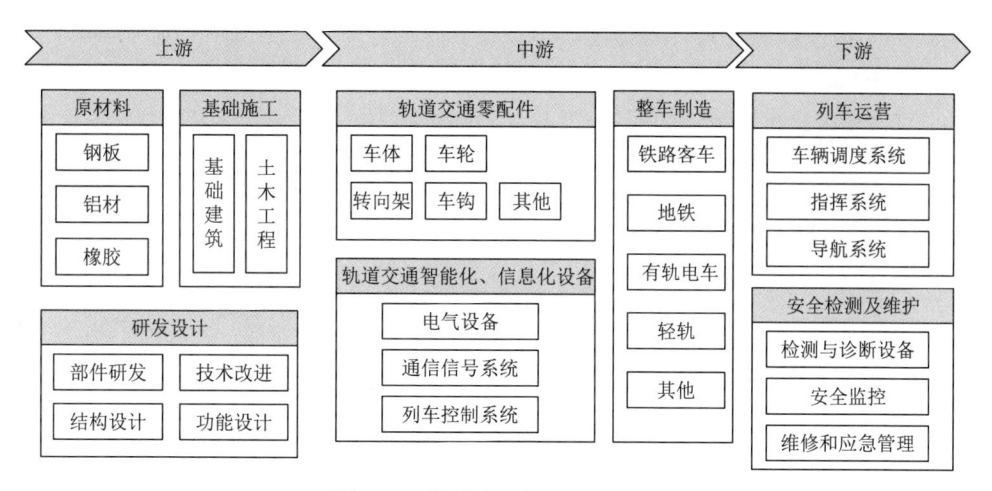

图 13-7　轨道交通制造业产业链

1. 全流程一体化数字研发

利用数字研发平台实现设计和工艺的协同，进行快速设计、快速制造，形成快速定制满足市场多样化需求的能力。首先通过研发过程智能化仿真技术、虚拟现实和三维模型的结合，确保产品设计方案可行、准确。然后通过工艺仿真平台和计算机辅助制造（CAM）仿真平台，对产品设计工艺进行评估。最后对强度、疲劳、动力学、碰撞、声学等进行智能化虚拟验证，形成设计闭环，打通产品数据信息流，提高研发效率，为实现智能化打下基础。

2. 智能制造

在列车生产过程中利用智能技术，对制造过程、产业链和资源调配等进行升级，减少人工操作，提高产品质量。

柔性生产：依靠有高度柔性的以计算机数控机床为主的制造设备来实现多品种、小批量的生产方式，从而满足轨道交通行业的订单需求特点，可完成定制化的批量生产。

机器人应用：在焊缝打磨、腻子打磨、油漆喷涂、大尺寸检测等工序利用智能机器人自动化完成，降低工人劳动强度。

智能物流：在运输、仓储、装卸、配送环节通过数据实时采集技术、一体化储运工装应用、节拍化和准时化的智能物流管控模式来降低成本、提高效率；引入超高频 RFID 系统并对接 SAP 系统，实现物流高效流转以及定位管理。

智能供应链：集成和管理供应链全过程信息流，规范供应商基础数据、物料数据、资金结算、技术配置、采购过程质量数据管理，形成供应链全面战略协同。

3. 智能产品

在智能行车方面，应用感知、诊断、预测和控制算法等功能，智能感知列车与行驶环境的状态，提高行车的安全性和稳定性，实现自动驾驶、自动事故预防和故障自动处理；在智能服务方面，包括智能乘车 APP、基于云平台的生物识别、无感支付的自动售检票系统、智慧出行咨询与规划系统、智慧客流预测预警管理系统等乘客服务应用，以及智慧调度、智慧车站建设等运输服务。

4. 智能运维

以故障预测与健康管理为核心，采用先进感知、云边一体化、智能决策等技术，感知和监控列车状态，降低运维成本，延长列车服务周期。

13.4.3 案例分析

2015 年 6 月由南北车合并而成的中国中车股份有限公司（中车），是目前国内轨道交通装备领域唯一的列车供应商，高铁动车组产品达到国际一流水平。中车旗下有 52 个控股子公司，超过 18 万名员工。中车推进数字化、智能化的前期，重点在骨干企业的关键工序、关键车间的智能化改造，即择优推进。如今，这个全球最大轨道交通装备企业，正在试图从优秀的子公司开始，推动整个集团向工业智能化转型。

1. 横向协同、纵向集成

中车是典型的跨地域、多分子公司、多事业部、跨业务领域的集团型架构。在数字化转型初期中车信息系统建设存在信息孤岛问题，导致上下游企业间、各组织间、各业务领域间的集成与协同十分困难，阻碍了智能化发展。中车普遍采用"边设计、边采购、边生产"的制造模式，在生产制造过程中由于机车零部件超过 1 万个，且产品结构和工艺复杂、物料种类多和数量大、加工周期长，经常导致设计、采购、供应链、生产等过程难以协调，严重影响生产效率（金蝶，2019）。因此，顶层设计成为其数字化转型过程的重点，即从宏观、中观和微观等层面思考问题，弄清当前企业面临的挑战和需求，从而判断企业适合什么样的业务架构，应该通过哪些途径去实现。

以子公司中车株洲电力机车有限公司为例（图 13-8），其数字化转型顶层设计以"横向协同""纵向集成"为指导，即"4-3-2-1"战略。在企业运行层面实现设计协同、计划协同、供应协同和制造协同；在工厂连接与自动化层面实现生产运行数据集成、设备运行状态集成、质量检测数据集成；在工厂优化与执行层实现智能排程可视化、智能调度可视化，所有的业务系统都通过一个本地数据中心支撑（金蝶，2019）。

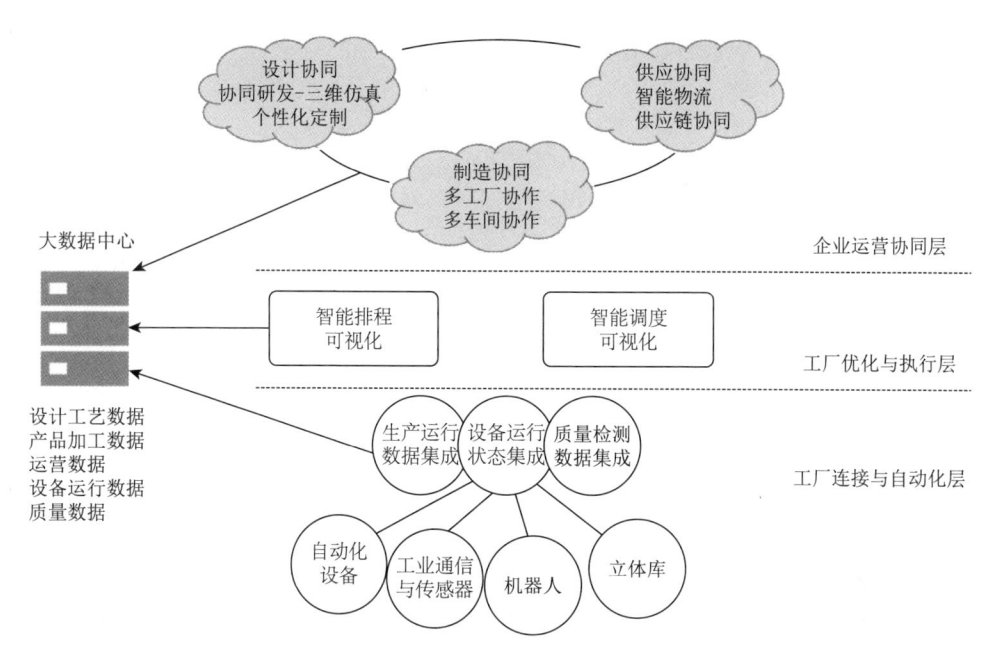

图 13-8　中车株洲电力机车有限公司数字化转型设计（金蝶，2019）

为避免需求频繁变更带来的问题，2016 年中车株洲电力机车有限公司与金蝶合作打造一体化协同管控平台，通过梳理制造业务流程，整合 PLM、ERP、MES、生产线中控等业务系统，实现制造活动的纵向集成。同时打通上下游企业之间的横向价值链，实现研发、计划、供应、生产的业务协同，实现设计、工艺、产品、设备的数字化达成端到端集成。

在一体化管控平台的帮助下，中车株洲电力机车有限公司进一步推进智能制造，实现了基于三维模型、单一数据源的轨道交通产品研制新模式和全生命周期的业务协同模式，建成了先进的加工、装配、检测、涂装等智能生产线和智能物流体系，构建了健全的数字化设计与工艺、数字化装备与生产线、工业大数据与网络安全等数字化制造标准，研制了融入人工智能、数字孪生等技术的设备全生命周期管理平台、智慧能源系统和智能运维等大数据平台。基于智能制造新模式，公司实现运营成本降低 20%，产品研制周期缩短 50%，生产效率提高 30%，能源利用率提高 6%，入选"智能制造标杆企业"（中国中车，2021）。在与西门子、阿尔斯通、庞巴迪等全球行业巨头的市场竞争中，中车株洲电力机车有限公司的交付周期可以缩短到竞争对手的一半，而产品价格更低。

2. 智能工厂与智能制造

在数字化和协同平台成果的支持下，中车集团积极探索数字技术，打造智能制造新模式，实现了整机、核心零部件全产业链，机、客、货、城轨地铁、新能源、新材料全业务板块，离散型制造、检修、远程运维服务等全业务领域的全覆盖。在智能工厂内，智能生产的产品从"出生"起就有了一个专属的电子标签，通过数字化三维设计与仿真验证，实现了从设计到加工装配过程的纵向延伸关联。通过建设智能化车间制造执行系统（MES）、联合物流管理系统（WMS），根据企业资源计划（ERP），实现智能排程、精准物料配送、生产准备管理、质量管控和追溯等；智能装配生产线借助一系列自动化设备，实现了质量管控智能化、装配工艺信息化、产品档案无纸化、物料流转自动化、设备数据实时化。此外，供应商关系管理平台（SRM），实现了公司内整个供应链信息流的有效串联。

围绕提质增效、产业升级，中车智能制造新模式项目形成标准及规范 73 项，已申请专利及软件著作权 150 项。一系列智能制造项目已初步收获成果。截至 2018 年，中车共获得工业和信息化部与科技部批复智能制造项目 23 个。其中，工业和信息化部智能制造项目 21 个、科技部"智能机器人"专项应用项目 2 个（中国中车，2018）。中国中车正利用大数据、人工智能、互联网＋等互联网新技术新应用，全面布局智慧中车建设，全力推动智能制造发展。下面介绍中车 5 个成为工业和信息化部批复国家级试点示范项目的智能制造新模式项目。

1）变流器智能制造柔性化生产线

中车株洲电力机车有限公司变流器智能制造柔性化生产线，是轨道交通行业全球首条按照智能制造（工业 4.0）标准打造的生产线。整条生产线由自动化工位、人工工位组合构成，通过信息化和自动化手段升级，从人、机、料、法、环、测的维度进行全面质量管理，促进基础管理与技术的提升和优化，实现生产过程和生产管理的智能化。

这条变流器自动化流水线不是全自动的无人化生产线，而是人与机器高度协同的生产线。生产线采用一套作业支援系统，员工通过 PLC 的指引和控制来完成工序作业所需物料的拿取、工具的使用以及作业结果的反馈。生产线上，每一道工序都能通过数字化管理和生产模块的无缝切换，与每一件产品的生产要求进行匹配物料，根据识别条码来执行程序指令，在生产过程不间断的情况下实现批量化定制。

从 2016 年运行至今，已成功实现超过 24 谱系、100 多种配置的功率模块产品混流共线的柔性生产，质量水平达到一次交调合格率 99.7%，10 分钟生产节拍达成率的效率提升 33%，制造过程的数控化率达到了 81.5%（中国中车，2018）。

2）转向架智能化生产线

转向架作为轨道车辆结构中最为重要的零部件之一，起着导向、支撑车体、减震运行的作用，对轨道交通产品的安全、平稳运行至关重要。在轨道交通领域，一个转向架产品包含 400 多种零部件，从上线装配到完成制造会产生近万项制造数据，具有零部件多、结构复杂、精度和质量可靠性要求高、质量追溯范围广、时间长、生产制造工艺流程长等特点，是典型的离散型制造模式。

中车株洲电力机车有限公司建设了全球第一条转向架智能制造生产线，涵盖加工、装配、焊接、涂装、物流等转向架生产制造全过程。生产线包括 11 条子生产线、28 台独立设备全部实现连接，在 3 个厂房连接超过 20 台 AGV 设备、1000 多名员工、1 万多种物料和 200 多个工位。自动运输小车会根据工作人员指令将物料从立体物料库输送到员工工位，智能制造装备再根据物料二维码参数信息自动生产，之后产生新的二维码进入下一环节。整个生产过程自动完成，无须人工辅助、介入。智能制造生产线的成功实施，使得 11 条子生产线可达到最大化的协同平衡、最小化的等待时间。其中，转向架的构架、车轮和车轴 3 条生产线之间的相互等待时间基本为零。同时，转向架智能制造车间能根据任务变化进行柔性化生产，实现小批量试制与大批量投产同步进行，约 20 分钟就可生产一个车轮（新华社，2019）。

3）高速动车组齿轮传动系统智能装配车间

中车戚墅堰所围绕高速动车组齿轮传动系统搭建涵盖智能设计、智能运营和智能制造模块的智能装配车间；通过三维一体化、ERP 和 MES 系统的集成，运用上下料机械手、AGV、立体化仓库等智能制造手段，实现产品研发、工艺设计、仿真验证、制造执行及物料配送的自动化、网络化和智能化，从产品全生命周期降低成本、提升生产效率和能源利用率。车间运营成本降低了 20%以上，产品研制周期缩短了 33%，生产效率提高了 30%，能源利用率提高了 5%以上，产品设计的数字化率达到了 90%，制造过程的数控化率达到了 80%（中国中车，2018）。目前，高速动车组齿轮传动系统智能装配车间完成了基于整体箱齿轮传动系统的智能化装配线改造。

借助 MES、WMS 等智能化系统，车间实现了精细粒度的管理，从工序的过程控制细化为工步的控制，系统数据库中根据技术标准设定有每项步骤的检测标准数据，确保不合格品不在工序间进行流转；在动车组齿轮箱装配车间的大轴承游隙调整、接地装置等组装、箱盖组装及清洗、试验后组装等 10 道工序采用了 Atlas 数控扳手，这 10 把数控扳手均具有扭矩和角度的实时监控与检测功能，并与数据管理软件 Toolsnet 与 MES 进行连接，可对关键螺栓进行有效监控（e-works，2019）。

利用 RFID 芯片严格控制卡控工人的关键操作。在所有的工位都新增了 RFID 芯片控制的智能工作台，在关键工步使用的工具以及工作台面下分别安装 RFID 芯片和芯片接收器，通过设定感应范围识别量具取放。在工作台上方设计激光引导设备，通过目视化的手段，对每个工步的位置进行引导，从视觉、程序多方进行严格的装配控制（e-works，2019）。

4）高速车车体制造新模式

焊接是动车组车体制造的关键工艺之一。一列动车组有上万道焊缝，管控焊接质量尤为重要。传统焊接需要依靠焊工在焊完后自检、互检、巡检，无法对焊接过程进行实时监控。针对这一情况，中车四方利用数字化技术建成了国内首个动车组焊接过程数字化管理系统。通过布设在焊机上的数据采集器，焊接管理系统能够实时采集焊接过程中的所有焊接参数，包括焊接电压、电流等，并自动与标准参数进行比对，一旦出现差错立即报警。目前，焊接数字化管理系统已连接起 100 多台焊机，动车组车体的每一道关键焊缝都实现了实时管控，从而更好地保障焊接质量（经济日报，2020）。

除了中车四方，中车唐山公司也通过高速车车体制造新模式项目积极开展自动化焊缝打磨、数字化工装等技术运用。在产能不变的情况下，生产一线操作工人减少 92 人，人工成本减少约 15%。通过数字化柔性工装的推广，不同项目车体生产转换时间由 3 天缩减为 2 小时，时间节约 97%，工艺装备成本由 187 万元缩减至 98 万元（中国中车，2018）。

5）大数据运维服务

中车四方每天有 1300 多列动车组运行在全国各地。这 1300 多列动车组每天的运行状态数据都会实时回传到企业数据中心。基于大数据技术，中车四方所建成了动车组智能运维平台。在这里，大数据被应用到动车组运维中，成为护航动车组运行安全的新"神器"。

一列在线运行的动车组设有数千个数据测点，传感器可实时采集列车运行状态数据，监测列车运行状况，每 10 秒就向地面发送一次数据。企业利用动车组运行实时数据，并融合列车制造履历数据、线路数据、运营数据、维修数据、自然环境数据等，应用大数据挖掘技术与人工智能算法，开发出动车组关键部件故障预测模型，能在发生故障前对故障进行预测、预警，从而提供维护建议。这种基于大数据的运维模式将传统的被动式故障维修或定期检修转变为主动的预测性维护，从而能有效降低列车故障率，更好地保障行车安全，提高运维效率。目前，动车组智能运维平台已上线近 100 个故障预测模型，每年成功预防故障隐患数百个（经济日报，2020）。

13.5 未来趋势与建议

在交通运输设备制造业，基于数字化转型的工业人工智能基本按照"数字化、网络化、智能化"三步走实施。数字化是网络化的基本阶段，智能化是网络化的高级阶段。未来，对于工业制造企业来说，相对已有的生产设备和原材料，数据资产会变得更为关键，最终以数据为基础的业务会变成企业的基础和核心。基于数字化和信息化集成成果，虚拟工厂会把"现实制造"和"虚拟呈现"融合在一起，通过遍布全厂的海量传感器采集现实生产过程中的所有实时数据，这些海量数据可实时、快速地反映生产中的任何细节。基于这些生产数据，在计算机虚拟环境中，应用数字化模型、大数据分析、3D 虚拟仿真等方法，可对整个生产过程进行仿真、评估和优化，使虚拟世界中的生产仿真与现实世界中的生产无缝融合。同时，通过在云端部署人工智能算法，以及模型、知识库和相关规则，系统将具有自组织和自学习的能力，可智能处理和再生相关信息，依据指令、状态变化和工作任务，学习和积累相关知识，完善和改进相关策略，支持快速的智能管理决策，可以自我判断、自我调整，具有容错能力。

交通运输设备制造业原本属于第二产业，但现在它与作为第三产业的服务业的边界正日趋模糊。这是其在智能网联时代即将发生的根本性变革。工业人工智能为交通运输设备制造带来的，不仅是技术变革，更多的是业务模式的变革，它催生出了新的商业模式。以满足客户高度定制需求为主旨，实现订单、工艺、生产、供应链及供应商各业务价值链的端到端数字化打通将是工业人工智能时代的主流方向。工业人工智能使得交通运输设备这种大宗、复杂商品的个性化定制成为可能。特别是在汽车制造业，消费者与工厂直接对话的 C2B 模式将成为主流，二者长期有效互动将催生和促进智能服务的有效发展，使智能制造向智能服务自然延展，而 B2C 和 C2C 模式将失去主体地位（梁飞，2017）。随着 C2B 定制平台的完善，从广告投放再到订单形成的市场营销流程也将实现闭环。以往靠人工进行的消费者需求研究、广告投放、销售线索转化、到店销售服务、交车和售后跟踪，每一个环节都能够基于数据和过往成功经验建立 AI 辅助决策系统，从而实现消费者需求的精准预测，进而实现生产的可预测性和配货订货环节的 AI 自动化，提前安排生产，显著缩短交付时间，提高生产的灵活性。

从上面的案例介绍可以发现，工业人工智能的实现离不开软件化的工业技术以及软件定义的生产体系，而这必然会带来企业架构、生产关系的优化和重构。因此实现工业人工智能的前提是做好管理。无论数字化、网络化过程还是供应协同网络的推行，其实都是在用管理来简化和解决技术问题。工业人工智能的实现不能仅仅停留在操作层面的机器人、数控设备、智能仓库和智能物流等，更关键的则是工业企业是否在正确的决策管理下形成自主研发体系。同时，在未来 B2B 的协作互动将空前紧密，使固有的生产消费方式产生颠覆性改变。从上面的案例中可以发现，真正应用工业人工智能的前提是整个生产制造产业链的协同。随着工业人工智能的全面应用，供应链将从原本按照计划管理的工厂生产模式转变为动态规划、平滑生产波动模式，可以快速地根据市场反应进行产能调整，实现最低的原材料和成品库存，大幅提高生产的周转效率。此外，未来的供应链与营销链也将完成全程的信息共享，提高整条价值链的效率，优化商业生态。

对于中国企业来说，工业人工智能化任重而道远，面临的挑战数不胜数。传统工业的集中式与层级化组织结构和管理理念已经不再适用于智能化的工业体系。基于虚拟生产而重新设计的工艺和流程、能够容错的强健制造流程、性能稳定并且可预测的生产设备、开放并且标准模块化的过程仿真和工艺模型、人工智能的安全应用、工业大数据的存储和分析应用等许多方面，都是无比重要的议题。

参 考 文 献

丁勇，刘婷婷. 2011. 航空制造业的全球价值链分析[J]. 天津大学学报（社会科学版），13（4）：289-293.
樊康丽. 2019. 轨道装备制造业的绩效分析与优化研究[D]. 北京：北京交通大学.
工业和信息化部装备工业司. 2016. 《中国制造 2025》解读之：推动先进轨道交通装备发展[EB/OL]. (2016-05-12) [2021-03-09]. http://www.gov.cn/zhuanti/2016-05/12/content_5072764.htm.
顾勇. 2019. 浅谈人工智能技术在汽车中的应用及展望[J]. 汽车世界，（16）：33.
韩宝明，陈佳豪，杨运节，等. 2020. 2019 年世界城市轨道交通运营统计与分析综述[J]. 都市快轨交通，33（1）：4-8.
金蝶. 2019. 数字化再造中车株机[EB/OL]. (2019-05-24)[2021-03-23]. https://www.kingdee.com/news/20190524/46087.html.
经济日报. 2020. 中车四方：数字化升级动车智造[EB/OL]. (2020-06-01)[2021-03-23]. https://3w.huanqiu.com/a/776501/3yTJ0gb5QTP?p=2&agt=46.
孔祥芬，蔡峻青，张利寒，等. 2018. 大数据在航空系统的研究现状与发展趋势[J]. 航空学报，39（12）：8-23.
梁飞. 2017. 智能制造 打造中国汽车产业新时代[J]. 南方企业家，（11）：114-117.
梁建英. 2020. 开启智能化轨道交通装备新时代[J]. 科学，72（2）：17-22，64.
刘晓. 2020. 浅谈人工智能在航空领域中的应用[C]. 2020 中国航空工业技术装备工程协会年会论文集，北京：3.
宁振波，刘泽. 2020. 为什么说波音走在了智能制造前列[J]. 金属加工（冷加工），(6)：6-8.
上海市国资委，科创局. 2021. 上汽集团：变中求新 变中求效 以数字化转型推动上汽高质量发展[EB/OL].(2021-01-20) [2021-03-09]. http://www.sasac.gov.cn/n4470048/n13461446/n15927611/n15927638/n16135043/c16574872/content.html.
隋少春，许艾明，黎小华，等. 2020. 面向航空智能制造的 DT 与 AI 融合应用[J]. 航空学报，41（7）：7-17.
唐银. 2020. 人工智能技术在汽车制造中的应用现状与发展趋势研究[J]. 汽车博览，(5)：24.
腾三毛. 2018. 揭秘全球首家 C2B 汽车定制工厂[EB/OL]. (2018-12-16)[2021-03-09]. https://chejiahao.autohome.com.cn/info/3138322.
涂彦平. 2021. 那家率先引入 C2B 私人定制模式的企业现在怎么样了[EB/OL]. (2021-01-01)[2021-03-09]. https://baijiahao.baidu.com/s?id=1688553622989891533&wfr=spider&for=pc.
吴金兰. 2018. 数字化制造从最复杂开始起步[EB/OL]. (2018-08-11)[2021-03-16]. http://www.360doc.com/content/18/0811/13/33479191_777435449.shtml.
新华社. 2019. 全球首个轨道交通转向架智能制造车间投产[EB/OL]. (2019-03-11)[2021-03-23]. https://www.crrcgc.cc/g5122/s4046/t299352.aspx.
徐旺，陈智超. 2019. 民用航空制造企业智能制造技术解析[J]. 信息通信，(9)：255-257.

张彩萍. 2013. 计算机技术在波音转包生产中的应用[J]. 科技视界,（26）：425-426.
张新苗, 余自武, 杨雨绮, 等. 2017. 人工智能在波音787上的应用与思考[J]. 工业工程与管理, 6（22）：173-178.
赵宇航. 2019. 揭秘上汽大通C2B智能定制工厂"黑匣子"，一辆定制化的汽车是怎样炼成的？[EB/OL]. (2019-01-12)[2021-03-10]. https://www.tmtpost.com/3695726.html.
中国中车. 2018. 8分钟读懂中车智能制造[EB/OL]. (2018-11-14)[2021-03-23]. https://www.sohu.com/a/275392729_233479.
中国中车. 2021. 株机公司入选"智能制造标杆企业"[EB/OL]. (2021-01-14)[2021-03-23]. https://www.crrcgc.cc/g5122/s23683/t317892.aspx.
e-works. 2019. 中车戚墅堰所全面打造齿轮传动系统"智能车间"[EB/OL]. (2019-01-18)[2021-03-23]. https://articles.e-works.net.cn/mes/article142956.htm.

第 14 章
食品工业应用案例

14.1 食品工业的背景特征

14.1.1 行业特征

工业 4.0 时代的来临于整个制造业是一场全新的革命。"民以食为天",我国食品工业占整个制造业 10%的比重,是经济增长的重要原动力之一,也是关系到国民身心健康的重要产业。随着人工智能时代的来临和科技创新水平的提高,我国食品工业规模化、智能化、集约化、绿色化发展水平明显提升,供给质量和效率也显著提高。在高新科技的支撑下,国内食品工业从手工走向自动化,一系列自动化生产设备的研发提高了食品生产的自动化水平。而在智能化和信息化融合的前提下,智能化设备进一步优化了复杂的食品工业流程,提高了加工质量,成为食品行业发展新动力(徐静,2020)。

国家统计局统计数据显示(国家统计局,2017~2021),2016~2020 年,食品工业的营业收入总额呈现出波动情况,如图 14-1 所示,表明食品工业在快速发展的同时,也正处于数字化转型升级的阶段,食品工业智能制造对食品工业高质量发展有着重要作用。《智能制造发展规划(2016—2020 年)》《中国制造 2025》等政策的出台也为食品行业的智能化升级"保驾护航"(中华人民共和国国家发

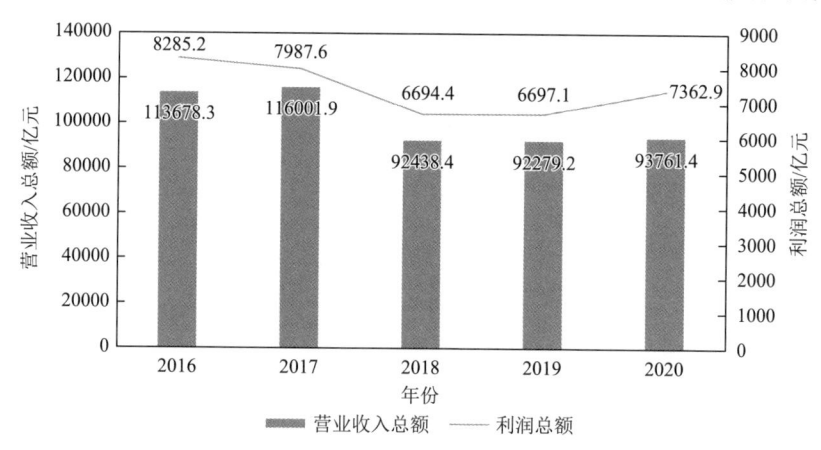

图 14-1 2016~2020 年规模以上食品工业主要财务指标

展和改革委员会，2017）。因此，对于食品行业来说，升级智能化生产线是目前行业发展的大势所趋。通过部分实现智能化升级食品企业的反馈来看，智能生产线在提升生产效率、增强质量管控等方面有着明显的优势。

近年来我国食品工业在四个方面取得了成绩：一是总量、效益稳步增长，产业支柱地位稳固；二是产业结构不断优化，保障体系逐步完善；三是工业化、信息化"两化融合"日趋深入，新技术助力产业发展；四是科技支撑力度提升，创新发展后劲增强。

在总体发展成绩明显的同时，食品工业存在的突出矛盾也不容忽视：生产集中度提升与"小、弱、散"并存；绿色高新精深加工与粗放生产方式并存；品牌价值凸显与自主品牌培育不足并存；食品安全稳定向好与风险隐患严峻并存。这些矛盾导致产业规模巨大而有效供给不足，制造能力较强而创造能力不足（邵航等，2020）。

新一轮产业革命，特别是以人工智能为核心的新一代信息技术的迅猛发展及与制造业的深度融合，有力推动了数字化网络化智能化制造的发展，智能制造已成为各国竞争的焦点。食品工业人工智能具有显著的优势。首先，降低企业的人力和物力成本，目前企业普遍面临用工贵、招工难的问题，应用人工智能技术的智能制造能够实现制造过程的自动化和智能化。其次，提高产品质量和效益需要采取新的技术、新的生产模式和新的生产工具。传统机械通常采用恒定控制系统，须人工操控。而智能制造的高速度和高精度等特点，能够有效提高产品制造效率和质量，增加企业效益（任毅等，2015）。

在如今消费升级大环境下，消费者对食品的需求变得越来越多样化。对于食品企业来说，不仅生产规模需要扩大，生产的灵活性也需进一步提升。这就需要食品生产企业提高生产的智能化程度，实现智能制造以期提高生产的灵活性和高效性。智能机械的持续研发也在带动食品工业的生产线优化，使人与设备的合作更加协调，并显著提高生产过程的可控性和产品的稳定性。

14.1.2 食品工业所涉及的主要人工智能技术

我国食品工业发展潜力巨大，市场需求极大。目前，我国食品工业在新常态下处于转型升级阶段，将人工智能技术应用于食品工业领域，实现食品生产和食品企业管理的智能化，是我国食品工业转型升级的重要途径和有效方法（表14-1）。

表 14-1 食品工业行业中主要人工智能技术的应用场景

应用领域	应用场景	涉及技术/模型	应用剖析	相关机构
农副食品加工	供应链	大数据技术、云计算、区块链技术	食品溯源	广州市市场监督管理局
	生产制造	机器人技术、计算机视觉、图像识别技术、机器学习	蔬果智能采摘、智能分拣	台中中兴大学、神元科技

续表

应用领域	应用场景	涉及技术/模型	应用剖析	相关机构
食品制造业	产品研发	深度学习、机器人技术	新材料研发	都柏林 Nuritas 公司、智利食品科技 Notco 公司
	生产制造	物联网技术、智能机器人	生产优化、人员规划、智慧工厂	日冷食品、亿滋食品、英国 EPSON 机器人代理商、徐福记
	营销与销售	机器学习、深度学习、大数据技术、区块链技术、DNA 测试技术	创新食谱、食品安全和质量管理、DNA 个性化定制、营销数据分析	IBM、洽洽食品、达能、瑞士雀巢公司、亿滋食品
饮料制造业	产品研发	大数据分析	新口味研发、个性化定制	可口可乐公司
	生产制造	智能传感器、物联网、机器人技术	奶牛养殖、智能品控、智能工厂、包装预赋二维码、生产线自动赋码关联	荷兰 Connecterra 公司、日本 Farmnote 企业、蒙牛、娃哈哈、天地壹号、光明乳业
	营销与销售	云计算、大数据分析	定制个性化产品、产品健康追踪、智慧零售	青岛啤酒、麦趣尔、光明乳业
	售后服务	深度学习、自然语言处理技术	防伪技术	伊利

大数据技术是指从各种各样类型的数据中，快速获得有价值信息的能力，包括可视化分析、挖掘算法、预测性分析、语义引擎、数据管理等。大数据技术在食品工业中主要应用于甄别材料、食品新口味研发等。

计算机视觉是指运用摄影机和计算机代替人眼对目标进行识别，并进一步处理成更适合人眼观察或传送给仪器检测的图像。在食品工业中主要用于材料甄别、自动化加工等。

食品加工行业的机器人技术包括生产加工机器人、食物收取机器人等。机器人技术是食品工业向作业自动化升级的重要技术，能够减少行业对劳动力的需求，实现精细化生产。

机器学习是指研究计算机怎样模拟或实现人类的学习行为，以获取新的知识或技能，其在食品加工行业应用广泛，包括新食品研发、新口味合成等。

深度学习是一种以人工神经网络为架构，对数据进行表征学习的算法，用非监督式或半监督式的特征学习和分层特征提取高效算法来替代手工获取特征。在食品加工行业主要运用在食品开发领域。

云计算是分布式计算的一种，可以在很短的时间内完成对数以万计数据的处理，从而实现强大服务。云计算作为一种人工智能基础设施，与其他技术相结合在食品工业中运用广泛。

物联网是指通过各种信息传感器、射频识别技术、全球定位系统、红外感应器、激光扫描器等装置与技术，实时采集任何需要监控、连接、互动的物体或过程，获取其声、光、热、电、力学、化学、生物、位置等各种需要的信息，通过各类可能的网络接入，实现物与物、物与人的泛在连接，实现对物品和过程的智能化感知、识别和管理。物联网的构建需要运用多种技术，包括 RFID（无线射频技术）、NFC（近场通信）、移动网络和蓝牙等通信形式的网络相连。物联网技术运用于食品工业，可以实现产品追溯，减少食物浪费，提高运输和产品处理效率。

14.2　农副食品加工行业工业人工智能应用

14.2.1　农副食品加工行业特征

作为农业大国，我国在发展农业、增产粮食方面取得了巨大的成就，农业生产条件大幅改善、农副产品产量大幅增长、农民生活水平显著提高。

根据《国民经济行业分类》（GB/T 4754—2017），农副食品加工业是指直接以农、林、牧、渔业产品为原料进行的谷物磨制、饲料加工、植物油和制糖加工、屠宰及肉类加工、水产品加工，以及蔬菜、水果和坚果等食品的加工。

国家统计局数据显示（国家统计局，2017~2021），2016~2020 年农副食品加工业规模以上工业企业的营业收入稳定在 4.5 万亿元以上，但是也呈现出下降的态势（图 14-2）。这表明，近年来，我国农副食品加工业的发展、建设取得了显著的成就，但同时也存在诸多问题，主要集中在以下几个方面。

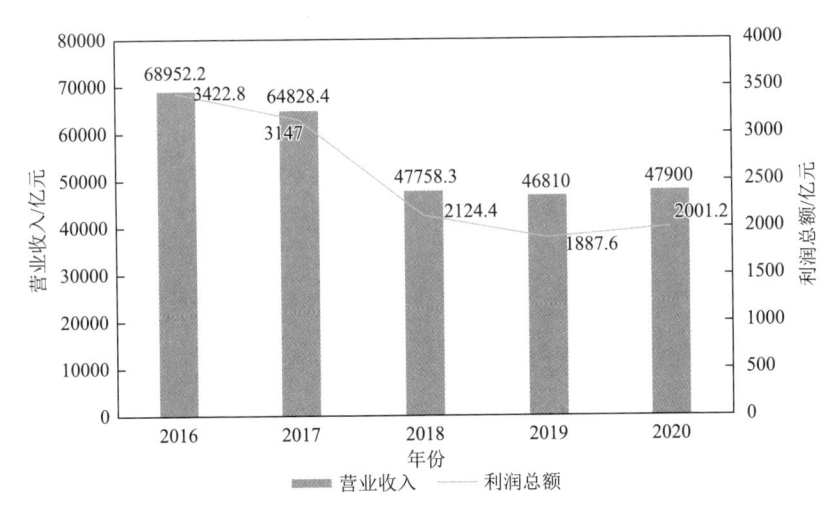

图 14-2　2016~2020 年农副食品加工业规模以上工业企业主要财务指标

在研发设计阶段，农副食品加工企业难以精准了解消费者的需求并有效预测新产品在不同市场中的表现。

在物流供应阶段，农业作为一个复杂的行业，在运输过程中具有许多未知的可变因素和风险，商品运输过程的安全尤为重要，因此需要制定面对不同潜在风险的应对措施，提高反应速度。同时，运输延迟和货物紧缺是突出问题，易降低消费者的购物欲和满意度，农副食品加工企业对库存、人员以及物流能力缺乏合理的规划。食品安全是消费者最为关心的要素，食品生产运输全过程的溯源缺乏全面的过程节点和详细的信息，无法达到老百姓买得放心、吃得安心的效果。

在生产制造阶段，农副食品加工增值的比重较低、利润薄，农产品加工损耗大。与此同时，蔬果采摘和分拣工作费时费力，且混合起来具有主观性，导致产品质量参差不齐。其次，生产过程中伴随的浪费问题逐渐突出，将会提高成本、损失利润，却又难以避免。卫生是食品工业过程中的一个重要组成部分，工厂清洁任务是枯燥的、时间和资源密集型的，在大型制造厂，复杂的机器还需拆卸和重新组装，耗时耗力。

在市场营销阶段，最大的挑战就是预测下个季度的热销产品。一方面，商人要提前敲定下来，并承担他们储备的商品滞销的风险。另一方面，消费者也希望零售商购入他们所需的产品。供给的不确定和不匹配对所有利益相关者而言无疑都是浪费且无效率的。品牌名誉濒临险境，消费者需花费更高的价格规避风险。

在售后服务阶段，企业尚未建立完善的产品售后服务系统以及时有效地处理消费者反馈的售后信息。

面对日益高涨的科技发展浪潮，农副食品加工行业从经济发展的基本需求出发，把人工智能技术作为转型的方式，积极推进智能化升级。

14.2.2　应用原理及应用现状

农副食品加工业中具有代表性的人工智能技术如下。

（1）大数据技术。大数据是互联网时代农副食品加工业中最重要的衍生产品，包括各种农副食品的生产数据、产品数据、物流数据、消费数据。基于大数据技术，实现优化采购分销体系、生产制造流程及质量安全管理，帮助质量、品牌有保障的重点加工企业集中与电商平台对接。通过电商大数据资源开发，提升精准营销能力，实现"以销定产"和"个性化定制生产"。

（2）机器人技术。机器人是综合了人的特长和机器特长的一种拟人的电子机械装置，既有人对环境状态的快速反应和分析判断能力，又有机器可长时间持续工作、精确度高、抗恶劣环境的能力。近年来，酿造机器人、分拣机器人、灌装机器人等相继推出，智能机器人成为农副食品加工业的重要智能制造终端。运用机器人技术，工厂能够采用个性化定制的生产模式，使大规模、批量化的制造更灵活、更智能。

（3）计算机视觉。该技术由光源提供系统、图像提取系统、计算机数据运算系统等多个相关的图像处理系统组成，其原理为通过摄像机获得所需要的图像信息，再利用信号转换将获得的图像信息转变为数字图像以便计算机正确识别。计算机视觉技术在食品工业中的应用主要集中在对果蔬的外部形态（如形状、重量、外观损伤、色泽等）的识别、内部无损检测等方面（柳琦等，2020）。

（4）区块链技术。随着食品安全、假货、劣质商品等问题层出不穷，区块链食品溯源为这一难题提供有效解决方案，即利用物联网技术，对空气、水、土壤、种子、肥料、农药等自然环境数据，以及农资投入品使用情况等要素进行数据采集。与传统溯源相比，区块链溯源具有数据不可篡改性和可保存性追溯等特点，打破了信息孤岛，避免了由恶意抢注引发的商业竞争问题。区块链技术应用于农副食品加工业的具体信息系统包括自然环境监测系统、农资投入品跟踪监测系统、农资投入品监管系统、基地管理系统、种植智能化监测系统、农产品跟踪监测系统，并最终实现对种植全过程的跟踪监测（陈飞等，2021；丁锦城等，2021）。

14.2.3 案例分析

1. 研发设计

1）消费者口味测试

FlavorWiki 是一种独特的消费者洞察和数据管理解决方案，帮助食品和饮料行业品牌商对消费者的偏好进行分类，以实现通过提供价格合理且更符合消费趋势的解决方案来加速食品行业发展。FlavorWiki 基于一种独特的数字感官技术，搜集消费者对食品风味、质地、香气和口感的评估数据，可应用于帮助用户开发食谱、发现新食品或提供有关其喜爱品牌的反馈等应用场景。

专栏：Gastrograph 预测消费者口味偏好

风味预测软件 Gastrograph：Analytical Flavor Systems（AFS）专注于通过人工智能探索人类味觉的潜意识感知，进而预测未来的风味潮流并帮助食品企业优化产品。AFS 研发的手机应用 Gastrograph 可以帮助使用者分辨所品尝食物的具体风味和成分，并根据用户不断反馈的风味品尝数据，逐渐了解各地人群的口味偏好（图 14-3）。在明确了不同地区口味偏好后，与其合作的食品公司可以根据 AFS 的数据进行建模模拟，寻找到最可能受消费者欢迎的食品配方，从而最大限度保证食品的市场欢迎度。

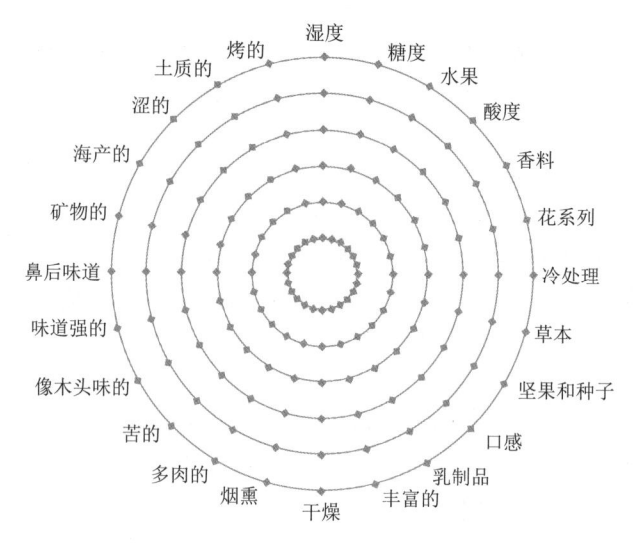

图 14-3 Gastrograph 应用界面

Gastrograph 的工作原理如下。其中心特征是带有 24 个辐条的轮子，其中每个辐条代表一种离散的感官体验类别。品尝者通过追踪对应的辐条来映射味道感知的轮廓，通过检测到的品质，从 1 到 5 指定每个品种的强度。子菜单允许更细致的体验记录。然后提示测试者给出产品的偏好等级，范围从 1 到 7。除了关于味道偏好的信息外，该应用还收集客观数据，如个人的社会经济地位，是否吸烟，甚至收集有关环境的信息，如温度和噪声水平，所有这些因素都被认为会影响品味。

2）新产品组合研发

Journey Foods 专注于为食品公司节省金钱和时间，其开发的软件使食品公司能够通过配置所需的消费者喜好，经由配料标签生成改进的产品配方，获得有关营养和可持续性指标的自动合规性和供应链见解，来使食品公司迅速更新想法或改进商业策略。Journey Foods 保有一个广泛而标准化的数据库，可以从数百万种成分中提取数据，因此该算法可以根据价格、供应链和营养参数来动态分析并有条理地推荐优化的产品组合建议。

2. 物流供应

1）农业食品供应链

美国农业科技独角兽 Indigo Ag 公司创建了一个全方位的智慧供应链方案。Indigo Ag 利用微生物学、机器学习和数字科技使得农业生产更高效、可持续，并提高其盈利能力。其微生物种子处理产品能够保护作物免受非生物威胁，让作物在极端温度、缺水和缺乏营养的土壤条件下也能生存。

2) 商品安全运输

超过 90% 的世界贸易是通过海洋运输的，海洋数据追踪有助于准确了解产品位置和环境，保证商品运输过程的安全。若供应链专家知道运输途中会发生什么，他们就可以保证包裹在任何不利条件下都能到达目的地。以色列 Windward 公司是一家提供综合的海洋数据分析的公司，投资者可以获得对货物流动的宏观图景，在增加物流系统的协同作用的同时减少风险。

专栏：广州市食用农产品溯源平台

广州市市场监督管理局将食品安全监管与互联网技术深度融合，建设以区块链、人工智能、大数据、云计算为核心技术的广州市食用农产品溯源平台，开启智能监管模式，全面实现"源头严控、入穗严查、终端严管"（广州市市场监督管理局，2020）。

食用农产品溯源平台利用区块链技术，将商户经营者、市场开办者、监管部门的市场准入、日常检查和监管以及检验检测、稽查执法等可公开的信息上传至区块链上，所有数据自动生成电子标签，相当于每个主体责任人上传的数据都加盖了公章，以便落实溯源管理、精准溯源和责任界定。所有上传溯源系统的数据，都因不可被篡改而成为权威的档案记录，被各方实时共享（图 14-4）。

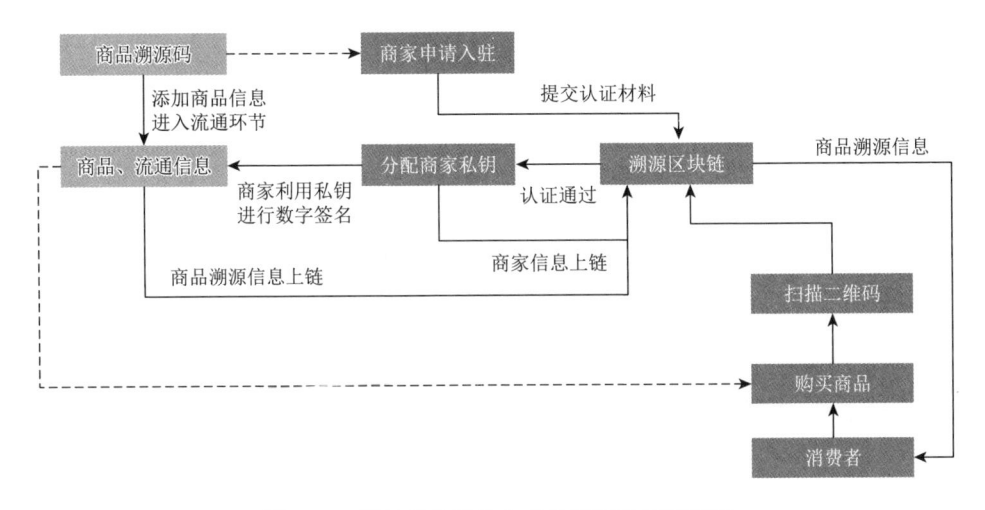

图 14-4 基于区块链的农产品溯源系统逻辑图

建立大数据溯源监管平台，推动"四位一体"食品安全共治，四方参与，区块链技术保障数据共享共用。溯源系统设置了商户端、市场端、监管端和公众端四个端口：一是商户端。商户可以通过微信小程序录入进销货信息，查询抽检结果，蓝牙打印电子销售凭证。二是市场端。市场开办者可以对商户基础数据和资料进行无纸化管理，及时掌握商户溯源数据上报情况。三是监管端。监管人员可实时对市场开办方和商户的准入、管理、台账等情况进行查询、监管和应急管理。四是公众端。建立一档一码，每个商户都有唯一的溯源二维码。消费者可扫描销售凭证上的溯源码查看销售单据详情、档口资质、抽检信息、监管记录、投诉举报等信息，破解了基础数据采集、凭证统一、农产品溯源、日常监管等系列难题（图14-5）。

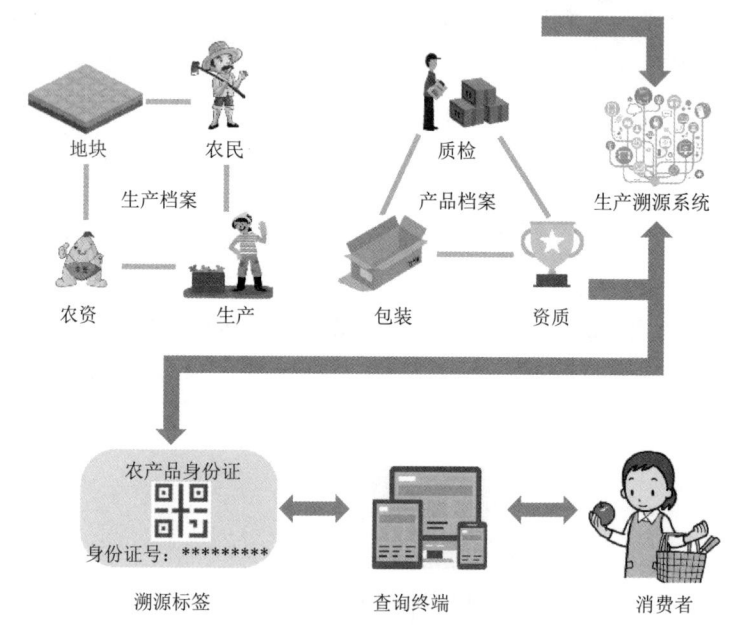

图14-5　农产品溯源系统流程图

创新"电子凭证、追溯召回"闭环管理。大数据实时预警，落实主体责任。通过"一档一码"，推动商户经营者档案信息化、台账电子化。市场监管部门利用大数据和AI技术，不仅可以对经营商户和市场开办方的准入、管理、台账等情况进行实时查询、监管和应急处理，还可以定向精准排查日常进销溯源信息的真伪，即时收到预警信息提示，以便实施靶向精准检查。

24小时实时监管，提升工作效能。食品批发市场通常是24小时不间断交易，单凭人力难以实现无死角、全覆盖的监管，此平台改变了原有农贸市场消费维权无门的困境，畅通了质量投诉和消费维权渠道，也为监管部门进行靶向性监督和追溯提供了参考依据，有效地破解了食品安全监管的痛点、难点、堵点难题。

3. 生产制造

1）蔬果智能采摘

台中中兴大学开发出一款主要运用在蔬果采摘中的柔性化机器人。由于柔性化机器人自身的柔软性，对于一些外皮较软嫩的蔬果，如番茄、草莓等能进行一定程度的无损伤靠近、移动、摘取等操作。该款机器人用可伸缩的纳米导电材料制成，具有柔软、可伸缩、可随意变形、可感知外在环境因子、仿肌肉运动等性能，并能进行自主感测。

2）智能分拣

苏州神元生物科技股份有限公司（神元科技）运用人工智能算法和图像识别技术，自主研发了智能分拣系统，运用于食品和农产品的分拣环节。3D机器视觉系统可对无序来料进行位置定位、品相识别和分类，指导机械手进行抓取、搬运、旋转、摆放等操作。例如，根据香菇的不同品质，机器人自主进行深度学习，实现香菇分拣。

3）味道鉴别

华盛顿州立大学研发的电子舌头（E-tongue）对食物辣味有着比人类更精准的感知。它是一种带有传感器的机器臂装置，将传感器浸入食物或饮料，即可分析其中的化学成分，识别出酸甜苦辣咸鲜等味道。电子舌头在"吃辣"过程中不会像人类某些时候一样"味觉失灵"，同时能够保持高水平的分辨准确率。

4）解决食品浪费问题

食物供给链不同环节的损失与浪费如图14-6所示。在食物生产加工过程中，日本日冷食品开发了一套人工智能系统，用于检测鸡肉中难以去除的骨头。旧系统使用的X射线有时会给出假阳性结果，导致肉的浪费。全球软包装生产企业希悦尔公司（Sealed Air）借助亚马逊的AWS物联网平台，将食品的生产加工过程变得更加高效。工厂中的数码摄像头可以监控火鸡的剔骨过程，并将信息实时反馈给食品操作人员，帮助改善加工效率，从而减少食物的浪费。而伦敦Winnow公司使用计算机视觉来帮助商业厨房计算它们处理的食物量，以达到减少食物浪费的目的。

5）工厂清洁

希悦尔公司借助亚马逊的AWS物联网平台为公司的"清洁互联网"（Internet of Clean）提供高效且可扩展的连接，这种连接能够支持数百万联网清洁设备，从而帮助公司创建更清洁、健康的生产环境。

德国弗劳恩霍夫工艺工程与包装研究所的科学家创建了移动清洁设备4.0（MCD），这是由电池供电的机器人。该机器人具有两个版本，一是装载到现有的传送带上，并穿过生产线，从内部清洁设备；二是具有动力轮和可伸缩臂，使其能够移动，从而也能够清洁天花板，以及墙壁和机器外表面。它利用雷达和超宽带无线电传感器在房间中进行导航，识别物体并避开障碍物。

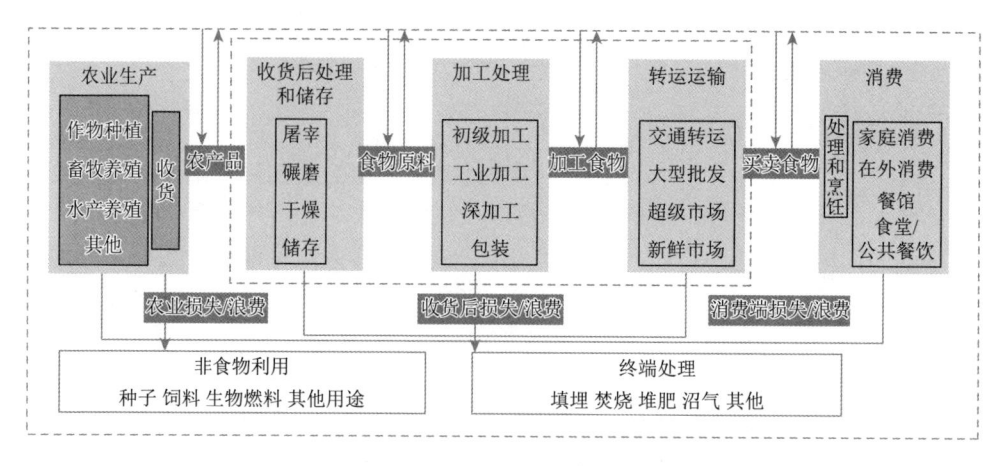

图 14-6 食物供给链不同环节的损失与浪费示意图

4. 市场营销

1）预测消费者口味偏好

特拉维夫创业公司推出 Tastewise 平台，结合了人工智能、预测分析、计算机视觉和自然语言处理等技术，能够实时捕获食品创新，使行业专业人士能够更加了解市场以及竞争对手，预测新兴趋势并依此确定下一步应该提供哪种菜肴。Tastewise 扫描客户输入的每个食品相关查询的数十亿个数据点，同时收集社交媒体和用户的食物照片、来自顶级餐厅的 15.3 万份菜单和约 100 万份家庭食谱中的 1300 万件物品，运用机器学习算法识别当前的烹饪趋势，实现对未来流行菜肴的预测。以 Tastewise 最近的比萨市场分析为例，它确定了费城的 Blazin Flavorz 芝士比萨椒盐脆饼是该类别最热门的菜肴，其次是洛杉矶的 Pizza Romana 辣味炸鸡比萨。意大利辣香肠在热门食材中名列前茅，而鸡肉排在第二位，培根排在第三位。万豪国际与 Tastewise 合作，通过实时行业数据监测和预测分析来转变其战略和决策，更深入地了解消费者偏好，帮助公司选择目标受众，捕捉微观趋势并设计菜单以满足客人的口味。

2）智能监控

Remark AI 通过对客户进入商店到最终购买这一过程中的活动进行分析，为零售商提供竞争优势。利用遍布商店的高科技摄像头和视觉传感器，Remark AI 能够对顾客的购物行为进行智慧化分析，例如，在商店中停留的时间、选购习惯、步行方式、走访次数以及他们的购买记录等，都能够用来帮助零售商在店内布局、商品放置和促销方案等方面做出更好的决策。

7-Eleven 的母公司 Charoen Pokphand 与美国的 Remark Holdings 公司签署了一项协议，部署了 Remark AI 公司的 KanKan AI 技术，这一技术将对 7-Eleven 的客

户支持和数据分析功能进行强化。KanKan AI 可以收集店内的顾客数据，例如，顾客在货架前停留的时间，商品库存状态，员工活动，甚至消费者在商店内走动时的情绪变化。KanKan AI 将帮助 7-Eleven 降低成本、增加利润。

14.3　食品制造业工业人工智能应用

14.3.1　食品制造业特征

根据《国民经济行业分类》（GB/T 4754—2017），食品制造业主要分为烘烤食品制造、糖果巧克力及蜜饯制造、方便食品制造、乳制品制造、罐头食品制造、调味品发酵制品制造及其他食品制造。

在中国庞大的人口数量和高速增长的购买力、巨大的国际市场空间的大背景下，食品制造业的发展在高速推进，市场容量不断扩大。我国食品制造业经营规模逐步扩大，国家统计局数据显示（国家统计局，2017~2021），2016~2020 年中国食品制造业规模以上工业企业实现营业收入 1.8 万亿元以上，利润总额达到 1500 亿元以上（图 14-7）。目前食品制造业的营业收入和利润均存在波动情况，在转型升级中遇到了一些问题，主要集中在以下几个方面。

图 14-7　2016~2020 年食品制造业规模以上工业企业主要财务指标

在研发设计阶段，食品制造企业需通过美味的口感、个性化的设计、多样化需求（如多品种、小批量、小包装等）来赢得快速消费需求形势下不同年龄层的消费人群。然而当前食品制造业的竞争趋向同质化，这种现象使行业产能过剩，市场供过于求。同时，消费升级带动行业整体需求上涨，新兴消费者的崛起促进消费需求改变，但能够满足消费者新兴需求的产品目前仍较少，导致供不应求。

在物流供应阶段，食品产品不新鲜、配送不及时、运输过程浪费严重是传统问题，随着消费者的食品消费结构呈多元化方向发展，消费者对食品的购买逐渐趋向多品种、少数量模式。然而食品制造业现有的供应链模式还不能满足消费者"多品种、少数量"的消费模式。因此，食品制造企业需要解决食品多样快捷化要求、食品安全控制、食品规模效益等突出问题，以及如何有机结合生产链的上下源头以提高其竞争力。

在生产制造阶段，食品制造企业过分强调技术和装备的先进性，忽略了通过数据驱动实现业务协同和全局优化，对数据的分析和利用不充分，存在信息孤岛现象，各系统之间未能达到真正的互联互通。

在市场营销和售后服务阶段，食品制造企业尚未能打造从快速下订单、设计、生产到物流配送的一体化流程体系，快速反应机制还未建成，难以实现精准服务。另外，企业和消费者的互动效果不显著，消费者大数据的收集、分析与应用不充分、不深入，还需要工业人工智能赋能食品制造企业由传统营销到精准营销的模式升级转型。

14.3.2 应用原理及应用现状

食品制造业中具有代表性的人工智能技术及应用场景如下。

（1）智能包装。新一代科技在食品包装行业的步伐不断加快，催生了"物联网智能包装"。智能包装包括五大部分，即包装盒体数字化、感知入口多样化、应用场景互动化、大数据精准营销以及智能化指示标签。智能包装具有高效灵活、多元化、降低人工成本、提高效率和企业竞争力等特点。

（2）智能装备。基于跨媒体分析推理、自然语言处理、虚拟现实智能建模及自主无人系统等关键技术，实现自动识别设备、人机交互系统、工业机器人、数控机床等具体设备的使用。

（3）智能工厂。基于跨媒体分析推理、大数据技术、机器学习等关键技术，实现智能设计、智能生产、智能管理及集成优化等多项功能。

（4）智能服务。运用跨媒体分析推理、自然语言处理、大数据技术、高级机器学习等关键技术，实现大规模个性化定制、远程运维及预测性维护等具体服务模式。

（5）智能物流。利用条形码、射频识别技术、传感器、全球定位系统等优化改善运输、仓储、配送装卸等物流业基本活动；运用智能搜索、推理规划、计算机视觉及智能机器人等技术，实现货物运输过程的自动化运作和高效率优化管理，提高物流效率；基于大数据技术，辅助商品配送规划决策，实现物流供给与需求匹配；使用计算机视觉、动态路径规划等技术，提升物流仓库的存储密度、搬运速度、挑选精度。

（6）智能安防。智能安防技术主要集中在两大类：一是利用画面分割前景提取等方法对视频画面中的目标进行提取检测，通过不同的规则来区分不同的事件，从而实现不同的判断并产生相应的报警联动等，例如，区域入侵分析、打架检测、人员聚集分析、交通事件检测等。二是利用模式识别技术，对画面中特定的物体进行建模，并通过大量样本进行训练，从而对视频画面中的特定物体进行识别，如车辆检测、人脸检测、人头识别、人流统计等。

14.3.3 案例分析

近年来，随着科技的进步，物联网、大数据、云平台、区块链、人工智能等先进技术在食品制造业多个领域取得了良好的发展势头。

1. 研发设计

1）新味道研发

日本科技公司 NEC 对日本 60 年间各种新闻资料进行分析，通过味觉指标展现了当时社会的氛围（图 14-8）。经过神经网络系统的训练，将算法和各种口味相关联，举例来说，对于"成长"这类词而言，其味道是甜蜜的；而对于"不安"这类的词语来说其味道则是苦涩的。经过设定，人工智能能够对特定时间的报纸档案进行研究，提取出一段时间内报纸上出现最频繁的词语，通过这一指标来决定巧克力的味道。

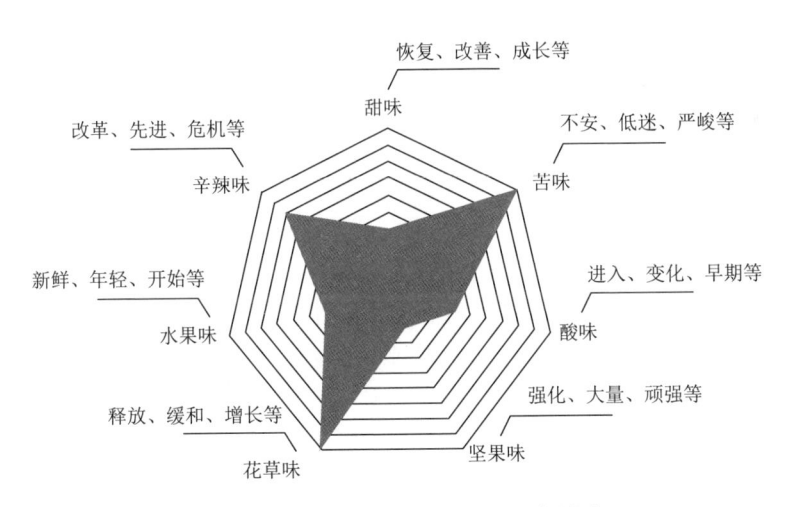

图 14-8 味觉指标与社会氛围的关联图

NEC 通过和巧克力专业厂商 Dandelion Chocolate Japan 株式会社进行合作，由该公司按照分析结果的要求进行生产。最终产出五种口味的巧克力，包括"1969 年：人类首次登月的惊喜"口味的巧克力、"1974 年：石油危机时代的迷乱"

口味的巧克力、"1987 年：泡沫经济巅峰的奢华"口味的巧克力、"1991 年：泡沫经济破灭的绝望"口味的巧克力、"2017 年：技术创新的黎明"口味的巧克力。人工智能让巧克力有了更多的内涵，赋予巧克力以新的价值和意义。

2）新材料研发

智利食品科技公司 NotCo 将机器人工智能与食品科学相结合，开发蛋黄酱、冰淇淋、牛奶、奶油、肉类和其他动物性产品的植物替代品。NotCo 推出人工智能平台 Giuseppe，用于分析分子结构。该平台绘制出植物基因特性与动物基因特性之间的相似之处，创造了仅源于植物成分的独特食物组合。基于食品技术和 AI 技术对植物成分进行研究和探索，该平台可获得可持续的非动物蛋白质来源。Giuseppe 在七个不同的数据库中使用各异的方法工作，包括食物和配料的分子数据、光谱成像，以及公司内部口味测试人员收集的一系列数据，如口感、质地、回味、酸度。目前 Giuseppe 平台拥有很多参数，而且已经绘制了 7000 种植物氨基乙酸结构的图谱。通过这种技术，消费者会更容易找到健康而美味的肉类或动物产品的替代品，而 NotCo 也期待将它们的产品运送给需要解决营养不良或粮食短缺问题的发展中国家。

2. 生产制造

1）智能包装

亿滋集团推出"以饼干为唱片的唱片机"——奥利奥缤纷音乐盒。一个奥利奥音乐盒装有 1 个音乐盒，还有 8 盒奥利奥饼干，把饼干放到音乐盒"唱片槽"内，然后音乐盒会根据饼干的大小自动切歌。此外，消费者可以为外包装定制 4 款填色插画，基于 AR 技术再现消费者填在包装外盒定制填色，只要音乐一播放，相应的 AR 元素就会呈现消费者填的颜色，达到定制 3D 动画的效果，全方位满足消费者的感官体验。

2）数字化工厂生产线

亿滋集团目前配备了全球化 ERP 系统、自动化 MES、员工信息平台等，建成亿滋集团第一个整合数字化工厂生产线，即将完成无纸化办公、集成控制等智能化车间设备和系统的建立。亿滋集团拥抱智能制造，积极通过互联网+、智能制造来开展柔性生产，建立互联网信息平台让更多的人去工作学习、互动交流，并加入智能制造过程。

3. 市场营销

1）个性化定制

瑞士雀巢公司（Nestle SA）近期凭借人工智能技术和 DNA 测试推出个性化定制营养指导计划"Nestle Wellness Ambassador"，旨在通过检测人体的健康数据和饮食状况，向寻求改善健康和渴望长寿的消费者提供帮助。雀巢公司向消费者提供相应的工具包让其进行自身 DNA 居家采样,并送至第三方检测公司分析,从而判断消费者高胆固醇或糖尿病等常见疾病的易患病概率。雀巢公司还让他们在 APP 上发布自己日常饮食的照片,据此向他们推荐改变生活方式和特别配置的营养补剂。

2)营销数据分析

阿里巴巴基于多年的技术实践理念,用互联网的架构方式来构建强大的业务和数据中台,通过整合企业内部的数据和产品技术,构建"大中台、小前台"的业务模式,从而支持企业更快捷的业务创新。为了构建自身的中台系统,亿滋中国和阿里云合作打通了各个平台的入口,统一了数据格式、计量标准,同时使用阿里云的机器学习 PAI 平台去分析经销商的建议订单和物流,以及库存优化管理。由于打通了中台数据,不仅可以在智能数据分析大屏幕上按照品类、销售渠道、城市直观呈现亿滋集团旗下产品的市场份额,还能看到行业发展趋势,实现以数据为导向的产品创新、定价、促销,以及以需求为导向的库存和物流优化管理。

14.4 饮料制造业工业人工智能应用

14.4.1 饮料制造业特征

饮料制造业包括酒的制造、饮料制造、精制茶加工,主要产品为白酒、啤酒、碳酸饮料、茶饮料和瓶(罐)装饮用水等。

饮料制造业是中国国民经济最重要的产业之一。随着人口数量和收入水平的不断提升,过去几十年来饮料制造业实现稳步增长。2016~2020 年饮料制造业规模以上工业企业的营业收入稳定在 1.45 万亿元以上,利润总额逐步增长,2020 年同比增长 8.9%(图 14-9)(国家统计局,2017~2021)。

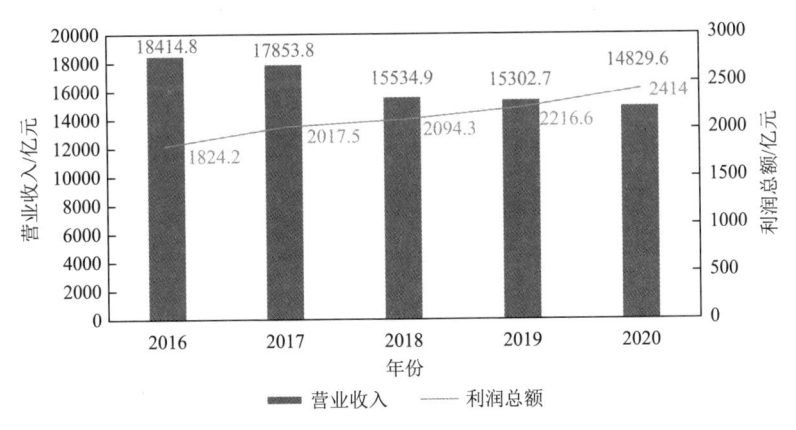

图 14-9 2016~2020 年饮料制造业规模以上工业企业主要财务指标

当前，以工业 4.0 为代表的智能制造概念越来越清晰，制造业将迎来新一轮技术革新。与此同时，我国也发布了《中国制造 2025》，在此文件指导下各行各业都开始了智能制造的探索。尤其是饮料制造业，面临国家食品安全管控及消费者需求升级的要求，如何通过应用新兴技术来提升产品竞争力、响应消费者需求、提升管理水平，是饮料制造业智能制造的重要课题。

但饮料制造业同时也存在诸多问题，主要集中在以下几个方面。

在研发设计阶段，随着人们生活质量和健康意识的不断提升，促使饮料消费需求呈现出多元化状态，消费内容日益丰富，消费质量不断提高。特别是年轻消费者对饮料产品的个性化、差异化追求日益剧增。然而大规模个性化定制在为饮料行业带来新的市场机会的同时，也带来很大的挑战。

在物流供应阶段，产品追溯和仓促物流作业尚未有效结合，管理、生产、营销的各个流程还未真正打通，需要实现整个供应链的一体化管理，即从最前端的经销商要货计划，到销售公司的发货计划，自动转为生产公司的生产计划，并根据库存状况自动生成包材采购计划。

在生产制造阶段，面对传统产业转型升级的需求，生产制造全过程的信息采集还未达到真正的全面性、及时性；生产流程各环节的信息流堵塞，存在生产环节的信息孤岛现象；事前预警、事中控制、事后分析评估的全过程跟踪分析尚未真正落实。此外，目前难以实现按单生产、小批量、多品种的快速切换，生产效率和生产规模有待提升。

在市场营销和售后服务阶段，产品信息溯源服务和企业营销活动缺乏深度结合，需实现为企业开展防止假货、串货，防止伪冒生产日期等提供支撑和帮助。此外，还需解决饮料制造企业渠道深度掌控、精准营销，酿酒数字化工艺标准和精准控制，大数据协同管理等困扰饮料制造业的问题，进而提升产品品质和服务水平。

14.4.2 应用原理及应用现状

饮料制造业中具有代表性的人工智能技术及应用场景如下。

（1）信息自动采集。在生产线上使用高速摄像机、嵌入式控制器、可编程逻辑控制器等技术，实现现场数据采集并与原有生产线高度联动。通过生产线自动赋码系统，扫描产品最小包装二维码，实现预印二维码的激活，在生产线自动采集各项生产信息，与二维码实时关联，产品包、提、箱二维码层层关联。在流通环节，充分运用二维码、电子标签、RFID、PDA、智能分拣技术，在海量产品配货分拣同时追溯扫码，实现自动化高效流通作业。

（2）产源智慧管控。例如，牧场智慧管控主要采用物联网 IoT、RFID 电子耳标、传感器、5G 等设备，围绕畜牧养殖生产和管理环节，实时采集牲畜位置、活动、进食等信息，以及监控养殖场环境（温度、湿度、二氧化碳、氨气、硫化氢、粉尘、光照等），可新建或改造现有的环境控制设备、饲料投喂控制设备等。畜牧主可以通过智能终端（手机、PC、PAD）实现个体识别、精准定位、视频联动和自动点数功能，并可实时掌控养殖场环境信息，根据检测结果，自动或远程控制相应设备，实现畜牧养殖的信息化科学管理。

（3）生产智慧管控。结合"互联网+"的理念，采用网络技术、信息技术、现代化的传感控制技术，通过对企业信息系统建设、工厂智能化监控建设和数字化工厂建设，将饮料研发、制造、销售从传统模式向数字化、智能化、网络化升级，实现内部高效精细管理、优化外部供应链的协同，推动整个产业链向数字化、智能化、绿色化发展，提升食品安全全程保障体系。

（4）供应链智慧管控。利用条形码、射频识别技术、传感器、全球定位系统等先进的物联网技术，通过信息处理和网络通信技术平台广泛应用于运输、仓储、配送、包装、装卸等基本环节，实现货物运输过程的自动化运作和高效率优化管理，提高物流行业的服务水平，降低成本，减少自然资源和社会资源消耗。

（5）智慧营销。智慧营销是以人为中心，网络技术为基础，创意为核心，内容为依托，营销为本质目的的消费者个性化营销，实现品牌与实效的完美结合，将体验、场景、感知、美学等消费者主观认知建立在文化传承、科技迭代、商业利益等企业生态文明之上，最终整合虚拟与现实的当代创新营销理念与技术。

14.4.3 案例分析

1. 研发设计

1）生产材料配比

在啤酒生产中，传统的品酒师会根据自己实际的品尝体验来鉴定品质，但个人口味差异、味蕾功能、身体状态等因素都会影响指标。嘉士伯与微软等机构合作，进行了一个为期三年的啤酒制作计划"啤酒指纹追踪项目"。其主要目的就是利用人工智能、传感器，界定啤酒的口味和气味差别，从而提升在开发新品、产品品控和质量检测时的精确度。例如，研究人员在全球 140 个饮料品牌中，使用先进的传感器和分析技术，绘制和预测酵母和其他成分产生的风味寻求最优搭配。而计算机模型已经能够辨别这些细微的差异，在实验中，训练后的模型可以迅速检测出 Carlsberg Pilsner、Tuborg Pilsner、Wiibroe 和 Nordic 四款啤酒，在效率和精准度上，都远远高于专业人士。他们最终设想为每个样品绘制风味指纹，并大幅度缩短研究风味组合和配比过程所需的时间，以帮助公司更快地将不同口味的啤酒推向市场。

2）新口味研发

可口可乐公司与人工智能公司 Pandorabots 合作，通过一种新型的自动贩卖机对顾客口味偏好数据进行收集。这种自动贩卖机允许消费者在购买可口可乐系列饮料时选择两种自己喜欢的口味进行混搭，之后通过人工智能技术收集并分析这些数据，得出最受消费者欢迎的口味组合，从而决定推出什么口味的新品可乐。

2. 物流供应

1）智能物流优化

京东智慧供应链以大数据和人工智能为核心驱动力，实现智能化、自动化、协同化库存管控；另外，从战略布局、决策建议、运营监控三个层面出发，全方位开展库存健康、销量计划、智能补货、滞销处理、存货布局等日常工作。例如，青岛啤酒在京东智慧供应链的帮助下实现多区域的销售预测和自动化补货，解决缺货和滞销问题，并使得消费者可以享用更新鲜的啤酒。

2）运输数量预测

丹麦乳品公司 Arla 开发一种用于预测各地农场的牛奶产量的人工智能工具，以最大限度地利用产出的牛奶，及时调整 Arla 运输奶源的卡车数量，降低成本，减少碳排放，使该品牌更具可持续性。

3. 生产制造

1）奶牛养殖

南京丰顿科技股份有限公司（简称丰顿）依托 SaaS + 物联网技术为核心企业及政府/科研提供综合解决方案的供应商。丰顿通过 SaaS 为种畜个体建立档案卡，把握每头牲畜的"前世"和"今生"，做到精准养殖、科学养殖。另外通过对饲料、精液、药品耗材等生产投入品的库存管理，以及鲜乳、活体等销售管理，建立养殖企业的经营画像，帮助企业管理者构建经营 AI 决策模型。在智慧饲喂方面，丰顿联合多家科研机构建立畜牧场的饲料数据库、营养数据库、国家标准数据库等，对于畜牧群体不同时期的多元饮食需求灵活地进行日粮配方的设计，实现用最低的成本选择最实用的饲料，并达到营养标准。同时，配备称重传感器，降低饲喂误差率。这套饲喂物联网方案可以帮助畜牧场将料肉比或料奶比提升 8%～10%。

2）智能品控

大型食品企业娃哈哈创建了覆盖全生产过程的食品安全体系，在信息化、自动化的基础上向智慧生产与监管逐步迈进。例如，该公司通过生产线设备中的各种传感器，实现了从产品调配、吹瓶、灌装到包装、码垛等环节工艺过程关键指标的在线实时监测；利用各种温度、流量、扭矩检测传感技术和视觉检测技术实现了对容器质量、封盖质量、灌装液位和标签质量等数据的在线实时检测。

专栏：光明乳业智慧工厂

光明乳业股份有限公司（简称光明乳业）是集牧场养殖、生产制造、物流运输、产品分销及终端零售为一体的综合性乳业集团。光明乳业基于"工业4.0"和"互联网+"的框架，构建覆盖牧场奶源、生产加工、仓储物流、市场营销的全产业链智能化制造体系，包括"三系统"（智能牧场系统、智能工厂系统、智能物流系统）、"两平台"（全产业链智能管控平台、智能服务及营销互动平台）以及"一中心"（智能制造大数据中心）。该项目的先进技术包括以下几个方面。

（1）包装预赋二维码。

光明乳业结合全产业链质量管控要求，在总结以往赋码项目经验基础上，从公司层面开展顶层设计，遵循GS1国际标准，建立符合智能工厂全要素的统一编码标准，满足上下游业务系统数据对接、功能扩展和未来与本市甚至国家级平台的编码体系无缝对接需求。同时通过系统将二维码下发给包材厂商，由包材厂商在出厂前提前预赋二维码，确保包材预赋过程安全、可控，不会发生二维码数据泄露事件，以带动包材行业的企业竞争力，实现双赢（图14-10）。

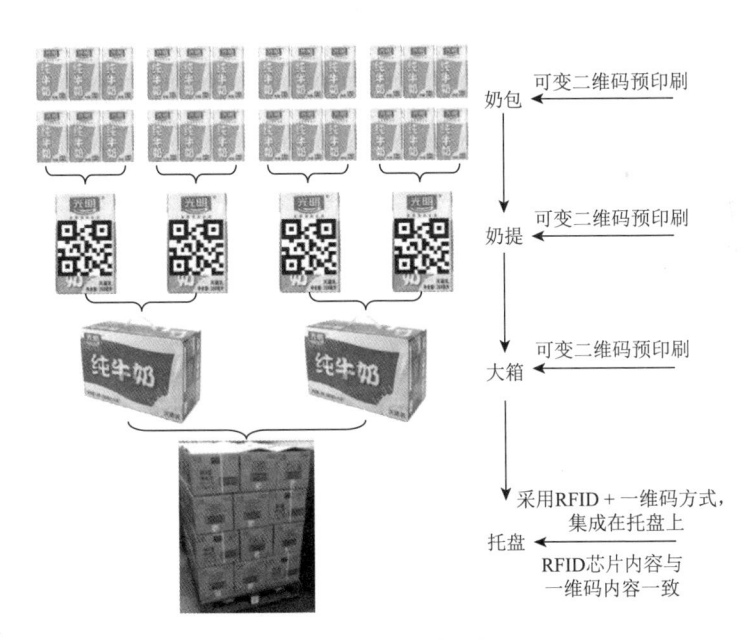

图14-10　包装预赋二维码

（2）生产线自动赋码关联。

在优化前，光明"莫斯利安"酸奶从盒到提、提到箱、箱到托盘均是通过人工方式进行包装和信息录入，存在效率低、易出错、质量管控难度大等问题。华东中心工厂"莫斯利安"的后包装生产线进行了自动化赋码关联改造，实现包装的自动装箱、二维码赋码信息的自动采集和关联。

在整个工业 4.0 框架下，结合 WCM 先进制造业管理的先进理念进行业务流程再梳理，并在此基础上实现工厂各类设备信息的秒级自动采集、管理和分析，不同于以往简单意义上的数据收集，这种把相关数据有效串联的方法更容易发挥 1＋1＞2 的作用。

4. 市场营销

1）创新销售形式

科大讯飞 iFLYOS 基于 AI 语音技术助力商业与粉丝文化接轨。其与可口可乐合作推出的"语音反转瓶"H5 游戏，粉丝可以听到可口可乐代言人的定制"暖心"语音。在这款 H5 小游戏中，科大讯飞 iFLYOS 科技在前期采集了代言人的原声，通过特征训练和优化后，能够输出合成声音。消费者只需输入名字，就可以听到其"亲口"喊名字。

2）定制个性化产品

消费者可以使用"青岛啤酒私人定制"的微信小程序以私人定制啤酒。该平台有 100 多个罐体模板可供选择，还可以根据自己的偏好添加文字、调整颜色和设计版型。预览产品 3D 模型后，还能线上寻求专业设计师的帮助。该平台拉开了啤酒私人定制的新零售大幕，起订量从一开始的 3000 箱降低至最低 15 箱，如今正在向 5 箱起订的极致消费体验跃进。而青啤三厂是啤酒个性化定制的"订单接收者"，通过建设智能化啤酒生产工厂，打造私人定制的"标杆平台"。

5. 售后服务

茅友公社 APP 借助百度 EasyDL、OCR 等技术，整合了在线交流茅台知识、购买茅台酒及其配套产品、AI 识酒等多项功能。在特征挖掘环节中，运用采集商标、厂标、年份斜标、瓶体材质、胶帽等完整信息作为训练集，基于 EasyDL 定制化训练和服务平台中的图像分类、物体检测等深度学习技术，茅友公社实现了 359 种图像分类、221 个目标特征物的检测。结合 OCR、主体检测、图像搜索等图像识别技术，并将人工智能技术通过系统性编排融入自身业务流程中，实现消费者拍照识酒的功能。此外，经过多重匹配策略，精准查找商品，该平台可显示茅台酒名称、年份、类别、鉴藏要点等信息，以便用户深入了解中国酒文化（图 14-11）。

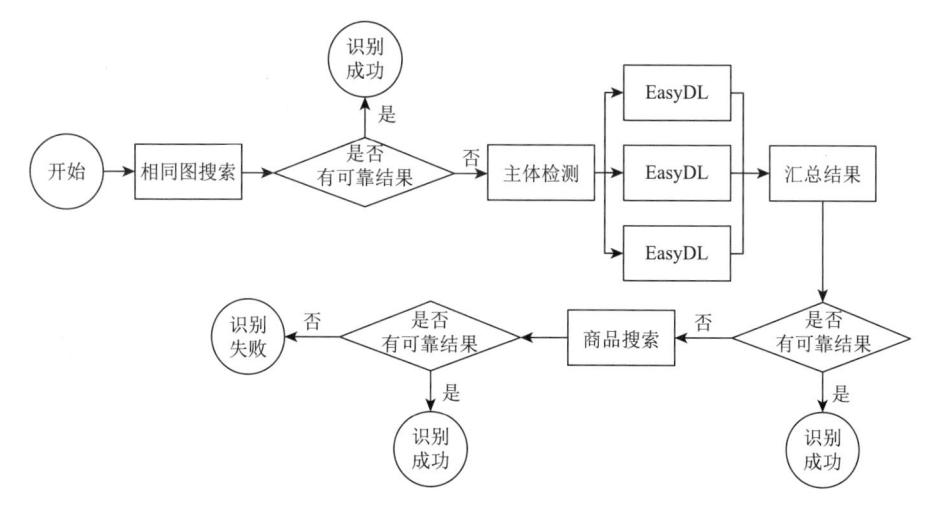

图 14-11　茅友公社 APP 运作流程图

14.5　未来趋势与建议

在工业人工智能时代下，农副食品加工业从研发设计、物流供应、生产制造、市场营销到售后服务，整个产业链的发展模式发生深刻变革。随着新技术的发展，工业机器人、食品智能装备、人工智能应用、大数据分析与营销、智能制造，成为农副食品加工业的热点前沿。

互联网时代，用户需求呈现出多样化、个性定制化的特点，农副食品加工企业订单日趋小型化、碎片化，以智能制造系统为核心的工业人工智能的应用助力企业建立"以人为中心"的大规模个性化定制，变革产品制作模式。农副食品加工企业需要站在消费者的角度，以消费者的需求作为目标，实现大规模个性化需求定制的全新产品生命周期。

随着劳动力人口减少及劳动力成本上升，工业人工智能需要真正融入企业订单、供应链、生产、销售、服务的每一个环节，打造柔性生产链。整个过程中将数字控制、资源控制、感应器系统、数据采集与监控系统、制造执行系统、企业资源计划系统通过人工智能技术有机关联起来，实现生产过程智能化；通过感知技术收集生产周期全过程的各类数据，进而实现设备及数据间的互通互联，实现从原材料到生产制造执行过程及储运全过程的质量信息、物料信息全周期的追溯。

工业 4.0 背景下，物流仓储的智能化要求也不断提升。智能仓储利用 RFID 射频识别、网络通信、信息系统应用等方法，实现入库、出库、盘库、移库管理的信息自动抓取、自动识别、自动预警及智能管理功能，以降低仓储成本、提高仓储效率，提升仓储智慧管理能力。通过分析历史消费数据，建立模型以分析现状和预测未来数据，支撑商品配送规划，实现物流供给与需求匹配、物流资源优化与配置，提升消费者的满意度。

最后，农副食品加工业需要打通全价值链，带动产业升级。农副食品加工相关企业需要并联利益攸关方，与终端消费者之间互联，去中间化、去中介化，从而打通整个价值链，形成高效运转的消费生态圈，带动整个产业链价值升级。

随着新一轮产业变革和技术革命的快速兴起，食品制造业谋发展进入新的阶段。面对食品制造业的产业转型升级挑战，需要以战略为引导，以获取可持续竞争优势为落脚点，以新型能力建设为主线，以客户为中心，以工艺优化为突破口，以数据为驱动，立足长远发展。

食品制造企业需要把智能制造建设和企业的新型能力建设结合起来，发展企业的智能制造，打造新型能力体系服务，获取可持续竞争优势服务，实现企业战略服务。除了技术和装备的先进性，还需要通过数据、技术、业务流程和组织机构互动创新及持续优化来实现全局优化。

此外，提升系统集成应用技术，加强数据的分析和利用。实现各系统的互通互联，消除信息孤岛，实现纵向集成、横向集成和端到端的集成，加强底层数据采集、传送、存储和分析利用，重视边缘计算，优化工艺参数和对设备进行智能管理。重视外部数据和内部数据的融合，以用户需求数据拉动企业内部业务运作。

互联网时代对食品制造业的企业端和终端消费者产生深刻的影响，商业互联网与企业业务智能融合是必要且重要的一环。以自动化立体仓库分拣中心为支撑，建立公司互联网平台，打通电商和生产制造之路，协同原料供应商和第三方物流，实现产品双向全过程的检测和追溯。通过消费者数据的分析和研究，实现精准营销、实时处理客户订单、生产制造同步协同。实现产品仓储、分拣、装箱、发货一体化运营。

饮料制造企业需要从以下三个方面进行创新发展。

一是实现大数据协同管理。开发主数据平台，统一基础数据，消除信息孤岛，实现从单元独立控制到全局闭环协同。通过抓取生产执行、企业资源管理、客户关系管理、数字化营销等各系统关键数据，建立企业大数据仓库，根据企业战略目标建立相应的数据分析模型，利用模型分析结果，将生产、管理、营销融合互动，实现全局信息统一、数据同步、信息协同、评价一致、反馈实时、自动预警、全程追溯、集约生产。

二是建立快速反应机制，实现精准服务。个性化定制，彰显个性化，引领时尚消费，是互联网发展的必然趋势。构建完善的个性化产品定制自选系统，以供消费者自由选择和组合，同时精简客户订货流程，精简产品从供货到制造流程，打造从快速下订单、设计、生产到物流配送的一体化流程体系，健全快速反应机制，实现精准服务。

三是优化供应链及资金合理配置。打通管理、生产、营销的各个流程，实现从最前端的经销商要货计划，到销售部门的发货计划，自动转为生产部门的生产计划，并且根据库存状况自动生成包材采购计划，达到企业整个供应链的一体化管理，最大限度地降低市场需求的波动对生产及供应造成的影响，降低库存占用，提高存货周转率，使生产设备之间、设备与人之间建立信息互通和良好的交互，大幅改善劳动条件，提高劳动效率，提升工艺管控水平，实现资源的整合优化。

参 考 文 献

陈飞，叶春明，陈涛. 2021. 基于区块链的食品溯源系统设计[J]. 计算机工程与应用，57（2）：60-69.
丁锦城，吴清烈. 2021. 食品供应链基于区块链的溯源体系研究评述与展望[J]. 食品与机械，37（2）：72-77.
广州市市场监督管理局. 2020. 广州市全力推进"区块链＋AI＋食品溯源"智能监管[EB/OL]. (2020-03-26)[2021-03-13]. http://scjgj.gz.gov.cn/zwdt/mtgz/content/post_5745011.html.
国家统计局. 2017. 2016 年全国规模以上工业企业利润总额比上年增长 8.5%[EB/OL]. (2017-01-26)[2021-03-13]. http://www.stats.gov.cn/tjsj/zxfb/201701/t20170126_1458143.html.
国家统计局. 2018. 2017 年全国规模以上工业企业利润增长 21%[EB/OL]. (2018-01-26)[2021-03-13]. http://www.stats.gov.cn/tjsj/zxfb/201801/t20180126_1577519.html.
国家统计局. 2019. 2018 年全国规模以上工业企业利润增长 10.3%[EB/OL]. (2019-01-28)[2021-03-13]. http://www.stats.gov.cn/tjsj/zxfb/201901/t20190128_1647074.html.
国家统计局. 2020. 2019 年全国规模以上工业企业利润下降 3.3%[EB/OL]. (2020-02-03)[2021-03-13]. http://www.stats.gov.cn/tjsj/zxfb/202002/t20200203_1724853.html.
国家统计局. 2021. 2020 年全国规模以上工业企业利润增长 4.1%[EB/OL]. (2021-01-27)[2021-03-13]. http://www.stats.gov.cn/tjsj/zxfb/202101/t20210127_1812824.html.
柳琦，涂郑禹，陈超，等. 2020. 计算机视觉技术在食品品质检测中的应用[J]. 食品研究与开发，41（16）：208-213.
任毅，东童童. 2015. "智能制造"对中国食品工业的影响及发展预判[J]. 食品工业科技，36（22）：32-36.
邵航，宋英华，李墨潇，等. 2020. 我国食品安全与数据科学交叉研究的科学计量学分析[J]. 食品科学，41（13）：291-301.
徐静. 2020. 智能制造探索与实践：试点示范项目汇编. 三. 消费品行业卷[M]. 北京：电子工业出版社.
中华人民共和国国家发展和改革委员会. 2017. 智能制造发展规划（2016—2020 年）[EB/OL]. (2017-06-20)[2021-03-13]. https://www.ndrc.gov.cn/fggz/fzzlgh/gjjzxgh/201706/t20170620_1196811.html.
GB/T 4754—2017. 2017. 国民经济行业分类[S]. 北京：国家统计局.

第 15 章
计算机、通信与其他电子设备制造业应用案例

15.1 计算机、通信与其他电子设备制造业的背景特征

计算机、通信与其他电子设备制造业（以下简称通计电行业）主要为各类电子通信产品提供设计、工程开发、原材料采购、生产制造、物流、测试及售后服务等整体供应链的解决方案（王国秀等，2020）。在当今全球化的时代，企业之间合作越来越精细化，产业链也越来越细分。本行业的产生是全球工业制造产业链专业化分工的结果。在全球电子通信产品行业走向垂直化整合和水平分工双重趋势的过程中，品牌商逐渐把设计、营销和品牌管理作为其核心竞争力，外包制造部分。由此，本行业应运而生并成为国际工业制造产业链中的重要环节。

目前，欧美国家掌握了通计电行业产业链的核心竞争力，产品的设计营销和品牌的管理主要由欧美国家和韩国掌控。然而，全球电子智能制造服务企业主要集中在中国、印度、越南等亚洲国家或地区。这是由于这些国家或地区的人工成本和土地成本等较低。因此，行业内企业将主要产品销售到制造组装企业，或直接销售给下游品牌厂商，最终销往世界各地（中投产业研究院，2020）。其中富士康和台积电就是非常著名的代工厂，是通计电行业的龙头企业。尽管中国在产业链的核心竞争力方面不如其他国家，但是在通计电行业属于龙头国家。

中国通计电行业主要经济指标如图 15-1 所示。

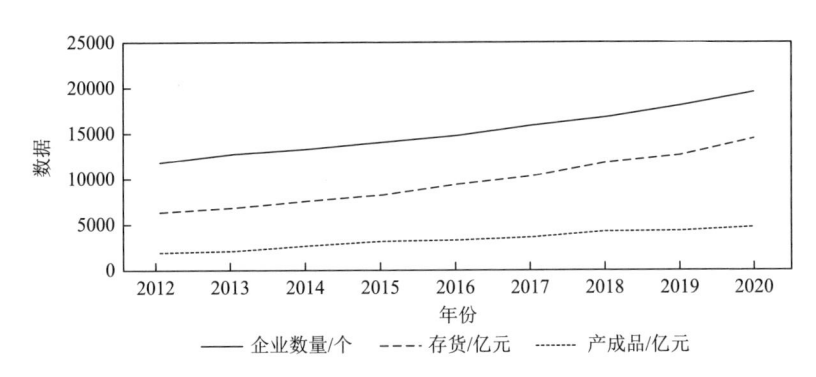

图 15-1　中国通计电行业主要经济指标（数据来源：国家统计局）

从企业的层面来看，通计电行业的企业数量在逐年上升，存货和产成品也是在不断增加的，总的来看，通计电行业在发展阶段，仍处于上升态势。从 2012 年开始，通计电行业的利润是在不断上升的，虽然在 2018 年出现了短暂的下滑，但随着 5G 的商用，通计电行业又迎来发展机遇（图 15-2）。

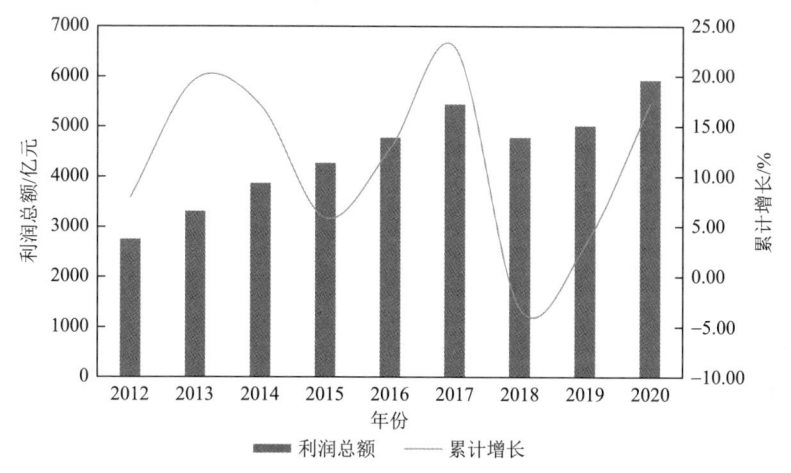

图 15-2　中国通计电行业利润（数据来源：国家统计局）

在中国的国民经济分类标准中，计算机、通信与其他电子设备制造业属于制造业下属的一大类，其具体所包含的分类划分如表 15-1 所示（中华人民共和国国家质量监督检验检疫总局，2017）。

表 15-1　计算机、通信与其他电子设备制造业分类

名称	一级分类	二级分类
计算机、通信与其他电子设备制造业	计算机制造	计算机整机制造、计算机零部件制造、计算机外围设备制造、工业控制计算机及系统制造、信息安全设备制造、其他计算机制造
	通信设备制造	通信系统设备制造、通信终端设备制造
	广播电视设备制造	广播电视节目制作及发射设备制造、广播电视接收设备制造、广播电视专用配件制造、专业音响设备制造、应用电视设备及其他广播电视设备制造
	雷达及配套设备制造	—
	非专业视听设备制造	电视机制造、音响设备制造、影视录放设备制造
	智能消费设备制造	可穿戴智能设备制造、智能车载设备制造、智能无人飞行器制造、服务消费机器人制造、其他智能消费设备制造
	电子器件制造	电子真空器件制造、半导体分立器件制造、集成电路制造、显示器件制造、半导体照明器件制造、光电子器件制造、其他电子器件制造
	电子元件及电子专用材料制造	电阻电容电感元件制造、电子电路制造、敏感元件及传感器制造、电声器件及零件制造、电子专用材料制造、其他电子元件制造
	其他电子设备制造	—

2015 年，我国发布《中国制造 2025》，提出推进信息化与工业化深度融合。2017 年 11 月，国务院发布《关于深化"互联网 + 先进制造业"发展工业互联网的指导意见》，提出加快建设和发展工业互联网，推动互联网、大数据、人工智能和实体经济深度融合，发展先进制造业，支持传统产业优化升级；发展目标是打造与我国经济发展相适应的工业互联网生态体系，使我国工业互联网发展水平走在国际前列，争取实现并跑乃至领跑。这也意味着政府对于制造业转型升级将会投入更多。首先是基础设置的建设支持，特别是物联网基础建设逐渐到位，相关应用服务的建设将顺势快速发展。在基础物联网建设到位后，就可以考虑未来将向云端整合和大数据分析的趋势发展，企业导入工业互联网的进程将加快。2019 年 6 月 6 日，5G 商用牌照正式发放，2019 年 11 月 1 日，5G 正式商用，这也就意味着我们正在迈向 5G 时代，社会正在从工业化时代、信息化时代快速地进入智能化时代。我们现在的生活已经离不开电脑、手机等计算机通信终端，这也使得计算机、通信与其他电子设备制造业景气指数不断上升。2020 年 11 月中国 5G + 工业互联网大会期间，中国 5G + 工业互联网成果发布会在湖北武汉举行，国家工业信息安全发展研究中心发布《2020 人工智能与制造业融合发展白皮书》，进一步明确了工业人工智能的价值以及发展路径和趋势，其中通计电行业被划分为融合发展的领军者行业，行业网络化、数字化程度较高，具备良好的人工智能技术应用基础与契合点，一方面，这些行业已经在研发设计、生产制造等环节应用计算机视觉、自然语言处理等人工智能技术，另一方面，这些行业靠近消费者，产品更新快，具有较高的深化应用潜力，也是和人工智能结合最紧密，以及利用人工智能最成熟的行业之一。

通计电行业的主要技术涉及以下三个方面（盛世华研，2019）。首先是 PCBA 制程，PCBA 是英文 Printed Circuit Board Assembly 的简称，指的是印刷电路板（Printed Circuit Board，PCB）空板经过 SMT 上件，或经过 DIP 插件的整个制程。现在业内一般采用表面贴装技术对印制电路板进行表面组装。随着表面贴装技术的发展，目前基本上能够满足各类电子产品对于不同规格、材质的元器件在不同尺寸印制电路板上的贴装需要，并不断向大型化（如液晶面板等产品）和微型化（如无线通信模组等产品）方向发展。其次是系统组装，系统组装主要涵盖了外观、机构件、软件和硬件整合等。就目前而言，行业内一部分企业只具备 PCBA 的制造能力，为了满足客户逐渐增加的一站式服务需求，行业内还需要加入硬件端如外观、内部机构件的设计服务，搭配软件程序测试和固件的整合，推出系统整合的产品。最后是工业互联网关键技术。工业互联网的发展涉及多项关键性技术，如智能数据采集技术、设备兼容技术、网络技术、信息处理技术、安全技术等。

（1）智能数据采集技术：工业互联网发展需具备低成本、精确、高效且智能的数据采集技术，数据采集技术是智能制造应用的基础。未来包含传感器技术在内的智能数据采集技术将成为工业互联网技术的重点研发方向。企业用户将能够通过智能的方式以低成本采集准确数据并传送后端进行大数据分析，进而帮助其决策。

（2）设备兼容技术：企业通常会基于现有的生产设备与生产模式构建工业互联网系统，然而如何使传感器与原有设备兼容成为技术难点。近年来随着工业无线感测器网络应用日渐普遍、相关通信协议逐渐标准化，工业互联网建设中已逐渐解决兼容性问题。

（3）网络技术：网络技术为工业互联网的核心技术之一，各种数据及信息在系统不同层面和区域间均通过网络进行传输。网络技术可分为有线网络及无线网络。其中，有线网络一般应用于数据处理中心的集群服务器、工厂内部区域网络及现场汇流排控制系统等，能够提供高速度、高频宽及高可靠度的网络传输通道；无线网络如工业无线传感器网络则利用无线技术进行数据传输及传感器连接。无线网络可大幅降低传感器网络布线成本，有利于传感器在各类工业领域的普及。

（4）信息处理技术：智能化工厂生产线所采集的数据量庞大，有效清洗、脱敏、分析、存储数据并产生对企业及生产线具有建设性意义的回馈和应用，是工业互联网领域的核心技术之一。

（5）安全技术：用户可通过视频及网络数据传输实时监控作业人员所处的作业环境中是否存在危险因素并分析周边危险系数，以保障工作安全；安全技术能够保障数据资料免受未经授权的使用、破坏、修改、检视及记录。工业互联网技术的研究与应用是一项系统工程，涉及自动化、通信、软件、网络及管理科学等各个方面。现阶段全球工业互联网技术仍有待优化，各国政府已将发展工业互联网提升至国家战略层面，并与产业界合作积极推动研发工业互联网相关技术，预计将来能够实现重大突破。

15.2　计算机制造业人工智能应用

15.2.1　计算机制造业背景特征

计算机制造业（Computer Manufacturing Industry）是生产各种计算机系统、外围设备、终端设备以及其他有关装置的产业，它与计算机服务业一起构成计算机工业。计算机制造业的主要特点如下。①产品生命周期短，更新换代较快，现在的计算机往往就是两年一代，GPU 和 CPU 更新速度更快，计算机往往需要跟着 CPU 的更新而更新；②成本构成中，固定成本较大，主要是智能制造所使用的设备等占成本比例大；③行业内分工日益细化，外包普遍，制造生产普遍是外包，核心企业一般掌握具有核心竞争力的技术；④技术多样化，同类产品的竞争体现为不同技术的竞争；⑤产品应用日益广泛和深化，场景应用多样化。我们平时所使用的电脑就是计算机的一种，现在的生活和工作已经离不开计算机。

现在的科技公司业务范围都比较广泛，不仅局限于计算机制造，还包括智能穿戴设备（如手环等）、消费设备（如手机等）制造。例如，苹果、华为、小米、三星等都有计算机制造的业务，但它们不仅是制造手机的科技公司，它们的业务还包含手环、手表、路由器等一系列的电子设备。

15.2.2 计算机制造业人工智能的应用原理及现状

整体制造业技术的发展正在由自动化、信息化主导，向着由数字化、智能化主导的新方向转变，这在计算机制造业的智能制造相关技术领域尤为关键。智能制造的前景与技术趋势的浪潮相互作用，使得众多更加前沿、先进的技术进入了制造业的领域，成为新的技术驱动力，推动制造业的产业变革。主要的技术有协作机器人、增材制造和混合制造、物联网、数字孪生、云计算、工业大数据、5G 等。

协作机器人（刘洋和孙恺，2017）是一种全新的人工和机器合作模式，这与全自动化的流水线机器人不同。机器人与人可以在生产线上协同作战，充分发挥机器人的效率及人类的智能。这种机器人不仅性价比高，而且安全方便，能够极大地促进制造企业的发展。协作机器人可以在柔性生产线上和人工操作形成更加灵活的生产方式。未来的智能工厂是人与机器人和谐共处所缔造的，这就要求机器人能够与人协作，并与人类共同完成任务。这既包括完成传统的"人干不了的、人不想干的、人干不好的"任务，又包括能够减轻人类劳动强度、提高人类生存质量的复杂任务。正因如此，人机协作可被看作新型工业机器人的必有属性。

增材制造和混合制造（果春焕等，2020）是融合增材制造、传统加工，并且结合产品设计的一系列新型产品加工技术。增材制造俗称 3D 打印，融合了计算机辅助设计、材料加工与成型技术，以数字模型文件为基础，通过软件与数控系统将专用的金属材料、非金属材料以及医用生物材料按照挤压、烧结、熔融、光固化、喷射等方式逐层堆积，制造出实体物品的制造技术。与传统的对原材料去除、切削、组装的加工模式不同，增材制造是一种"自下而上"进行材料累加的制造方法，从无到有。这使得过去受到传统制造方式的约束，而无法实现的复杂结构件制造变为可能。增材制造可以使得零件呈中空、内部蜂窝状，从而在不降低强度的情况下实现显著轻量化。增材制造配合专门的混合设计，可以进一步实现新型制造和传统加工的结合。在保证效率的前提下，支持个性化定制，同时显著降低产品成本，提高资源效率。

物联网（王毅等，2019），尤其是工业物联网将成为智能制造的感觉神经末梢。物联网（Internet of Things，IoT）是指通过各种信息传感器、射频识别技术、全球定位系统、红外感应器、激光扫描器等各种装置与技术，实时采集任何需要监控、连接、互动的物体或过程，采集其声、光、热、电、力学、化学、生物、位置等各种需要的信息，通过各类可能的网络接入，实现物与物、物与人的泛在连接，实现对物品和过程的智能化感知、识别和管理。物联网重点突出了传感器感知的概念，同时具备网络传输、信息存储和处理、工业应用接口等功能，使物与物、物与人之间的信息交流变成可能，让人员、空间和物理世界融为一体。

5G（兰国帅等，2019）具有高连接速率、超低网络延时、海量终端接入、高可靠性等优点。这些优点将非常有利于5G替代现有的厂区物联网通信技术，尤其是Wi-Fi、蓝牙等短距离通信技术，成为信息传输的快速通道。通过广泛的连接性，5G具有支持海量传感器及设备高速接入的能力，形成更为广泛的智能制造连接载体。

数字孪生（陶飞等，2019；刘大同等，2018）是充分利用物理模型、传感器更新、运行历史等数据，集成多学科、多物理量、多尺度、多概率的仿真过程，在虚拟空间中完成映射，从而反映相对应的实体装备的全生命周期过程。区别于传统的设计仿真，智能制造所提出的数字孪生是研发设计、生产制造、市场营销、物流供应、售后服务等产品全生命周期的数字化反映，其中的要点是虚实融合。数字孪生完成了实物产品映射到数字化模型又从数字化模型映射到实物产品的过程，把实物产品运营实际过程中的数据作为输入传到数字化模型中，从而优化实物产品性能。

工业大数据（王建民，2017；郑树泉等，2017）描述了智能制造各生产阶段的真实情况，为感知、理解、分析和优化制造提供了宝贵的数据资源，是实现智能制造的基础。工业大数据、人工智能模型和机理模型的结合可有效提升数据的利用价值，是实现更高阶的智能制造的关键技术之一。大数据是制造业提高核心能力、整合产业链和实现从要素驱动向创新驱动转型的有力手段。

云计算（Cloud Computing）（林闯等，2013；王桂玲等，2017）是分布式计算的一种，指的是通过网络"云"将巨大的数据计算处理程序分解成无数个小程序，然后通过多部服务器组成的系统处理和分析这些小程序得到的结果并返回给用户。它是工业人工智能中枢神经系统，物联网的传感器通过网络线路和计算终端与云计算进行交互，向云计算提供数据，接受云计算提供的服务。物联网之所以能够促使工业大数据概念的形成，一个重要的原因是物联网能够产生大量的数据。这些数据不仅数量庞大，而且结构具有多样性，这对于传统的数据管理提出了极大的挑战，因此提出了工业大数据和云计算相结合的方式来处理物联网产生的海量数据。物联网、工业大数据和云计算的发展最终归宿就是人工智能。

目前，计算机制造业的应用相比于其他行业应用更加广泛和成熟，几乎可以涵盖产品全生命周期。

15.2.3 案例分析

在前20年联想制造持续以精益化为基础，改进绩效，提高产品竞争力，从而提升公司供应链的整体竞争优势。第三个十年是联想以客户为中心智能化转型的十年，联想制造以新技术应用为向导，通过不断地实践，从而实现了生产制造环节的"互联互通、柔性制造、虚实结合、闭环质量、智能决策"，并一步一步向"产品个性化、供应协同化、服务主动化、决策智能化"的四化目标迈进，进而不断提升自身核心竞争力。联想通过自身智能制造的实践，不断推进和打造行业智慧生态圈端到端智能化的能力，从而提升供应链全域整体运作能力，助力产业升级（联想集团，2020）。

联想基于多年来积累的技术、能力和经验，在交付各种硬件产品的同时致力于提供智能制造解决方案及系统平台。目前，联想已经在全球超过180个市场开展业务，以中国智造作为根基，布局全球，顺应业务发展。在联想工厂，每天都有大量的新技术被成功应用。联想的智能制造已经涵盖产品从研发到售后的全生命周期。

1. 应用场景——产品设计

随着社会经济的发展，用户对于笔记本电脑的需求越来越个性化，电子消费品的更新换代的速度越来越快，对于质量不好的产品容忍度越来越低，这也就对于笔记本电脑的设计的更新速度要求越来越高。同时，消费者的应用场景界限也越来越模糊，跨界产品和服务挤压着传统电脑市场，苹果推出的 iPad Pro 就提出"你的下一台电脑何必是电脑"的理念。供应商现在面临着更加细分的市场、高速迭代的周期、客户对产品更高的需求等，这也就要求其应对快速变化的外部环境做出相应的对策，而产品策略的支撑需要产品设计团队及流程能够积极转型以迎接挑战。为了应对快速变化的客户需求，联想提出了 MBD（Model Based Definition）解决方案，从而缩短研发时间，提升产品质量。

笔记本电脑的设计涉及多个团队和领域，最大的挑战就是跨专业团队协作的协调问题。在传统的设计方式中，外观设计和结构设计最先开展，后续电路、散热、天线等各个团队参与进来，分别单独设计自己的产品部件，并进行设计的集成和验证。这个过程中主要面临的问题有产品的最终成本是否合适，设计结果的性能能否达到最优，各个团队之间工艺是否便利、多个设计之间是否衔接和兼容等是产品设计团队跨专业多轮次协作的重点。这就导致每个团队都有自己的约束条件和需求，但同时整个产品设计也有需求。团队数越多，专业跨度越大，协作沟通就越难，消耗的沟通成本就越高，同时对设计文档的修改次数也就越多，调查核实的工作也就越多。这些都会造成设计效率的损失。

联想设计团队首先定义 MRD（Market Requirement Document）以及产品关键特征，而后基于边界条件开展具体的产品设计工作，包括外观设计、结构设计、电路设计、信号设计、散热设计等。沟通成本是跨团队协作的巨大挑战，如何传承设计经验也是保障产品设计品质延续的痛点，一旦更换了员工，可能产品设计的理念也会相应改变。MBD 解决方案基于统一认知的三维模型标注技术，可以实现完整的全生命周期数据保障，有效地减少沟通成本。该方案有以下优势：①建立机构/电子、设计 3D 图档、自动解析创建 P/N & BOM 以及设计共用及模块化库；②建立可视化模型，在线检视（试模及入料检验，MBI 基础）；③建立 CAD/Part 关联关系，提供制造端数字化工艺管理基础数据；④建立机电协同和数字样机，支持研发多学科仿真及制造端工程、工艺仿真；⑤建立 CAD 版本管控以及流程，加强 CAD 至 Tooling 的管理等。

该方案最大的优点就是集成，将相应单学科设计软件工具的设计图样集成至 PTC 的 Winchill PLM，形成 3D 数字化样机，并根据设计图关联器件库，最终自动生成 BOM 清单并校对规格参数。

2. 应用场景——订单管理

订单是产品全生命周期的要素，需要依靠各个部门的合作才能完成一个订单的交付。因此，对于企业来说，各个部门之间实时共享订单是非常重要的，以订单全生命周期的各个状态为内容，把订单创建、信用变化、生产过程、物流运输、客户签收、发票信息等在统一平台上跟踪并呈现给相关的内外部客户，最终实现端到端的订单协同。但是，在订单实施过程中会有各种各样的问题，联想逐步探索出了订单可视化解决方案，以及订单自主纠错解决方案等。

1）订单可视化解决方案

在履约订单的时候，内外部不同部门和人员需要了解客户订单状态，并基于业务需求进行实时的分析和决策。在实际运作的时候，团队之间还存在着大量的邮件、报表等沟通方式。联想 OVP 平台能够支持全球不同业务模式和订单模式的可视化（图 15-3）。首先，在权限设计方面，针对客户在系统中的角色，配备不同的功能。针对客户，按照客户邮件和订单信息，提供界面查询订单状态。其次，基于不同的分类，用户可以对订单状态进行查询或模糊查询；并且根据客户的需求提供定制化的报表。OVP 提供了订单、交货单、发票、财务等超过 100 项字段的信息。这对于专业的数据分析运作团队也是极其友好的，可以基于实践需求，自定义报表，获得更丰富的信息。

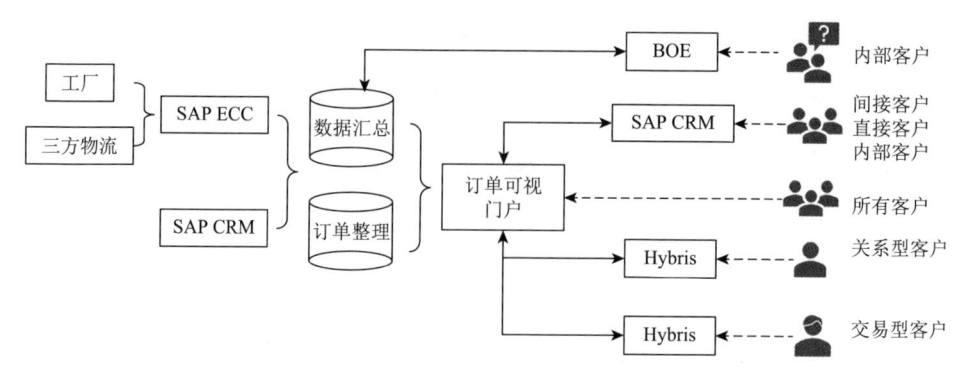

图 15-3　订单可视化系统架构

2）订单自主纠错解决方案

联想的业务极其庞大，难免会有订单出错的情况。联想针对订单的不同流程，设计了系统错误监控、分析、预警、自主解决的平台，实现订单的自主纠错（图 15-4）。这个平台的基础层收集系统错误信息，以及集成日志信息等。其次设计 AI（Artificial Intelligence）和 ML（Machine Learning）的自学习机制，包含感知、学习、算法、优化、建议、知识库、规则库交互，形成错误信息识别、学习提炼规则获得知识、更新完善知识和规则库的闭环。再次将错误信息由机器语言转换成容易识别的自然语言。最终实现实时的监测、诊断、分类、触发执行。联想对不同问题进行了分类，执行部分可基于问题的确定程度和风险做不同的执行方案。

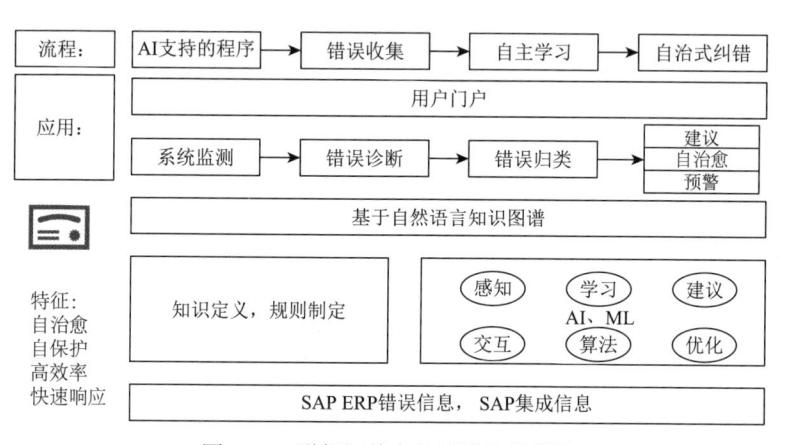

图 15-4　联想订单自主纠错流程设计

3. 应用场景——计划预测

现在的市场环境是复杂多变的，企业如何及时准确地感知市场需求并快速地应对，对企业的供应链管理是一个巨大的挑战。现在管理供应链都是以需求为驱动的，在这种供应链管理流程中，需求管理是整个流程的起始点，而需求预测是需求管理的重要组成部分。提高预测准确率始终是供应链管理中的关键命题，可以直接决定原材料的采购、计划排程的前瞻性。

传统的预测方法有时间序列方法，还有季节性等方法，这些方法灵活性不足，很难适用于复杂业务场景，预测质量往往依赖于业务人员的经验，这对人工也是巨大的挑战。而随着业务量增长和复杂度提升，业务人员对于预测的把控难度越来越大，预测准确率无法稳定在更高的水平线上，这就需要借助 AI 来进行预测了。

联想数据基础是相当好的，产品团队根据产品的历史订单、库存、市场趋势以及产品的分类属性等数据进行分析，识别和确定影响需求走势的关键因子（如季节性、节假日因素、产品换代规律），在此基础上采用多种机器学习算法拟合，将多个模型输出的预测融合作为需求预测自动输出（图 15-5）。在模型建设的过程中，产品团队发现机器学习技术对于大样本数据的分析和模拟能力很强，但预测过程中存在诸多不可量化的因素，机器学习的算力和业务专家的经验的结合才是正途。在产品运营过程中，产品团队和业务部门保持定期沟通，根据业务反馈了解更多关于预测数据背后的因素和逻辑，并应用于模型迭代更新，形成了前期"人类"辅助"机器"、后期"机器"辅助"人类"的良性闭环。

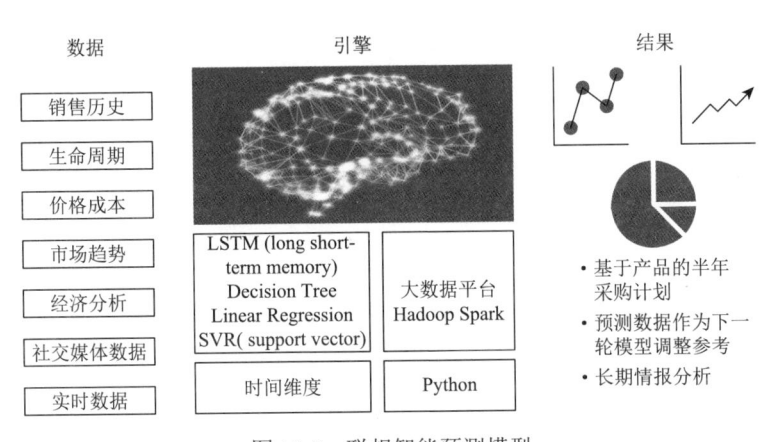

图 15-5 联想智能预测模型

该解决方案具备以下特性。首先，这种解决方案具有丰富的可视化界面，且在展示预测结果的时候可以基于各个维度统计，全方位展示结果。其次，该解决方案提供灵活配置，如果预测有误差，可以及时调整预测方法，可以及时根据实际市场行为和业务部门反馈升级模型，部署新模型和方法，这比人工预测更有灵活性以及便捷性。最后，该解决方案部署在联想大数据平台，可以灵活扩展，高效计算，并保障数据的安全性和可靠性。

引入机器学习技术构建智能预测模型，结合了传统模型和最新机器学习算法，使得业务的需求预测更加自动化、覆盖更加全面、更加快速和准确，辅助业务做出更加合理的决策。目前，智能模型已处于稳定的运营状态，模型的整体预测准确率已经超越业务预测准确率。一方面，预测与实际市场需求相匹配，提高交付效率，提升客户满意度；另一方面，通过预测准确率的提升，减少供应端压力，降低淤料风险及过量库存成本。

4. 应用场景——全球供应协同

联想的供应是非常多的，无法评估供应波动对实际订单的影响，需要建立供应数据全链条的可视化平台；业务人员做出准确的判断比较困难，没有模拟平台；另外，联想客户的个性化需求增多，需要完整的客户画像，帮助业务部门做精准的决策。全球供应协同解决方案主要应用场景如下（图 15-6）。

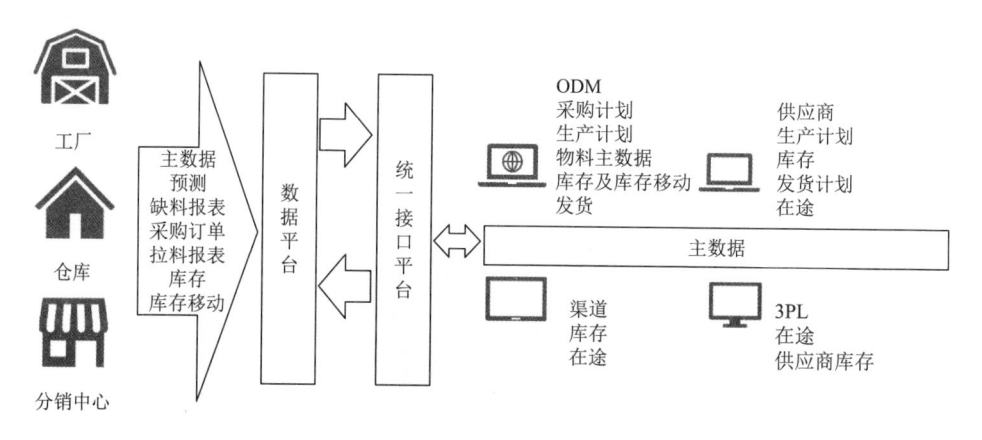

图 15-6　供应商协同

场景一，供应数据全链条的可视化。供应商深度协同是一个首次集成供应商内部高粒度数据的项目，包括生产数据、工单、流水号及条形码信息。供应商深度协同可以帮助联想实现每日更新关键部件的端到端库存数据，保证关键物料不会丢失，可以为建设联想协作生态系统奠定基础，对联想供应链数字化转型具有关键的作用，并为客户提供精确的供应数据，实现完美交付。

场景二，供应商分级管理。根据供应商信息化程度，将供应商分成若干级别进行数据协同，包括实时协同、定时协同、Daily 协同、Weekly 协同。

场景三，What If 的模拟平台建设。基于系统的假设分析模拟工具，可以对各种业务场景中的问题进行预分析和预警，提供实时分析结果以及提出最佳执行方案，从而帮助利益相关者做出决策。

5. 应用场景——生产运营

联想的产业链是相当全面的，主要产品包括个人电脑、工作站以及平板电脑、智能手机和智能设备、服务器及存储产品在内的家庭移动互联网终端，产业链包括产品的设计、验证、制造、货运、服务全过程。生产环节通过供应链体系，根据订单整合供应商的材料部件在工厂完成制造和最后的包装出货。随着科技的发展、市场竞争的日趋激烈，以及用户需求的差异化及快速变化，生产环节面临着客户订单"少量多样"的挑战，以及由此带来的运营、成本、劳动力、供应、质量、安全、设备、技术等多方面的压力。从产品生命周期看，产品从概念设计到试产量产过程中各个业务环节的衔接高效一致，是减少错误、减少由失败导致损失的抓手。随着产品复杂度越来越高，迭代周期要求越来越短，质量需求越来越严苛，要求公司的研发领域和制造领域能深度协同为运营降本提质；同时，为了产品组合的增加/优化以及高效响应上游市场多样性、创新性策略提供有力支撑，也希望通过智能制造手段夯实产品生命周期流程体系的基础，并从运营层面提高整体的效率。为此联想大力推进生产过程的数字化和智能化，形成了独立自主的产业解决方案，包括但不限于生产线自动化解决方案、数字孪生解决方案、MES（Manufacturing Execution System）解决方案、LCD自动检测方案、生产归因分析解决方案等可在业界进行推广的解决方案。

1）生产线自动化

联想惠阳工厂作为联想台式机的主要生产基地，之前主要采用人力密集型的生产组装方式。为了改善生产效率，进一步提升产品质量，联想惠阳工厂实施了流程再造与自动化工程。该工程主要内容是通过对整个流程进行梳理重排，促使生产过程更加通畅并且将可自动化项目进行集中，通过自动化工艺进行自动化替代，实现人力节省与效益提升的目标（图15-7）。其主要涉及的应用包括四个方面。

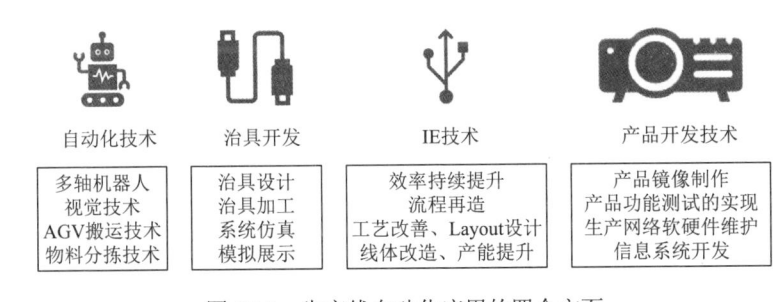

图15-7 生产线自动化应用的四个方面

联想惠阳工厂自动化线体根据订单类型分为三种模式：大批量、高自动化的火星线模式，中批量、高自动化、高效率的雷霆线模式，小批量、高自动化、高柔性、高效率的闪电线模式。分别对应不同的订单体量，做到不同订单形式针对性匹配，实现订单的高效生产以及线体的高效利用，从而实现综合效益的优化。

2）MES

联想在全球拥有多个生产制造基地，因建厂时间及地域的不同造成生产 MES 的不统一，功能复用不佳，存在重复开发及运维困难，不同工厂间产能转移费时费力，在当前日益激烈的市场竞争中处于不利的地位。为提升制造竞争力，优化企业生产管理模式，强化过程管理和控制，实现精细化管理，加强各部门的协同办公能力，统一规范的生产管理信息平台，联想整合现有系统并开发统一的 MES 解决方案用于笔记本电脑、手机、x86 服务器、平板等产品的生产制造支持。其主要应用场景如下。

场景一，针对产品型号多、生产流程控制各不相同等不足，通过可视化配置工艺路线快速匹配新生产流程，快速支持新产品生产。

场景二，针对生产线工位任务众多，需要适配打印、数据采集、设备控制等需求，通过基于 XML 配置的客户端管理模块支持快速灵活创建工位功能。

场景三，支持各级业务对生产产能、当前生产状况的获取，通过实时产能看板对生产产能进行实时的管理与规划。

场景四，当生产发生异常时，通过质量预警看板实时监控异常工位，并通知相应的业务进行及时处理。

场景五，针对生产物料多、上料复杂、人员成本持续上升的挑战，通过自动化模块对自动化设备进行管理，可进行自动拉料、组装与包装，极大地提升了生产效率，降低生产成本。

场景六，通过系统集成平台，实时获取生产订单，实时交付成品入账。

场景七，支持对 Windows license key 进行统筹管理并可随时获取 key 的状态，通过统一的 OA3 管理平台进行生产 key 分配、报废，根据产能实时规划库存。

场景八，支持跨工厂生产，系统通过统一的转产接口模块，可实现生产数据交互，支持业务快速转产需求。联想 MES 解决方案是通用的智能化制造执行解决方案，实施成本低，能够轻松解决企业自动化控制问题。

此 MES 解决方案支持 MySQL、DB2、Oracle 等主流数据库；支持 CentOS 及 Windows 操作系统；采用 JavaFX + SpringCloud 架构支持客户端设备调用及生产流程控制；采用 JavaFX + SpringCloud 架构支持 Web 及云服务。搭建分布式 JOB，灵活部署 JOB 应用。自动化设备接口统一，适配各类自动化设备，如机械臂、自动投料设备等。

3）LCD 自动检测

通常对 LCD/LED 屏幕不良的测试和判决是通过人眼来完成的。传统的检测方式存在很多缺点，在连续性方面，人工操作易疲劳，易人为误操作；在精度方面，肉眼精度低，且存在很多不确定性；在生产效率方面，人工检测效率低下，且一致性较差。为此，联想全球工程团队与联想研究院联合研发了 LCD/LED 屏幕智能视觉检测系统和自动化设备。该设备通过机器视觉检测技术代替人工肉眼检测，实现针对 LCD/LED 缺陷检测以及定量自动判定。该方案不仅提高笔记本电脑生产的测试效率，而且对于确保不良品被准确及时检出、保证产品质量做出贡献。联想 LCD 自动检测解决方案主要产品及功能模块组成（图 15-8）如下。

图 15-8　联想 LCD 自动检测解决方案主要产品及功能模块组成

联想 LCD 自动检测解决方案包含前端拍摄、后端深度学习分析两大系统。后端系统通过 Web 实现管理。该平台利用云化共享，实时监控整个系统运行状态，并定期自动生成数据分析报告以供相关单位参考借鉴。前端系统主要负责控制设备按照产品类型进行光照、拍摄、取样、预处理、上传取样照片等相关动作。该系统自动根据不同产品类型、尺寸、标准精确设置相关参数，保证客观获取被检测产品特征取样并实时高速传输到后台分析系统。目前该系统能够准确识别并判定 LCD/LED 屏幕主要缺陷问题，可以根据深度算法学习准确报警未知缺陷问题。

4）数字化工艺

在传统业务流程中，研发设计与制造工艺数据是独立管理运行的，这造成了信息的不对称、滞后甚至错误，给制造端带来停线、重工、召回或给研发端带来修模、上市日期推迟等不必要的损失。因此，有必要打破从研发到制造数据孤岛现状，并实现数字化工艺管理。数字孪生（Digital Twins）正是帮助企业克服这些挑战的有力工具。通过建立物理产品的数字映射，并基于产品使用过程中产生的数据形成闭环反馈和优化，数字孪生能全面提升产品的全生命周期管理，打通研发、供应链、制造等不同职能部门和数据孤岛，乃至企业的生态系统，时时刻刻感知客户的需求，驱动高效、互联、以客户为中心的运营模式，提升产品体验，降本增效，推动增长。为此联想打造了数字化工艺解决方案，通过数字化的手段构建数字世界中实体的映射体，实现对物理实体的分析和优化。该解决方案主要包括工艺基础数据管理，实现业务数据数字化和结构化；清晰识别业务数据类型；检索方便，实现数据共享重用。

6. 场景应用——人工智能客户联络中心

首先，客服离职率高，招人难，培训难，管理成本高，服务质量难以持续提高。其次，客户期望增高，多渠道多媒体接入，资源和响应成本持续提高。最后，多语言多区域服务，知识深度提升也越来越复杂，知识经验无法持续积累。为此联想开发了人机协助的客服作为海外智能客服端到端解决方案。同时，基于国内媒体平台和市场特色，联想开发了智慧客服魔方用于国内用户的智能解决方案。

人机协助的海外智能客服端到端解决方案拥有如下技术特色：多模态，支持语音，图片和文字输入；多社交渠道（Facebook Messenger、Whats、微信、Line、Web），多媒体答案输出；多语言，支持中文/英文/葡萄牙文/西班牙文/日文；支持多产品服务，目前支持联想手机、PC、IT 服务等行业；内置企业知识图谱，涵盖联想服务 30 年知识和经验积累；一体化对外接口赋能智慧服务；自检查机制，实时自动维护；内置大数据平台，支持服务指标实时计算和展出；系统自学习，基于大数据 Text Mining 实现系统自学习；内置众包平台，支持数据和知识的众包模式生产。人机协同和真实客服代表无缝集成，实现互学互长，如图 15-9 所示。

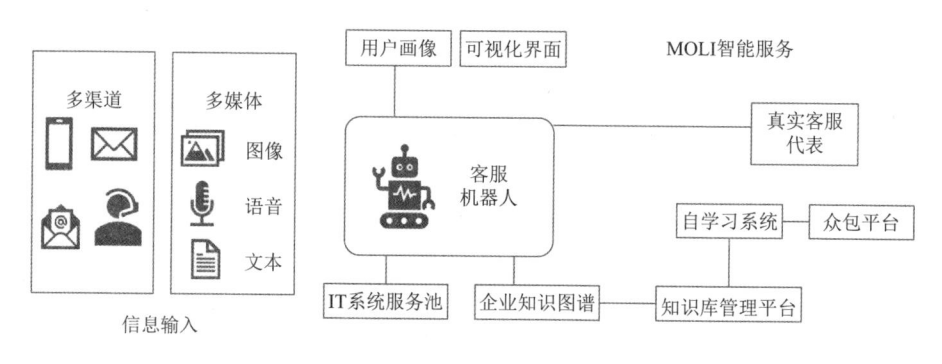

图 15-9 LCD 客服机器人自动服务

智慧客服魔方基于微服务架构，把业务流程封装成可重组的灵活模块，激活海量沉淀数据，覆盖智能匹配、智能推荐、客户情绪、行业特色赋能四大智慧客服场景，契合服务业务发展需求。

现在的客服解决方案主要还是人机协作，这显著减少了客服坐席人员的工作量，精度也有一定的保证。

15.3　电视机制造业人工智能的应用

15.3.1　电视机制造业背景特征

电视机是人类 20 世纪最伟大的发明之一。中国是世界最大的电视消费市场。从使用效果和外形来粗分为 4 大类：平板电视（等离子、液晶和一部分超薄壁挂式 DLP 背投）、CRT 显像管电视（球面 CRT、超平面 CRT、纯平面 CRT）、背投电视（CRT 背投、DLP 背投、LCOS 背投、液晶背投）、投影电视。从 CRT 到 LED 再到 OLED，电视的核心技术和最新生产工艺先是日本企业独领风骚，后来接力棒又传到了以三星和 LG 为代表的韩国企业手中。受宏观经济下行、人口结构及消费行为改变、行业竞争格局变化等因素影响，家电行业总体规模增速放缓，市场需求以存量市场的更新需求为主，渠道上呈现"线下下滑，线上增长"的特点，线上对线下的冲击进一步加大。电视机作为耐用品，更换周期较长，在市场饱和且缺乏政策刺激的情况下，未来国内电视机需求将主要依赖转型升级带来的更新换代需求。在未来，电视机将成为类似手机和智能音响的智能家居入口，不仅是家庭影音娱乐中心，更是信息共享中心、控制管理中心和多设备交互中心。以华为、荣耀为首的通信品牌以智慧屏杀入家电市场，智慧屏不仅是家庭影音娱乐中心，更是信息共享中心、控制管理中心和多设备交互中心。也就是说，电视机的设计变得尤为重要，如何满足人们多样化的需求成为痛点，这对电视机生产制造商提出挑战，也对整个电视机制造业提出挑战。

15.3.2 电视机制造业人工智能的应用现状

电视机制造生命周期共有研发、生产制造、运营三个阶段，工业人工智能的应用大致分为研发、智能制造、运营三个方面。

半导体显示技术和材料是电视机非常重要的一环，借助数字化平台进行材料仿真研发，再借助产品生命周期管理（PLM）/产品数据管理（PDM）等平台，远程异地使用相关技术数据、虚拟模型等，并将物料清单（BOM）、物料需求、库存等信息通过企业资源计划（ERP）、制造执行系统（MES）等传递给生产作业。设计平台和数据格式统一，有效提高工作效率。智能制造需要装配机器人、搬运机器人等帮助生产。运营主要会用到工业大数据、NLP、深度学习等技术。

15.3.3 案例分析

TCL 集团股份有限公司创立于 1981 年，是全球化的智能产品制造及互联网应用服务企业集团。TCL 王牌彩电全国市场占有率连续多年位居前三名。TCL 有两大事业群。第一个是智能终端和新兴业务版块，包括电视机，目前 TCL 已经超过 LG 做到了全球第二，仅次于三星；此外 TCL 还有手机和家电，黑莓、阿尔卡特等品牌都是 TCL 旗下的。第二个是半导体显示及材料版块，TCL 在这个领域探索得非常深入，位居先进制造业的一线阵营。半导体显示跟传统的组装、OEM 行业不一样，它属于精密制造，对自动化、信息化程度的要求非常高。这给发展智能制造奠定了良好的基础。

1. TCL 工业人工智能布局和研究方向

TCL 在工业人工智能的布局主要有三个方向：一是人工智能及大数据；二是半导体显示技术和材料，后者包括材料的研发和制造；三是智能制造和工业互联网。TCL 在我国香港、西安、武汉、深圳等城市和欧洲、美国等地拥有 6 大研发中心，有很多的科学家和算法工程师共同为 TCL 的新材料研发、智能制造和工业互联网服务。TCL 的研究方向基本涵盖了所有人工智能相关的技术，包括图像识别、机器学习、数据分析建模，以及 NLP、ASR 等。其中部分是为智能终端服务的，包括电视机、手机、智能家居等。TCL 有自己的工业云、大数据云、IoT 云，以及人工智能平台，在 TCL 的工业物联网中可以提供机器学习、计算机视觉、NLP、BI 等能力，服务于智能工厂、供应链、市场前端甚至研发。工业物联网作为 TCL 的一个产品，不仅服务于自身，也可以输出给上下游的合作伙伴。

从 2016 年开始，TCL 对所有工厂陆续进行了自动化和数据的改造，目前改造工作已经全部完成。2017 年至今，TCL 成功搭建了物联网平台，依托这个平台，所有工厂都能够收集、管理和分析它们想要的数据，真正做到了可视化。目前，TCL 已经将人工智能推广到了它们大多数的工厂。

在工业人工智能的领域，TCL 主要关注三个核心部分。首先是 IoT 平台。TCL 的大数据是多维度和多模态的，包括生产数据、运营数据、设备数据等，如果没有 IoT 平台采集数据，让它和机器相关联，后面的智能化是无法实现的。这对工厂提出了很大挑战。

其次是大数据平台。TCL 每天都会产生大量的数据，但是有的是有用的数据，有的是无用的，大量数据涌进来，怎么对数据进行清洗和管理，把数据转化成服务，这一点非常重要。大数据为感知、理解、分析和优化制造提供了宝贵的数据资源，是实现智能制造的基础。工业大数据、人工智能模型和机理模型的结合，可有效提升数据的利用价值，是实现更高阶的智能制造的关键技术之一。大数据是制造业提高核心能力、整合产业链和实现从要素驱动向创新驱动转型的有力手段。因此，要建立大数据平台对每天产生的数据进行清洗、分析。

最后是人工智能平台。用数据结合生产流程去提供智能化的服务，帮助提高效率和降低成本。因此，这样不仅可以为 TCL 自己提供服务，供应链的其他成员也可以使用这个平台，帮助整条供应链实现智能化。

不仅如此，TCL 从很早就开始自主开发智能制造的硬件设备，主要有以下几类：①家电行业机器人：精密装配机器人；六轴关节型、平面关节（SCARA）型搬运机器人；自然交互、自主学习功能的新一代工业机器人。②智能传感与控制装备：使用了机器人用位置、力矩、触觉传感器；高性能光纤传感器、微机电系统（MEMS）传感器、多传感器元件芯片集成的 MCO 芯片、视觉传感器及智能测量仪表、电子标签、条码等采集系统装备；分散式控制系统（DCS）、可编程逻辑控制器（PLC）、数据采集与监视控制系统（SCADA）、高性能高可靠嵌入式控制系统装备；高端调速装置、伺服系统、液压与气动系统等传动系统装备。③智能检测与装配装备：视觉数字化非接触精密测量、在线无损检测系统装备；可视化柔性装配装备；激光跟踪测量、柔性可重构工装的对接与装配装备；设备全生命周期健康检测诊断装备。④智能物流与仓储装备：轻型高速堆垛机；超高超重型堆垛机；高速智能分拣机；智能化高密度存储穿梭板；高速托盘输送机；高参数自动化立体仓库；高速大容量输送与分拣成套装备、车间物流智能化成套装备。借助以上设备实现 TCL 智能工厂的智能制造。

2. TCL 工业人工智能应用场景

1）产品质量检查

TCL 的工厂的一条生产线大概包含 20 道工序，每天会产生 70 万张图像。如何提升产品的良率（即良品率，指生产线上最终通过测试的良品数量占投入材料理论生产出数量的比例）是个比较重要的问题，过去 TCL 人工总结了 100 多种缺陷，派 10 个工人三班倒（也就是 30 个工人）来检查这些图像，如果发现问题就进行修补。刚建厂的时候这种方法还是很有效的，使得 TCL 在同行中的良率非常高。但随着产能和良率的提升，再这么做，一是成本非常高，二是人工的方法已经很难再提升了。但是，在有了计算机视觉和深度学习的技术之后，问题就变得容易起来了。用深度学习技术去分析机器产生的大量图像，这个过程并不复杂，很快就把这个问题给解决了。

在过去，100 多种缺陷需要花费 5 年时间总结经验才达到比较完美的效果，现在 TCL 用人工智能技术一年就把它替换掉了，效率相比于之前的人工方式明显更高了。不需要再人工总结问题和标注，而是让机器从上百万张图片中自动学习，自动找到这些缺陷，而且能发现新的问题。TCL 原来需要 10 个工人，现在已经不需要工人了或者说只需要一个工人就行了，这个工人的主要任务是保证机器不出大的问题，一是提升了精确度，二是这个工人已经不需要再去重复这个烦琐的工作，由此甚至还产生了一些边际效应。通过长期的数据积累和自学习，TCL 在某些环节提前就能发现问题，不必等到良率出问题了再去解决。TCL 甚至可以提前一到两个小时预警，把问题扼杀在萌芽期。因此 TCL 的检测效率提升了 20%，同时节省了大量人力成本。

2）设备检查

在一条生产线，经常会有机器宕机的情况发生，以前如何去判断完全依赖于专家，需要一个干了十多年的老工人去判断哪台机器出了问题。但人的经验也是一个信息和知识积累的过程，只要把信息和知识数据化，让算法在流程和数据之间寻找相关性，利用人工智能就能够做到。

传统的深度学习或机器学习的做法是用机器学习的方法建模，对大量的数据进行分类或回归，从而找到问题，做一些简单的分类预测。这种做法对数据的要求非常高，需要数据非常干净，还需要人工进行标注，把人的知识转化过来。TCL还用对抗生成网络以及历史数据去生成一个环境，模拟数据产生的过程，让数据更贴近真实情况。为什么要做这个呢？因为生产制造业的数据极其不平衡，正样本非常多，负样本非常少，可能99%都是正样本，如果单纯用这些样本分析，效果非常差。如果模拟一个环境，就可以让它在线下学习，就像下围棋一样，让机器跟自己下3000万盘棋。这样就会产生更多贴近真实情况的负样本，把它用于强化学习去训练预测模型。这个预测模型可以根据任务去调整，最终得到想要的效果。

例如，预测Pump寿命，这个工作以前完全靠人的经验，没有几年生产线工作经验的人做不了这个。人工检测，稍微判断失误就会导致停机，停机1小时，将给企业带来非常大的损失。TCL现在利用机器学习，一次停机都没有发生。不仅如此，还可以提前预测它的健康寿命，提前进行维护和维修，保证它绝不宕机。

15.4 通信终端（手机）制造业人工智能的应用

15.4.1 通信终端（手机）制造业背景特征

手机现在最常见的电子设备，现在的手机已经渐渐脱离了单纯通信工具的身份，逐渐转变成为一个多媒体和信息的终端设备。未来日常的沟通、娱乐、理财等活动都可以通过手机来进行。在过去的十年中，智能手机市场出现了前所未有的增长，由此产生的销售规模已经达数千亿美元。高盛证券公布的预估报告指出，2020年全球5G智能手机市场规模达到2亿台以上，是2019年的20倍。

总体而言，现在的3C产品的特点都一样，主要就是更新换代快、需求多样化，这就给手机制造业提出了挑战。

15.4.2 通信终端（手机）制造业人工智能的应用原理及现状

手机与计算机同为3C产品，它们的人工智能应用状况是差不多的，技术的发展正在由自动化、信息化主导，向着由数字化、智能化主导的新方向转变，这在手机制造业的智能制造相关技术领域尤为关键。智能制造的前景与技术趋势的浪潮相互作用，使得众多更加前沿、先进的技术进入了手机制造业的领域，成为新的技术驱动力，推动制造业的产业变革。主要的技术有协作机器人、增材制造和混合制造、物联网、数字孪生、云计算、工业大数据、5G 等。本节不再赘述具体的应用原理。

15.4.3 案例分析

1. 华为工业人工智能生态

华为不止是手机制造企业，它的业务涵盖了 3C 产品、终端设备和技术服务。在 2020 年世界 5G 大会期间的人工智能高峰论坛上，华为昇腾计算智能边缘解决方案总监吴浩发布了华为昇腾智能制造使能平台。华为不仅自己用自己研发的工业人工智能技术和平台，也为行业的其他企业提供工业人工智能的服务，帮助行业完成数字化转型。从 AI 算法到工业制造场景化应用还有很远，算法开发、应用开发、业务部署是阻碍 AI 应用进入工业生产的三大鸿沟。由此，华为昇腾计算秉承着"硬件开放、软件开源"的理念，打造了华为昇腾智能制造使能平台，致力于推进制造行业转型升级。华为此举是为了打造工业人工智能的生态。硬件方面，华为提供从模组/板卡到服务器/集群的 Atlas 系列化硬件。Atlas 200 AI 加速模块具有极致性能、超低功耗的特点，可以在端侧实现物体识别、图像分类等；Atlas 300I 推理卡提供超强 AI 推理性能，以超强算力加速应用，可广泛应用于推理场景。同时，华为将硬件开放给伙伴，打造智能制造算力基石：伙伴基于 Atlas 200 AI 加速模块与 Atlas 300I 推理卡，打造了一系列面向制造场景的 AI 硬件，包括 AI 加速卡、嵌入式 AI 工控机和箱体式 AI 工控机等。软件方面，为了帮助开发者跨越 AI 应用落地制造行业的三大鸿沟，华为提供了全栈软件平台与工具。也就是说华为为了打造工业人工智能生态，已经开发出了相对应的软件和硬件。

2. 华为工业人工智能应用场景

1) 质量检测

传统的质量检测主要依靠人工，后来发展到利用机器视觉，主要依靠机器视觉在部分场景替代人工质检，但是，由于产品零件复杂、光源多样等因素的限制，更多的场景还是依赖于人工进行质检。人工智能技术的融合可进一步提升检测精度，很多实践已证明 AI 算法可实现高达 99% 以上检测精度，可以应用在绝大多数工业质检场景中。华为的南方工厂让质检工作量降低了 60%。

2）华为智能生产线

华为还拥有全球领先的生产工艺和质量控制体系，平均每 20 秒就能生产出一部高档手机来。在华为终端的手机生产车间内设有 40 多条自动化生产线，配备了美国原装进口的超晶转 MPM 双轨全自动锡膏印刷机、世界领先的 Camelot 精密点胶机、全自动机械臂控制的整机组装测试线，还有全自动的无人驾驶运货车。从 AQC 来料检验到自动化物流中心，再到生产车间，从 SMT 的 PCBA 贴片到后端整机组装、测试和包装，完全是一条龙的自动化作业流程。

华为手机的自动化生产线集成了 MES、GUID（全局唯一识别号）的生产定制系统、AGV 智能调度机器人等先进管理系统。生产过程中的物料管理借鉴了德国、日本开放式超市的管理思想，在生产线中央设置了开放式的物料超市，线上需要补充的物料可直接从超市领取，补货员可实时补充超市物料。华为手机生产线上使用的工业机器人、机械臂可以对制造中的工具、半成品、原材料和人员进行实时定位和互通互联，实现工具预制管理、生产进度控制、成品质量管理、原材料的物流控制、作业人员调度管理等功能，极大地提升了生产效率和产品质量。

人工智能技术和安全算法保障了工业车辆的精确定位和精密控制，实现工业车辆的自动驾驶和动态导航。生产管理人员可以通过大屏幕实时调取华为的所有产能、全球关键供应商、代工厂和合作伙伴的数据，智能指挥系统具有预警功能。

15.5　未来趋势与建议

总体而言，通计电行业所用到的工业人工智能的原理相通，主要的技术为协作机器人、增材制造和混合制造、物联网、数字孪生、云计算、工业大数据、5G 等。即使工业人工智能最成熟的通计电行业也不够智能化，还是会遇到各种问题。AI 在工业场景中的落地是有很大困难的。首先，AI 应用开发的门槛高、流程长。其次，在应用开发后，导入的过程同样需要很长时间来迭代。例如，质量检测过程中如果遇到了未学习或者未训练的问题，那么会造成误判等结果，即便诞生了一款稳定可靠的应用，随着后续新产品的推出，又需要对应用进行更新开发，有可能还是重新开发。

通计电行业确实是工业人工智能应用最广泛也是最成熟的行业之一，但是从产品全生命周期来看，总体的应用还不够智能化，大多数的应用还是以人机协作为主。但相对于其他行业，通计电行业的发展已经相当不错了。在未来，其趋势肯定是全生命周期实现人工智能化。

同时，工业人工智能绝对不是仅仅局限于公司内部，更是在行业生态圈内共同打造端到端智能化的能力。生态圈内的每一家企业都有自己的客户和供应商，智能化转型的价值就在于它通过自动化、数字化、信息化等手段使供应链全域乃至企业整体运作能力得以进一步优化提高，从根本上改善质量、效率、成本等企业最核心的运营指标。同时，通过一系列的大数据、深度学习、云计算等技术，由领头企业去带动整个行业智能制造或者工业人工智能的发展，实现整个行业的数字化转型。

参 考 文 献

果春焕，王泽昌，严家印，等.2020. 增减材混合制造的研究进展[J]. 工程科学学报，42（5）：540-548.

兰国帅，郭倩，魏家财，等.2019. 5G＋智能技术：构筑"智能+"时代的智能教育新生态系统[J]. 远程教育杂志，37（3）：3-16.

联想集团. 2020. 联想智能制造白皮书（2020版）[EB/OL]. (2020-09-08)[2021-6-10]. http://www.360doc.com/content/20/0908/08/44194329_934512739.shtml.

林闯，苏文博，孟坤，等.2013. 云计算安全：架构、机制与模型评价[J]. 计算机学报，36（9）：1765-1784.

刘大同，郭凯，王本宽，等.2018. 数字孪生技术综述与展望[J]. 仪器仪表学报，39（11）：1-10.

刘洋，孙恺. 2017. 协作机器人的研究现状与技术发展分析[J]. 北方工业大学学报，29（2）：76-85.

盛世华研. 2019. 2019-2025年中国电子设备智能制造行业技术发展趋势研究报告[EB/OL]. (2019-2-19)[2021-6-10]. https://www.doc88.com/p-8186425478455.html.

陶飞，刘蔚然，刘检华，等.2018. 数字孪生及其应用探索[J]. 计算机集成制造系统，24（1）：1-18.

陶飞，刘蔚然，张萌，等.2019. 数字孪生五维模型及十大领域应用[J]. 计算机集成制造系统，25（1）：1-18.

王桂玲，韩燕波，张仲妹，等.2017. 基于云计算的流数据集成与服务[J]. 计算机学报，40（1）：107-125.

王国秀，彭莉，陈家骥，等.2020. 通信设备、计算机及其他电子设备制造业——危中求机[J]. 中国海关，（10）：18-20.

王建民. 2017. 工业大数据技术综述[J]. 大数据，3（6）：3-14.

王毅，陈启鑫，张宁，等.2019. 5G通信与泛在电力物联网的融合：应用分析与研究展望[J]. 电网技术，43（5）：1575-1585.

余婷. 2019. 研发投入对企业绩效的影响分析[D]. 武汉：华中师范大学.

郑树泉，覃海焕，王倩. 2017. 工业大数据技术与架构[J]. 大数据，3（4）：67-80.

中华人民共和国国家质量监督检验检疫总局. 2017. 国民经济行业分类 GB/T 4754—2017[EB/OL]. (2017-09-29)[2021-06-10]. http://www.stats.gov.cn/tjsj/tjbz/hyflbz/201710/t20171012_1541679.html.

中投产业研究院. 2020. 2021年中国智能制造行业发展研究报告[EB/OL]. (2020-02-01)[2021-06-10]. http://www.ocn.com.cn/reports/17948zhinengzhizao.shtml.

第 16 章
装备制造业应用案例

16.1 装备制造业的背景特征

制造业的核心是装备制造业，而装备制造业是现代工业结构的核心，也是综合国力的根基。通常认为，装备制造业又称装备工业，是为了满足国民经济生产活动与国防建设需求提供机器和设备的基础性产业，即"生产机器的机器制造业"（商小虎，2013）。一般包括机械工业、材料、农业装备和零配件等相关行业组成的产业群体。

装备制造业可以说是中国所独有，世界其他国家及国际组织并没有提出"装备制造业"这个概念。1998年我国中央经济工作会议首次提出装备制造业；2002年国家发展计划委员会产业发展司的《中国装备制造业发展研究报告》首次对装备制造业进行了概念界定并阐述了其分类范围；2006年的《国务院关于加快振兴装备制造业的若干意见（摘要）》（国发〔2006〕8号）是装备制造业首个完整的政策性文件；2009年国务院又颁布《装备制造业调整和振兴规划》，将高端装备制造业作为战略新兴产业。从经济发展阶段来看，装备制造业是衡量一个国家制造水平和产业升级的标志；从工业化阶段来看，装备制造业具有极高的带动效应，是产业结构优化升级的推动力量。自此，装备制造业正式成为国家重点发展和关注的领域。

装备制造业主要包括资本品制造业，按照《国民经济行业分类》（GB/T 4754—2017），装备制造业的产品范围包括机械工业（含航空、航天和船舶等制造行业）、电子工业和兵器工业中的投资类制成品，通常包括通用设备制造业，专用设备制造业，铁路、船舶、航空航天和其他运输设备制造业，计算机、通信和其他电子设备制造业等4个大类。本章选取农业装备制造、液压、工业自动化设备的行业案例对人工智能与装备制造业的融合趋势进行分析。装备制造产业链是由上游的原材料制造业、中游的中间部件制造业（包括零部件制造、元器件制造等）和下游的子系统制造和系统集成组成。下游的产业链集中了装备制造的核心生产能力，子系统制造通常生产各种装备产品的主机和辅机，系统集成则要将众多产业中游的产品加以装配、系统设计与系统成套制造。作为向国民经济各行业提供技术装备的基础性产业，装备制造业具有技术含量高、研制难度大、资本密集度高的特点。

随着经济全球化和信息科技的高速发展，当今世界的生产方式发生了巨大变化，人工智能作为一个先进的、高效的和智慧的工具，开始应用于装备制造业。推动人工智能的发展和应用已逐渐成为全球主要经济体的共识。参与这一过程对于我国装备制造业的发展既是一个机遇，也是一个挑战。2020中国5G＋工业互联网大会上国家工业信息安全发展研究中心发布的《2020人工智能与制造业融合发展白皮书》指出，人工智能与制造业融合前景广阔，国内已初显成效，但仍面临不少挑战。机遇在于人工智能具有强大的溢出带动作用，我国装备制造业可以通过全球价值链中的动态学习和创新机制改善我国在国际分工中的地位；挑战在于这一技术或者这一实现过程对于劳动力的冲击、复合型人才的需求和技术的突破。我国装备制造业要想在国际具有强竞争力，保持我国经济持续健康发展，那么振兴装备制造业、推进产业升级迫在眉睫。

16.2 农业装备制造业工业人工智能应用

16.2.1 农业装备制造业特征

我国是一个人口大国，农业机械作为装备制造业中直接与农业相关的机械产业，对保障国家粮食生产安全、促进农业增产增收起着至关重要的作用。农业装备是实现我国农业现代化最基本的物质保证和核心支持，也是《中国制造2025》国家战略重点发展的十大领域之一。2018年的《中共中央国务院关于实施乡村振兴战略的意见》（中央一号文件）对实施乡村振兴战略进行了全面部署，其中明确指出，要"进一步提高大宗农作物机械国产化水平""大力发展数字农业"。

大多数农业装备制造企业离真正的人工智能还存在较大差距，企业装备数字化水平低，智能设备使用率低，MES应用较少。同时，产品的智能化水平差距大，如农业装备制造领域，拖拉机、柴油机等的电控化刚刚起步，以传感技术、现代通信技术为代表的嵌入信息技术远未应用于产品。如何在竞争激烈的大环境中将人工智能技术与农业装备制造相结合，是我国农业现代化建设迫切需要解决的问题。

16.2.2 应用原理及应用现状

1. MES

MES（Manufacturing Execution System）是一套面向制造企业车间执行层的生产信息化管理系统。该系统旨在加强MRP的执行功能，把MRP同车间作业现场控制，通过执行系统联系起来。美国 AMR 公司在 20 世纪 90 年代初提出了三层企业集成模型：计划层、执行层和底层控制层，如图 16-1 所示。而位于计划层与底层控制层之间的执行层即被命名为制造执行系统（黎先才，2014）。

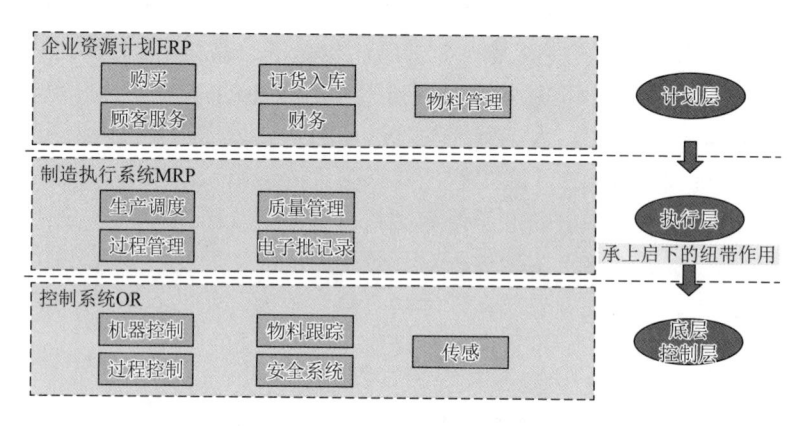

图 16-1　三层企业集成模型

MES 在提升企业执行能力方面具有不可替代的功能。其可以为企业提供制造数据管理、计划行程管理、生产调度管理、库存管理、质量管理、人力资源管理、工作中心/设备管理、工具工装管理、采购管理、成本管理、项目看板管理、生产过程控制、底层数据集成分析、上层数据集成分解等管理模块，为企业打造一个扎实、可靠、全面、可行的制造协同管理平台（饶运清等，2002；戚宝运等，2013）。在竞争环境下的流程型企业应分清不同制造管理系统的目标和作用，明确 MES 在集成系统中的定位，重视信息的准确及时、流程的规范、管理的创新，根据 MES 成熟度模型对自身的执行能力进行分析，才能充分发挥企业信息化的作用，提高企业竞争力，为企业带来预期效益。

2. AGV

AGV（Automated Guided Vehicle）指装备有电磁或光学等自动导航装置，通过计算机来控制其行进路径以及行为，或利用电磁轨道（Electromagnetic Path-following System）来设立其行进路径（马越汇等，2016），具有安全保护以及各种移载功能的运输车。AGV 的显著特点是无人驾驶，AGV 上装备有自动导向系统，可以保障系统在不需要人工引航的情况下沿预定的路线自动行驶，将货物或物料自动从起始点运送到目的地。其另一个特点是柔性装配系统，自动化程度和智能化水平高，AGV 的行驶路径可以根据仓储货位要求、生产工艺流程等改变而灵活改变，且运行路径改变的费用与传统的输送带与刚性的传送带相比非常低廉。另外，

AGV 一般配备装卸设备，可以与其他物流设备自动接口，实现货物和物料的装卸与搬运过程自动化。

我国 AGV 发展历史较短。北京起重运输机械设计研究院、邮政科学研究规划院、中国科学院沈阳自动化研究所、大连组合机床研究所、清华大学、国防科技大学等机构都在进行不同类型的 AGV 的研制并小批量投入生产（李成进等，2016）。我国越来越多的工厂和科研机构采用 AGV 为汽车装配、邮政报刊分拣输送、大型军械仓库、自动化仓储系统服务。AGV 小车在制造业的生产线上可以有效、准确而灵活地完成物料搬运任务。灵活的物流处理系统可以由多台 AGV 小车组成，并且可以根据生产过程的调整及时修改处理路线，使一条生产线可以生产十几种产品，极大地提高了生产的灵活性和企业的竞争力（金鑫，2021）。

3. 桁架机械手技术

机械手首先是由美国开始研制的，其在国外有较完善的运用。1958 年，美国联合控制公司研制出第一台机械手，其结构是：机体上安装一个回转长臂，顶部装有电磁块的工件抓放机构，控制系统是示教型的（张露，2012）；1962 年，美国联合控制公司在上述方案的基础上又试制成功一台数控示教再现型机械手。其运动系统仿照坦克炮塔，臂用液压驱动，可以回转、俯仰、伸缩，控制系统用磁鼓作为存储装置。同年，美国机械制造公司也实验成功一种称为 Vewrsatran 的机械手，该机械手的中央立柱可以回转、升降。这两种出现在 20 世纪 60 年代左右的机械手是后来国外工业机械手发展的基础。1978 年，美国 Unimate 公司和斯坦福大学以及麻省理工学院联合研制一种 Unimate-Vicarm 型工业机械手，装有小型电子计算机进行控制；联邦德国 KnKa 公司还生产了一种点焊机械手，采用关节式结构和程序控制（张家鑫，2015）。

桁架机械手是一种建立在直角 X、Y、Z 三坐标系统基础上，对工件进行工位调整，或实现工件的轨迹运动等功能的全自动工业设备，其控制核心通过工业控制器（如 PLC、运动控制、单片机等）实现（郑建国，2018）。通过控制器对各种输入（各种传感器、按钮等）信号的分析处理，做出一定的逻辑判断后，对各个输出元件（继电器、电机驱动器、指示灯等）下达执行命令，完成 X、Y、Z 三轴之间的联合运动，以此实现一整套的全自动作业流程。

16.2.3 案例分析

中国一拖集团有限公司（以下简称中国一拖），前身为第一拖拉机制造厂，是国家"一五"时期 156 个重点建设项目之一，1955 年开工建设，1959 年建成投产，新中国第一台拖拉机和第一辆军用越野载重汽车在这里诞生。中国一拖拥有强大的拖拉机、柴油机等农业机械产品及其零部件研发、制造、装配和测试的全套生产能力，是中国农机行业的龙头企业。

从20世纪80年代的东方红小四轮，到花费20年实现完全国产化的东方红大轮拖，到研发动力换挡拖拉机，再到自主设计研发无人驾驶拖拉机，"东方红"逐渐走向高端、智能，一直引领着我国农业装备的升级。中国一拖凭借产品优势、技术优势一直保持着大轮拖、非道路动力机械产品国内市场第一位置，并成功销往全球140多个国家和地区，拥有年产14万台拖拉机、20万台柴油机、1.5万台收获机械的生产能力，并拥有中国拖拉机行业最完整的核心零部件制造体系（中国机械工业企业管理协会，2018）。

近年来，中国一拖成为国家"两化"融合试点，不断加强信息化应用，融合信息技术与互联网，开始了工业人工智能的探索，并迸发智能制造的活力。2018年，中国一拖为了打造新型拖拉机制造智能工厂，搭建了智能工厂系统体系。智能工厂由数字化设计、工艺优化仿真、自动化生产过程检测与监测、自动化生产线关键技术和自动化生产线五个部分组成。下面将从产品生命周期的四个阶段来详细分析。

1. 产品研发

具体来说，在数字化设计阶段，中国一拖构建了以企业的设计知识库、知识管理系统和设计专家系统为核心的核心部件数字化三维设计平台。在该平台上，企业的设计师专家能够通过学习、查阅、设计知识库和知识管理系统，利用三维软件的参数化技术、直接建模技术和三维可视化技术，针对不同的任务需求，对农机核心部件进行设计，从根本上实现了零部件三维参数化数模设计、产品装配设计、干涉检查、虚拟样机、可视化造型设计等方面设计任务。同时，在拖拉机关键零部件设计过程中，中国一拖利用CAE分析工具对其进行机械强度、相关结合面密封性、传动系效率及齿轮强度校核等方面的分析及优化，解决了材料开裂、结合面漏油、齿轮断齿等方面的问题，为产品的优化设计提供了仿真依据。

在工艺优化仿真阶段，中国一拖采用制造工艺仿真分析，构建基于三维建模和仿真的虚拟设计模型，应用铸造CAE软件对铸造过程进行模拟凝固分析，避免铸件缺陷；应用有限元分析软件进行加工受力及变形分析，指导定位、夹紧等工艺设计，保证加工精度。在复杂虚拟环境下对产品制造效果进行仿真分析和验证，以实现产品开发周期和成本的最低化、产品设计质量的最优化和生产效率的最高化，增强企业的竞争能力。

2. 生产制造

在自动化生产阶段，中国一拖使用了多个先进技术，如图16-2所示。

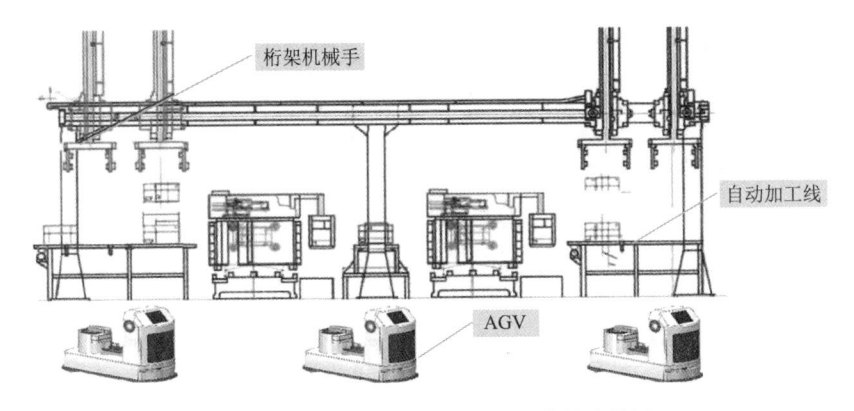

图 16-2 中国一拖生产制造环节的技术使用

中国一拖的装配线采用装备条码识别，在主要工位设置关重件扫描点对主机所装配的关键零部件进行记录，形成车辆装配档案，满足质量追溯方面的要求，实现了通过主机号查询关重件物料号、供应商、批次号，提高车间质量管理水平。同时，装配线输送、检测台、试验台、非标装配设备等广泛采用 PLC 进行控制，一方面可以实现设备的自动运行，另一方面具有通信接口，便于系统的高效集成。

对新建的盘类自动生产线及异构壳体件自动加工线等采用桁架机械手，解决新型轮拖传动核心零件品种少、批量大的问题，机械加工具有一定柔性、高效率、高度自动化。自动生产线通过桁架机械手等进行工序间物料自动化转运，减少磕碰伤、提高生产效率，改变传统的靠大量在制品和零部件储备来维持均衡生产、保证生产任务完成的模式。

为合理组织车间装配作业，提高自动化运输水平，主要部件的装配和总装配采用工业机器人流水生产线，其他部件和总成的装配采用固定式作业。零部件在装配线之间的转运广泛采用程控自行小车等机械化运输设备。拖拉机传动系总成与发动机合装后，采用 AGV 把合装好的总成运往总装线。

3. 检测与监测

在检测与监测阶段，主要分为农机核心零部件和农机箱体两个关键部分的检测与监测，这两个关键部位是农机能够优质制造的关键，对其进行检测和监测是十分必要的。基于此，中国一拖搭建了在线监测平台，用于监控、分析农机核心零部件的制造情况。同时，利用检验农机箱体泄漏的技术搭建了泄漏在线监测与分析系统。

中国一拖在监测数据智能处理和信息挖掘模块，研究监测信号的降噪方法，排除现场其他机床振动对本机工作的影响；研究监测信号的多尺度分解方法，对监测信号中机床内多个振源耦合的结果进行分解，得到核心零部件的独立振动信号；开发振动信号的无量纲、有量纲统计特征指标计算模块，快速地评估加工过程状态量；研究基于机器视觉方法的振动谱成分识别算法，对振动信号在频域、时频域上的振动谱几何特征量进行分析，准确提取机床主轴、轴承、齿轮的微弱故障特征（算法的实施和运行无须人工值守和干预）；研究刀具发生颤振的智能识别算法，对批次零件加工过程中刀具因磨损、机床动态特性变化、不合理加工工艺参数造成的强烈振动现象进行自动化识别（图 16-3）。

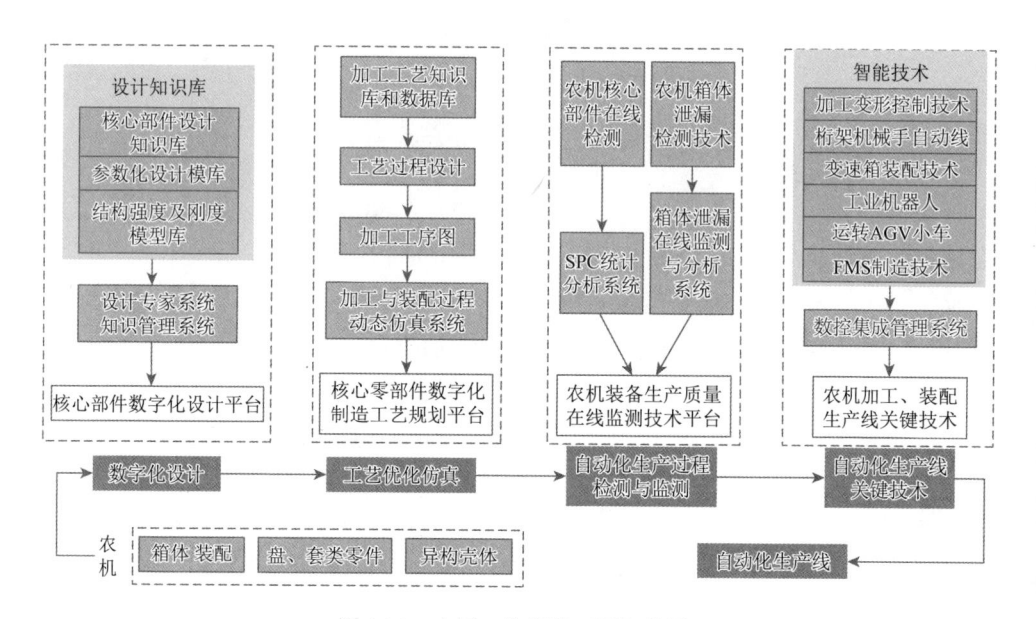

图 16-3 中国一拖智能工厂架构图

4. 供应链管理

贯穿整个中国一拖智能工厂的是智能制造控制系统，其作为智能工厂的中枢和躯干，成功打通了 ERP 系统、PLM 系统、刀具管理系统、EAM 系统、MDC/DNC 系统、智能装备等系统之间的信息壁垒，成功打造了能够实现计划智能排产、生产过程全透明、质量体系数字化管理与 SPC 动态分析、动态监控、虚拟现实（VR）等功能的可视化工厂。中国一拖的智能工厂控制系统体系由现场数据采集、智能制造控制系统、工厂数据库、调度控制系统等部分组成，如图 16-4 所示。

该体系可通过数字化车间的数控装备、工业机器人、刀具管理系统、数字化测量设备、条码设备等进行现场数据实时采集和信息传递，使作业及物流浪费降到最低程度。同时充分利用计算机网络，通过人机交互界面将数字化的生产指令、故障诊断、刀具状态监测、在线检测和作业指导书传递给操作者，制造作业信息现状及时采集并反馈至智能化工厂相关单位；再将调度控制系统、数字化设计、工艺优化仿真、可视化加工等集中于智能制造控制平台，平台所产生的数据与记录都汇总到数据集成库，形成从虚拟到现实再回到虚拟的完整的数字化信息传递链，从而实现生产管理信息、制造过程信息的高效协同、互联互通。

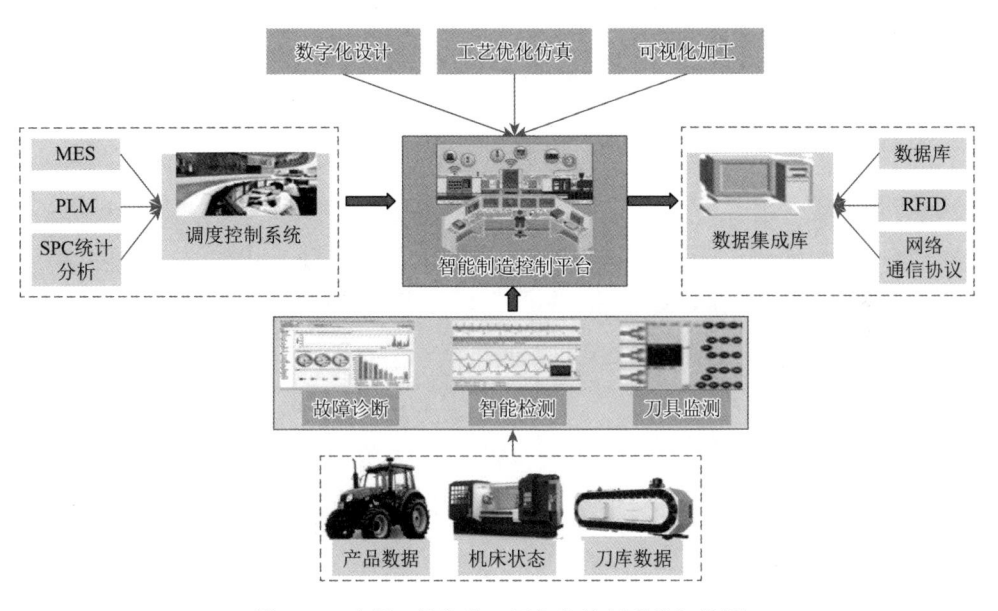

图 16-4　中国一拖智能工厂智能控制系统架构图

1）MES

中国一拖在加快生产设备数字化、智能化、网络化改造的基础上，推进 MES 的建设和应用，以传感器和传感器网络、RFID、工业大数据的应用为切入点，实施生产过程控制、生产线实时状态信息传递、制造供应链跟踪、质量追溯、服务理赔等应用，促进生产订单执行率提高，实现质量提升和节能减排，并通过系统汇总统计合理调度，实现可视化、精益化生产。

2）PLM

通过 PLM 产品研发协同设计信息化集成应用平台，中国一拖基于互联网专线实现产品研发异地协同设计，实施研发、供应链管理和营销服务等系统的横向集成，实现与上下游企业间设计、制造、商务和资源协同，提高效率、降低成本；提升产品研发核心竞争力，参与国际市场竞争。此外，在 PLM 中设计 EBOM，基于流程构建 EBOM 校对、PBOM 转换，创建 MBOM 结构，传入 ERP 系统。通过 PLM 系统进行 BOM 数据维护，减少 BOM 建立过程中的重复工作及过多人工参与，在 ERP 中管理及调用完整的产品制造 BOM。目前系统共有 60 余种基本机型，14946 个整机 BOM，1302 个产品明细表。

3）ERP

ERP 系统覆盖主营业务价值链从零件到总装，在采购、库存、生产、销售、成本核算等环节，夯实基础管理优化业务流程，为构建卓越运营体系发挥"助推器"的作用。值得一提的是，ERP 在采购管控方面实现了供应商选择、进入、冻结、退出、业绩评价等过程管理；实现了采购价格、供货比例、付款及时性等合规性管理的在线监控，推进阳光采购（图 16-5）。

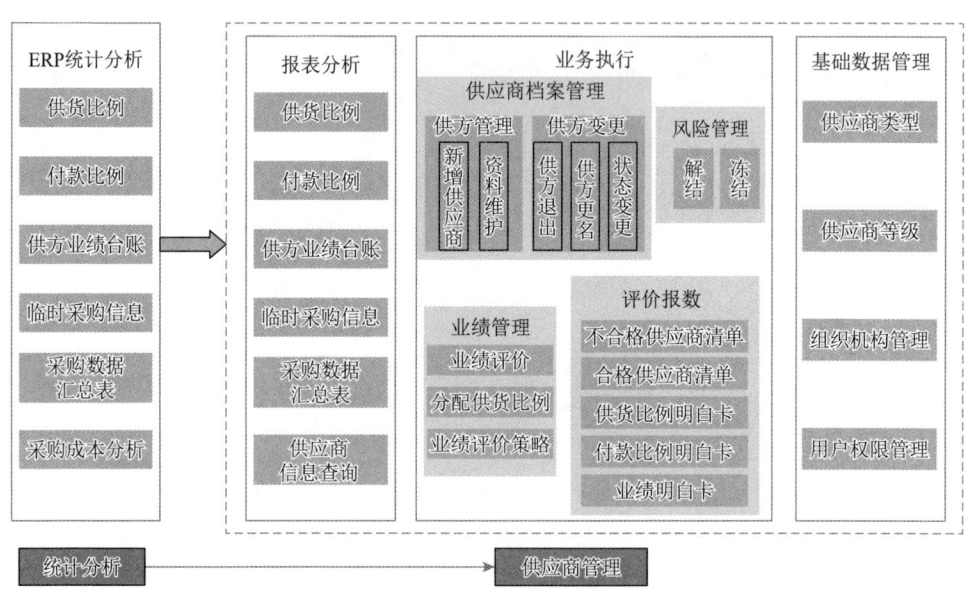

图 16-5　ERP 采购管控功能架构

5. 销售与服务

中国一拖完成了企业电子商务布局，推进电子商务应用。发挥了移动互联网无缝衔接用户和市场的优势，利用社会化电子商务平台，2015 年建设开通了东方红 E 购商城，逐步开展配件及主机的网络营销，借助电子商务与传统营销模式的结合，推动营销能力的提升。利用电子商务创新营销模式，制定符合中国一拖实际情况的移动营销信息化方案，展开微推送、微活动、微提醒等方面的应用，实现智能产品、产品溯源、虚拟体验、社交营销、在线查询、产品展示、产品答疑、技术指导、订单下达、订单跟踪等线上线下微互动的服务；实现与 PLM 系统、MES、营销系统集成，快速响应用户服务和备件采购需要；实现主机产品的电子零件目录编制、上传，有效管理零备件等数据；服务商和服务站通过互联网实时查询备配件并下达订单，快速响应应用户服务和备配件采购需要。利用互联网进行产品和营销模式创新，深化应用 CRM 系统，紧密围绕客户需求和市场形势，增加管理细粒度，强化用户体验，了解用户需求，实现精准营销。

16.3 液压行业工业人工智能应用

16.3.1 液压行业特征

液压是机械行业、机电行业的一个术语。液压可以采用动力传动方式，称为液压传动；也可采用控制方式，称为液压控制。液压工业的发展至目前为止已有 200 多年历史，最早于 1795 年英国约瑟夫·布拉曼（Joseph Braman，1749~1814 年）在伦敦用水作为工作介质将水压机应用于工业上，制造了世界上第一台水压机，标志着液压工业 1.0 时代的到来。18 世纪末，德国制造了液压刨床；美国制造了液压磨床和液压车床。20 世纪初，液压由水质改进为油后，压力级别得到提升，开启了液压工业 2.0 时代，液压传动被广泛应用，得到迅速发展。到第二次世界大战前后电液压伺服阀的出现标志着液压与电子结合进入了运动与位置控制的高端前沿领域。而我国的液压工业的开端是 1965 年榆次液压件厂对油研产品的引进。20 世纪 70 年代开始，由于传感器和电子器件的小型化，出现了电液一体集成化核心技术，液压工业 3.0 时代随之到来。到了 90 年代德国 Bosch 公司更是推出了比例伺服阀，形成了电液比例的插装技术。2010 年后，液压工业以液压 4.0 网控液压+高压水液压技术为核心，逐步替代油液压技术，于是进入了液压工业 4.0 时代（表 16-1）。

表 16-1 液压工业技术及我国液压行业的发展

液压时代	年份	核心创新技术	行业效果	我国行业状态
液压 1.0（低压水液压）	1795 年后	水压机及其低压元件	液压应用主机	—
液压 2.0（油液压）	20 世纪初	油介质元件	现代液压元件	—
液压 3.0（机电一体化）	1970 年后	电液一体化、控制比例元件与数字元件	电液比例控制元件、高速开关等数字元件	①主要解决泵阀的品种、质量、品牌的问题，并有所提升；②电液元件仍是短板；数字元件有所创新，未形成生产力
液压 4.0（网控液压+高压水液压）	2010 年后	总线控制元件系统、高压水压元件	智能液压件生产智能液压件工厂智能液压元件	①我国的基础实力形成，但缺乏品牌；②国外智能数字液压已经进入市场，面向液压 4.0；国内缺乏意识与动力，也无明确行动目标，形成新的明显差距

我国液压技术起步晚、存在一些问题。但是，近年来我国液压技术发展迅速，政府已经意识到基础元件研究的重要性，已呈现良好的发展势头。各级政府已经在政策上加以引导，制定了发展规划和措施。例如，科技部为贯彻落实《国家中长期科学和技术发展规划纲要（2006—2020年）》和国务院《装备制造业调整和振兴规划》等文件精神，在国家科技支撑计划"关键基础件和通用部件"重点项目中将"工程机械静液传感高速高压变量液压泵和马达关键技术研究"列为重点课题，面向工程机械成套液压系统，开发高性能轴向柱塞泵和马达成套系统，以突破产业化关键技术，增强自主创新能力。另外，结合我国国情，加强校企合作及军民融合，促进产学研一体化进程，将使得我国的液压技术逐渐赶上发达国家，早日实现由制造大国向制造强国转变。

目前互联网已经从数字互联（TCP/IP）进入了信息互联（HTTP），正向区块链的"价值互联网"迈进，液压技术可能需要利用"价值互联网"实现点到点的安全传输与具有价值的人工智能制造。同时，液压技术的发展方向是高效、高可靠性、节能、智能化与集成化一体化、人机与环境友好。其最核心的是智能化，因为智能化的方向可以带动高效、高可靠性与节能，所以更容易实现人机与环境的友好。更重要的是，液压工业4.0时代下如何发展以网控液压+高压水液压为核心技术的智能化液压技术与产品，不仅是全世界液压工业需要突破的领域，更是实现《中国制造2025》、把握第四次工业革命机遇的关键。由此可见，工业人工智能在液压行业的实践尤为重要。

16.3.2 应用原理及应用现状

1. 标识码

生产底层的工程技术管理人员在现场的第一要务是确保能知晓所有的被加工工件被识别，因此工件识别是智能生产的第一关。被识别的工件才能完成之后一系列的工艺安排，得到加工记录，并留有档案。其中，工件识别技术的核心是"标识码"，以保证每个工件具有唯一的标签。

标识码最常见的采用一维码（条形码）、二维码以及RFID标签。二维码相对于一维码具有数据存储量大、保密性好等特点，能够更好地与智能手机等移动终端相结合，形成更好的互动性和用户体验。而与RFID标签相比，二维码不仅具有成本优势，它的用户体验和互动性也具有更好的应用前景，相当于工件的身份证。无论该工件处于何种情况，只要获知该标识码就可以获知该工件经历的所有材料、加工或性能情况，就像人类社会的"身份证"管理办法用在工厂生产管理中。

2. 3D打印技术

3D打印技术是融合了计算机软件、材料、机械、控制、网络信息等多学科知识的系统性、综合性技术，是制造业领域的一项新兴技术；其依托信息技术、精密机械、材料科学等多学科尖端技术（李坚等，2015）。它先利用计算机辅助设计软件构建出零部件或物体的数字模型文件，然后让计算机按该文件控制打印机，将可黏合的粉末状材料以"逐点累积成面，逐面累积成体"的方式，打印出零部件或物体，就像盖房子一样，只要按图纸自下而上一层一层地码砖就能堆出物体。

3D 打印技术具有独特的优势，将会给传统制造工艺带来强烈的冲击。3D 打印机体积小，可以制造和其打印台一样大的物品，能即时打印，速度快。同时，3D 打印机制造时产生较少的副产品（王秀梅，2015）。3D 打印通常是采用数字技术材料打印机来实现的，常在模具制造、工业设计等领域被用于制造模型，后逐渐用于一些产品的直接制造，已经有使用这种技术打印而成的零部件。该技术在珠宝、鞋类、工业设计、建筑、工程和施工（AEC）、汽车、航空航天、牙科和医疗产业、教育、地理信息系统、土木工程、枪支以及其他领域都有所应用。

16.3.3 案例分析

1949 年，一家"液压设备制造"的中小型企业"Heilmeier & Weinlein"公司在慕尼黑成立了，系"HAWE HYDRAULIK"前身。开始的业务是径向柱塞泵，它一直成为公司发展至今的基础。20 世纪 50 年代开始，公司的员工数量和订单量不断增加，新产品不断涌现，公司开始逐步发展。但直到 2002 年，才正式更名为"HAWE Hydraulik GmbH & Co. KG"。

2017 年，哈威（HAWE）公司新建的 KAUFBAUREN 工厂被哈威工厂认定为液压行业工业 4.0 的样板工厂，是液压工业人工智能的成功案例。哈威工厂从 2018 年开始生产，到 2019 年为止，总共生产了 6980 种产品，即该人工智能模式满足了 6980 种不同机型的产品配套，实现了个性化批量产生，总共片数是 164893。在短短几十年内，HAWE 公司依托径向柱塞泵核心技术和智能化生产发展成为一个全球化的 HAWE 集团，70 多年以来一直致力于高压液压元件及系统的开发与生产，是世界上纯液压产品开发、制造与销售的著名公司之一。目前为止，HAWE 公司在德国境内有 4 个生产厂，6 家境外 100%的控股公司和 30 多个全球范围销售服务网点，拥有欧洲同行业中最为先进的加工与检测设备，并通过 ISO 9001 质量认证。其主要产品包括变量轴向柱塞泵、径向柱塞泵、手动泵、方向阀（截止式、滑阀式）、压力阀、流量阀等。

1. *产品研发*

液压是一种典型的基础性关键技术，在大量应用和机器内都得到使用，其关键技术的研发是企业持续发展和具有国际竞争力的核心。慕尼黑工业大学（TUM）是欧洲工业革命以来历史最悠久和最有名望的科技大学之一，也是国际科技大学联盟成员。慕尼黑工业大学是"柴油机之父"狄塞尔、"制冷机之父"林德、"流体力学之父"普朗特、文豪托马斯·曼等世界著名科学家及社会名人的母校，有很强势的理工科背景。HAWE HYDRAULIK 一直与慕尼黑工业大学保持着良好的沟通交流关系，有多个合作项目。与慕尼黑工业大学合作，为慕尼黑工业大学机械工程、电气工程和计算机科学的学生提供 HAWE 实验室，教授液压的基础知识、液压缸的位置控制和必学的其他控制技术，在理论与实际运用上帮助学生，同时也是为企业积蓄潜在人才力量。此外，2015 年 HAWE HYDRAULIK 收购了 Hoerbiger 的自动化技术部门，也是为自己公司的产品研发蓄力。同时，KAUFBAUREN 工厂运用自主设计液压系统，能实现节能设计，相比传统液压泵站节能最高可达 90%。

2. 生产制造

HAWE HYDRAULIK 工厂生产的核心是模块化、数字化、自动化、智能化，要求工厂内所有单体设备是智能的，设施与资源（机器、物流、原材料、产品等）实现互联互通，以满足智能生产和智能物流的要求。

哈威 KAUFBAUREN 工厂的生产不再是像工业 3.0 时代工厂的流水线纵向铺开，而是将工厂的各个加工过程变成了功能块，既可以实现从原材料预处理到安装成品的流程作业，也可以按照需求实现流程的自由组合。工厂内的加工设备不是单一的设备组合，而是按照加工过程实现不同的生产单元；各个工厂加工模块之间距离基本相当，可以非常灵活地按照客户的要求从一个工序到另一个工序，而不需要每个工序都走一遍。在其生产车间中可以看到大量的无人生产线、安装线。

HAWE HYDRAULIK 工厂的智能化生产岛（图 16-6）包括自动磨削加工岛、自动阀体加工中心、双轴同步加工中心、机械手装卡系统和三坐标在线自动检测等。在双轴同步加工中心，阀块三面同时加工，一次装卡加工完成；每次可同时装卡 8 个阀块，双轴加工，能保证同时完成多个阀块的生产。同时双轴同步加工中心能在线监测切削力，保证刀具无瑕疵，刀具库内存有备用刀具可随时更换。机械手装卡系统能自动装卡、自动吹扫、平面自动去毛刺、孔道自动去毛刺、三坐标在线自动检测。而三坐标在线自动检测能够自动检测并与标准数进行对比，每 4 个加工件检测 1 个加工件，即 25%的在线检测率。

工厂在自动组装中心实现数字化组装产品。HAWE HYDRAULIK 工厂所有加工出来的物料，本身都带有二维码信息，这样的管理系统称为信息物理系统。而

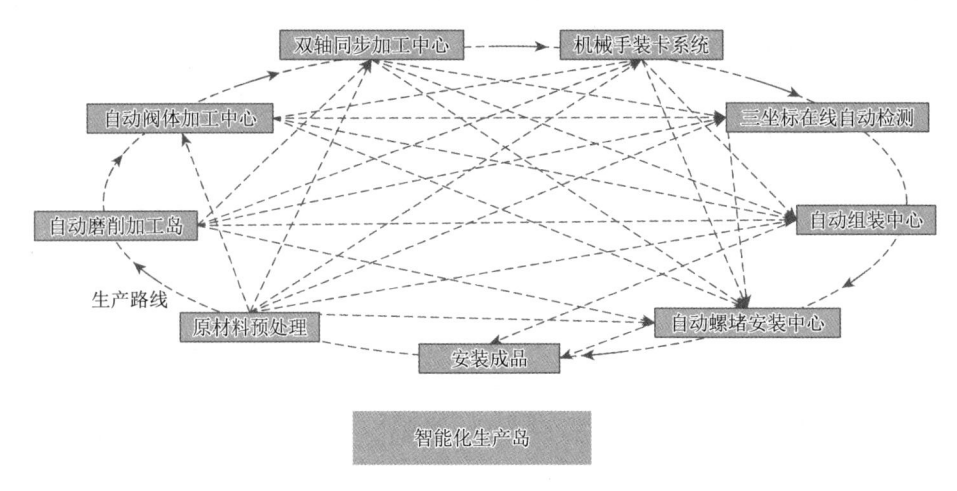

图 16-6　HAWE HYDRAULIK 工厂的智能化生产岛

二维码在组装的时候更为重要，安装工人扫描码后即在屏幕上显示出需要安装产品的最终代码以及安装步骤。这一安装步骤同时被传输到安装工具之中，包括安装转矩等信息数据直接在安装工具中调好，工人只需要按照步骤来执行操作即可。当然，如果工人未按照安装步骤执行操作，或者漏掉了一步，那么下一个步骤将无法进行，直到工人按照正确步骤完成产品安装。这样规范化的操作流程能降低工人的劳动强度，也会减少人为误差的可能性。产品组装完成以后，送交检测及数据调整，其流程也与组装线流程相似，扫描二维码，根据码上显示的信息，逐一检测及调整，直至完成检测。

3. 检测监测

HAWE HYDRAULIK 工厂的所有产品做出来以后都需要进行测试，包括扫描以后需要的测试项目都会显示在显示屏上，然后检测及调整好的信息又同时录入这个阀组的二维码中，为今后的查询提供信息。同时客户也可以利用这个码来调整自己的产品。例如，比例阀中的最大、最小电流，在检测中已经给出，客户可以通过扫描将这一信息直接录入主机设备的控制器中，实现客户与生产的直接沟通连接。这样液压阀组既可以解决单件小批量的个性化需求，同时也可以满足客户大批量的及时供货。此外，对于主机的使用者来说，设备不同机型参数的微小变化都可以在该过程中轻松体现出来，实现系统的最佳匹配。所有的客户产品都会检测，所有的检测曲线及数据都会被储存，便于以后的溯源。

4. 供应链管理

该工厂具有的负载反馈系统，相当于信息物理系统（CPS），它既可以进行压力控制，也可以进行流量控制。例如，针对一个客户的需求，通过自主扫描，马上把需求信息共享到产品的生产中，而产品生产的信息又马上会响应到设备上，设备进行物理联系，然后这种物理联系和生产参数可以被使用者快速地利用起来。因此，条码系统和扫描系统是实现上述过程的基础。

5. 自动化物流

物流也是 HAWE HYDRAULIK 工厂重要的一个组成部分。传统的生产中使用叉车，而 HAWE HYDRAULIK 工厂现在用物流车。该物流车的小控制箱自动将生产岛生产的产品物件传送到下一步的加工单元当中。例如，生产阀块的加工单元中的刀具本身是受到实时监控的，而阀块本身只是信息物理系统的一个物理量，阀块本身的数据提醒系统提示，现在需要进行一个什么样的加工、刀具要做一个什么样的准备（包括刀具本身的检测）。同时，机械手将阀块去毛刺，清洗干净，通过物流车的小控制箱放到下一个工位上继续加工。加工出来以后，进行实时检测。当然实时检测并不是 100%的实时检测，也是 4 个工件测一次，即 25%的检测率。

16.4 工业自动化设备行业工业人工智能应用

16.4.1 工业自动化设备行业背景

工业自动化是指机器设备或生产过程在不需要人工直接干预的情况下，按预期的目标实现测量、操纵等信息处理和过程控制的统称，是 20 世纪现代制造领域中重要的技术之一。在纺织、包装、建材、造纸、汽车、电子、环保、钢铁、交通及水处理等领域，工业自动化技术涉及这些行业加工过程的单台设备、工段、生产线，甚至整个工厂，是现代工业的基础支撑技术。企业通过引进自动化技术，可实现提高生产效率、保证产品质量、节省人力成本和确保安全等目的。工业自动化技术与装置已成为现代工业的重要标志。

工业自动化技术作为 21 世纪现代制造领域中重要的技术之一，主要解决生产效率与一致性问题。作为为国民经济各行业提供技术设备的战略性产业，自动化设备制造业具有关联度高、成长性好、带动性大等特点。无论高速大批量制造企业还是追求灵活、柔性和定制化的企业，都必须依靠自动化技术的应用。我国正处于工业化建设的中期，对于工业制造设备的投资需求非常大，工业自动化装备、智能化装备的投资需求相应也很大。我国政府明确将高端装备制造列入《中华人民共和国国民经济和社会发展第十三个五年规划纲要》（"十三五"）发展规划，智能制造装备是重点发展方向。

目前，我国国内企业已经能生产大部分中低端自动化设备，基本满足电子、汽车、工程机械、物流仓储等领域对中低端自动化设备的需求。同时，国内还涌现了少数具有较强竞争力的大型自动化设备制造企业，它们拥有自主知识产权和自动化设备制造能力，能够独立研发自动化设备高端产品，产品性能和技术水平与国外同类产品相近，部分产品的核心技术已经达到国际先进水平。

16.4.2 应用原理及应用现状

1. 远程运维服务

在制造业中，传统的运维服务主要依靠专业的技术工程师进行现场操作，整个服务过程时间周期长、人工成本高。但用户越来越需要对其生产设备进行全面的维护服务，以确保高可用性并防止生产过程的关键阶段出现停机，从而影响客户的交货时间。而随着自动化技术的发展，制造业设备厂家利用先进的网络技术，通过远程指导，来降低人工运维成本。

近年来，人工智能的快速发展使得远程运维服务系统成为运维服务发展的新趋势。当前，工业设备一般都提供了有线或无线网络接入功能。借助于网络连接，工业设备本身的传感器数据可以被十分方便地传送到企业服务器或云平台。基于云端或服务器端对传感器数据进行分析和挖掘，企业可实现对工业设备运行状态的实时监控、状态评估和预测性维护。使工业设备的维护从主要的纠正性维护（故障后）和预防性维护（无论设备状况如何，按固定计划进行维护）转变为预测性维护。远程运维服务平台通过智能预警模型、智能诊断模型、智能自学习知识库，基于"物联网+大数据"技术，利用大数据决策分析模型对综采工作面设备进行在线故障诊断、远程预测预警、全生命周期管理及备品备件响应决策，保证现场设备的高效、可靠运行，大幅降低企业的维护成本。

2. ERP 系统

企业资源计划（ERP）系统是 20 世纪 90 年代美国加特纳公司（Gartner Group）提出的一种供应链的管理思想。ERP 系统建立在信息技术基础上，集信息技术与先进管理思想于一身，以系统化的管理思想，为企业员工及决策层提供决策手段的管理平台，其核心思想是供应链管理（周伟峰等，2010）。ERP 系统的形成大致经历了 4 个阶段（刘崇欣，2008），即基本 MRP 阶段、闭环 MRP 阶段、MRP Ⅱ 阶段以及 ERP 系统形成阶段，如图 16-7 所示。

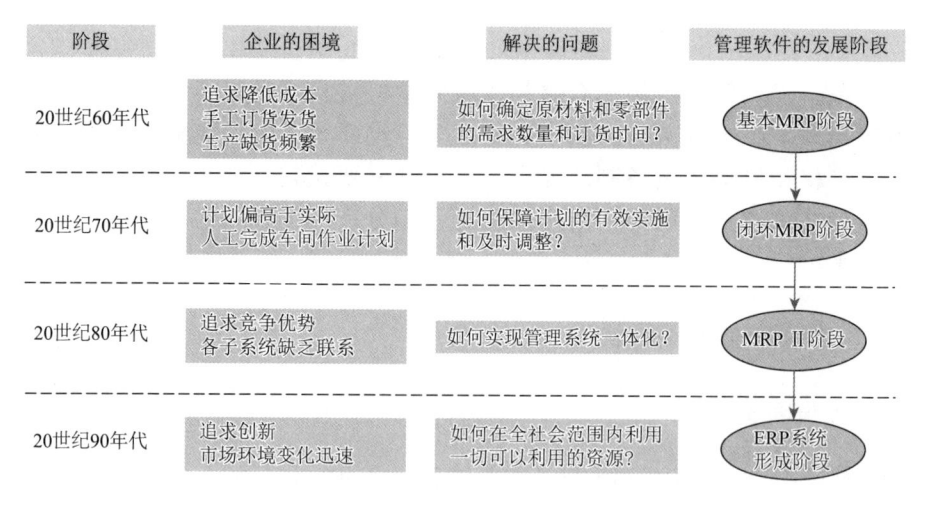

阶段	企业的困境	解决的问题	管理软件的发展阶段
20世纪60年代	追求降低成本 手工订货发货 生产缺货频繁	如何确定原材料和零部件的需求数量和订货时间？	基本MRP阶段
20世纪70年代	计划偏高于实际 人工完成车间作业计划	如何保障计划的有效实施和及时调整？	闭环MRP阶段
20世纪80年代	追求竞争优势 各子系统缺乏联系	如何实现管理系统一体化？	MRP Ⅱ阶段
20世纪90年代	追求创新 市场环境变化迅速	如何在全社会范围内利用一切可以利用的资源？	ERP系统形成阶段

图 16-7 ERP 发展阶段图

ERP 不仅仅是一个软件，更重要的是一个管理思想（刘崇欣，2008）。它实现了企业内部资源和企业相关的外部资源的整合。通过软件把企业的人、财、物、产、供、销及相应的物流、信息流、资金流、管理流、增值流等紧密地集成起来实现资源优化和共享。ERP 跳出了传统企业边界，从供应链的范围去优化企业的资源，优化了现代企业的运行模式，反映了市场对企业合理调配资源的要求。它对于改善企业业务流程、提高企业核心竞争力具有显著作用。

16.4.3 案例分析

青岛宝佳自动化设备有限公司（以下简称青岛宝佳）于 2009 年注册成立，从饲料行业起家，青岛宝佳的起步属于下游产业推动。当初饲料生产行业对劳动力的高负荷要求，迫使它们走上机械自动化道路。十多年的时间，就已经成为国家专精特新"小巨人"企业，已提供超过 4000 套装备及解决方案，其中在饲料行业的智能集成装备市场占有率超过 70%。青岛宝佳重视新技术研发，已拥有省级企业技术中心和智能装备工程研究中心，并获得数十个专利，目前占有全国饲料行业七成以上的市场。青岛宝佳是工业机器人应用以及智能制造系统集成领域的标杆企业和技术创新示范单位，建成了全国首个基于互联网技术和机器视觉导航技术的工业机器人及自动化生产线远程管控平台，是机器人行业工业互联网的先行者，不仅具备工业机器人自动化集成系统的应用开发与设计制造能力，还拥有机器人生产基地，目前已经成为青岛本土机器人产业的龙头企业。

1. 智能化的主要思路和目标

青岛宝佳以两化融合为指导思想，通过引入和自主研发智能机器人、智能机械手等智能化设备，融合 ERP 系统、MES、PLM 系统等智能化管理系统，全面打造智能化、信息化的生产管理模式。同时，建设工业机器人远程运维服务平台，通过结合物联网、互联网等信息技术建成一套开放互联的运维系统，实现对公司售出的工业机器人等智能装备及第三方提供的设备的管控一体化，并具备远程在线诊断与监控、数据采集、网络可视化、数据分析处理、调用知识库自诊断模型生成故障预测报告和故障索引知识库等功能，从而实现公司产品生产过程数据采集分析、生产过程监控和追溯、设备运行状态及时反馈、生产物流运输调配等多个维度的集成管理，提升企业的综合竞争实力。为用户提供在线检测、故障预警、故障诊断与修复、预测性维护、运行优化、远程升级等服务，有助于市场需求推动工业机器人制造水平提升，以及提升后期运维服务的自动化、信息化、智能化水平，提高售后服务的综合能力，为客户创造更多的经济效益。

2. 产品研发

青岛宝佳利用 Solid Works、CAD 等辅助设计软件和 FlexSim、机器人模拟软件等模拟仿真软件，围绕工业机器人主体、驱动系统和控制系统三个基本组成部分，与 PLM 产品仿真数据对接，对工厂布局、工艺流程、物流路径及流程进行静态模拟和动态仿真，实现虚拟仿真环境和现实环境的交互。此外，还采用 Solid Works 进行全三维数字化设计（图 16-8），建立了模块设计库，极大地提高了产品开发效率；设置了四个试验、验证和展示综合区域，对产品进行充分设计论证和实机测试，验证围绕工业机器人从需求、规格、研发、设计、工程、制造、销售到服务与维护等各阶段所衍生出来相关数据的管理应用，逐步建设了 PLM 系统。

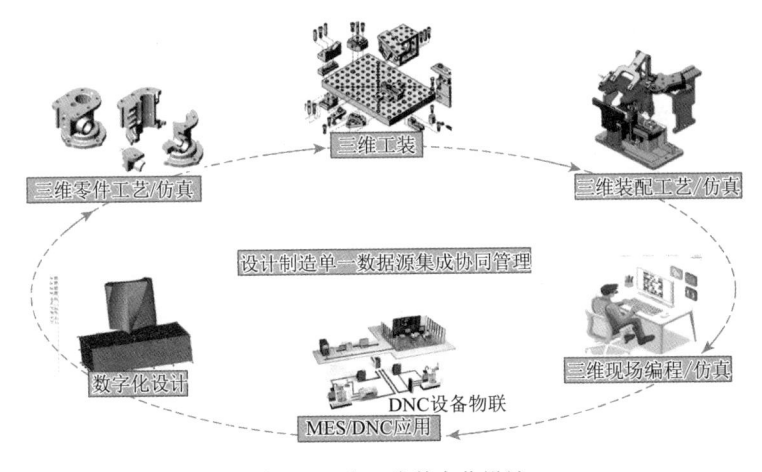

图 16-8　全三维数字化设计

青岛宝佳对产品研发生产过程进行实时监控，打通了企业的业务流程和价值链，实现了信息化、自动化、智能化生产。通过对目标客户机器人智能装备使用情况的测算、分析和比对，进行方案的优化设计和产品的智能升级。其在工厂流程和业务的数据化、设备的智能协同和信息的自行感知、自行分析、自行决策等方面对行业转型有很强的参考意义。同时，青岛宝佳率先实现"互联网＋工业机器人"这一新的服务思路和模式，实现了售后服务模式由传统的场地服务向远程网络服务转变。

3. 生产制造

1）MES 建设

青岛宝佳 MES 可实现以下功能：在详细工序作业计划制订方面，现场管理细度由按天变为按分钟或按秒；基于工艺工程师现场实际采集的工序时间和系统的作业训练，加上智能化装备的应用，提升整个智能制造过程的计划控制水平。在生产调度方面，物料管理和物料路径规划水平得以大幅提升，以精益生产为核心理念规划整个制造过程，配合与 MES 直接相连的看板系统，极大地降低了工序缓存量，减少了缓存区面积和工序间物料周转导致的浪费。在车间文档管理方面，依托 MES 强大的文档管理和检索能力，几乎所有的工作都有记录，都可以实现边工作边改进，有助于一线员工不断尝试和创新，持续改进当前工序工作方式和方法。在数据采集方面，通过数据采集实现整个制造过程的规范可控，包括设备运行数据、产品数据和辅助环境数据等。

2）ERP 系统建设

青岛宝佳 ERP 系统主要涉及管理会计（CO）模块、财务会计（F）模块、人力资源（HR）模块、物料管理（MM）模块、销售与分销（SD）模块、生产计划（PP）模块等。ERP 系统的实施规范了产供销、财务、人力资源等核心流程，解决了业务和财务一体化的问题，使青岛宝佳经营情况在系统中得到真实的反映，提高了企业的运营效率和反应速度。

4. 信息集成

在生产过程数据采集与分析系统建设过程中，青岛宝佳借助自动化视觉设备与 ERP 系统、MES 的无缝连接，将信息化与自动化深度融合，通过动静态数据采集系统等自动化设备自动采集生产工序中的物料信息，代替人工数据采集，让整个工厂内部的生产运营信息快速且自动地传输到工厂内部现场的任何工作站点或机器设备，并且通过利用现场智慧终端的数据采集、人机交互、机机互联将信息即时反馈到数据中心，实现工厂内部信息的即时流通，如图 16-9 所示。

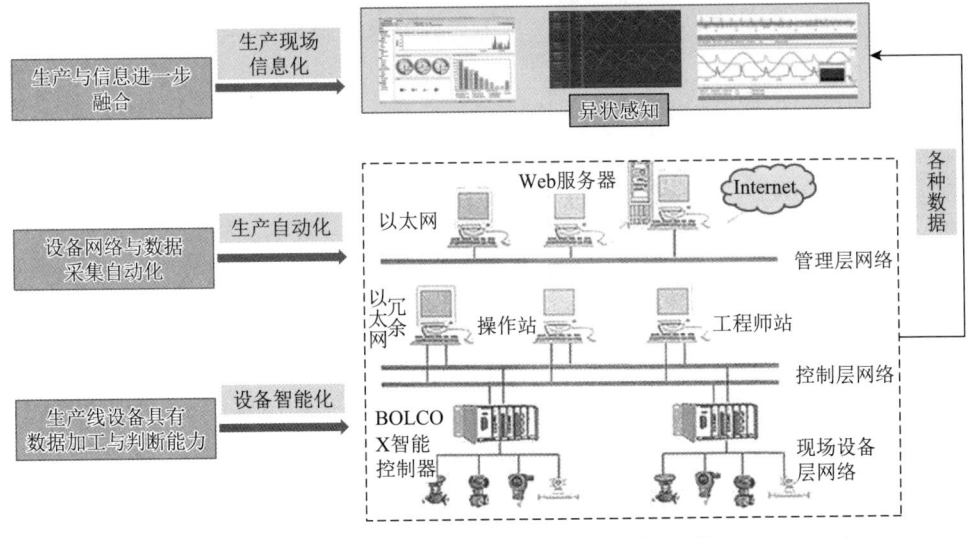

图 16-9　生产过程数据采集与分析系统架构

在工厂内部网络架构建设及信息集成方面，青岛宝佳将 ERP 系统与 PLM、MES、CRM 等系统高度集成，将主数据、生产工单、采购订单、销售订单等通过接口传给相关订单补货系统、制造执行系统、关系管理系统、仓储系统，形成从订单补货到生产、采购、仓储的收发货、销售的完整供应链体系。

在信息安全保障方面，为保障工业机器人智能制造过程安全有序地进行，青岛宝佳建立了健全的信息安全管理制度，搭建了集"病毒"防护与应急响应于一体的技术防护体系及功能安全保护系统。

5．远程运维服务

青岛宝佳采用前沿的工业互联网技术，实现数据的集成、分析和挖掘，支撑工业机器人远程运维服务的延伸，同时结合人工智能新技术提升远程运维服务在传感、交互、控制、协作、决策等方面的性能和自动化水平，使青岛宝佳工业机器人的运维服务的总体水平处于国内领先地位。该公司有两种运维模式。①先进的人工智能分析运维模式。通过离散数据关联关系分析对运维数据进行人工智能分析，实现系统性能的智能展现，以及系统智能预警分析和智能故障分析。②先进的自动化运维模式。自动化运维将日常运维服务工作通过系统实现，在数据分析的基础上，无论运维工程师还是用户都可以迅速掌握系统运行状况，通过自动巡检报告，大幅度提高运维的工作效率。

在远程运维服务平台建设方面，工业机器人远程运维服务平台分企业级和总部级两种。远程运维服务平台通过对生产线的实时数据采集、分析、处理，实现了远程监护、工作环境预警、在线运行状态监测、故障诊断、预测性维护、运行优化、远程升级等服务功能。而对机器人远程运维平台软件系统已经实现了如下功能：能够通过机器人模拟软件远程连接，进行机器人远程可视化监控、故障诊断和一般故障软件的调试；机器人码垛状态远程监控；能够实时显示机器人的码垛数据；能够生成机器人的码垛数据报表；机器人远程管理与控制。

青岛宝佳对于远程运维服务平台与相关系统集成应用的构建具体如下。①通过 CRM 系统获得的数据主要是来自客户现场设备自带的故障告警系统所给出的故障代码信息。对其进行故障问题分析，为客户故障问题制订专业的解决方案。②公司以工业机器人为核心的智能制造装备全生命周期技术管理（RSLM）系统是 PLM 系统的升级换代系统。根据其数据库信息可为用户提供故障诊断与修复、预测性运行维护等服务。③运维平台对产品研发管理（RDM）系统的支持则主要体现在针对远程运维服务过程发现行业或领域共性技术问题，以确定和引领技术研发方向。

16.5　未来趋势与建议

近年来，智能制造和工业互联网迅猛发展。随着深度学习、知识图谱等新兴人工智能技术的逐步应用，以及制造业自动化和信息化水平的提高，"人工智能+制造"将面临新的发展趋势，融合发展将向更深层次迈进，制造业智能化升级将呈现多技术融合的态势，提升安全保障能力将成为人工智能与制造业融合的重要发力方向。

从技术上来看，装备制造业呈现出自动化、集成化、网络化、信息化、虚拟化、绿色化发展趋势。自动化和智能化是智能制造的重要发展趋势，主要表现在装备能根据用户的要求自动化完成制作过程，并对制造对象和环境具有高度适应性，实现制造过程的优化。设计及制造过程的数字化、网络化、信息化、虚拟化与智能化的最终目标不仅是快速开发出产品或装备，而且要努力实现大型复杂产品一次性成功开发。资源和能源的压力，使装备必须考虑从设计、制造、包装、运输、使用到报废处理的全生命周期对环境的负面影响极小，资源利用率极高，从而使得企业经济效益和社会效益协调优化。企业应紧紧抓住国家同步加速实施新型工业化、信息化、城镇化、农业现代化、《中国制造 2025》等理念带来的重大机遇，充分应用云计算、大数据、物联网、人工智能，为农业装备制造业和工业人工智能的发展提供强力支撑与带头作用，未来更好地将工业与人工智能相融合，实现整个生产线各个环节的无缝衔接和全自动化，打造出一个真正的数字化工厂。

由此可见，新一代信息技术如 3D 打印技术、深度学习、知识图谱与 5G 通信技术等，将极大地促进工业人工智能装备的数字化、网络化、智能化，目前去中心化的区块链也进入大家的视野。它是人工智能后的又一个重大发展，是面向未来的、全新的、可追溯的和带有高度信用化的互联网技术，可以实现点对点以及信息流向的精准识别，对工业技术的影响特别是对装备制造业的影响等有待持续关注与跟踪。

参 考 文 献

共产党员网. 2016. 中华人民共和国国民经济和社会发展第十三个五年规划纲要[EB/OL]. (2016-03-16)[2021-06-10]. http://www.12371.cn/special/sswgh/wen/.

国家发展计划委员会产业发展司. 2002. 中国装备制造业发展研究报告（总报告上册）[M]. 北京：国家发展计划委员会产业发展司出版社：1-2.

国家工业信息安全发展研究中心. 2021. 2020 人工智能与制造业融合发展白皮书[EB/OL]. [2021-06-10]. http://www.etiri.com.cn/web_root/webpage/articlecontent_101001_1331076785814638594.html.

国家统计局. 2017. 国民经济行业分类（GB/T 4754—2017）[EB/OL]. (2017-09-29)[2021-06-10]. http://www.stats.gov.cn/tjsj/tjbz/hyflbz/201710/t20171012_1541679.html.

国统研究报告网. 2021. 2020 年工业自动化设备行业发展前景及市场竞争力分析[EB/OL]. (2020-05-29)[2021-06-10]. http://www.bjzjqx.cn/IndustryInner/481726.html.

国务院. 2009. 装备制造业调整和振兴规划[EB/OL]. (2009-5-12)[2021-06-10]. http://www.gov.cn/zwgk/2009-05/12/content_1311787.htm.

国务院. 2018. 中共中央国务院关于实施乡村振兴战略的意见[EB/OL]. (2018-01-02)[2021-06-10]. http://www.gov.cn/gongbao/content/2018/content_5266232.htm.

金鑫. 2021. AGV 小车的发展现状与应用趋势[J]. 北京工业职业技术学院学报, 20（1）：10-13.

黎先才. 2014. 基于 MES 系统集成的车间数字化管理系统的应用研究[D]. 长沙：湖南大学.

李成进, 王芳. 2016. 智能移动机器人导航控制技术综述[J]. 导航定位与授时, 3（5）：22-26.

李坚, 许民, 包文慧. 2015. 影响未来的颠覆性技术：多元材料混合智造的 3D 打印[J]. 东北林业大学学报, 43（6）：1-9.

刘崇欣. 2008. 论 ERP 与企业流程再造[J]. 企业技术开发, (1)：106.

马越汇, 胡志华. 2016. 不确定环境下自动化集装箱码头 AGV 调度与配置问题[J]. 广西大学学报（自然科学版）, 41（2）：589-597.

戚宝运, 许自力, 毛勤俭. 2013. 数字化车间 MES 系统构建[J]. 指挥信息系统与技术, 4（1）：25-29.

饶运清, 刘世平, 李淑霞, 等. 2002. 敏捷化车间制造执行系统研究[J]. 中国机械工程, (8)：30-32.

商小虎. 2013. 我国装备制造业技术创新模式研究[D]. 上海：上海社会科学院.

孙小红. 2019. 下肢外骨骼机器人仿真平台的设计与实现[D]. 成都：电子科技大学.

王秀梅. 2015. 生物材料[J]. 新型工业化, 5（12）：37-68.

新华社. 2008. 1998 年中央经济工作会议[EB/OL]. (2008-12-05)[2021-06-10]. http://www.gov.cn/test/2008-12/05/content_1168856.htm.

张家鑫. 2015. 基于视觉的机械臂伺服系统研究[D]. 北京：北京理工大学.

张露. 2012. 多孔板抓取机械手的研究与开发[D]. 长沙：长沙理工大学.

郑建国. 2018. 桁架机械手在智能物料仓储中的应用[J]. 机电信息, (15)：39-41.

中国机械工业企业管理协会. 2018. 2018 中国机械 500 强报告[R]. 2018 年《中国机械 500 强研究报告》发布会, 合肥.

中华人民共和国中央人民政府. 2018. 2018 年中共中央国务院关于实施乡村振兴战略的意见[EB/OL]. (2018-02-04)[2021-06-10]. http://www.gov.cn/xinwen/2018-02/04/content_5263760.htm.

周伟峰, 盛文波. 2010. ERP 系统在企业管理中的应用[J]. 经营与管理, (4)：84-85.

HAWE HYDRAULIK 官网. 2021. 历史[EB/OL]. [2021-06-10]. https://www.hawe.com/zh-cn/company/about-us/history/.

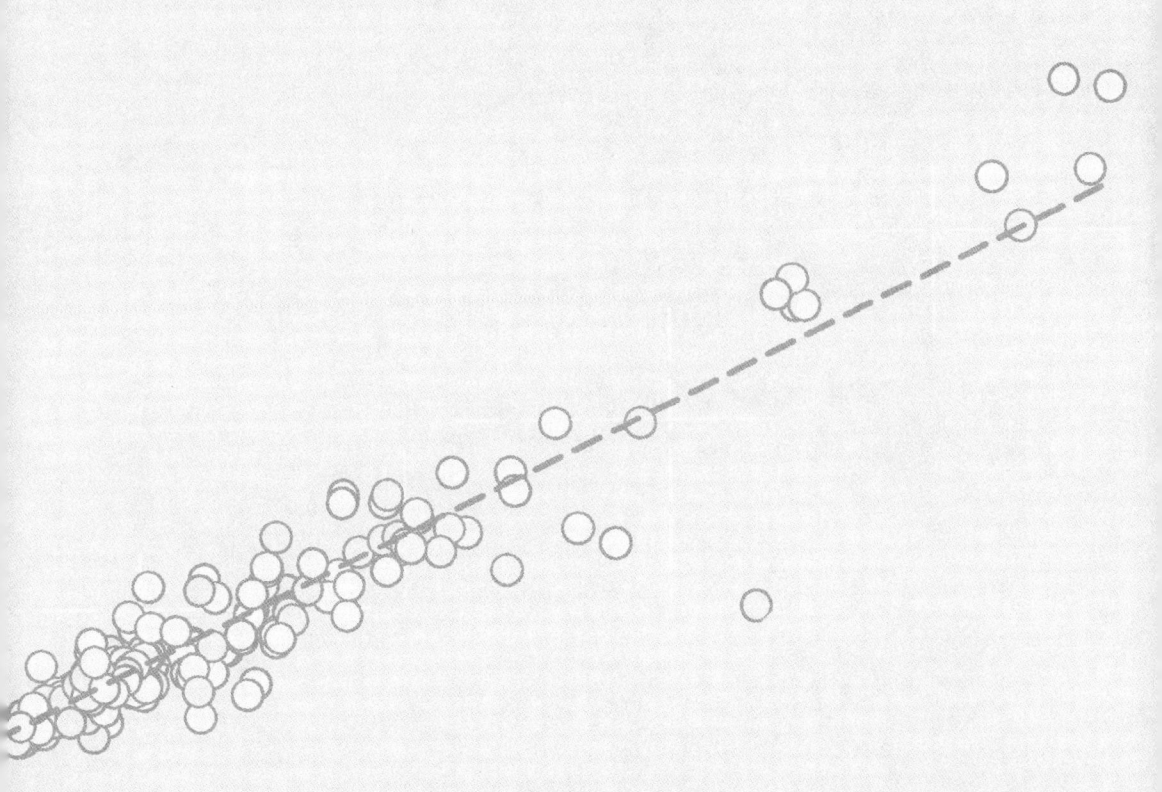

附 录

附表 1 "研发设计"与"人工智能"交叉融合的成熟度特征

二级维度	人工智能测评指标	1级：规划级	2级：规范级	3级：集成级	4级：智能级	5级：引领级
智能数据获取	数据采集	对利用人工智能及相关技术为产品设计和工艺设计采集数据产生认知，为产品设计和工艺设计提供数据采集的相关基础硬件配置	制定满足产品设计和工艺设计数据采集标准，并加强支持数据采集的硬件设施建设	根据制定的产品设计和工艺设计数据采集标准在企业范围内实施系统集成	完成企业内跨部门的系统集成，实现产品设计和工艺设计的数据采集	运用人工智能及相关技术感知收集智能服务于产品设计、工艺设计与仿真数据，并能够基于数据的迭代更新实现产品设计和工艺设计的实时在线调整和优化
	数据传输	对利用人工智能及相关技术为产品设计和工艺设计传输数据支撑数据采集认知，为产品设计和工艺设计提供数据传输的相关基础硬件配置	制定满足产品设计和工艺设计数据传输标准，并加强支持数据传输的硬件设施建设	根据制定的产品设计和工艺设计数据传输标准在企业范围内实施系统集成	实现企业内跨部门系统的数据传输，实现产品设计和工艺设计交互协同	针对智能化产品设计和工艺设计，实现对本地和网络数据进行实时、自动、同步的数据传输
	数据预处理	对利用人工智能及相关技术为产品设计和工艺设计处理数据产生认知，为产品设计和工艺设计提供数据预处理的相关基础硬件配置	制定满足产品设计和工艺设计数据预处理规范，并加强处理数据实施支持数据预处理的硬件软件设施建设	根据制定的产品设计和工艺设计数据预处理规范在企业范围内实施数据预处理加工	完成企业内跨部门系统的数据预处理实现产品设计和工艺设计的数据清洗加工	针对智能化产品设计和工艺设计，实现自动的、实时的历史数据、物联感知数据的整合，过滤、删除冗余和无关数据，及企业外部数据的整合
大数据质量	数据量	对利用人工智能及相关技术为产品工业大数据有关数据量问题产生认知，为产品设计和工艺设计提供解决大数据量的相关基础硬件配置	制定满足产品设计和工艺设计的有关数据量问题需求的策略，并解决数据量问题相关软件设施建设	根据制定的产品设计和工艺设计大数据量范围内管理策略在企业范围内解决大数据量问题	解决企业内跨部门、跨系统的数据量问题，为产品设计和工艺设计提供充足的数据资源	针对智能化产品设计和工艺设计，能够实时地、快速地提供需求数量的历史数据、物联感知数据以及企业内外部数据
	多样性	对利用人工智能及相关技术为产品工业大数据有关多样性问题产生认知，为产品设计和工艺设计提供解决大数据多样性的相关基础硬件配置	制定满足产品设计和工艺设计的有关多样性问题需求的策略，并解决多样性问题相关软件设施建设	根据制定的产品设计和工艺设计大数据多样性范围内管理策略在企业范围内解决大数据多样性问题	解决企业内跨部门、跨系统的数据多样性问题，为产品设计和工艺设计提供丰富的数据资源	针对智能化产品设计和工艺设计，能够实时地提供需求的各种形式来源的数据
	真实性	对利用人工智能及相关技术为产品工业大数据有关真实性问题产生认知，为产品设计和工艺设计提供解决大数据真实性的相关基础硬件配置	制定满足产品设计和工艺设计的有关真实性问题需求的策略，并加强解决真实性问题相关软件设施建设	根据制定的产品设计和工艺设计大数据真实性范围内管理策略在企业范围内解决大数据真实性问题	解决企业内跨部门、跨系统的数据真实性问题，为产品设计和工艺设计提供准确的数据	针对智能化产品设计和工艺设计，能够实时提供准确的、经过验证的数据

续表

二级维度	人工智能测评指标	1级：规划级	2级：规范级	3级：集成级	4级：智能级	5级：引领级
大数据质量	及时性	对利用人工智能及相关技术为产品设计和工艺设计解决实时性问题有关及时性产生认知，为产品设计及时性提供大数据及相关的基础硬件配置	制定满足产品设计和工艺设计的有关实时性解决的数据及时性问题的策略，并加强相关软硬件设施建设	根据制定的产品设计和工艺设计大数据质量管理策略，解决企业范围内解决数据及时性问题	基于企业内跨部门、跨系统的数据集成，运用人工智能算法实现产品设计和工艺设计的数据分析	针对智能化产品设计和工艺设计，能够实时数据提取，并将传感器和运行数据同步发送给用户
	人工智能算法	对利用人工智能算法服务于产品设计和工艺设计产生认知，为提供人工智能算法解决方案配置基础硬件设施	制定满足产品设计和工艺设计需求的人工智能算法解决方案，并加强相关硬件设施建设	根据制定的人工智能算法解决方案，利用企业内系统集成数据实施产品设计和工艺设计	基于企业内跨部门、跨系统的数据集成，人工智能算法实现产品设计和工艺设计的分析	能够通过人工智能算法，根据产品的历史数据，企业内外部数据，识别产品设计热点，并在产品投入生产之前，进行产品设计和数字孪生实验，实现产品设计和工艺流程的自动优化和修正
智能数据分析	智能可视化	对利用数据可视化服务于产品设计和工艺设计产生认知，为提供数据可视化方案配置相关基础硬件设施	制定满足产品设计和工艺设计需求的数据可视化方案，并加强相关软硬件设施建设	根据制定的数据可视化方案，利用企业内系统集成数据提供产品设计和工艺设计的户展示产品设计和工艺流程的可行性	基于企业内跨部门、跨系统的数据集成，向用户展示产品设计和工艺设计的分析结果	能够根据市场需求对设计的产品和工艺流程进行可视化，并通过数字孪生技术模拟生产和工艺流程，以实验证设计的可行性
	数据分析师	数据分析师对利用人工智能及相关技术进行产品设计和工艺设计产生认知，并初步计划开展此类军硬件设施	制定满足产品设计和工艺设计的数据分析师相关能力的培养	数据分析师开始使用人工智能及相关技术对产品设计和工艺设计涉及的多源数据进行分析	基于企业内跨部门、跨系统的数据集成，能够运用人工智能及相关技术分析产品设计和工艺设计	数据分析师对所有与产品处理，建模和分析所有与产品设计和工艺流程进行的优化，并利用在线的相关经验，能够生成决策报告并提供决策建议
智能决策	机器自主决策	在产品设计和工艺设计过程中，重视利用人工智能相关技术实现机器自主决策，并配置相关的基础硬件设施	制定满足产品设计的机器自主决策方案，并加强相关软硬件设施建设	开始在企业内设计及涉及产品设计和工艺设计的多个部门，运用人工智能相关技术实施机器自主决策	基于企业内跨部门、跨系统的数据集成，实现机器自主决策	能够根据各部门的运行数据以及本地数据库的实时上传数据和本地数据库的实时预测，自动分析和预测，为不同层次决策者提供产品设计和工艺设计的调整和优化
	辅助人工决策	在产品设计和工艺设计过程中，重视利用人工智能相关技术支持辅助人工决策，并配置相关基础硬件设施	制定满足产品设计的辅助人工决策方案，并加强相关软硬件设施建设	开始在企业内设计及涉及产品设计和工艺设计的多个部门，运用人工智能辅助人工决策	基于企业内跨部门、跨系统的数据集成，实现机器辅助人工决策	能够根据运行数据库以及本地数据库的实时预测，为不同层次决策者提供产品设计和实施结果的分析结果和优化

附录 | 289

附表 2 大数据安全、大数据管理、智能云平台维度在"工业"维度的成熟度特征

（适用于"工业"维度下的所有业务环节，如研发设计、生产制造、市场营销、物流供应、售后服务等）

人工智能二级测评指标	人工智能测评指标	1级：规划级	2级：规范级	3级：集成级	4级：智能级	5级：引领级
大数据安全	数据安全管理制度	重视数据安全管理，并配置相关的基础资源	制定企业的数据安全管理制度，并加强相关软硬件设施	改进数据安全管理机制和方案，以满足不同部门的特定需求	根据相关国际标准，进一步细化企业数据安全管理机制和方案	企业建立高效的数据安全管理机制和方案，并不断修订和优化。①为在职人员制定数据安全全方面的职责和义务；②为不同用户角色定义和规范数据权限；③规范使用大数据备份的要求和方法；④规范使用大数据安全软硬件设施
	非技术类数据安全管理执行	重视利用非技术性数据安全管理规定的执行，并配置相关的基础资源	初步制定关键用户的非技术数据安全管理规定，并加强相关资源的投入	在所有部门全面实施非技术数据安全管理规定，并提供充分的培训	根据相关国际标准，进一步检查和完善非技术非技术数据安全管理规定	企业对数据执行情况采取以下监控措施：①提高员工的数据安全意识；②为数据安全专职人员提供适当的数据安全培训；③规范和控制相关键数据的授权；④持续审核和优化数据安全执行的奖惩机制；⑤建立数据安全执行的奖惩机制
	数据安全技术应用	重视利用安全技术保护数据安全，并配置相关的基础资源	初步运用相关安全技术保护数据安全，并加强相关资源的投入	充分利用数据安全和恢复技术在不同部门对多个来源数据（如物联网、信息管理系统和互联网数据）进行安全保护，并提供充分的培训	根据相关国际标准，进一步检查和完善安全技术的使用	企业利用防火墙和加密技术，消除物联网环境中日益增加的网络威胁，并长期使用数据备份和恢复技术确保云平台长期自动分析和优化数据管理的安全
大数据管理	数据管理策略	重视大数据治理和管理相关的基础资源	制定大数据治理和管理的策略，并加强相关资源的投入	在企业内各部门全面实施大数据管理和治理策略，并提供给当前大数据管理和治理的培训	根据相关国际标准，进一步检查和完善细化企业的大数据管理治理	企业治理和数据标准统一，一致的数据管理体系，数据运用系统评估和分析过程监控和分析自动优化数据管理的系统流程
	数据集成与共享	重视数据集成与共享问题，并配置相关的基础资源	制定数据集成与共享的策略，并加强相关资源的投入	在所有部门全面实施数据集成和共享策略，覆盖所有数据来源（如物联网数据），统筹和互联互通，能够给当前运用相关技术提供充分的培训	根据相关国际标准，进一步检查和完善企业的数据集成与共享体系	企业能够整合覆盖产品生命周期的不同来源、不同目的实现跨部门、跨行业实时数据，并为数据共享和互联，提高数据使用的有效性和效率

续表

人工智能二级维度	人工智能测评指标	1级：规划级	2级：规范级	3级：集成级	4级：智能级	5级：引领级
大数据管理	数据生命周期管理	重视数据生命周期管理，并配置相关的基础资源	制定数据生命周期管理的策略，并加强相关资源的投入	在所有部门全面实施已制定的数据生命周期管理策略	根据相关国际标准，进一步检查和细化全企业的数据生命周期管理	企业明确采集工业大数据的不同用途，实现高效、严谨的数据管理，并根据预估数据退役时间，实现数据价值最大化的同时最小化存储成本
	数据质量管理技术应用	重视利用技术进行数据质量管理，并配置相关的基础资源	制定利用技术进行数据质量管理的方案，并开始使用相关数据质量管理工具	在所有部门充分运用数据质量管理工具，并提供充分的培训	根据相关国际标准，企业进一步检查和完善数据质量管理技术和工具	企业拥有完善的数据管理和数据质量提高的软件系统，实现数据质量的自动评估和监控，发现和解决数据质量问题，并能够预测数据质量提前提供相应的解决方案
	存储力	重视建立云平台以解决数据存储容量问题，并配置相关的基础资源	制定云平台数据存储分配策略，并加强相关资源的投入	云平台开始用于解决企业多个部门的数据存储容量问题	根据相关国际标准，对云平台数据存储空间和预测需求进行升级的服务器集群扩展	企业建立的云数据存储空间能够自动监控和预测空间的使用，并执行需要的服务器集群扩展
智能云平台	算力	重视建立云平台计算能力，并配置相关的基础资源	制定云平台数据计算分配策略，并加强相关资源的投入	云平台开始用于解决企业多个部门的数据计算能力问题	根据相关国际标准，对云平台数据计算能力进行检查和升级	企业的云数据中心能够实现数据精确处理和实时同步，并进行数据分析、决策建议和趋势预测，指导企业的智能运营
	网络	重视通过云网络进行高速数据传输问题，并配置相关的基础资源	制定云平台数据传输策略，并加强相关资源的投入	升级云和物联网网络，实现企业多个部门间数据传输的高速网络	根据相关国际标准，进一步审查和升级云平台，实现更快的数据传输速度	企业运用网络设施能够解决传感器、本地数据库和云平台之间的高速数据传输，并在不受设备移动影响的情况下实现实时、自动和同步的数据传输

附表 3 "生产制造"与"人工智能"交叉融合的成熟度特征

二级维度	人工智能测评指标	1级：规划级	2级：规范级	3级：集成级	4级：智能级	5级：引领级
智能数据获取	数据采集	对利用人工智能及相关技术为生产、质检、仓储与配送、安全能耗与环保采集数据产生的认知，为工业生产提供数据采集的相关基础硬件配置	制定满足生产、质检、仓储与配送、安全能耗与环保数据采集标准，并加强支持数据采集的硬件设施建设	根据制定的生产、质检、仓储与配送、安全能耗与环保数据采集标准在企业范围内实施数据系统集成	完成企业内跨部门的生产、质检、仓储与配送、安全能耗与环保的数据采集交互协同	运用人工智能及相关技术采集数据，如传感器上传的实时数据、本地数据库的历史数据，网络获取生产计划等，用于自动优化和修正生产作业
	数据传输	对利用人工智能及相关技术为生产、质检、仓储与配送、安全能耗与环保数据传输产生的认知，为工业生产提供支撑数据传输的相关基础硬件配置	制定满足生产、质检、仓储与配送、安全能耗与环保数据传输标准，并加强支持数据传输的硬件设施建设	根据制定的生产、质检、仓储与配送、安全能耗与环保数据传输标准在企业范围内实施数据系统集成	实现企业内跨部门、跨系统的数据集成，并实现生产、质检、仓储与配送、安全能耗与环保的数据交互协同	针对智能化工业生产数据部门、跨实现生产、实时对本地和外部物联感知数据进行访问和更新历史数据
	数据预处理	对利用人工智能及相关技术为生产、质检、仓储与配送、安全能耗与环保数据预处理和加工产生的认知，为工业生产提供数据预处理的相关基础硬件配置	制定满足生产、质检、仓储与配送、安全能耗与环保数据预处理的有关策略，并加强数据预处理规范管理的软硬件设施建设	根据制定的生产、质检、仓储与配送、安全能耗与环保数据预处理规范策略在企业范围内实施数据预处理和加工	完成企业内跨部门、跨系统的数据集成，并实现生产、质检、仓储与配送、安全能耗与环保的数据清洗加工	针对智能化工业生产数据部门实现数据，实时自动，物联感知数据的整合、过滤、删除冗余和无关数据
大数据质量	数据量	对利用人工智能解决工业大数据处理问题和加工问题产生的认知，为工业生产提供解决大数据多样性问题的基础硬件配置	制定满足生产、质检、仓储与配送、安全能耗与环保解决数据量问题的有关策略，并加强解决数据量问题相关软硬件设施建设	根据制定的生产、质检、仓储与配送、安全能耗与环保大数据质量管理策略在企业范围内解决数据量问题	解决企业内跨部门、跨系统的数据量问题，为生产、质检、仓储与配送、安全能耗与环保提供充足的数据资源	实现获取多来源、实时生产数据的能力和进度，生产相关的所有数据，并存储在本地数据库中出访服务器、信息系统的产品出日记录以及以来自定位系统的数据
	多样性	对利用人工智能解决工业大数据多样性问题产生的认知，为工业生产提供解决大数据多样性问题的基础硬件配置	制定满足生产、质检、仓储与配送、安全能耗与环保解决数据多样性问题的有关策略，并加强解决数据多样性问题相关软硬件设施建设	根据制定的生产、质检、仓储与配送、安全能耗与环保大数据质量管理策略在企业范围内解决数据多样性问题	解决企业内跨部门、跨系统的数据多样性问题，为生产、质检、仓储与配送、安全能耗与环保提供丰富的数据资源	实现从多米源传感器收集数据，包括传感器收集设备数据、生产相关的数据，存储在本地数据库的生产数据，信息系统的产品进出日记录以及以来自定位系统的数据
	真实性	对利用人工智能、仓储与配送、质检、安全能耗与环保有关真实性问题的认知，为工业生产提供解决大数据真实性的基础硬件配置	制定满足生产、质检、仓储与配送、安全能耗与环保有关真实性问题的策略，并加强真实性问题相关软硬件设施建设	根据制定的生产、质检、仓储与配送、安全能耗与环保大数据质量管理策略在企业范围内解决数据真实性问题	解决企业内跨部门、跨系统的数据真实性问题，为生产、质检、仓储与配送、安全能耗与环保提供准确的数据	针对智能化工业生产，能够实时提供准确的、经过验证的数据

续表

二级维度	人工智能测评指标	1级：规划级	2级：规范级	3级：集成级	4级：智能级	5级：引领级
大数据质量	及时性	对利用人工智能相关技术为生产、质检、仓储与配送、安全能耗与环保产生的工业大数据有关及时性问题解决认知，为工业生产提供解决及时性问题的相关硬件配置	制定满足生产、仓储与配送、质检、安全能耗与环保需求的有关解决数据及时性问题的策略，并加强相关软硬件设施建设	根据制定的生产、仓储与配送、质检、安全能耗与环保策略，在企业内范围内解决数据及时性问题	解决企业内跨部门、跨系统的数据及时性的生产、质检、仓储与配送、安全能耗与环保的数据	针对智能化工业生产，能够对本地数据库进行实时数据提取，并将传感器和实时数据发送给用户
	人工智能算法	对利用人工智能算法服务于生产、质检、仓储与配送、安全能耗与环保产生相关认知，为提供解决方案基础配置人工智能算法方案配置基础硬件设施	制定满足生产、仓储与配送、质检、安全能耗与环保需求的人工智能算法解决相关的人工智能算法方案，并加强相关软硬件设施建设	根据制定的人工智能算法解决方案，利用企业内系统集成数据提供用于生产的数据产品	基于企业内跨部门、跨系统的数据集成，运用人工智能算法实现生产、仓储与配送、质检、安全能耗与环保的数据	能够通过人工智能算法指导生产流程和仓库管理，实现对生产数字孪生模拟，并根据模拟结果自动修正和优化生产作业
智能数据分析	智能可视化	数据分析师对利用数据可视化技术进行数据分析并用于生产、质检、仓储与配送、安全能耗与环保产生认知，为提供基础配置可视化方案认知此类举措	制定满足生产、仓储与配送、质检、安全能耗与环保需求的数据可视化方案，并加强数据分析师能力的培养	根据制定的数据可视化方案，利用企业内系统集成数据提供用于生产的多源数据产品	基于企业内跨部门、跨系统的数据集成，向用户展示生产、仓储与配送、质检、安全能耗与环保的分析结果	通过数字孪生技术模拟实现实时技术模拟生产、质检、仓储、配送、安全能耗及相应的模拟结果动态呈现给不同层次的用户
	数据分析师	数据分析师对利用数据分析技术进行数据分析并用于生产、质检、仓储与配送、安全能耗与环保产生认知，为提供基础配置相关方案计划	制定满足生产、仓储与配送、质检、安全能耗与环保需求的数据分析策略，并加强数据分析师相关能力的培养	数据分析师开始使用人工智能及相关技术对工业生产过程及数据进行分析	基于企业内跨部门、跨系统的数据集成，能够运用人工智能及相关技术对生产、质检、仓储与配送、安全能耗与环保的数据	数据分析师具有收集、处理、建模和分析生产、质检、仓储、配送、安全能耗与环保各环节相应的能力，能够充分理解生产过程并提供决策建议
智能决策	机器自主决策	在工业生产过程中，重视利用人工智能相关技术支持实现自动决策，并配置相关的基础硬件设施	制定满足生产、仓储与配送、安全能耗的机器自动决策方案，并加强相关软硬件设施建设	开始在企业内涉及工业生产过程的多个部门，运用人工智能及相关技术实施机器自动决策	基于企业内跨部门、跨系统的数据集成，实现机器的自动决策	能够根据各部门的运行数据以及本地数据库的实时上传数据自动分析和预测，并实现在线生产作业调整优化
	辅助人工决策	在工业生产过程中，重视利用人工智能相关技术支持人工决策，并配置相关的基础硬件设施	制定满足生产、仓储与配送、安全能耗的辅助人工决策方案，并加强相关软硬件设施建设	开始在企业内涉及工业生产过程的多个部门，运用人工智能及相关技术实施辅助人工决策	基于企业内跨部门、跨系统的数据集成，实现机器辅助人工决策	能够根据各部门的运行数据以及本地数据库的实时上传数据自动分析和预测，为不同层次决策者提供生产作业优化的分析结果和实施建议

附表 4 "市场营销"与"人工智能"交叉融合的成熟度特征

二级维度	人工智能测评指标	1级：规划级	2级：规范级	3级：集成级	4级：智能级	5级：引领级
智能数据获取	数据采集	对利用人工智能及相关技术为销售管理和客户管理认知，为销售管理提供数据采集的相关基础硬件配置	制定满足销售管理和客户管理需求的销售数据采集标准，并加强采集的硬件设施基础建设	根据制定的销售管理和客户管理数据采集标准在企业范围内实施数据集成	完成企业内跨部门系统的数据集成，实现有关销售管理和客户管理的数据采集	运用人工智能及相关技术集成订单数据、客户评论、产品浏览历史、维护记录等，并能够基于数据的迭代更新安排销售计划和客户维护的自动调整和优化
	数据传输	对利用人工智能及相关技术为销售管理和客户管理认知，销售管理产生数据和客户管理数据产生认知，为销售管理提供数据传输的相关基础硬件配置	制定满足销售管理和客户管理需求的销售数据传输的有关标准，并加强对应的硬件设施建设	根据制定的销售管理和客户管理数据传输标准在企业范围内实施数据集成	实现对企业内跨部门系统的数据传输，实现销售管理和客户管理的数据交互协同	针对智能化管理，实现对本地和场外的数据，同步进行实时、自动、同步的数据传输
	数据预处理	对利用人工智能及相关技术为销售管理和客户管理认知，销售管理产生数据和客户管理数据产生认知，为销售管理提供数据预处理的相关基础硬件配置	制定满足销售管理和客户管理需求的数据预处理规范，并加强处理的软件设施建设	根据制定的销售管理和客户管理数据预处理规范在企业范围内实施数据集成和加工	完成企业内跨部门系统的数据集成，实现销售管理和客户管理的数据清洗加工	针对智能化的，实时订单数据、历史订单数据、客户评论、产品浏览信息、维修记录、客户信息的整合过滤，删除冗余和无关数据
大数据质量	数据量	对利用人工智能及相关技术为销售管理和客户管理解决工业大数据有关数据量问题产生认知，为销售管理和客户管理提供解决大数据量问题的相关基础硬件配置	制定满足销售管理和客户管理需求的策略解决有关数据量问题，并加强相关软硬件设施建设	根据制定的销售管理和客户管理大数据质量策略在企业范围内解决数据量问题	解决企业内跨部门，跨销售管理系统，为销售管理和客户管理提供充足的数据资源	针对智能化销售管理，跨地，跨供需数量来提供实时地、快速地的新老客户需求数据，包括客户评论、购买记录、维修记录等
	多样性	对利用人工智能及相关技术为销售管理和客户管理解决工业大数据有关多样性问题产生认知，为销售管理和客户管理提供解决大数据多样性问题的相关基础硬件配置	制定满足销售管理和客户管理需求的数据多样性有关实性的策略，并加强相关软硬件设施建设	根据制定的销售管理和客户管理大数据质量策略在企业范围内解决数据多样性问题	解决企业内跨部门系统的数据多样性问题，为销售管理和客户管理提供丰富的数据资源	针对智能化销售管理，能够实时地提供各种形式来源的数据，客户回访记录，客户购买历史及在线评价信息等
	真实性	对利用人工智能及相关技术为销售管理和客户管理解决工业大数据有关真实性问题产生认知，为销售管理和客户管理提供解决大数据真实性问题的相关基础硬件配置	制定满足销售管理和客户管理需求的数据真实性的策略，并加强相关软硬件设施建设	根据制定的销售管理和客户管理大数据质量策略在企业范围内解决数据真实性问题	解决企业内跨部门系统的数据真实性问题，为销售管理提供准确的数据	针对智能化销售管理和客户管理，能够实时提供准确的经过验证的市场数据，客户购买历史记录，用户评论，购买记录等

续表

二级维度	人工智能测评指标	1级：规划级	2级：规范级	3级：集成级	4级：智能级	5级：引领级
大数据质量	及时性	对利用人工智能及相关技术为销售管理和客户管理解决有关大数据及时性问题产生认知，为解决大数据及时性问题提供相关基础硬件配置	制定满足销售管理和客户管理需求的有关数据及时性问题解决的策略，并加强相关硬件设施建设	根据制定的人工智能算法对销售管理和客户管理大数据质量范围内解决及时性问题	解决企业内跨部门、跨系统的数据及时性问题，为销售管理提供更新及时的数据	针对智能化销售管理和客户大数据，能够实时提供以往的订单管理、采购数据、销售计划、市场相关现状及直销、分销、客户数据同步发送给用户
智能数据分析	人工智能算法	对利用人工智能算法服务于销售管理和客户管理产生认知，为提供相关人工智能算法解决方案配置基础硬件设施	制定满足销售管理和客户管理需求的人工智能算法解决方案，并加强相关硬件设施建设	根据制定解决方案，利用企业内系统集成数据及销售管理和客户管理	基于企业内跨部门、跨系统的数据集成，运用人工智能算法实现有关销售管理和客户管理的数据分析	能够通过人工智能算法，基于销售数据、运营数据及销售后数据，自动完成直销、分销、客户分析，提出营销策略
智能数据分析	智能可视化	对利用数据可视化服务于销售管理和客户管理产生认知，为提供相关数据可视化方案配置基础硬件设施	制定满足销售管理和客户管理需求的数据可视化方案，并加强相关硬件软件设施建设	根据制定的数据可视化方案，利用企业内系统集成数据提供销售管理和客户管理的数据品种	基于企业内跨部门、跨系统所有数据集成，向用户展示有关销售管理和客户管理的分析结果	能够对客户、订单、购买等数据进行收集，清洗、处理、建模和分析与销售管理相关的数据，能够生成业务报告并提供决策建议
智能数据分析	数据分析师	数据分析技术对数据进行分析并用于销售管理和客户管理产生认知，并初步计划开展此类培训	制定满足销售管理和客户管理需求的数据分析策略，并加强数据分析师相关能力的培养	数据分析师开始使用人工智能及相关技术对销售管理和客户管理涉及的多源数据进行分析	基于企业内跨部门、跨系统的数据集成，数据分析师能够运用人工智能及相关技术对销售管理和客户管理进行数据分析	数据分析师具有收集、处理、建模和分析有关管理的能力和经验，能够示有关销售管理和客户管理提供决策建议
智能决策	机器自主决策	在销售管理过程中，重视实现机器自主技术支持人工决策，并配置相关的基础硬件设施	制定满足销售管理的机器自主决策方案，并加强相关硬件软件设施建设	开始在企业内涉及销售管理和客户管理的多个部门，运用人工智能机器及相关技术实施相关自主决策	基于企业内跨部门、跨系统的数据集成，实现人工智能机器辅助的自主决策	能够根据各部门的数据库以及本地数据库的运行实时上传数据自动分析和预测，并自动调整和优化销售计划和客户维护
智能决策	辅助人工决策	在销售管理和客户管理过程中，重视利用人工智能决策、人工智能技术支持人工决策，并配置相关的基础硬件设施	制定满足销售管理和客户管理需求的辅助人工决策方案，并加强相关硬件软件设施建设	开始在企业内销售管理和客户管理的辅助部门，运用人工智能技术辅助相关人工决策	基于企业内跨部门、跨系统的数据集成，实现人工智能机器辅助人工决策	能够根据各部门的数据库以及本地数据库的运行实时上传数据自动分析热点，为对各网络预测的销售热点，为不同层次级客户提供销售管理和客户管理的分析结果和实施建议

附表 5　"物流供应"与"人工智能"交叉融合的成熟度特征

二级维度	人工智能测评指标	1级：规划级	2级：规范级	3级：集成级	4级：智能级	5级：引领级
智能数据获取	数据采集	对利用人工智能及相关技术为采购和物流采集数据产生认知，为采购和物流提供数据采集的相关基础硬件配置	制定满足采购和物流需求的数据采集标准，并加强支持数据采集的硬件设施建设	根据制定的采购和物流数据采集标准在企业范围内实施数据集成	完成企业内跨部门的采购和物流的数据系统集成，实现对企业内采购和物流的互联互通	运用人工智能及相关技术收集采购和物流服务于采购和物流的数据，并能够基于采购和配送计划代替更新及自动调整采购优化
	数据传输	对利用人工智能及相关技术为采购和物流传输数据产生认知，为采购和物流提供数据传输的相关基础硬件配置	制定满足采购和物流需求的数据传输标准，并加强对数据传输的硬件设施建设	根据制定的采购和物流数据传输标准在企业范围内实施数据集成	实现企业内跨部门的数据系统集成，实现对本地和异地数据的实时、自动、同步互传同	针对智能化采购和物流等供应链管理，实现对本地和异地数据进行实时、自动、同步的历史数据传输
	数据预处理	对利用人工智能及相关技术为采购和加工数据产生认知，为采购和物流处理数据提供数据处理的相关基础硬件配置	制定满足采购和物流规范，并加强支持数据预处理的硬件设施建设	根据制定的采购和物流数据预处理规范在企业范围内实施数据预处理加工	完成企业内跨部门的数据系统集成，实现对采购和物流数据集成与清洗加工	针对智能化管理，实现自动化的、物联感知数据的整合、过滤、企业外部数据删除冗余无关数据
大数据质量	数据量	对利用人工智能解决工业大数据有关数据量问题产生认知，为采购和物流量问题提供解决大数据基础硬件配置	制定满足采购和物流数据量问题有关解决的策略，并加强相关软硬件设施建设	根据制定的大数据处理策略在企业范围内解决数据量问题	解决企业内跨部门的数据系统集成问题，为采购和物流提供充足的数据资源	针对智能化采购和物流等供应链管理，能提供实时地、快速地满足供应需求数量的数据库产品信息、传感器感知的生产数据、网络上传的实时交通和天气数据，以及传感器数据、实时的库存储存数据
	多样性	对利用人工智能解决工业大数据有关多样性问题产生认知，为采购和物流多样性问题提供解决大数据基础硬件配置	制定满足采购和物流多样性有关解决的策略，并加强问题的相关软硬件设施建设	根据制定的大数据管理策略在企业范围内解决数据多样性问题	解决企业内跨部门的数据系统集成问题，为采购和物流的数据多样性提供丰富的数据资源	针对智能化采购和物流等供应链管理，能够提供本地准确的原材料、网络上传的实时交通和天气数据、RFID采集上传的交通数据
	真实性	对利用人工智能解决工业大数据有关真实性问题产生认知，为采购和物流真实性问题提供解决大数据基础硬件配置	制定满足采购和物流真实性有关解决的策略，并加强问题的相关软硬件设施建设	根据制定的大数据管理策略在企业范围内解决数据真实性问题	解决企业内跨部门的数据系统集成问题，为采购和物流提供准确真实的数据	针对智能化采购、应链管理，能够实时提供真实性的、经过验证的原材料价格以及生产、库存、产品、运输等数据

续表

二级维度	人工智能测评指标	1级：规划级	2级：规范级	3级：集成级	4级：智能级	5级：引领级
大数据质量	及时性	对利用人工智能及相关技术为采购和物流解决关键时性问题产生认知，为采购和物流提供解决关键时性问题的相关基础硬件配置	制定满足采购和物流关键时性需求的有关解决策略，及时解决问题的人工智能算法方案，并加强相关软硬件设施建设	根据制定的采购和物流策略及大数据质量管理解决企业范围内的关键时性问题	解决企业内部及跨部门、跨系统的数据集成，为采购和物流提供及时更新的数据	实现同步更新不断变化的天气、路况等数据，并实时将相关涉及采购和物流等供应链管理的信息发送给用户
	人工智能算法	对利用人工智能算法服务于供应链管理产生认知，为提供相关人工智能算法解决方案配置基础硬件设施	制定满足采购和物流需求的人工智能算法解决方案，并加强相关软硬件设施建设	根据制定的人工智能算法解决方案，利用企业内系统集成数据实施采购和物流等供应链管理的产品	基于企业内部及跨部门、跨系统的数据集成，运用人工智能算法实现采购和物流的数据分析	能够通过人工智能算法，根据数据和实时室外数据，提供应商选择建议、物流路径建议，并根据环境条件及时优化物流路径策略
智能数据分析	智能可视化	对利用数据可视化服务于供应链管理产生认知，为供应相关数据可视化方案配置基础硬件设施	制定满足采购和物流需求的数据可视化方案，并加强相关软硬件设施建设	数据分析师利用制定的数据可视化方案，集成数据涉及采购和物流等多源数据进行分析	基于企业内部及跨部门、跨系统的数据集成，能够向用户展示采购和物流的分析结果	实现销售计划的动态实时呈现，并向不同用户实时呈现况、天气、特殊物流信息及车辆运输状态
	数据分析师	数据分析师对利用人工智能及相关技术进行数据管理产生认知，并初步计划开展此类举措	制定满足采购和物流分析需求的数据分析师相关能力的培养	数据分析师开始使用人工智能及相关技术对所有采购和物流涉及的多源数据进行分析	基于企业的数据集成，能够处理、建模和分析所有数据	数据分析具有收集、清洗、处理、建模和分析相关数据的能力和经验，能够生成业务报告并提供决策建议
智能决策	机器自主决策	在供应链管理过程中，重视实现机器利用人工智能相关技术并用于自主决策，并配置相关基础硬件设施	制定满足采购和物流决策需求的机器自主决策方案，并加强相关软硬件设施建设	开始在企业内涉及采购和物流的多个部门，运用人工智能及相关技术实施机器自主决策	基于企业内部及跨部门、跨系统的数据集成，实现人工智能机器自主决策	能够根据各部门的运行数据以及本地数据库实时上传数据供应链等策略，原材料采购、物流路线等策略，实时处理相关业务部门之间的协调沟通，预测供应链中的协调并优化决策
	辅助人工决策	在供应链管理过程中，重视利用人工智能相关技术支持人工决策，并配置相关基础硬件设施	制定满足采购和物流决策需求的辅助人工决策相关软硬件方案，并加强相关软硬件设施建设	开始在企业内涉及采购和物流的多个部门，运用人工智能及相关技术辅助人工决策	基于企业内部及跨部门、跨系统的数据集成，实现机器辅助人工决策	能够根据数据自动分析和预测，为不同层次决策者提供决策和执行建议，以及数据实时上传的分析结果和执行建议

附表6 "售后服务"与"人工智能"交叉融合的成熟度特征

二级维度	人工智能测评指标	1级：规划级	2级：规范级	3级：集成级	4级：智能级	5级：引领级
智能数据获取	数据采集	对利用人工智能及相关技术为产品服务和服务数据采集产生的认知，为产品服务和服务创新提供数据采集基础硬件配置	制定满足产品服务和服务创新需求的数据采集标准，并加强数据采集相关硬件设施建设	根据制定的产品服务和服务创新标准在企业内实施数据采集系统集成	完成企业内跨部门、跨系统数据集成，实现产品服务和服务创新的数据采集	运用人工智能技术感知和收集用于产品服务和服务创新数据，并能够基于数据进行更新实现产品智能运维和创新应用
	数据传输	对利用人工智能及相关技术为产品服务和服务数据传输支撑设计并提供数据传输处理的相关基础硬件配置	制定满足产品服务和服务创新需求的数据传输标准，并加强数据传输处理的硬件设施建设	根据制定的产品服务和服务创新标准在企业内实施数据系统集成	实现企业内跨部门、跨系统的数据传输及企业内外部数据互协同	针对智能化产品服务和服务创新，实现对本地和网络数据进行实时、自动、同步的数据传输
	数据预处理	对利用人工智能及相关技术为产品服务和服务数据预处理产生的认知，为产品服务和服务创新提供数据处理的相关基础硬件配置	制定满足产品服务和服务创新需求的数据预处理规范，并加强数据处理的硬件设施建设	根据制定的产品服务和服务创新规范在企业内范围实施数据集成和加工	完成企业内跨部门、跨系统数据集成，并实现产品服务和服务创新的数据清洗加工	针对智能化产品服务和服务创新，能够实时的历史数据、物联感知数据及外部数据的整合、过滤、删除冗余和无关数据
大数据质量	数据量	对利用人工智能及相关技术为解决工业大数据有关数据量问题产生认知，为产品服务和服务创新提供解决数据量问题的相关基础硬件配置	制定满足产品服务和服务创新需求的有关数据量问题的解决策略，并加强数据量问题处理硬件软件设施建设	根据制定的产品服务和服务创新的数据管理策略解决大数据策略在企业范围内解决数据集成和加工问题	解决企业内跨部门、跨系统的数据量问题，为产品服务和服务创新提供充足的数据资源	针对智能化产品服务和服务创新，快速地提供服务，数量能够实时、物联感知数据以及企业内外部数据
	多样性	对利用人工智能及相关技术为解决工业大数据多样性产生认知，对产品服务和服务创新提供大数据多样性问题的相关基础硬件配置	制定满足产品服务和服务创新需求的有关数据多样性问题的解决策略，并加强数据多样性相关软件设施建设	根据制定的产品服务和服务创新的数据管理策略解决大数据策略在企业范围内解决数据多样性问题	解决企业内跨部门、跨系统的数据多样性问题，为产品服务和服务创新提供丰富的数据资源	针对智能化产品服务和服务创新，能够实时地提供服务的各种形式数据
	真实性	对利用人工智能及相关技术为解决工业大数据真实性问题产生认知，对产品服务和服务创新提供大数据真实性问题的相关基础硬件配置	制定满足产品服务和服务创新需求的有关数据真实性问题的解决策略，并加强数据真实性相关软件设施建设	根据制定的产品服务和服务创新的数据管理策略解决大数据策略在企业范围内解决数据真实性问题	解决企业内跨部门、跨系统的数据真实性问题，为产品服务和服务创新提供准确的数据资源	针对智能化产品服务和服务创新，能够实时提供经过验证的准确的数据

续表

二级维度	人工智能测评指标	1级：规划级	2级：规范级	3级：集成级	4级：智能级	5级：引领级
大数据质量	及时性	对利用人工智能及相关技术为产品服务和创新解决工业大数据有关及时性问题产生认知，为产品服务和创新提供解决大数据及时性问题的基础硬件配置	制定满足产品服务和服务创新需求的有关及时性问题的策略及时性问题的策略及数据更新，并加强相关硬件设施建设	根据制定的产品服务和服务创新策略解决企业范围内解决数据及时性问题	解决企业内跨部门、跨系统的数据的及时性问题，为产品服务和创新提供更新的数据	针对智能化产品服务和服务创新，能够对本地数据库进行实时数据提取，并将传感器数据行同步发送给用户
智能数据分析	人工智能算法	对利用人工智能算法服务和服务于产品服务和创新产生认知，为产品服务和创新人工智能算法解决方案配置基础硬件设施	制定满足产品需求的人工智能算法解决方案，并加强相关硬件设施建设	根据制定的方案，利用人工智能法解决企业内系统集成数据实施创新产品服务和创新	基于企业内跨部门、跨系统的数据集成，运用人工智能算法实现产品服务和创新的数据分析	能够通过人工智能算法，根据产品状态数据、客户行为数据，维护维修数据及客户回访记录等，提供产品故障预警、预测性维护、远程升级等服务，并提出改造老产品或生成新产品的设计方案
	智能可视化	对利用数据可视化服务和服务创新对产品产生认知，为产品服务和创新提供数据可视化方案相关硬件设施	制定满足产品服务和服务创新需求的数据可视化方案，并加强相关软硬件设施建设	根据制定的数据可视化方案，利用企业内系统集成数据提供产品服务和服务创新的数据分析结果	基于企业内部门、跨系统的数据进行整合，向客户展示产品服务和服务创新的分析结果	能够对产品状态数据、客户行为数据，维护维修数据进行整合成图表，清洗、处理、建模和分析所有相关数据，并能够创新生成业务报告并提供相应的数据分析结果
	数据分析师	数据分析师对利用相关技术进行数据分析并利用于产品服务和创新产生认知，并初步计划开展此相关举措	制定满足产品需求的数据分析及创新策略，并加强数据分析能力的培养	数据分析师开始使用人工智能技术实施对产品服务和服务创新所涉及的多项数据进行分析	基于企业内部门、跨系统的数据集成，能够创新相关技术及人工智能对产品服务创新	数据分析师具有收集、维护数据的能力和经验，能够生成业务报告决策建议
智能决策	机器自主决策	针对产品服务和服务创新，重视利用人工智能相关技术实现机器自主决策，并配置相关基础硬件设施	制定满足产品需求服务和服务创新决策的机器自主决策方案，并加强相关硬件设施建设	开始在企业内涉及产品服务和服务创新的多个部门，运用人工智能相关技术实施自主决策	基于企业内跨部门、跨系统的数据集成，实现机器自主决策	能够基于客户服务记录数据实时识别产品热点，自动制定后期服务策略及预测未来市场状况，利用数字孪生技术模拟产品设计并自动调整优化参数
	辅助人工决策	针对产品服务和服务创新，重视利用人工智能相关技术支持人工决策，并配置相关的基础硬件设施	制定满足产品服务和服务创新需求的辅助人工决策方案，并加强相关软硬件设施建设	开始在企业内涉及产品服务和服务创新的多个部门，运用人工智能相关技术辅助人工决策	基于企业内跨部门、跨系统的数据集成，实现机器辅助人工决策	能够根据各部门的运行数据，本地数据库上传数据以及预测，为实时数据自动分析并预测，为创新层次决策者提供产品服务和实施建议